Sebastian Nestler
Performative Kritik

Cultural Studies | Herausgegeben von Rainer Winter | Band 40

Sebastian Nestler (Dr. phil.) lehrt am Institut für Medien- und Kommunikationswissenschaft der Universität Klagenfurt. Seine Arbeitsschwerpunkte sind Cultural Studies, poststrukturalistische Philosophie, Film- und Fernsehforschung sowie kritische Medienpädagogik.

Sebastian Nestler
Performative Kritik
Eine philosophische Intervention
in den Begriffsapparat der Cultural Studies

[transcript]

Bibliografische Information der Deutschen Nationalbibliothek
Die Deutsche Nationalbibliothek verzeichnet diese Publikation in der Deutschen Nationalbibliografie; detaillierte bibliografische Daten sind im Internet über http://dnb.d-nb.de abrufbar.

© 2011 transcript Verlag, Bielefeld

Die Verwertung der Texte und Bilder ist ohne Zustimmung des Verlages urheberrechtswidrig und strafbar. Das gilt auch für Vervielfältigungen, Übersetzungen, Mikroverfilmungen und für die Verarbeitung mit elektronischen Systemen.

Umschlagkonzept: Kordula Röckenhaus, Bielefeld
Umschlagabbildung: Hong Kong, 2010 © Sebastian Nestler
Lektorat: Benedikt Maximilian Mayer, Sebastian Nestler, Martina Rauter
Satz: Sebastian Nestler
Druck: Majuskel Medienproduktion GmbH, Wetzlar
ISBN 978-3-8376-1891-4

Gedruckt auf alterungsbeständigem Papier mit chlorfrei gebleichtem Zellstoff.
Besuchen Sie uns im Internet: *http://www.transcript-verlag.de*
Bitte fordern Sie unser Gesamtverzeichnis und andere Broschüren an unter: *info@transcript-verlag.de*

Inhalt

Danksagungen | 7

1. Einleitung | 9

2. Theoretische Grundlagen | 33
2.1 Der *performative turn*: von der Sprachphilosophie
zu den Kultur- und Medienwissenschaften | 33
    2.1.1   Zu den performativen Äußerungen bei John L. Austin | 35
    2.1.2   Von Austins performativen Äußerungen
zum *performative turn* | 40
2.2 Performative Kritik: Kritik der Macht innerhalb der Macht
im Sinne einer flachen Ontologie | 46
    2.2.1   Bei Michel Foucault | 48
    2.2.2   Bei Judith Butler | 92
    2.2.3   Zwischenresümee zum Begriff der performativen Kritik | 125
2.3 Artikulation von Identität und Politiken der Repräsentation:
Möglichkeiten kritischer medialer Interventionen
aus Sicht der Cultural Studies | 129
    2.3.1   Stuart Hall: Zur (medialen) Artikulation von Identität
und zu kritischen Politiken der Repräsentation | 142
    2.3.2   Douglas Kellner: Zur Bedeutung von diagnostischer Kritik
und kritischer Medienkompetenz
in postmodernen Medienkulturen | 163
    2.3.3   Norman K. Denzin: Performative Kultur,
kinematographische Gesellschaft
und Film als sozialwissenschaftliche Methode | 183
    2.3.4   Henry A. Giroux: Die Erweiterung
des pädagogischen Raums | 191
    2.3.5   Zwischenresümee Cultural Studies | 202

3. Exemplarische Analysen | 207
3.1 Die Dezentrierung des Weste(r)ns.
Zum Begriff fragmentierter Identitäten
in Jim Jarmuschs DEAD MAN | 207

3.2 Erfinderische Taktiken wider die Strategien des Stereotyps:
Auf der Jagd nach alternativen Identitäten
in Kevin Smiths CHASING AMY | 221
3.3 »Going down to South Park gonna learn something today.«
Populärkultur als kritisches Vergnügen
und pädagogischer Diskurs | 234
3.4 Kleine Filme? Zur kinematographischen Sprache Wong Kar-wais | 243

4. Kritische Diskussion | 265

5. Fazit | 287

Literatur | 293
Film | 307
Fernsehserien | 308
Musik | 308

Danksagungen

> »Kein Buch *gegen* etwas […] hat jemals Bedeutung; es zählen allein die Bücher ›für‹ etwas Neues, und die Bücher, die es zu produzieren wissen.«
> DELEUZE 1992: 60

Bevor es wissenschaftlich wird, möchte ich den für die Entstehung dieser Arbeit wichtigsten Personen danken. Da wäre zunächst Rainer Winter, dem ich für seine Geduld und die größtmögliche Freiheit danke, die man jemandem bei dem Verfassen einer solchen Arbeit gewähren kann. Brigitte Hipfl danke ich für das große Interesse, mit dem sie die Zweitbegutachtung übernommen hat. Günther Stotz hat in organisatorischer Hinsicht einen wichtigen Beitrag dazu geleistet, dass diese Arbeit in dieser Form eingereicht werden konnte.

Benedikt Maximilian Mayer gebührt großer Dank und Respekt für das Lektorat. Er hat mich nicht nur auf Tippfehler und argumentative Inkonsistenzen hingewiesen, sondern mir darüber hinaus auch wichtige Denkanstöße gegeben. Darum auch einen herzlichen Dank für die sich nun schon seit einigen Jahren bietenden zahlreichen Gelegenheiten für gute Gespräche, die nicht immer nur die Wissenschaft zum Thema haben.

Meinen Eltern sei für die lange währende Unterstützung meines Weges gedankt und meinen Freundinnen und Freunden sowie Kolleginnen und Kollegen für die gute Zeit, die für solch ein Projekt keinesfalls unwichtig ist. Ganz besonders aber danke ich Martina Rauter – neben vielem anderen – für eine hochproduktive zweite Jahreshälfte 2010. Danke!

Sebastian Nestler
Villach, Februar 2011

1. Einleitung

»Eine Theorie ist ein Instrumentarium: sie hat nicht zu bedeuten, sie hat zu funktionieren.«
GILLES DELEUZE IN FOUCAULT 1974: 131

»Theorie ist immer ein Umweg auf dem Weg zu etwas wichtigerem.«
HALL 1994D: 66

»Wo immer Praktiker und Praktikerinnen ein Paradigma anwenden und darin zu arbeiten beginnen, transformieren sie es je nach ihren eigenen Interessen.«
HALL 2000D: 138

»Was ist, ist, was nicht ist, ist möglich.«
BARGELD 1996

Diese Zitate, zusammengetragen aus Texten poststrukturalistischer Philosophie, ›klassischer‹ Cultural Studies und Pop, geben bereits einen ersten Eindruck davon, worum es in dieser Arbeit gehen soll und wie vorgegangen wird: Wir befinden uns zwischen den Disziplinen. Es wird philosophische Begriffsarbeit geleistet, die aber niemals losgelöst von politischen Implikationen der Kritik stattfindet. Um diese Implikationen zu konkretisieren, um sie in Kontexten des Alltags erfahr- und anwendbar zu machen, nutzen wir populärkulturelle Texte, in diesem Fall Film und Fernsehen. Die Anwendung liegt in einem im Sinne eines *empowerment* ermächtigenden Projekt, das die kritische Analyse populärkultureller Texte für sich nutzt, um über die bestehenden Räume hinaus auf diejenigen Räume zu verweisen, die ein Mehr an lebbaren Identitäten für uns bereithalten, die noch nicht sind, aber den Moment des Möglichen in sich tragen. Um diese Räume zu erreichen, bedienen wir uns derjenigen Theorien, die für unsere Zwecke funktionieren. Theorie ist hier kein Selbstzweck, sondern ein Werkzeug, das uns den zitierten Umweg zu etwas Wichtigerem ebnen soll. Insofern bedeutet die Auseinandersetzung mit Theorie als Werkzeug immer deren aktive und bisweilen eigensinnige Aneignung. So bleibt Theorie nie das, was sie ist, sondern wird dahingehend transformiert, das, was ist, kritisch zu hinterfragen und das, was (noch) nicht ist, als Möglichkeit positiv zu formulieren. Hiermit enthält Theorie immer auch ein utopisches Moment, das konstitutiv für jedes *empowerment* ist, wenn es uns dazu ermächtigen will, die uns limitierenden Identitäten zu überwinden und die Möglichkeiten, ein lebenswertes Leben zu führen, zu maximieren (vgl. Butler 2009d: 20). Dies bedeutet eine Ermächtigung, eine Verbesserung der eigenen Lebens- und Seinsbedingungen, wie sie in den Cultural Studies als *empowerment* beschrieben wird. Der Hauptmotive dieser Arbeit – Performanz, Kritik, Intervention – leiten sich also daher ab, dass an erster Stelle die Begriffsbildung der ›performativen Kritik‹ steht, die dann auf die Medienkritik angewandt wird. Dabei ist die kritische Interpretation eine kritische Intervention, weil Medienanalyse und -kritik auch Gesellschaftsanalyse und -kritik bedeuten. Eine weitere Intervention, nämlich die philosophische Intervention in den eigenen Begriffsapparat, rundet die Arbeit ab.

Im Einzelnen bedeutet dies für die Struktur dieser Arbeit, dass zunächst deren theoretische Grundlagen zu erörtern und darzulegen sind. Wir beginnen hierbei mit dem Begriff der performativen Äußerungen bei John L. Austin und stellen dessen Relevanz für den so genannten *performative turn* in den Kultur- und Medienwissenschaften dar, um ihn dann für unser Vorhaben nutzbar zu machen, indem der Performanzbegriff auf das Verhältnis von Macht und Kritik übertragen wird. Ein performativer Macht- und Kritikbegriff, so wie er hier verwendet wird, impliziert, dass Macht nicht nur eine unterdrückende, sondern auch eine Subjekte produzierende Kraft ist. Demnach lässt sich Macht erstens nur innerhalb spezifischer Kontexte genauer bestimmen, und zweitens können wir das Feld der Macht nicht verlassen. Dies wiederum bedeutet für den Kritikbegriff, dass es nicht darum gehen kann, dass Kritik das Feld der Macht verlässt. Vielmehr verändert Kritik das Feld der Macht und dessen Effekte von innen. Dieses performative Moment finden wir in den Arbeiten Michel Foucaults und im Anschluss an ihn auch in den Arbeiten Judith Butlers wieder, die wir hier als eine performative Theorie von Macht und Kritik lesen. Hier interessieren uns zwei Begriffe näher: der Begriff des Quasi-Subjekts bei Foucault und der Begriff der Resignifikation bei Butler. Dabei steht das Quasi-Subjekt für eine Subjektposition im Rahmen eines relativ offenen *Macht*diskurses, der eine Diversität an lebbaren Identitäten zulässt, statt diese auf einige wenige einzuengen. In Abgrenzung zum Quasi-Subjekt steht bei Foucault daher das fast ausschließlich durch den ökonomischen *Herrschafts*diskurs geprägte moderne Subjekt, dessen mögliche Identitäten auf den Imperativ der Effizienz eingeschränkt sind. Auch Butler geht es um die Steigerung der Anzahl lebbarer Identitäten, die durch Resignifikation, d.h. durch ein kritisches Aneignen und Umschreiben dominant-hegemonialer Diskurse, erreicht werden kann.

Nach der Darstellung dieser beiden Begriffe, werden sie auf das kritischermächtigende Projekt der Cultural Studies übertragen. Weil die Cultural Studies in ihrem starken Kontextualismus als performativ begriffen werden können, untersuchen wir zunächst auf theoretischer Ebene, indem wir für diese Arbeit relevante Positionen der Cultural Studies rekonstruieren, die Nähe der Arbeiten Foucaults und Butlers zu denen der Cultural Studies. Dabei wird vermutet, dass die Einführung der Begriffe des Quasi-Subjekts und der Resignifikation eine philosophische Intervention im Sinne Douglas Kellners ist, die den Begriffsapparat der Cultural Studies mit Blick auf eine kritische Medienanalyse als kritische Gesellschaftsanalyse schärfen kann. Um diese Vermutung näher zu überprüfen, wird hierauf die Ebene der theoretischen Erörterung zugunsten exemplarischer Fallanalysen verlassen. Diese zeigen, wie die kritische Aneignung von Medientexten im Sinne Kellners als diagnostische Kritik funktionieren kann, die uns Möglichkeiten zur kritischen Intervention in die machtvolle (Re-)Produktion von Identitäten bietet. So zeigen die exemplarischen Analysen, wie Medientexte machtvolle Diskurse resignifizieren können und dadurch die Option zur Bildung von Quasi-Subjektivitäten geschaffen wird. Schließlich wird der in dieser Arbeit entwickelte Ansatz mit Blick auf mögliche Schwachstellen, die durch die dichotome Konstruktion seines kritischen Begriffsapparates auftreten können, hinterfragt, wobei das hier entwickelte Konzept von Performanz, Kritik und Intervention in Richtung einer Rhizomatik, die die hier kritisierten Dichotomien übersteigt, weitergedacht wird.

In dieser Hinsicht versteht sich die vorliegende Arbeit als eine Arbeit im Feld der Cultural Studies, die durch die Analyse kultureller Texte und Praktiken, in unserem Fall die Analyse von ausgewählten Filmen und Fernsehserien, einen Zugang zum Feld der Macht mit seinen ungleich gelagerten Kraftverhältnissen findet. Denn Cultural Studies interessieren sich für die Beziehungen von Kultur und Macht, wobei sie aber weder Kultur auf Macht reduzieren, noch Kultur ausschließlich in ihrer reinen Text- oder Warenform betrachten. Vielmehr ist für die Cultural Studies Kultur »das Feld, in dem Macht produziert und um sie gerungen wird, wobei Macht nicht notwendigerweise als Form der Herrschaft verstanden wird.« (Grossberg 1999b: 48) Hierbei nehmen die *British Cultural Studies* eine

Schlüsselrolle für die Identifikation von Cultural Studies ein (vgl. ebd.: 46 ff.). Deshalb interessieren uns hier zunächst vor allem die Arbeiten Stuart Halls (1989, 1994, 2000, 2004) mit Blick auf die machtkritische Analyse medienkultureller Texte. Gerade über die Beschäftigung mit Medien sind Cultural Studies auch außerhalb Großbritanniens relevant geworden, wie wir es im weiteren Verlauf an den Arbeiten Douglas Kellners (1995, 2005a-i, 2010), Norman K. Denzins (1995, 1998, 1999, 2000, 2003) und Henry A. Giroux' (2001, 2002) diskutieren werden, wobei insbesondere an den Arbeiten Giroux' die in den Cultural Studies immer schon vorhandene Nähe zu einer kritischen (Medien-)Pädagogik deutlich wird (vgl. Winter 2004; Hipfl 2004).

Wie wir sehen, zeichnen sich Cultural Studies mit Blick auf ihre Disziplinen, Gegenstände, Theorien und Methoden durch eine große Offenheit aus (vgl. Grossberg 1999b: 54). Die ständige philosophische Reflexion der eigenen Disziplinen, Gegenstände, Theorien und Methoden ist dabei für Cultural Studies deshalb so zentral, weil sie sich immer als eine in Reaktion auf ein bestimmtes politisches Projekt kontextuell gebildete Formation verstehen (vgl. ebd.: 55, 77). Damit ist ihr Begriffsapparat, den Cultural Studies als kritisches Werkzeug betrachten, ein Produkt diskursiver Praktiken. Aus diesem Grund werden wir hier, was wir später noch näher erläutern werden, Macht und Kritik performativ begreifen, um deren Essentialisierung zu vermeiden. Mit Kellner (2005b) gesprochen, ist diese Arbeit auch eine philosophische Intervention, die die Notwendigkeit zur andauernden Überarbeitung der eigenen Begriffe ernst nimmt. So »werden Cultural Studies in jedem einzelnen Fall im Laufe der Entwicklung geschaffen.« (Grossberg 1999b: 55) Cultural Studies sind im Sinne eines radikalen Kontextualismus ein performatives Projekt, das stets politisch ist, indem es auf Widerstand und Veränderung zielt (vgl. ebd.). Diese Politik ist geleitet von der Frage, wo wir uns gerade befinden, und wie wir an einen anderen, »hoffentlich besseren Ort gelangen können« (ebd.: 58), ohne jedoch die Garantie zu haben, dass wir diesen Ort erreichen. Da Macht immer komplex und widersprüchlich ist, ist auch die Kritik ein Projekt ohne Garantien. Positiv gewendet bedeutet dies aber auch, dass sich Macht niemals totalisieren kann (vgl. ebd.: 62).

Cultural Studies stehen damit in der Tradition der gesellschaftlichen Konstruktion von Realität, was aber keinesfalls mit einer postmodernen Beliebigkeit, einem ›anything goes‹ gleichzusetzen ist. Denn Cultural Studies wissen um materielle Realitäten, die sich in bestimmter Weise artikulieren, und die umkämpft sind (vgl. Grossberg 1999b: 61). Insofern ist Macht »immer real, jedoch niemals notwendig« (ebd.: 64), was Auswirkungen auf die Formen von Identität hat, die wir einnehmen müssen, um Kritik zu artikulieren. Doch hierzu kommen wir später. Zunächst formuliert in diesem Sinne Lawrence Grossberg zum Machtbegriff der Cultural Studies:

»Für das Projekt der Cultural Studies ist Macht von allem Anfang an vorhanden. Es mag zwar recht schön sein, von der Eliminierung von Macht und Ideologie zu träumen, davon, daß wir auf eine ›wahre‹ Erfahrung zurückgreifen könnten, die es gegeben hat, bevor sie durch die Macht neu konstruiert und uminterpretiert wurde. Nein, so funktionieren weder Macht noch Ideologie, und so wird auch Kultur nicht wirksam. Die grundlegendsten Erfahrungen, die man macht, die Dinge, an die man am festesten glaubt, weil sie am offensichtlichsten sind, sind genau jene, die von Macht und Ideologie geschaffen wurden.« (Ebd.: 66)

Es ist uns also nicht möglich, die Felder der Macht jemals zu verlassen, was wir mit Bezugnahme auf Michel Foucault und Judith Butler an späterer Stelle eingehend erörtern werden. Das Fehlen ›natürlicher‹ Ursprünge bedeutet aber auch die grundsätzliche Möglichkeit zur Kritik an der Macht, die mit ihrer Entnaturalisierung beginnen und mit ihrer positiven Veränderung fortfahren muss. Denn »Artikulation [von Macht, Anm. SN] verlangt sowohl nach Dekonstruktion als auch nach Rekonstruktion.« (Ebd.: 67) Daher möchten Cultural Studies, und ebenso diese Arbeit, ein Wissen erarbeiten, das zeigen soll, dass Macht veränderbar ist und darüber hinaus konkrete Hinweise darauf gibt, wie Macht verändert werden kann (vgl. ebd.: 72). Hierzu sollen exemplarisch die konkreten Medienanalysen in Kapitel 3 genutzt werden.

Vor diesem Hintergrund beweisen Cultural Studies immer wieder ihr besonderes Potential für eine sozialwissenschaftliche Medienkritik, wie wir sie hier, neben der weiter oben angesprochenen reflexiven Begriffsbildung, auch betreiben. Dieses Potential leitet sich vor allem aus dem hier skizzierten Verhältnis von Kultur und Macht her. So verstehen Cultural Studies Kultur nicht als den ›Kitt‹ der Gesellschaft, sondern als das Feld, in dem gesellschaftlicher Konsens eine Frage der Macht ist, die im Feld der Kultur aufgebrochen und verhandelt wird, wobei wiederum Medien eine zentrale Funktion der Artikulation von Macht und Widerstand übernehmen (vgl. Nieland 2010: 394). Das Verbindende von Kultur, Medien und Macht liegt also darin, dass Kultur ein machtvoller Kampf um medial artikulierte Bedeutung ist, was wiederum eine eigene Perspektive auf eine sozialwissenschaftliche Medienkritik eröffnet, die immer eine politische ist. Diese Perspektive einer Machtkritik durch Diskursanalyse ist vor allem auf die Arbeiten Halls zurückzuführen (vgl. ebd.: 397), die deshalb den Grundstock für die Rekonstruktion der machtkritischen Medienanalysen der Cultural Studies in Kapitel 2.3 dieser Arbeit bilden. Wichtig an den Arbeiten Halls ist für uns hinsichtlich des hier verwendeten Begriffs der Performativität auch, dass sie untersuchen, »wie in konkreten Kontexten soziale Bedeutung mehr oder weniger vorrübergehend [sic!] zu hegemonialen Formationen fixiert wird.« (Ebd.) Erklärtes Ziel der Cultural Studies ist es, in den Prozess der dichotomen Fixierung mächtiger Formationen zu intervenieren und die Festschreibungen der Macht so dynamisch zu halten, dass sie möglichst viele Subjektpositionen auch zwischen den Dichotomien zulassen. So besteht der Beitrag der Cultural Studies zu einer sozialwissenschaftlichen Medienkritik in einer multidimensionalen ermächtigenden Kritik (vgl. ebd.: 403). Cultural Studies begreifen Medienanalyse deshalb immer als Gesellschaftsanalyse und Medienkritik als Gesellschaftskritik. Medienkritik möchte in diesem Sinne immer auch praktisch verwendbares Wissen sein, mit dem sich Medienkompetenz fördern lässt (vgl. Kleiner 2010b: 745). Vollständig wird Kritik also erst durch Intervention, die nicht nur kritische Medienkompetenzen, sondern auch kritische Gesellschaftskompetenzen herstellt, und dabei hilft, einer radikalen Demokratie ein Stück näher zu kommen.

Macht und Kritik an der Macht sind also zwei für die Cultural Studies konstitutive Themen und es ist eine Aufgabe theoretischer Reflexion, das Potential dieser Disziplin bezüglich der Analyse von und der Kritik an Macht zu erweitern. Dementsprechend fordert Douglas Kellner (2005b) die philosophische Intervention auf der Begriffsebene der Cultural Studies, denn der »Mangel an Reflexion und Debatte über die Funktion der Philosophie in den Cultural Studies […] haben die Cultural Studies […] verwundbar gemacht« (ebd.: 59) und dazu geführt, dass Cultural Studies mitunter in einen unkritischen ›Populär-Fetischismus‹ (vgl. ebd.: 64) abdriften. Somit ist ein Verlust von politisch kritischen Standpunkten und Interventionen feststellbar, wie Kellner (2005i) bezüglich des Stellenwerts der Postmoderne für eine kritische Gesellschaftstheorie hervorhebt. Doch bedeutet eine philosophische Intervention nicht, dass »die Analyse auf die Problematiken des betreffenden Theoretikers verringert wird.« (Kellner 2005b: 66) Die philosophische Intervention ist nur dann eine Intervention, wenn die neuen Begriffe auch politisch genutzt werden. Judith Butler (2009l: 283) sieht ebenfalls eine ähnliche Verquickung von Theorie und Politik: »Die Theorie als Tätigkeit bleibt nicht auf die akademische Welt beschränkt. Sie findet immer dann statt, wenn […] eine kollektive Selbstreflexion beginnt.« Theorie wirkt verändernd, reicht aber an sich für eine soziale und politische Veränderung nicht aus. Hierzu muss sich auf gesellschaftlicher und politischer Ebene eingemischt werden, wobei die Praxis der Einmischung wiederum Theorie voraussetzt (vgl. Butler 2009m: 325).

Diesen Anspruch nehmen wir ernst, indem wir uns hier zunächst auf die sprachphilosophischen Arbeiten John L. Austins (1986, 2002) zu den so genannten ›performativen Äußerungen‹ beziehen. Mit den performativen Äußerungen beschreibt Austin ein ›Sprechhandeln‹, das die Bedeutung von Sprache in ihrem realen Gebrauch innerhalb spezifischer Kontexte findet, nicht aber ›vor‹ oder ›hinter‹ dem Sprachgebrauch. Mit Sybille Krämer (2001c: 269) lässt sich von einer ›flachen Ontologie‹ sprechen, nach der die Bedeutung von Sprache im konkreten Vollzug performativer Sprechakte zu finden ist. Dies bedeutet, dass es keine Sprache vor den diskursiven Praktiken des Sprechens gibt. Innerhalb des von Krämer (2001) und Uwe Wirth (2002) beschriebenen *performative turn* lässt sich dieses Konzept von der Sprachphilosophie auf die Kultur- und Medienwissenschaften übertragen, wobei wir in dieser Arbeit dem *performative turn* die Perspektive der Machtkritik hinzufügen. So verstehen wir hier Macht und Kritik im Sinne einer flachen Ontologie des Performativen. Wir möchten keinen allgemeinen Begriff von Macht und Kritik erarbeiten, sondern eine Perspektive einnehmen, in der Macht und Kritik als kontextuelle, soziale und diskursive Praktiken verstanden werden, die sich gegenseitig bedingen und herstellen.

Diese Idee finden wir in den Arbeiten Michel Foucaults (1977, 1995, 2000) und Judith Butlers (1991, 1998, 2009c) zu Macht und Kritik wieder, weshalb wir in dieser Arbeit mit Bezug auf Foucault und Butler von ›performativer Macht‹ bzw. ›performativer Kritik‹ sprechen. Dabei hat Macht nicht nur unterdrückende, sondern immer auch produktive Effekte. Wir werden demnach erst durch die Macht als handelnde Subjekte erzeugt. Foucault zeigt uns, dass sich Macht, um diese Effekte über uns ausüben zu können, ›naturalisieren‹ muss. Macht darf also nicht als Macht identifizierbar sein, sondern muss sich als ›Natur‹ tarnen und aus der Unsichtbarkeit heraus agieren. Die Praxis der Macht besteht nämlich darin, als unsichtbarer Beobachter ein Wissen über die sichtbar gemachten Subjekte zu erlangen, welches innerhalb eines spezifischen Feldes der Macht als Wahrheit gilt. In Korrespondenz zu dieser Wahrheit normalisiert und normiert uns die Macht, indem sie uns entsprechende Subjektpositionen zuweist. Subjekte entstehen also im Sinne einer flachen Ontologie innerhalb bestimmter realer Kontexte, nämlich den Diskursen der Macht. Insofern existiert kein ›vordiskursives‹ Subjekt. Kritik hat in diesem Zusammenhang die Funktion des Hinterfragens und Veränderns von Machteffekten, und soll uns in dieser Hinsicht von den uns auferlegten Subjektpositionen befreien. Dazu muss Kritik die Macht zunächst ›entnaturalisieren‹, d.h. die Macht als Macht, also als prinzipiell veränderbare diskursive Praktik sichtbar werden lassen. Dies kann dadurch gelingen, dass wir die Macht an ihren Grenzen herausfordern und zur Reparatur der sich dabei zeigenden Lücken zwingen. Denn zu ihrer Reparatur muss die Macht zwangsläufig sichtbar werden. Butler schreibt dazu, dass »alle Gesellschaftssysteme in ihren Randzonen verwundbar sind.« (Butler 1991: 195) Dabei ist es aber wichtig hervorzuheben, dass Kritik nicht heißt, das Feld der Macht zu verlassen. Dies ist unmöglich, weil Subjekte immer Produkte diskursiver Praktiken der Macht sind. Aber Machteffekte können so verschoben [*shifting*] werden, dass andere Räume der Macht entstehen. Foucault (1992b) spricht hier von ›Heterotopien‹, in denen andere Subjektpositionen möglich sind. Unter diesen anderen Subjektpositionen versteht Foucault (2007) ein so genanntes ›Quasi-Subjekt‹, das er dem modernen Subjekt, welches ein durch und durch ökonomisiertes ist, entgegenstellt. Das Quasi-Subjekt ist eine Form der Subjektivität, die uns ein Mehr an lebbaren Subjektpositionen zu Verfügung stellt, und weniger ausschließlich ist.

In diesem Verständnis von Kritik treffen sich Foucault und Butler, wobei Butler, aufbauend auf den theoretischen Fundamenten Foucaults, praktisch-konkrete Formen emanzipatorisch-kritischer Politik entwickelt. So demonstriert Butlers (1998) Begriff der ›Resignifikation‹, für den auch die Parodie (vgl. Butler 1991) eine zentrale Rolle spielt, wie durch die kritisch-subversive Aufführung und Aneignung von Macht deren unterdrückende Effekte in befreiender Weise umgeschrieben, d.h. resignifiziert werden können. Dabei geht es Butler, wie auch Foucault, stets um die Erweiterung lebbarer Subjektpositionen, um das Erreichen einer Welt, die denjenigen Identitätsformen gegenüber weniger repressiv und ausschließend ist, die nicht in die engen binär kodierten normierenden Raster passen. Was Butler (1991) zunächst bezüglich der Kritik an der Heteronormativität von Geschlechtsidentität erarbeitet, erweitert sie später in einem größeren Rahmen auf menschliche Identität (vgl. Butler 2009c). Dabei geht auch Butler von der Performativität von Identität aus. Identität wird als das vorläufige Resultat diskursiver Praktiken der machtvollen Signifikation verstanden, Identitätskritik als Performanz der Wiederaufführung und als gleichzeitige Veränderung im Wiederaufführen. Dabei transzendiert Kritik den jeweiligen Ist-Zustand, indem sie versucht, diejenigen Formen von Identität zu erreichen, die uns ein Mehr an Möglichkeiten des Dazwischen-Seins bereitstellen, jedoch noch nicht erreicht sind. Das Quasi-Subjekt kann dabei als die leitende kritische Theorie, die Resignifikation als die kritische Methode verstanden werden, die Butler mit Blick auf »die lokalen Möglichkeiten der Intervention« (Butler 1991: 216) entwickelt. Dies werden wir auf die Cultural Studies mit einem Schwerpunkt auf Film als Teil visueller Kultur übertragen, und diesen Transfer in Kapitel 3 an exemplarischen Analysen ausbuchstabieren.

Bis hierhin leistet die vorliegende Arbeit also philosophische Begriffsarbeit, die dann in den Begriffsapparat der Cultural Studies zu Macht und Kritik an der Macht interveniert. Hierzu eignen sich die auf ihre performativen Elemente hin gelesenen Arbeiten Foucaults und Butlers in besonderer Weise, weil Cultural Studies selbst »eine diskursive Formation im foucaultschen Sinne« (Hall 2000a:

35) sind. Cultural Studies sind ein offenes und instabiles, aber immer politisches und kritisches Projekt, das eine ganze Reihe verschiedener Bewegungen und Arbeiten in sich aufnimmt. So nennt Hall noch weitere Perspektiven, die die Rezeption der Arbeiten Foucaults den Cultural Studies erschließt: »Foucault ist kein politischer Aktivist im simplen Sinne, aber wenn man die Interviews mit ihm liest, weiß man sofort, dass seine Arbeit relevant ist für Widerstand, Sexualpolitik, ›1968‹, die Debatte über den Westen, die Natur staatlicher Macht [...]; sie hat politische Implikationen.« (Hall 2000d: 143)

Mit Blick auf die für Hall (1994d: 77) so zentrale Frage nach der Positionierung, die eine zwingend notwendige Bedingung für jedes politische Handeln ist, misst er den Arbeiten Foucaults aufgrund der eben genannten performativen Aspekte einen hohen Wert zu. Denn sie lokalisieren Machtstrukturen stets innerhalb *konkreter* Orte (vgl. Hall 2000d: 143). Auch Butler gewinnt eine nicht zu unterschätzende Relevanz für die Cultural Studies, nicht zuletzt weil, mit Hall gesprochen, der Feminismus in den siebziger Jahren des 20. Jahrhunderts in die Cultural Studies ›eingebrochen‹ ist (vgl. Hall 2000a: 43 f.). Damit finden sich einige der zentralen Motive des Feminismus – wie die Erweiterung des Politischen ins Private, die Erweiterung des Machtbegriffs und dessen Zusammenhänge mit der Frage nach Subjektivität, Geschlecht und Sexualität, um die es auch in dieser Arbeit geht – im Selbstverständnis der Cultural Studies wieder (vgl. ebd.).

Wie diese begrifflichen Interventionen für die Cultural Studies genutzt werden können, zeigen wir zunächst an der Rekonstruktion bedeutender Arbeiten der Cultural Studies zu Fragen von Macht und Kritik unter besonderer Berücksichtigung der konkreten Artikulation von Identität und Politiken der Repräsentation in den Medien. Wir fragen uns hier, wie kritische mediale Interventionen in die Diskurse der Macht aus der Perspektive der Cultural Studies möglich sind, um dann die hieraus resultierenden Einsichten auf konkrete Analysen von Film und Fernsehen zu übertragen. Dabei sollen uns die Theorie des Quasi-Subjekts und die Methode der Resignifikation Möglichkeiten der machtkritischen Intervention erschließen, die sich nicht nur darauf beschränken, bestimmte normierende Machteffekte abzulehnen, sondern auch alternative Formen von Identität positiv zu formulieren. In Verknüpfung mit den Überlegungen John Fiskes (1993, 1999b, 1999c) zu einem *empowerment* im Sinne der Cultural Studies werden diese Begriffe in den Diskurs der Cultural Studies eingeführt und nutzbar gemacht. Dazu beziehen wir uns in dieser Arbeit zunächst auf Hall (1989, 1994, 2000, 2004), um konkrete Einblicke in die Praktiken medialer Artikulation von Identität und kritische Politiken der Repräsentation zu erlangen. Hiervon ausgehend werden wir mit Douglas Kellner (1995, 2005a-i, 2010) noch deutlicher darstellen können, was es bedeutet, dass Medientexte niemals nur ›unschuldige‹

Unterhaltung sind, sondern stets auch pädagogische Funktionen erfüllen. In diesem Zusammenhang führen wir Kellners Begriff der ›diagnostischen Kritik‹ ein, der uns dabei helfen soll, diese pädagogischen Funktionen, die normierende Machteffekte sind, zu erkennen und kritisch gegen sich selbst zu verwenden. Dabei bedeutet ›kritisch‹, dass wir uns mittels einer diagnostischen Kritik dazu ermächtigen, über die uns durch bestimmte Medientexte zugewiesenen Subjektpositionen mit zu verhandeln und diese nicht zwangsläufig zu akzeptieren. Film- und Fernsehanalyse als diagnostische Kritik ist damit ein Instrument sozialpolitischer Kritik und Intervention sowie eine grundlegende kritische Medienkompetenz in postmodernen Medienkulturen. Auch für Norman K. Denzin (1995, 2000, 2003) nimmt der Film eine konstitutive Rolle für die Gesellschaft ein. Hier wird Filmanalyse als sozialwissenschaftliche Methode genutzt, die uns Einblicke in die Gesellschaft geben kann, die uns andere Methoden nicht geben können. Film lässt sich in dieser Hinsicht als eine Art ›Gesellschaftsseismograph‹ lesen, der sensibel auf diskursive Erschütterungen reagiert. Dieses Konzept ist wiederum in einem performativen Verständnis von Kultur verankert, dass uns deutlich macht, dass Macht und Kritik immer eine Frage konkreter Performanzen sind, wodurch unsere Verantwortung, uns dieser Herausforderung zu stellen, hervorgehoben wird. Denn wenn Kultur ein ›Verb‹ ist (vgl. Denzin 1999), wir also Kultur ›tun‹ (vgl. Hörning/Reuter 2004), sind wir unmittelbar für die Folgen unseres Tuns verantwortlich. Dadurch sind die Arbeiten Denzins auch für einen Diskurs radikaler Demokratie von großer Wichtigkeit. Henry A. Giroux (2001, 2002) zeigt schließlich auf, welche Rolle der Film für eine kritische Medienpädagogik im Rahmen einer radikal verstandenen Demokratie spielt und weist uns darauf hin, dass eine kritische Medienpädagogik den pädagogischen Raum auch ›jenseits des Klassenzimmers‹ fortführt und Filme als eine kritisch-pädagogische Intervention genutzt werden können.

All diese Ansätze positionieren sich gegen die Verengung möglicher Identitäten auf die Position eines rein ökonomisch konzipierten ›unternehmerischen Selbst‹ (vgl. Bröckling 2007) im Rahmen eines global agierenden Neoliberalismus. Sie alle begreifen Kultur als den Ort, an dem um Macht gerungen wird, und nicht als den Ort, an dem sich Macht ungestört reproduziert. In diesem Zusammenhang werden die Konzepte des Quasi-Subjekts und der Resignifikation in dieser Arbeit immer wieder aufgegriffen. Wichtig hervorzuheben ist dabei auch das Konzept von Zivilgesellschaft als Ort kritischer Reflexion, der das Private mit dem Öffentlichen verbindet. Dies hat auch einige Konsequenzen für den Begriff einer kritischen (Medien-)Pädagogik, der hier ein anderer als der in der deutschsprachigen Diskussion gemeinhin verwendete ist. Aufgrund des thematischen Schwerpunkts der vorliegenden Arbeit, der auf den Cultural Studies liegt, können wir diesbezüglich keine ausführliche Diskussion im Hauptteil führen. Wir erachten es aber als notwendig, an dieser Stelle die unterschiedlichen Zugänge zu einer kritischen (Medien-)Pädagogik aus Sicht der Cultural Studies einerseits, und aus der Perspektive der im deutschsprachigen Raum dominanten Auffassung von (Medien-)Pädagogik andererseits gegeneinander genauer abzugrenzen. Im Sinne der Cultural Studies soll eine kritische (Medien-)Pädagogik »Kritikkompetenzförderung im Kontext von Erziehung und Pädagogik« (Kleiner 2010a: 657) leisten, weil Kritik andauernder Bildungsprozesse bedarf (vgl. ebd.). Eine kritische (Medien-)Pädagogik »soll das Grundanliegen der Medienanalysen der Cultural Studies als kritische Alltagsforschungen« (ebd.) vermitteln und umsetzen. Bezüglich der für den deutschsprachigen Raum repräsentativen Medienanalysen stellt Rainer Winter jedoch fest, dass diesen »die Dimension der Kritik weitgehend abhanden gekommen« (Winter 2005a: 356) ist. Kritische Formen der Medienanalyse müssen sozialtheoretisch begründet sein und als transdisziplinäres Projekt, nicht in Einzeldisziplinen, betrieben werden (vgl. ebd.). Gegen eine solchermaßen konzipierte Medienanalyse, die sich kritisch und politisch engagiert und dadurch interveniert, muten traditionelle kulturwissenschaftliche Ansätze, die die politische Dimension von Kultur ausklammern bzw. Macht nur unzureichend reflektieren, »antiquiert und weltfremd« (ebd.: 353) an. Um den Grund für diese Unterschiede nachvollziehen zu können, ist ein genauerer Blick auf die in den beiden Ansätzen verwendeten Diskursbegriffe notwendig. Denn im Fall der Cultural Studies leitet sich der Diskursbegriff, wie bereits erwähnt, zu weiten Teilen aus den Arbeiten Foucaults her, während die deutschsprachige Tradition der Medienpädagogik primär auf der von Jürgen Habermas (1998) entwickelten Diskurstheorie des Rechts und des demokratischen Rechtsstaats aufbaut, was sich insbesondere im dort entwickelten Begriff der ›Medienkompetenz‹ widerspiegelt (vgl. Süss/Lampert/Wijnen 2010: 107).

Während Foucault, wie wir in Kapitel 2.2.1 noch ausführlich darlegen werden, das Subjekt als ein Produkt machtvoller diskursiver Praktiken begreift, das niemals außerhalb der Diskurse der Macht verortet ist, versteht Habermas (1998), der Politik in weiten Teilen als einen Gegenstand des Rechts und weniger als Gegenstand alltäglicher sozialer Praktiken betrachtet, Rechtsurheberschaft »aus der Perspektive eines Unbeteiligten« (ebd.: 151). Auf der Basis eines allgemeinen Freiheitsrechts sieht Habermas bürgerliche Subjekte als autonome Rechtssubjekte frei assoziiert (vgl. ebd.: 156-159). Dieser sehr voraussetzungsreiche Zustand ist bei Habermas den Diskursen vorgelagert, also quasi ein ›Naturzustand‹. In diesen Zustand greift das Recht, dessen Urheber die bürgerlichen Subjekte sind, regulierend ein. Habermas konstruiert damit ein freies Subjekt vor dem Diskurs, welches sich durch Eintritt in den juridischen Diskurs diesem unterwirft, aber gleichzeitig auch sein Urheber ist: »Die Idee der Selbstgesetzgebung muß sich im Medium des Rechts selbst Geltung verschaffen.« (Ebd.: 160) Für den Prozess der Selbstgesetzgebung ist wiederum Sprache konstitutiv. Sprachgebrauch ist bei Habermas immer *verständigungs-* und *gemeinwohlorientiert*. Auf diesen Sprachgebrauch bezieht sich die kommunikative Freiheit, deren Verrechtlichung, so Habermas weiter, *symmetrisch* verläuft (vgl. ebd.: 161, 164). Statt also wie Foucault von einer Ungleichverteilung der Macht auszugehen, in deren Licht kommunikatives Handeln eine konfliktreiche Auseinandersetzung um Macht wäre, ist das Habermas'sche Diskursprinzip höchst normativ, wobei diese Normativität konstitutiv mit der Voraussetzung ›freier‹ Subjekte zusammenhängt, die zuallererst Urheber/-innen der Diskurse sind, bevor sie sich diesen unterwerfen. Doch diese »Idealisierung der Wahrheit bringt uns die Welt nicht näher, sondern entleert die situierte Erkenntnis vielmehr in bezug auf konkrete Erfahrungen und Evidenzen.« (Kögler 2004: 190)

Auch bezüglich der Rationalität, die das kommunikative Handeln lenkt, neigt Habermas dazu, diese als vordiskursiv gegeben zu betrachten, während Foucaults Thema das Zustandekommen spezieller Formen von Rationalität durch diskursive Praktiken ist. So beschreibt Foucault (2000) beispielsweise die spezifische Genese der Gouvernementalität als rein ökonomisch fundierte Handlungsrationalität, während Habermas eine stark bürgerlich geprägte Rationalität als Universalie begreift, die zu einem zwanglosen (!) Einverständnis über strittige Fragen führen soll (vgl. Habermas 1998: 277 f.). Eine ›naturgegebene‹ Rationalität ist bei Habermas »von Handlungs- und Erfahrungsdruck entlastet« (ebd.: 279) und ein zwangloser, aber geregelter »Wettbewerb um die besseren Argumente« (ebd.), wobei sich die Frage stellt, nach welchen Kriterien die ›besseren‹ Argumente ermittelt werden. Diesbezüglich benennt Habermas die Verfahrensbedingungen rationaler Diskurse folgendermaßen:

»Im rationalen Diskurs unterstellen wir Kommunikationsbedingungen, die erstens einem rational unmotivierten Abbruch der Argumentation vorbeugen, die zweitens über den universellen und gleichberechtigten Zugang zur sowie über die chancengleiche und symmetrische Teilnahme an der Argumentation sowohl die Freiheit der Themenwahl wie auch die Inklusion der besten Informationen und Gründe sichern, und die drittens jeden auf den Verständigungsprozeß von außen einwirkenden oder aus ihm selbst hervorgehenden Zwang, außer dem des besseren Arguments, ausschließen und damit alle Motive außer dem der kooperativen Wahrheitssuche neutralisieren.« (Ebd.: 282)

Nur indem Habermas die Genese dieser Rationalität nicht thematisiert, und nicht offenlegt, wer mit welchem Interesse diese Rationalität in dieser Weise konstruiert, kann er diese Rationalität vor den Diskursen verorten und der Gefahr der ›Vermachtung‹ ausgesetzt sehen. Während Foucault Macht als performativ begreift, und dementsprechend konstitutiv in konkreten Praktiken verankert sieht, definiert Habermas allgemeine Diskursregeln, nach denen sich das ›bessere‹ Argument bestimmen lässt (vgl. ebd.: 284). Dass das ›bessere‹ Argument auch das machtvollere ist, wird hier nicht thematisiert.

Hinsichtlich der Sprache des kommunikativen Handelns bleiben die machtvollen diskursiven Praktiken der Sprachgenese unterbelichtet, weil Habermas (1998: 436) hierfür eine an Allgemeinverständlichkeit orientierte ›natürliche‹ Sprache voraussetzt, was sämtliche machtvollen Implikationen der Sprachgenese ausblendet. Mehr noch, setzt Habermas diesen Raum als konstitutiv für den demokratischen Rechtsstaat und sieht ihn durch den Einfluss der Macht bedroht. Denn die »Strukturen einer vermachteten Öffentlichkeit schließen fruchtbare und klärende Diskussionen aus.« (Ebd.: 438) Damit kennt Habermas' Theorie zwar einen Machtbegriff, aber sie bewertet Macht als Bedrohung, nicht als konstitutives Element einer Sozialtheorie. Darüber hinaus bestimmt Habermas die *Face-to-face*-Kommunikation als ›Normalfall‹ von Kommunikation für das kommunikative Handeln. Erst bei der Erweiterung dieses Kommunikationszirkels setzen Differenzierungen ein, die Habermas als egalitär legitimierte ›Vermachtung‹ begreift (vgl. ebd.: 443-467). Die Problematik dieser normativen Auflading des kommunikativen Handelns verschärft sich noch mit Blick auf die Rolle der Medien, die Habermas zufolge unabhängig von politischen und gesellschaftlichen Akteurinnen sein sollen (vgl. ebd.: 457).

Wie problematisch diese Vorstellungen von massenmedialer Kommunikation sind, zeigt sich im Vergleich mit den Ausführungen Halls (1989b) zu dieser Frage. Nach Hall sind Massenmedien niemals unabhängig von politischen und gesellschaftlichen Akteurinnen, sondern immer strukturiert. Das bedeutet, dass Massenmedien in modernen kapitalistischen Demokratien eine entscheidende Rolle in der Vermittlung von Ideologien spielen. Massenmedien sind entsprechend der Ungleichverteilung von Macht und Wissen in der Gesellschaft strukturiert, was sich beispielsweise an der ethnozentrischen Struktur der Nachrichten erkennen lässt. Es ist also eine Fiktion, dass die Vermittlung von Information in den Medien sachlich sei (vgl. ebd.: 126-130). Auch wenn Strukturierung keine Voreingenommenheit oder bewusste Manipulationsabsicht bedeutet, müssen Medien dennoch entlang dominant-hegemonialer Diskurse das Was und Wie ihrer Inhalte selektieren. Somit ist mediale Bedeutungsproduktion immer eine soziale Praxis, die durch machtvolle Kodierungsprozesse strukturiert ist. Realität ist also nicht objektiv, sondern stets konsensuell kodierte Realität, wobei sich der Konsens am Prinzip der ›Ausgewogenheit‹ orientiert (vgl. ebd.: 131-138, 145 f.).

Dem Konzept der ›determinierten Struktur‹ (vgl. ebd.: 148) entsprechend, definiert der »Staat [...] letztendlich das Terrain, auf dem die Repräsentationen der Welt im Fernsehen konstruiert werden.« (Ebd.: 147) Foucault (1998) sieht den Einfluss der Macht in allen Diskursen, nicht nur den medialen, gegeben. Der Begriff des kommunikativen Handelns bei Habermas blendet daher die Rolle der Macht bezüglich des kommunikativen Handelns aus. Während Habermas die Macht als Bedrohung eines freien kommunikativen Austausches unter freien Subjekten, die er als die Urheber/-innen[1] der Diskurse sieht, bewertet, betont Foucault (1977), dass Macht Subjekte überhaupt erst produziert. So zeigen uns die Cultural Studies, welche Auswirkung dies – nicht nur – auf medial vermittelte Kommunikationsprozesse hat. Nur auf der Grundlage eines solchen Verständnisses von Kommunikation lassen sich machtkritische Medienanalysen wie beispielsweise die diagnostische Kritik (vgl. Kellner 2005a) entwickeln und im Sinne einer kritischen Medienpädagogik (vgl. Giroux 2002) nutzen.

Daher verstehen wir unter einer *kritischen* Medienpädagogik eine Form von Pädagogik, die sich klar von den Diskursen einer *bewahrenden* Medienpädagogik abgrenzt. Denn letztere baut auf dem Habermas'schen Vermachtungskonzept auf, indem sie aus der Sicht eines juridischen Diskurses gesellschaftlich ›negative‹ Medieneffekte unterbinden möchte, statt sich mit Praktiken aktiver und kritischer Medienaneignung zu befassen (vgl. Süss/Lampert/Wijnen 2010: 83-92). Eine bewahrende Pädagogik geht somit bezüglich der Mediennutzer/-innen häufig von dem Bild unmündiger ›kultureller Deppen‹ aus. Am ehesten lassen sich im Konzept einer *aufklärenden* Medienpädagogik Gemeinsamkeiten einer auf Habermas aufbauenden Medienpädagogik und der kritischen Medienpädagogik in der Tradition der Cultural Studies erkennen. Die aufklärende Medienpädagogik versteht Mündigkeit als die Fähigkeit, die Medien zu durchschauen und gesellschaftliche Institutionen kritisch zu erfassen (vgl. ebd.: 94 ff.). Hier herrscht ein Verständnis der Zusammenhänge von Medien und Gesellschaft vor, das der Auffassung der strukturierten Vermittlung von Ereignissen nahe kommt. Jedoch existieren auch signifikante Unterschiede zu den Ansätzen der Cultural Studies, und so hat die aufklärende Medienpädagogik nur eine bedingte Nähe zu den sich von den Cultural Studies herleitenden Ansätzen kritischer Medienpädagogik.

---

1 Auch nach einer Vielzahl von Rechtschreib›reformen‹ sieht der Duden noch immer keine Großschreibungen im Wortinnern vor. Dies betrifft auch das so genannte ›Binnen-I‹. Sollte daher die Doppelnennung der femininen und maskulinen Form in diesem Buch unter sprachökonomischen Aspekten nur wenig elegant zu lösen sein, werden zum Zweck einer besseren Lesbarkeit abwechselnd beide Formen verwendet. Die jeweils andere Form ist selbstverständlich immer mitgemeint.

Denn auch die aufklärende Medienpädagogik bezieht sich auf Habermas, wenn sie beispielsweise nach den Manipulationsabsichten der Medien sucht, die sich angeblich »hinter der Oberfläche der Geschichten« (ebd.: 94) verbergen. Vor diesem Hintergrund werden Medien als Instrumente der Selbstreflexion einer »freien demokratischen Gesellschaft« (ebd.: 95) verstanden. Somit dringt auch hier wieder die Habermas'sche Idee einer zwanglosen, durch rationale Regeln geleiteten freien Kommunikation durch, die den Gefahren der Vermachtung durch die Medien ausgesetzt ist. Während bei Habermas und den entsprechenden medienpädagogischen Ansätzen also die Vorstellung von einer äußeren Bedrohung der freien Gesellschaft vorherrscht, die sich aus hinter den Botschaften versteckten Manipulationsabsichten herleitet, begreift eine kritische Medienpädagogik in der Tradition der Cultural Studies Kommunikation, Medien und Macht immer als performative Phänomene. Damit ist Kommunikation stets machtvermittelt und machvermittelnd. Die Medien bedrohen die Kommunikation demnach nicht, sondern sind eine weitere Ebene der Artikulation von Macht, die keine *äußere* Bedrohung darstellt, weil Kommunikation, und mit ihr auch subjektive Identität, immer *innerhalb* des Feldes der Macht entsteht. Macht ist eine konstitutive Voraussetzung für Kommunikation. Kritische Medienpädagogik in der Tradition der Cultural Studies konstituiert sich als »eine Art Pädagogik [...], die das aktive Engagement von Individuen und Gruppen zu gewinnen sucht« (Hall 2000a: 46) und sie nicht entlang äußerer normativer Forderungen erzieht, deren Genese nicht thematisiert wird. Hier wird kritische Medienpädagogik im Sinne von Interventionen verstanden, die »die anderen [...] irritieren, [...] belästigen und [...] stören, ohne auf einer endgültigen theoretischen Schließung zu bestehen.« (Ebd.: 47)

In diesem Zusammenhang besteht eine weitere Leistung der vorliegenden Studie darin, die Beiträge der Cultural Studies zu einer performativ verstandenen, kritischen Medienpädagogik zu bündeln, da diese in der deutschsprachigen Diskussion bisher ein marginalisiertes Dasein fristen. Dies zeigt sich beispielsweise an der Tatsache, dass in der deutschsprachigen einführenden Studienliteratur zur Medienpädagogik der für die Cultural Studies relevante Diskurs, wie er in dieser Arbeit rekonstruiert wird, selbst im Rahmen eines internationalen Vergleichs medienpädagogischer Ansätze unerwähnt bleibt (vgl. Süss/Lampert/Wijnen 2010: 173-192). So wird Medienpädagogik im anglo-amerikanischen Raum lediglich über eine einzige, hier als ›Standardwerk‹ beschriebene Veröffentlichung Len Mastermans von 1985[2], rezipiert (vgl. ebd.: 176 f.). Bezüglich der Diskussion in den USA werden selbst mit Blick auf das *media literacy move-*

---

2 Es handelt sich hierbei um Len Mastermans (1985) Buch *Teaching the Media*.

ment weder Kellner, noch Giroux, noch andere den Cultural Studies zuzurechnende Vertreter/-innen genannt (vgl. ebd.: 183-186), wobei gerade hier richtungsweisende Arbeiten von Douglas Kellner und Jeff Share (2007a, 2007b) vorliegen. Im Fall Lateinamerikas verzichtet die Darstellung (vgl. Süss/Lampert/Wijnen 2010: 187 f.) sogar gänzlich auf die Arbeiten Paulo Freires (1975, 2007, 2008), die auch über Lateinamerika hinaus für die kritische Pädagogik so relevant sind, dass sich maßgebliche Autoren wie Henry A. Giroux und Roger I. Simon (1989) oder Lawrence Grossberg (1989) explizit auf Freires Veröffentlichungen beziehen.

Deshalb ist es dieser Arbeit ein Anliegen, sowohl den Cultural Studies als auch einer kritischen Medienpädagogik in der Tradition der Cultural Studies einen angemessenen Raum in der deutschsprachigen Rezeption zu geben. Beide Ansätze sehen es als ihre Aufgabe an, durch einen kritisch-hinterfragenden Dialog Strukturen und Praktiken der Macht sichtbar zu machen, diese kritisch zu befragen und zu verändern. Dabei verbindet die Zentralität der Populärkultur das Projekt einer kritischen Medienpädagogik eng mit dem Projekt der Cultural Studies. Denn in der Populärkultur können »Machtverhältnisse stabilisiert, aber auch in Frage gestellt und verändert werden.« (Winter 2004: 2) Implizit ist also in den Cultural Studies eine kritische Pädagogik angelegt, »auch wenn sie nicht ausbuchstabiert ist.« (Ebd.: 4) Populärkultur ist sowohl einer der Orte der Reproduktion von Macht als auch der kritischen Reflexion und des Widerstands. Somit wird Populärkultur zu einem Dreh- und Angelpunkt der Analysen und Interventionen der Cultural Studies und der kritischen Medienpädagogik. Hierbei wird die Politik der Repräsentation, mittels derer »mediale Texte Bedeutung, Vergnügen und Identifikationen mobilisieren« (ebd.: 10), und die deshalb einen »pädagogischen Raum« (ebd.: 11) bereitstellt, zu einem wichtigen Thema. So möchten sowohl Cultural Studies als auch eine kritische Medienpädagogik »die Zuschauer ermächtigen, die Botschaften, Ideologien und Werte in medialen Texten zu dechiffrieren, um der Manipulation zu entgehen und eigene Identitäten und Widerstandsformen entwickeln zu können.« (Ebd.) Dabei stellen die Cultural Studies Theoriewerkzeuge zur Verfügung, die für die interventionistischen Belange einer kritischen Medienpädagogik besonders gut geeignet sind (vgl. Hipfl 2004: 2).

Betrachten wir kritische Medienpädagogik und Cultural Studies aus der Perspektive ihrer gemeinsamen Interessen, so kristallisiert sich das Projekt einer radikalen Demokratie als ein starkes Motiv beider Disziplinen heraus, bei dessen Umsetzung die Populärkultur eine entscheidende Rolle spielt. Denn nur indem Populärkultur als pädagogischer Diskurs ernst genommen und zu einem zentralen Bestandteil der Lehrpläne wird, wird man sich einer radikalen Demokratie annähern können (vgl. Giroux/Freire 1989: ix). In diesem Sinne ist Pädagogik weder auf den Schulunterricht beschränkt, noch lässt sie sich von den mannigfaltigen Formen populärer Kultur isoliert betrachten. Dabei ist Populärkultur das Feld, in dem unterdrückte Geschichten, die Bestandteil der eigenen Identität sind, erzählt werden und zur Ermächtigung beitragen können. Populärkultur ist damit ein wichtiger Bestandteil einer kritischen Medienpädagogik, die kritische statt ›gute‹ Bürger/-innen hervorbringen möchte. Wie die Populärkultur, so stellt auch kritische Medienpädagogik Freiräume bereit, in denen kritische Bürgerinnen und Bürger ihre eigenen Geschichten erzählen: »schools are about somebody's story, and that story if it is to expand its possibilities for educating students to be rather critical than merely good citizens must recognize the multiple narratives and histories.« (Ebd.) Wie wir sehen, geht es einer kritischen Medienpädagogik um die Erweiterung von Handlungsmöglichkeiten und die Bereitstellung von Freiräumen. Um diese Freiräume errichten zu können, muss kritische Medienpädagogik eine Sprache finden, in der sich im Sinne einer kritischen Medienkompetenz die unterschiedlichen, marginalisierten Positionen artikulieren können (vgl. ebd.: x). Hier wird Populärkultur zu einer bedeutenden Wissensquelle, die von einer Vielzahl an machtvollen Diskursen segmentiert ist (vgl. Giroux/Simon 1989a: 2 f., 11).

Wie Henry Giroux und Roger Simon (1989a: 14-19) zeigen, wird Populärkultur dialektisch durch Ideologie und Vergnügen bestimmt, wodurch sie zwischen Vereinnahmung und Kritik oszilliert – eine Bewegung, die sich in hohem Maß im Film wiederfindet (vgl. Giroux 2002), der die zentrale Bedeutung des Affektiven und seiner politischen Implikationen in der Populärkultur hervorhebt. Für Giroux ist Film daher nicht bloß ein weiteres Unterrichtshilfsmittel, sondern ein eigenständiger ›pädagogischer Text‹ (vgl. ebd.: 8), der helfen kann, kritische Medienkompetenzen heranzubilden, indem er das Private mit dem Öffentlich-Politischen in Beziehung setzt (vgl. ebd.: 2-10). Hier ist Film ein Sprachrohr marginalisierter Positionen, das im Spannungsfeld von Vergnügen und Ermächtigung operiert. In dieser Hinsicht kann Populärkultur ein Feld von Möglichkeiten erschließen, das zur kritischen Aneignung populärkultureller Formen ermächtigt. Dies jedoch ist eine *Möglichkeit*, keine *Garantie*, da die Populärkultur als ein zwischen den Polen Wissen, Macht und Vergnügen trianguliertes Feld immer umkämpft ist (vgl. Giroux/Simon 1989: 24).

In diesem Sinne nutzen wir in Kapitel 3 dieser Arbeit die Möglichkeiten des Films zur Kritik der Macht als kritisch-ermächtigende Intervention im Rahmen einer durch die Cultural Studies beeinflussten kritischen Medienpädagogik. Wir verstehen diese exemplarischen Analysen als Interventionen, weil sie »konkrete Interpretationen […] zur Verfügung […] stellen, um zu sehen, was sie uns über unser Leben sagen« (Kellner 2005f: 213), wodurch sie Bestandteil weiterer kritischer Reflexionen sein können. *Intervention* geschieht hier *durch Interpretation*. Diese stellt eine neue, kritische Erzählung zur Verfügung, die wiederum Bestandteil eines kritischen Bildungsdiskurses sein kann, weil sie Diskurse entnaturalisiert und veränderbar macht. Die Interpretation ist ein Text über den filmischen Text, der Angebote zur Rezeption des Films macht und dadurch das Möglichkeitsspektrum im Sinne eines *empowerment* erweitert. Ein Interpretationsangebot kann so im Sinne Fiskes (1993) die Handlungsmöglichkeiten, eine kritische *agency*, erhöhen. Dieses Angebot ist insofern von großer Wichtigkeit, als es eine unverzichtbare Gegenstimme im Kampf gegen unterdrückende Lesarten darstellt.

In diesem Zusammenhang skizziert Oskar Piegsa (2011), wie sich die konservative Rechte in den USA im so genannten *culture war* die Popkultur aneignet, um »mit ›South Park‹ gegen linke Spießer, mit Bob Dylan gegen Barack Obama und mit Rap für die Republikaner« (ebd.: 31) zu kämpfen. Wir sehen also, dass Populärkultur keine Garantien für ein *empowerment* gibt, sondern dass wir uns dieses erkämpfen müssen. Daher ist es für das kritisch-ermächtigende Projekt der Cultural Studies von Belang, Interpretationsangebote zu machen, die die Ziele einer kritischen Pädagogik verfolgen, die auf ein Mehr an lebbaren Subjektpositionen hinwirkt. Vor diesem Hintergrund wird beispielsweise in Kapitel 3.3 mit der Interpretation zu SOUTH PARK eine Position artikuliert, die alltägliche implizite Rassismen sichtbar macht und gegen sie kämpft. Denn auf dem Feld der interventionistischen Interpretation medialer Texte existiert nicht nur die Stimme Douglas Kellners (2010). Konservative wie der Publizist Brian C. Anderson (2005) lesen SOUTH PARK als konservativen Erfolg in der Auseinandersetzung um kulturelle und mediale Hegemonie, da die Serie auch linke *political correctness* persifliert. Indem viele andere Kritikpunkte am konservativen Amerika der Gegenwart, die in SOUTH PARK auch artikuliert werden, schlichtweg überlesen werden, kann man zu dem vorschnellen Schluss kommen, »›South Park‹ sei zwar nicht auf traditionelle Weise konservativ, aber leidenschaftlich ›anti-links‹.« (Piegsa 2011: 34) Um solchen Verzerrungen entgegenzuwirken, werden hier Interpretationen entfaltet, die die unterdrückenden Machtmechanismen, wie sie für die konservative Rechte charakteristisch sind, entlarven.

Wir stellen also die Frage, was machtkritische Lesarten von Filmen über aktuelle Bedingungen in politischer, sozialer, kultureller und ökonomischer Hinsicht aussagen, und bieten mittels der exemplarischen Analysen mögliche Antworten an. Dabei sind Filme, wie jeder kulturelle Text, »eine Quelle des kritischen Wissens der aktuellen Zeit« (Kellner 2005f: 213). Die Filminterpretationen intervenieren hier in dem Maße kritisch, als sie Texte sind, die andere Räume der Macht beschreiben als diejenigen, die uns auferlegt werden. So wird eine kritische Medienpädagogik ausbuchstabiert, indem gezeigt wird, wie die Filminterpretationen die Diskurse der Macht resignifizieren und damit Subjektpositionen artikulieren können, die eher den Positionen eines Quasi-Subjekts als denen eines modernen Subjekts im Foucault'schen Sinne entsprechen. Die exemplarischen Analysen verstehen sich damit als diagnostische Kritik und Intervention. Sie sind ›Bausteine‹ eines *empowerment* und geben im Interpretationskontext die Option auf weitere kritische Anschlüsse, die nicht nur darauf hinarbeiten, ihr Publikum im Feld der Macht unter umgekehrten Vorzeichen zu repositionieren (vgl. Fiske 1993: 81-91), sondern Lektüren an die Hand zu geben, die die Macht aus ihrem Inneren heraus dekonstruieren (vgl. Hall 2004d 163 ff.). Die hier entfalteten Interpretationsangebote sagen damit zwar nichts darüber aus, welche Rezeptionspraktiken tatsächlich stattfinden. Doch schmälert dies den Wert des Angebotes nicht.

Die Filmauswahl konzentriert sich auf Filme ›alternativer Strömungen‹, die sich vom Hollywoodkino abgrenzen und sich dagegen positionieren, weil die Möglichkeiten des Hollywoodkinos, kritische Positionen zu artikulieren, »klar begrenzt« (Kellner 2005a: 27) sind, was aber nicht bedeutet, dass Hollywoodfilme nicht für eine diagnostische Kritik genutzt werden könnten (vgl. Kellner 2010). Im Hollywoodfilm artikulierte Positionen unterliegen relativ strengen Konventionen, was die Artikulation radikaler Gegenpositionen in der Praxis deutlich erschwert, obwohl sie nicht strikt ausgeschlossen werden können. Denn auch die Filme Hollywoods lassen sich ›gegen den Strich‹ lesen, wodurch sich auch aus reaktionären Filmen progressive Aspekte ableiten lassen (vgl. Kellner 2005a: 37). Manchmal müssen Filme aber auch nicht unbedingt gegen den Strich gelesen werden, um utopische Momente zu erkennen. Der Film V FOR VENDETTA, dessen zentrales Thema das Setzen einer Utopie der Freiheit gegen einen faschistoiden Staat ist, ist hier ein gutes Beispiel (vgl. Nestler/Winter 2008). Dennoch sind Filme, die sich einer progressiven politischen Intervention verschrieben haben, häufig eher außerhalb Hollywoods zu finden (vgl. Kellner 2005a: 27), weshalb die Filmanalysen sich auf Filme jenseits dieses Mainstreams konzentrieren. Ferner widmen wir uns nicht ausschließlich einem bestimmten Genre, sondern befassen uns im Sinne der von Kellner (2005a) für die Cultural Studies eingeforderten multiperspektivischen Dimension mit Filmen und TV-Serien aus dem Gebiet des Westerns bzw. der Westernparodie, der Komödie, der Satire und mit dem Hongkong-Kino, um die Optionen auf *empowerment* so offen wie möglich zu halten.

So stellen wir mit der Interpretation zu Jim Jarmuschs DEAD MAN (1995) heraus, inwiefern das Konzept fragmentierter kultureller Identitäten nicht nur den *Westen* als dominanten politischen Diskurs, sondern auch den *Western* als Filmgenre dezentriert. Mit der Interpretation zu Kevin Smiths CHASING AMY (1997) zeigen wir, wie alternative Identitäten mittels subversiv-taktischer Aneignung simplifizierender Stereotype gestaltet werden können. Hier wird deutlich, was ein Quasi-Subjekt sein kann, das heteronormative Identitäten zurückweist. Die diagnostische Lesart einer Folge der Fernsehserie SOUTH PARK (2007) demonstriert, wie Populärkultur als kritisches Vergnügen und pädagogischer Diskurs funktionieren kann, indem rassistische Diskurse und ihre diskriminierenden Effekte parodistisch thematisiert werden. Dabei eignet sich SOUTH PARK besonders gut als ›Seismograph‹ im Sinne Denzins (1995, 2000), weil diese Serie durch ihre vielfältigen Verletzungen von Tabus zeigt, wo die *moral majority* verortet ist, indem sie sie zur Reparatur ihrer beschädigten Macht zwingt. Wie Filme als ›kleine Literaturen‹ (vgl. Deleuze/Guattari 1976) gelesen werden können, die sich die ›großen‹ Sprachen des Mainstreams in eigensinniger Weise aneignen und damit Artikulationsräume für diejenigen Stimmen schaffen, die im Diskurs des Mainstreams sonst nicht hörbar sind, zeigen wir am Beispiel des Hong Konger Regisseurs Wong Kar-wai mit einem *close reading* seines Films HAPPY TOGETHER (1997).

Mit Blick auf diese Analysen soll darauf hingewiesen werden, dass das vorliegende Buch als teilkumulative Dissertation entstanden ist. Die Analyse zu DEAD MAN in Kapitel 3.1 erschien zuvor als Nestler (2006), die Analyse zu CHASING AMY in Kapitel 3.2 als Nestler (2008). Die Analyse zu SOUTH PARK in Kapitel 3.3 ist die deutsche Übersetzung und erweiterte Fassung von Nestler (2009). Damit reflektiert die zwischen den Veröffentlichungen liegende Zeitspanne von drei Jahren auch einen Teil der Entstehung der gesamten Dissertation. So sind die Analysen zu DEAD MAN und CHASING AMY zu einem Zeitpunkt entstanden, als die Ansätze der Cultural Studies und diejenigen von Foucault und Butler noch nicht in dem Maße miteinander verbunden waren, wie sie es nun sind, weshalb hier der Begriff der ›performativen Kritik‹ noch nicht ausformuliert ist. Die Analysen zu SOUTH PARK und HAPPY TOGETHER hingegen, die später verfasst wurden, beziehen sich eingehend auf das hier entwickelte theoretische Instrumentarium. Dabei übersteigt die Diskussion der Filme Wong Karwais in Kapitel 3.4 dieses sogar, indem einige Vorannahmen des hier entwickelten Theorieapparates kritisch hinterfragt werden. ›Stillschweigend‹ in die Diskussion eingeführte Dichotomien, wie sie häufig in den Cultural Studies zu finden sind, werden mit der von Gilles Deleuze und Félix Guattari (1976, 1997) entwickelten Theorie des Rhizoms diskutiert und transzendiert.

Die vorliegende Arbeit knüpft also an die von Kellner formulierte Forderung nach philosophischer Intervention in das Projekt der Cultural Studies an und führt über die sprachphilosophischen Arbeiten Austins und den *performative turn* den Begriff einer performativen Kritik in den Diskurs der Cultural Studies ein. Dieser Begriff wiederum wird anhand ausgesuchter Arbeiten Foucaults und Butlers als Theorie des Quasi-Subjekts und Methode der Resignifikation konkretisiert. Auf dieser Basis werden für uns relevante medienkritische Arbeiten der Cultural Studies daraufhin gelesen, inwiefern sich hier Möglichkeiten finden lassen, die Begriffe der performativen Kritik, des Quasi-Subjekts und der Resignifikation für die Cultural Studies zu erschließen, indem die Analogien zwischen Foucault, Butler und den hier ausgewählten Vertretern der Cultural Studies betont werden. Auf der Grundlage dieses theoretischen Rahmens zeigen wir dann durch konkrete exemplarische Analysen, wie Film bzw. dessen kritische Interpretationen als ein sozialwissenschaftliches Werkzeug der Kritik genutzt werden und im Sinne einer kritischen Medienpädagogik machtkritisch intervenieren können. Dabei sehen wir sowohl Cultural Studies als auch kritische Medienpädagogik als kritisch-ermächtigende Projekte, die Ist-Zustände transzendieren und ›andere Räume‹ erschließen, die ein Mehr an lebbaren Subjektpositionen zulassen. Die kritische Diskussion und das Fazit zeigen schließlich, dass uns die hier stark gemachte Performativität auf einer Metaebene wiederum dazu auffordert, unsere eigenen Begriffe zu überdenken. Performative Kritik ist eine Politik ohne Garantien, die in sich verändernden Kontexten stets neu bestimmt werden muss.

Im Rahmen unseres Vorhabens, die dichotome Positionierung von Subjekten zu überschreiten, liegt es daher nahe, ebenfalls diejenigen begrifflichen Dichotomien, die die Cultural Studies häufig verwenden, genauer auf ihre Brauchbarkeit hin zu analysieren. Denn ein dichotom strukturierter Begriffsapparat kann ein Hindernis auf dem Weg zu einer ermächtigenden Kritik der Macht sein. Vor diesem Hintergrund ist beispielsweise die Kritik von Urs Stäheli (2004) an der Global-Lokal-Dichotomisierung, wie sie seiner Ansicht nach in den Cultural Studies häufig zur Anwendung kommt, zu sehen. Wir müssen Stähelis Kritik allerdings sehr vorsichtig lesen. Zwar kommt sie bezüglich der Dichotomienproblematik zu Schlussfolgerungen, die wir für unsere Diskussion nutzen können. Doch neigt sie auch zu einer unangemessenen Pauschalisierung, wenn sie stets von ›den Cultural Studies‹ spricht, Stähelis Argument sich jedoch weitgehend auf die Arbeiten John Fiskes beruft (vgl. ebd.: 158-161). Dieser Pauschalisierung schließen wir uns nicht an. Stäheli kritisiert eine für die Medienanalysen und die Globalisierungsdiskussion der Cultural Studies angeblich typische politisch-normative Aufladung des Begriffs der diskursiven Praktiken zum Zwecke politischer Kritik. Dabei wird das Lokale zum Ort widerständiger Praktiken, das dem

Globalen als Ort vereinheitlichender, meist ökonomisch verstandener Regimes gegenüber steht, was Stäheli zufolge »zu höchst problematischen theoretischen und politischen Konsequenzen führt.« (Ebd.: 154) Damit stehe für die Cultural Studies nicht nur eine akademische Theoriediskussion auf dem Spiel, sondern auch die politische Handlungsfähigkeit des Subjekts unter poststrukturalistischen Bedingungen (vgl. ebd.: 155). Stäheli meint, in den Cultural Studies eine Verkürzung des von Foucault übernommenen Begriffs der diskursiven Praktiken feststellen zu können. Statt, wie Foucault dies tut, in den diskursiven Praktiken einerseits die Artikulation der Macht in Form von Prozessen der Subjektivation, aber andererseits auch die Möglichkeit zum Widerstand zu sehen, verkürzten die Cultural Studies diesen Begriff a priori auf den Ort der Subversivität, wodurch eine politisch-normative Aufladung stattfände. Diese Aufladung, so Stäheli weiter, stelle einen Bruch mit dem Begriff diskursiver Praktiken Foucaults dar, sie deklariere die Mikro-Praktiken im Lokalen für per se heterogen und widerständig und gebe damit eine ›Subversionsgarantie‹[3] (vgl. ebd.: 164), während die Makro-Praktiken des Globalen homogen und unterdrückend seien. Somit führten die Cultural Studies die Trennung der Mikro- und Makroebene wieder ein und betrachteten die Orte der Macht, das Globale, und die Orte des Widerstands, das Lokale, als zwei gegensätzliche Gesellschaftssphären.

Dies erachtet Stäheli insofern als problematisch, als nun nicht mehr nach Brüchen im Sozialen gesucht werden kann, weil es zwischen den zwei gegensätzlichen, kaum miteinander agierenden Gesellschaftssphären ohnehin nicht zum Bruch kommen kann. Mikro- und Makroebene, das Lokale und Globale, können nur insofern miteinander agieren, als das Lokale sich das Globale widerständig aneignet, was aber voraussetzt, dass das Globale eine homogene Entität ist. Besonders in der Globalisierungsdebatte behinderten daher diese Dichotomien ein produktive Diskussion. Vor diesem Hintergrund führen die Abstrahierung und Homogenisierung des Globalen zu seiner Entpolitisierung, da es nicht mehr analysierbar ist, weshalb Stäheli von einem ›Phantom des Globalen‹ spricht (vgl. Stäheli 2004: 158-163). Daher fordert Stäheli, die Praktiken, die diese Global-Lokal-Dichotomie konstruieren und in den Diskurs einführen, kritisch zu hinterfragen. Dies würde einer ›Naturalisierung‹ dieser Dichotomie entgegenwirken und die Frage aufwerfen – und möglicherweise auch beantwortbar machen – wie und warum diese Dichotomie zustandekommt (vgl. ebd.: 164).

---

3   Man erkennt leicht, dass Stäheli hier pauschalisiert. Die von uns zum Thema der Kritik und des Widerstands dargestellten Positionen der Cultural Studies sprechen jedenfalls allesamt von einer Politik ohne Garantien und gehen mit dem Problem der Dichotomisierung sehr selbstkritisch um.

Denn es mag durchaus sein, dass sie in bestimmten Kontexten sinnvoll ist und als Instrument politischer Kritik funktioniert. Dennoch sollte die ›Naturalisierung‹ dieser Dichotomie vermieden werden, weil sie, wie Stäheli zeigt, in anderen Kontexten eine politisch-kritische Analyse unmöglich machen kann.

So wird abschließend diskutiert, inwiefern die Philosophie des Rhizoms und des Minoritären bei Deleuze und Guattari (1976, 1997) dazu beitragen kann, dass uns die hier entwickelten Werkzeuge der Kritik auch zukünftig nützen. Denn wir müssen es vermeiden, mit unseren Begriffen, wie beispielsweise ›Macht‹ und ›Kritik‹, neue Dichotomien zu konstruieren, die die hier stets geforderten Positionen im Dazwischen unerreichbar machen. Denn wenn *empowerment* unter anderem die Überwindung binär kodierter Identitätspolitiken bedeutet, sollten die kritischen Analysebegriffe ebenso wenig binär kodiert sein. Nur so kann die Geschichte der Menschen als Geschichte langer Unterwerfungen und Einsperrungen des Lebens zu einer Geschichte der Menschen umgeschrieben werden, die das Leben befreit, indem das Leben das Denken aktiviert und das Denken auf seine Weise das Leben bejaht (vgl. Deleuze 1979: 19-25).

2. Theoretische Grundlagen

2.1 DER *PERFORMATIVE TURN*: VON DER SPRACHPHILOSOPHIE ZU DEN KULTUR- UND MEDIENWISSENSCHAFTEN

In diesem Kapitel werden wir die Diskussion um den so genannten *performative turn* in den Kultur- und Medienwissenschaften zum Anlass nehmen, uns zunächst mit dessen Herleitung aus der Sprachphilosophie John L. Austins (1986, 2002) zu befassen. Nach der Rekonstruktion des Begriffs der performativen Äußerungen wird dessen Diskussion und Übertragung von der Sprachphilosophie in die Kultur- und Medienwissenschaften beschrieben (vgl. Krämer 2001a, 2001b, 2002; Wirth 2002). Hierbei zeigen sich zunächst drei Dimensionen des *performative turn* in den Kultur- und Medienwissenschaften, nämlich Inszenierung, Theatralisierung und Medialisierung, denen dann in Kapitel 2.2 eine vierte, nämlich die Dimension eines performativen Kritikbegriffs, hinzugefügt werden soll. Dadurch soll schließlich in Kapitel 2.3 der *performative turn* für die Cultural Studies, die sich als Projekt der Kritik an der Macht und der Intervention verstehen, erschlossen werden. So lassen sich für den weiteren Verlauf der Arbeit die nächsten Schritte wie folgt formulieren: Erstens geht es um die Herleitung des *performative turn* aus dem Begriff der performativen Äußerungen bei Austin. Was ist also der *performative turn*? Zweitens soll den für die Kultur- und Medienwissenschaften zentralen drei Dimensionen des *performative turn* eine vierte hinzugefügt werden, nämlich die Dimension eines Begriffs performativer Kritik. Drittens soll dieser Kritikbegriff mit Blick darauf hergeleitet werden, was Kritik ist, um ihn dann, viertens, für die Cultural Studies nutzbar zu machen.

Wie wir im Folgenden sehen werden, bereitet Austin den *performative turn* vor, indem er das ›Feststellen‹ im ›wirklichen Leben‹ ansiedelt. Der ›Feststeller‹ steht somit nicht mehr auf einer Position außerhalb des Ortes, zu dem er etwas feststellt, sondern ist mit ihm in einem zirkulären Verhältnis verbunden (vgl.

Austin 1986, 2002). Der *performative turn* (vgl. Krämer 2001, Wirth 2002) denkt diesen Grundgedanken weiter, indem er den ›Feststeller‹ auch als Erzeuger des Ortes, zu dem er etwas feststellt, sieht. Eine aktuelle Rezeption in den Medienwissenschaften erfährt dieser Gedanke beispielsweise bei Sarah Kember und Joanna Zylinska (2010), die zwischen Medium und Mediation unterscheiden, um dies dann über einen performativen Zirkel miteinander zu verbinden. Das Medium ist hierbei das Objekt, während die Mediation eine Praxis der Auseinandersetzung mit dem Medium ist, durch die das Medium wiederum entsteht. Der Begriff der Mediation soll ein Instrument zur Analyse und zum Verstehen von Medien sein, die niemals als ›Objekte an sich‹ existieren, sondern immer auch einer Praxis bedürfen, um zu entstehen. Mittels des Begriffs der Mediation sind wir einerseits in der Lage, unser Sein in einer technologischen Welt und unser Interagieren mit ihr artikulieren und verstehen zu können. Andererseits reflektiert dieser Begriff die Prozesse, die zur Herausbildung von Medien und Mediennutzerinnen führen und kann so die komplexen Beziehungen zwischen diesen näher beleuchten. Diese zirkuläre Beziehung zwischen Medien und Mediation ist eine performative Beziehung und zugleich auch eine kritische, weil dabei immer auch die Beziehung zwischen Medien und Mediation nicht bloß aktualisiert, sondern auch kritisch reflektiert wird. Der Grund, nun einen performativen Kritikbegriff zu entwickeln, liegt darin, dass die Iteration einen festen Platz innerhalb des Konzepts der Performanz einnimmt. Daher kann Performanz auch in politischer Hinsicht ein ermächtigendes Konzept sein, weil es nicht nur Normen beschreibt und aktualisiert, sondern es auch aufzuzeigen vermag, dass Veränderung und Erneuerung möglich sind, indem Performanzen nie die Welt bloß wiederholen und damit aktualisieren, sondern die Welt auch immer unterschiedlich aufführen: »›Performative repetitions with a difference‹ enable a gradual shift within the ideas, practices and values even when we are functioning within the most constraining and oppressive sociocultural formations.« (Ebd.: 3)

Dies wird bei Judith Butler (vgl. Kapitel 2.2.2) deutlich, aber bereits bei Michel Foucault (vgl. Kapitel 2.2.1), obwohl nicht ausformuliert, angedeutet. Bei Foucault und Butler wird, wie zu zeigen ist, bereits die *Kritik als performativer Akt* mitgedacht. So stellt Butler mit Bezug auf den Kritikbegriff bei Foucault fest, Kritik hinge immer »von ihren Gegenständen ab, die ihrerseits jedoch die genau [sic!] Bedeutung von Kritik definieren« (Butler 2001b), wodurch Kritik und ihr Gegenstand in einem zirkulären Verhältnis zueinander stehen, in welchem sie durch performative Akte erst erzeugt werden.[1] Dieser Akt lässt sich

---

1 Auf den Foucault'schen Begriff von Kritik als ›Kunst nicht dermaßen regiert zu werden‹ wird in Kapitel 2.2.1 näher eingegangen.

später weiterhin anhand der machtkritischen Interpretationen von Filmen (vgl. Kapitel 3) exemplarisch beschreiben. Diese Interpretationen wiederum verstehen sich als ein Angebot zur Offenlegung und Veränderung machtvoller Strukturen und Praktiken. Als potentiell ermächtigender Text, der diskriminierenden und unterdrückenden Texten Widerstand leistet und deshalb als ein performativer Akt der Kritik angesehen werden kann. In dieser Hinsicht machen Filme nicht nur etwas mit uns, sondern wir auch etwas mit ihnen, wie Rainer Winter und Sebastian Nestler (2010) mit ihrem Begriff des ›*doing cinema*‹ herausstellen. Zunächst jedoch möchten wir uns nun dem Begriff der performativen Äußerungen bei Austin widmen.

2.1.1 Zu den performativen Äußerungen bei John L. Austin

Die sprachphilosophischen Arbeiten John Langshaw Austins unterscheiden sich von denen seiner Zeitgenossen durch die Feststellung, dass es Äußerungen gibt, die weder wahr noch falsch, aber trotzdem nicht unsinnig sind, weil sie ihren Sinn durch die Handlung, die mit ihnen vollzogen wird, erlangen. Diese Äußerungen nennt Austin performativ (vgl. Austin 1986). Sybille Krämer (2001a) sieht in Austin einen »Pionier in der Erschließung der Handlungsdimension im Sprechen«, einen »Begründer einer *Theorie* des Sprechhandelns.« (Ebd.: 135, Herv. i.O.) Austin positioniert sich hiermit gegen den sprachphilosophischen Verifikationismus, welchem zufolge es entscheidbar sein muss, ob eine Aussage wahr oder falsch ist, wenn sie sinnvoll sein soll. Aussagen, für die dies unentscheidbar ist, die also weder wahr noch falsch sind, sind nach Auffassung des Verifikationismus' unsinnig: »[...] wenn diese Dinge wahr oder falsch sind, müßte man auch entscheiden können, welches von beidem, und wenn das nicht geht, taugen sie nichts und sind, kurz gesagt, unsinnig.« (Austin 1986: 305) Setzt man voraus, dass Sprache gebraucht wird, um Aussagen über Sachverhalte zu treffen, die entweder wahr oder falsch sein müssen, wenn sie sinnvoll sein sollen, so überzeugt die verifikationistische Position. Was aber, wenn es auch davon abweichende Gebrauchsweisen der Sprache gibt, die eben nicht darin bestehen, wahre oder falsche Aussagen über Sachverhalte zu treffen? Denn aus der Perspektive des Sprachgebrauchs gesehen existieren Äußerungen, die weder wahr noch falsch, aber dennoch sinnvoll sind. Hieran anknüpfend formuliert Austin seine Überlegungen zu performativen Äußerungen. Demnach sind performative Äußerungen Äußerungen, die zunächst wie eine Sachverhalte beschreibende Aussage aussehen, aber weder wahr noch falsch und trotzdem sinnvoll sind. Austin bringt diese Art von Äußerungen auch formal auf einen Nenner: es handelt sich (meistens) um Verben in der ersten Person Singular Präsens

Indikativ Aktiv (vgl. ebd.: 307). Dadurch wird die performative Äußerung immer auch an die die Äußerung tätigende und somit handelnde Person gebunden. Die Kommunikation wird hier in einer für performative Äußerungen typischen Weise an das Handeln gekoppelt. Ein Beispiel, das diesen Sachverhalt treffend beschreibt, ist die von Austin angeführte Schiffstaufe: Indem ich sage, ›Ich taufe dieses Schiff auf den Namen Queen Elizabeth‹, beschreibe ich nicht, dass ich ein Schiff taufe, sondern vollziehe mit der Äußerung gleichzeitig die Handlung der Taufe (vgl. ebd.). Kommunikation und Interaktion fallen in der performativen Äußerung zusammen.

Anders verhielte es sich, würde das Verb beispielsweise in der dritten Person Singular Präsens Indikativ Aktiv stehen, die Äußerung also ›Er/Sie tauft dieses Schiff auf den Namen Queen Elizabeth‹ lauten. Hier hätten wir es mit einem Berichten über den Vorgang zu tun. Gleiches trifft beispielsweise auch für Verben in der Vergangenheitsform zu. Die Äußerung ›Ich taufte das Schiff…‹ wäre ein Bericht über ein zurückliegendes Ereignis, keine performative Äußerung. Performative Äußerungen koppeln also die Kommunikation an die Interaktion im Präsens, sie kontextualisieren sie im Hier und Jetzt. Nicht-performative Äußerungen entkoppeln Kommunikation und Interaktion voneinander. Sie sind vom Hier und Jetzt distanziert und ermöglichen somit eine – scheinbar – objektive Aussage, die etwas über die Wahrheit oder Falschheit eines Sachverhaltes sagen kann. Als Textformen leisten dies (wissenschaftliche) Beschreibungen, Berichte u.ä., wodurch sich sagen lässt, dass die modernen positivistischen Formen von Wissenschaft in der Absicht, wahre Aussagen zu treffen, vorgeben, nicht-performativ zu arbeiten, indem sie sich von der Welt, die sie beobachten, sprachlich distanzieren.

In einem nächsten Schritt verweist Austin darauf, dass es nicht ausreicht, bloß bestimmte Äußerungen zu tun, um eine bestimmte Handlung, wie beispielsweise die Schiffstaufe, zu vollziehen. Eine performative Äußerung muss, damit sie gelingen kann, adäquat kontextualisiert sein. Beispielsweise ist eine Schiffstaufe erst dann gültig, wenn man vor dem Äußern der performativen Äußerung ›Ich taufe dieses Schiff…‹ auch ernannt wurde, das Schiff zu taufen. Was jedoch nicht erfüllt sein muss, damit eine performative Äußerung gelingt, ist der Vollzug eines inneren geistigen Aktes. Die performative Äußerung ist eine performative Äußerung, weil man das tut, was man sagt, und nicht, weil sie über den Vollzug eines inneren geistigen Aktes berichtet (vgl. Austin 1986: 308). Performative Äußerungen sind demnach nicht wie Aussagen über Sachverhalte mit wahr oder falsch zu klassifizieren, sondern sie können entweder *glücken* oder *missglücken* (vgl. ebd.: 309). Im Falle des Missglückens bezeichnet Austin sie als »Versager« (ebd.: 310).² Versager entstehen, wenn bestimmte Regeln für performative Äußerungen verletzt werden. Die erste Regel besagt, dass die Handlung, die durch eine performative Äußerung vollzogen werden soll, tatsächlich existieren und sozial akzeptiert sein muss.³ Performative Äußerungen stehen demnach immer in Bezug zu gesellschaftlichen Kontexten, innerhalb derer sie getätigt werden. Die Äußerung ›Ich taufe dieses Schiff...‹ wäre ein Versager, wäre das Ritual der Schiffstaufe unbekannt. Die zweite für das Gelingen performativer Äußerungen wichtige Regel bestimmt, dass die Umstände, unter denen eine performative Äußerung getätigt wird, auch für die Äußerung geeignet sein müssen. Anders ausgedrückt müssen die Kontexte die performative Äußerung unter den Umständen, unter denen sie geäußert wird, ermöglichen. Der Kontext einer Schiffstaufe beispielsweise ist das Hafenbecken. Das Schiff wird zu seiner Taufe nicht vor den Altar einer Kirche gezogen, um dort mit Weihwasser begossen zu werden. Werden diese beiden Regeln nicht beachtet, misslingen performative Äußerungen, wodurch der durch sie vollzogene Akt nichtig wird.⁴ Darüber hinaus schließen sich die verschiedenen Arten der Versager gegenseitig nicht aus, weshalb es mehrere gleichzeitig zutreffende Gründe für Versager geben kann (vgl. ebd.: 311-314).

Diese Eingebundenheit in soziale Kontexte lassen die performativen Äußerungen bei Austin als eine Art Ritus fungieren. Da sie keine rein sprachlichen Ereignisse sind, sondern ihre Bedeutung erst durch ein soziales Handeln erlangen, wird in »ursprünglichen Performativa [...] nicht einfach gesprochen, sondern wird im Sprechen etwas inszeniert.« (Krämer 2001a: 143) Somit ziehen performative Äußerungen ihre Kraft zunächst aus der Wiederholung und Aktualisierung dieser sozialen Kontexte, die das Gelingen performativer Äußerungen ermöglichen. Dabei kommt es nicht darauf an, *was* gesagt wird, sondern *wie* et-

---

2   Die Versager klassifiziert Austin an anderer Stelle noch genauer als Fehlberufungen, Fehlausführungen und Missbräuche. Im Falle der Fehlberufung kommt die Handlung nicht zustande, weil die Handlung im Kontext nicht in Frage kommt, während eine Fehlausführung eine ›verdorbene‹ Handlung ist. Im Falle der Missbräuche kommt die Handlung zwar zustande, ist aber unehrlich (vgl. Austin 2002: 40).

3   Diese Einschätzung teilt auch Sybille Krämer, die in den performativen Äußerungen »keine rein sprachlichen Ereignisse, vielmehr soziale Handlungen« (Krämer 2001a: 141) sieht.

4   Dies sind die beiden wichtigsten Regeln für performative Äußerungen. Austin skizziert zwar noch weitere Gründe für das Misslingen performativer Äußerungen, wie beispielsweise Unaufrichtigkeit, widmet deren Erörterung aber weitaus weniger Aufmerksamkeit (vgl. Austin 1986: 311 f.).

was gesagt wird, wobei sich die Autorität der sprechenden Person ebenfalls aus sozialen Kontexten herleitet, nämlich aus früheren überpersönlichen sowohl sprachlichen als auch außersprachlichen Praktiken. Dialog und Verständigung spielen hierbei zunächst keine Rolle (vgl. ebd.: 144 f.). Doch wie bereits angesprochen, interessieren Austin auch – oder vielleicht sogar vor allem – die Versager, also die Momente, in denen der Kontext das Gelingen der performativen Äußerung eben nicht ermöglichen kann, die Momente, in denen »die Aktualisierung die Regel außer Kraft setzt.« (Ebd.: 148) Hierdurch lässt sich Performanz auch als Möglichkeit zur Kritik denken. Diesen Punkt greift Judith Butler auf, indem sie Performativität als Möglichkeit der Transformation denkt, womit eine philosophische Theorie politische Wirkkraft entfalten kann (vgl. Krämer 2001b: 242), wie hier noch an späterer Stelle weiter ausgeführt werden wird.

Es wurde bereits die formale Standardform performativer Äußerungen angesprochen und angedeutet, dass Aussagen auch dann performativ sein können, wenn sie dieser Standardform nicht entsprechen. Austin radikalisiert nun die Form der performativen Äußerungen dahingehend, dass er zeigt, wie auch Sätze, die nicht der Standardform entsprechen, performativ sein können. Damit perforiert er zunehmend die Grenze zwischen beschreibenden und performativen Äußerungen. Zunächst führt Austin diesbezüglich eine weitere Standardform ein, bei der das Verb im Passiv der zweiten oder dritten Person steht, nicht aber in der ersten. Als Beispiel hierfür nennt er Schilder in der Form ›Hiermit werden Sie gebeten…‹ oder Urkunden in der Form ›Hiermit wird X ernannt…‹ (vgl. Austin 1986: 316). Die Gemeinsamkeit dieser performativen Äußerungen auf Schildern oder in Urkunden besteht in dem Wort ›hiermit‹. Dieses muss Bestandteil der Äußerung sein oder müsste, wenn es nicht dort stünde, in sie eingefügt werden können, damit auch Äußerungen, deren Verb nicht in der ersten Person Singular Präsens Indikativ Aktiv steht, performative Äußerungen sein können. Damit hat Austin zwei Standardformen performativer Äußerungen bestimmt, räumt aber gleichzeitig ein, dass auch von diesen Standardformen abweichende Äußerungen performativ sein können. Schnell stößt Austin an den Punkt, an dem er zugeben muss, dass grammatische Kriterien in bestimmten Fällen bei der Klassifizierung von Äußerungen als performativ versagen. Zwar gibt es viele Fälle, in denen sich überprüfen lässt, ob bestimmte grammatische Kriterien erfüllt sind. Doch fehlen sie, so ist eine Äußerung nicht schon deshalb nichtperformativ, vielmehr ist sie zunächst offener: die Äußerung kann performativ, beschreibend oder auch beides sein. Eine Vielzahl von Äußerungen ist unter grammatischen Gesichtspunkten nicht eindeutig zu bestimmen und es hängt von ihrer konkreten Verwendung ab, ob sie als performativ oder beschreibend oder sonst wie verstanden werden. Austin schreibt hierzu: »Es gibt zwar alle diese

Mittel [der grammatischen Bestimmung, Anm. SN], doch es ist betrüblich, wieviel Mehrdeutigkeit und Undifferenziertheit möglich ist, wenn unsere performativen Verben fehlen.« (Ebd.: 318) So können als einziges ›universales‹ Kriterium zur Bestimmung von performativen Äußerungen soziale Gewohnheiten (vgl. ebd.: 318 f.) gelten, die eine Äußerung unabhängig von ihrer grammatischen Form als performativ verstehen. Austin verweist hiermit ausdrücklich auf die Relevanz gesellschaftlicher Kontexte für den Sprachgebrauch, was zu einem großen Interpretationsraum bei der Bestimmung von Äußerungen führt. Deshalb lässt Austin, wie wir nun sehen werden, die strikte Unterscheidung zwischen beschreibenden und performativen Äußerungen schließlich fallen.

Die Unterscheidung von performativen Äußerungen und anderen Äußerungen, beispielsweise Feststellungen oder Beschreibungen, ist also nicht so eindeutig zu treffen wie die eingangs von Austin eingeführte Dichotomie wahr/falsch versus geglückt/missglückt suggeriert. Diese Dichotomie entspringt einer philosophischen Tradition, die davon ausgeht, dass es möglich sei, über jeden beliebigen Sachverhalt eine Aussage bezüglich des Wahrheitsgehaltes treffen zu können (vgl. Austin 1986: 322). Sich hiervon distanzierend vollzieht Austin nun eine performative Wende, einen *performative turn*, für die Sprachphilosophie, indem er Feststellungen, Berichte usw. ebenso als performative Äußerungen klassifiziert, wie die vielzitierte Schiffstaufe. Denn durch das Äußern der Feststellung ›X verhält sich zu Y in wahrer bzw. falscher Weise‹ stellt man fest: Man tut das, was man sagt. Das Äußern einer Feststellung oder Beschreibung vollzieht gleichzeitig die Feststellung bzw. Beschreibung, so dass Äußerung und Handlung zusammenfallen. Eine feststellende oder beschreibende Äußerung ist performativ, auch wenn man meint, eine ›objektive‹ Aussage über einen Sachverhalt zu treffen. Klassifizierte man Feststellungen und Beschreibungen als nichtperformativ, würde dies bedeuten, dass man im Stande wäre, objektive Äußerungen über die Welt zu treffen: Man stünde als Beobachter/-in außerhalb der Welt und hätte die Welt als Objekt vor sich, anstatt mit ihr handelnd verwoben zu sein. Dann wäre eine Feststellung keine performative Äußerung, da sie nicht an der Welt teilnehmen, nicht mit ihr interagieren würde. Doch gibt es »sehr viele Dinge, über die man eben nichts aussagen kann, da man nichts über sie weiß oder nicht imstande ist, sie zu beurteilen« (ebd.: 324), da man in all seinen Beobachtungen und Äußerungen performativ in die Welt eingebunden ist. Es besteht nach Austin daher nicht die Möglichkeit, außerhalb der Welt zu stehen und objektive Beschreibungen über sie anzufertigen, da man durch das Äußern einer Beschreibung eben beschreibt, also eine Beschreibung vollzieht, wodurch Kommunikation und Interaktion in einem performativen Akt zusammenfallen. Sprache bindet uns in die Welt ein und wirft gleichzeitig die Frage nach unserem

Verhältnis zur Welt auf. Sprache und Welt verhalten sich in diesem Sinne rekursiv zueinander: »Wir erkennen dann, daß das Aussagen ebensosehr der Vollzug eines Aktes ist wie das Befehlen oder das Warnen. Andererseits erkennen wir auch, daß Befehlen oder Warnen oder Ratgeben ebenfalls die Frage aufwerfen, wie sie sich auf Tatsächliches beziehen […].« (Ebd.: 326) Ferner können Feststellungen genauso wie performative Äußerungen misslingen (vgl. Austin 2002: 155-159), weshalb sich nicht ignorieren lässt, »daß eine Handlung vollzieht, wer eine Feststellung trifft.« (Ebd.: 158) In diesem Sinne schlussfolgert Austin:

»Was wir im Hinblick auf Feststellungen oder Aussagen und daher auch mit Bezug auf das Beschreiben und Berichten tun müssen, ist, sie von ihrem hohen Sockel herunterzuholen und zu erkennen, daß sie ebensosehr Sprechakte sind wie jene anderen, die wir erwähnt und unter der Bezeichnung ›performative‹ besprochen haben.« (Austin 1986: 324)

Austin lässt folglich die Unterscheidung zwischen performativen und konstatierenden Äußerungen ›zusammenbrechen‹ (vgl. Krämer 2001a: 135). Aussagen über Wahrheit und Falschheit sind somit niemals ›objektiv‹ möglich, weil auch sie performative Äußerungen sind, die in einem bestimmten Kontext, der ihr Gelingen erst ermöglichen kann, getan werden. Als performative Äußerung sind konstatierende Äußerungen stets von Gelingensbedingungen abhängig.

2.1.2 Von Austins performativen Äußerungen zum *performative turn*

Austin leitet durch den eben beschriebenen ›Zusammenbruch‹ einen *performative turn* als Wissenschaftskritik, hier im Speziellen als Kritik an der Philosophie als begriffsbildender Wissenschaft, ein. Dies wird deutlich, wenn man Austin nicht nur daraufhin liest, was er *sagt*, sondern die Aufmerksamkeit auch darauf richtet, was er *tut*, wenn er etwas sagt (vgl. Krämer 2001a: 137). So lässt Austin nicht nur die Unterscheidung zwischen konstatierenden und performativen Äußerungen fallen, sondern er verwirft auch die Unterscheidung von performativen und nicht-performativen Äußerungen, weil sich seiner Ansicht nach auch diese Unterscheidung nicht aufrechterhalten lässt. Zu Beginn seiner elften Vorlesung über die Sprechakte stellt Austin die Frage, wie diese Unterscheidung überhaupt »überleben« (Austin 2002: 153) kann. Was Austin tut, wenn er dies sagt, ist, das Zusammenbrechen dieser Unterscheidung mit einer »Lust an der Fehlleistung« (Krämer 2001a: 146) zu *inszenieren* (vgl. ebd.: 140, 145 f.). Diese Inszenierung findet vor dem Hintergrund statt, dass es Austin stets darum geht, aufzuzeigen, wie weit in der Sprachphilosophie Sein und Sollen auseinander liegen. Denn anders als in der bisherigen Sprachphilosophie liegt Austins Interesse nicht auf dem *möglichen* Sprachgebrauch, sondern auf dem *wirklichen* Sprechen: »er fokussiert nicht die Disposition, etwas zu tun, sondern das Tun selbst« (ebd.: 148) und ersetzt so den Wahrheitsbegriff durch den Begriff des Gelingens. Diese Ersetzung wiederum beschreibt Austin nicht nur in seinen Arbeiten, sondern er führt uns hier auch das Scheitern philosophischer Begriffsarbeit permanent vor (vgl. ebd.: 151), wodurch er seine Philosophiekritik nicht nur *beschreibt*, sondern auch *aufführt*. In diesem Sinne betreibt Austin *Kritik als Performanz*. So schreibt er gegen Ende seiner zwölfteiligen Vorlesung über die Theorie der Sprechakte: »Richtig Spaß macht es erst, wenn wir es auf die Philosophie anwenden.« (Austin 2002: 183) Austin kritisiert den »wahr/falsch-Fetisch« und den »Sein/Sollen-Fetisch« (Krämer 2001a: 151) der Philosophie, indem er beide als Problem inszeniert. Dies beschreibt er nicht nur, sondern er führt uns gleichsam das Scheitern seiner eigenen Unterscheidungen vor. Beschreibungen sind immer der Gefahr des Scheiterns ausgesetzt, weil die Begriffe, mit denen beschrieben wird, selbst ein Teil der Welt sind, die sie beschreiben. Austins nicht nur kritische, sondern vielmehr skeptische Haltung liegt im potentiellen Scheitern aller Kategorisierung, die selbst performativ ist, begründet (vgl. ebd.: 152). So stellt Austin das Scheitern »als typisch für die *performative* Äußerung« (Austin 2002: 42, Herv. i.O.) dar. Denn es ist die eine Sache, davon auszugehen, dadurch objektive Beschreibungen aufstellen zu können, dass man nicht vom Sein, sondern vom Sollen ausgeht. Die andere Sache ist es, den Anspruch zu stellen, dass das Sein so ist, wie das Sollen es vorgibt. In der Kombination der beiden liegt das »Damoklesschwert« (Krämer 2001a: 152) des Scheiterns begründet. Damit ist der durch Austin eingeleitete *performative turn* eine Kritik an jeglichem Anspruch auf wissenschaftliche Objektivität, denn jener ist eine »Parabel für [...] das Ausgesetztsein aller definitiven Begriffe für die Ambiguitäten, die mit dem wirklichen Leben verbunden sind.« (Ebd.: 153) Sobald Feststellungen in das wirkliche Leben versetzt werden, »kann man nicht immer einfach sagen, daß sie wahr oder falsch wären.« (Austin 2002: 161) Somit ist eine Feststellung niemals ahistorisch, sondern immer in bestimmte lokale und zeitliche Kontexte eingebettet, woraus folgt, dass es nur innerhalb dieser Kontexte wahre oder falsche Aussagen geben kann (vgl. ebd.: 163).

Hierbei ist außerdem zu beachten, dass ein Kontext niemals absolut bestimmbar und damit stets unsicher ist. Jacques Derrida (2001: 17) bringt dies auf den Begriff der ›strukturellen Ungesättigtheit‹, die vor allem mit Blick auf das Medium der Schrift von Bedeutung ist. Denn Derrida zufolge ist die Abwesenheit sowohl des Empfängers als auch des Autors eine Eigentümlichkeit der Schrift. Um lesbar zu sein, muss Schrift in absoluter Abwesenheit des Empfängers und des Autors iterierbar, also wiederholbar sein. In dieser Hinsicht strukturieren die Iterabilität sowie eine Verräumlichung das Zeichen, weshalb die Schrift über eine strukturelle Kraft zum Bruch mit dem Kontext verfügt. Kein Kontext kann daher das Zeichen abschließen (vgl. ebd.: 23-28). Somit ergibt sich für Derrida eine vorübergehende Problematik des Performativs bei Austin. Derrida zufolge sprengt Austin mit dem Performativ »den Kommunikationsbegriff als rein semiotischen, sprachlichen oder symbolischen Begriff« (ebd.: 34). In diesem Zusammenhang ist es ferner wichtig festzuhalten, dass Austin sich ständig auf klar bestimmbare Kontexte bezieht, was die Frage aufwirft, ob performative Äußerungen iterierbar sind (vgl. ebd.). So konzentriert sich Derrida auf die Möglichkeit des Zitierens einer jeden performativen Äußerung, die bei Austin aber zunächst ausgeschlossen zu sein scheint.[5] Austin betrachtet das Zitat in dieser Hinsicht als abnormal bzw. parasitär. Wenn beispielsweise eine Schauspielerin auf der Bühne eine performative Äußerung aufführt, so ist diese *unernst*, sie verhält sich zum ernsten Sprachgebrauch parasitär. Derrida merkt hierzu an, dass auch die Schrift in der philosophischen Tradition als Parasit behandelt wird und stellt dem gegenüberstellend die Frage, ob denn das Zitat bzw. eine allgemeine Iterabilität nicht eine zwingend notwendige Voraussetzung gelingender Performative sei (vgl. ebd.: 37 ff.). Aus dieser Perspektive ist eine gelingende performative Äußerung immer eine parasitäre. Daher spezifiziert Derrida das Parasitäre des Performativs folgendermaßen: Es geht bei dem Parasitären nicht um eine ›unernste‹ oder ›unreine‹ Zitathaftigkeit im Sinne einer Theateraufführung oder Ähnlichem, sondern um eine ›relative Reinheit‹ von Performativen, die die Zitathaftigkeit nicht per se ausschließt, sondern nur bestimmte Arten der Iteration im Rahmen einer allgemeinen Iterabilität, die in jedem Sprechakt vorhanden ist. Insofern erachtet es Derrida als notwendig, für das Performativ eine differentielle Typologie von Iterationsformen zu erstellen, die die Opposition von Original und Zitat aufhebt und dem Parasitären seinen Platz in der Sprache einräumt. Für die Bestimmung eines Kontextes bedeutet dies wiederum, dass eine solche nicht erschöpfend möglich ist (vgl. ebd.: 40 f.). Für unser Vorhaben ist das Parasitäre von Bedeutung, als es die prinzipielle Möglichkeit von Abweichung und Widerstand impliziert, was wir noch insbesondere am Begriff der Resignifikation genauer erörtern werden.

Zusammenfassend lassen sich also mehrere Momente in Austins Überlegungen zu den performativen Äußerungen festhalten, die alle um die unhaltbare Un-

---

5 Auch dieser Ausschluss wird, so wie es Austins Methode und Lust an der Fehlleistung entspricht (vgl. Krämer 2001a: 140, 145 f.), bei Austin (2002) an späterer Stelle relativiert.

terscheidung zwischen Beschreibung und Handlung kreisen: So ist bei Austin jeder Sprachgebrauch ein Handeln und Handeln ist »das, was mißlingen kann.« (Krämer 2001c: 265) Das potentielle Scheitern ist somit ein konstitutives Merkmal einer jeden Handlung. Austin denkt Sprache nicht als Muster, das im Sprachgebrauch aktualisiert wird, sondern er lässt diese Unterscheidung zusammenfallen, indem er das konkrete Sprechen in spezifischen Alltagssituationen als das Wesentliche des Sprachgebrauchs klassifiziert. Hier existieren keine Sprachregeln hinter dem Sprachgebrauch bzw. verweist das Zeichen als Erscheinung auf der Oberfläche nicht auf etwas, das unter der Oberfläche in einer Tiefenstruktur unseren Sinnen verborgen bleibt (vgl. Krämer 2002: 324). Dadurch ist Austin kein Vertreter einer Zwei-Welten-Ontologie, sondern er tritt für eine ›flache Ontologie‹ ein (vgl. Krämer 2001c: 269). Die ›flache Ontologie‹ geht mit dem Problem, dass wir über die wirklichen Grundlagen unseres Sprachgebrauchs kaum etwas zu sagen wissen, in der Weise um, dass sie in ihren Untersuchungen des Sprachgebrauchs einen starken Akzent auf die Verkörperung der Sprache in einem performativen Sprechakt, der mit Sprache handelt, setzt. In diesem »Zusammenfallen von Wort und Tat« (Krämer 2002: 346) existiert keine Sprache jenseits ihres in bestimmte raum-zeitliche Kontexte eingelassenen Vollzugs, weshalb immer nach den nie vollständig kontrollierbaren und immer mit einer Eigensinnigkeit behafteten *tatsächlichen*, nicht nach den idealen Bedingungen der Sprachpraxis gefragt werden muss (vgl. ebd.: 325, 331 f.). Dies bringt es mit sich, dass auch der deskriptive Sprachgebrauch, der ein typisch wissenschaftlicher Sprachgebrauch ist, dem Scheitern ausgesetzt ist, wenn er für sich beansprucht, dass die Welt so ist, wie seine Äußerungen sie beschreiben. Die Frage, ob eine performative Äußerung gelingt oder misslingt, ist damit keine Frage, die sich mit Blick auf die Sprachstruktur allein beantworten ließe, sondern eine, deren Antwort in dem jeweiligen Kontext zu suchen ist, in dem eine performative Äußerung getan wird (vgl. Krämer 2001c: 269).

Aus dem Gesagten lässt sich nun auch der zentrale Stellenwert herleiten, den Austins performative Äußerungen für den *performative turn* besitzen. Für ein Performanz-Modell gilt, dass es die Zwei-Welten-Ontologie durch eine flache Ontologie ersetzt (vgl. Krämer 2001c: 269). Dies bedeutet, dass es keine Unterscheidung zwischen einem Sprachmuster und seiner Aktualisierung gibt, denn »Sprache existiert nicht als Form, sondern nur in Form von *Praktiken* des Sprach*gebrauchs*« (ebd.: 270, Herv. SN), wobei diese Praktiken ferner an Körper gebunden sind. Man kann also sagen, dass Sprache nur im Vollzug durch sprechhandelnde Subjekte existiert. Dadurch ist Sprache im Sinne Michael Polanyis (1985) geprägt von einem Wissen-Wie, weniger von einem Wissen-Dass. Denn das Wissen-Wie betrifft das subjektive Können im Umgang mit Sprache, während das Wissen-Dass das Wissen über Sprache als Modell bzw. Muster betrifft. Da nun eben diese Zwei-Welten-Ontologie in der flachen Ontologie des Performanz-Modells nicht von Bedeutung ist, kann es die Sprache betreffend nur um ein Wissen-Wie gehen. Somit ist das Performanz-Modell nicht nur auf Äußerungen im Alltag anzuwenden, sondern auch auf Äußerungen, die sich mit der Untersuchung der Sprache befassen (vgl. Krämer 2001c: 270). Zugespitzt könnte man sagen, dass aus der Perspektive des Performanz-Modells auch wissenschaftliche Thesen performative Äußerungen sind, die auf das Wissen-Wie rekurrieren. Gerade als Sozial- und Kulturwissenschaftler/-innen befinden wir uns damit nicht mehr auf einem gesicherten Beobachtungsposten außerhalb des Feldes, das wir erforschen: Es »gibt keinen extramundanen privilegierten Ort.« (Ebd.: 269) Beschreibungen sind also Handlungen und beschreiben lässt sich die Sprache nur, wenn sie sich innerhalb bestimmter Medien materialisiert. Die ›reine Sprache‹ ist niemals zugänglich, da Sprache nur als »Sprache-in-einem-Medium« (ebd.: 270) existiert. Auch die Idee einer ›reinen Sprache‹ ist als Produkt einer konkreten historischen Sprachpraktik einzustufen (vgl. ebd.: 272). Damit können nur medialisierte, an handelnde Subjekte gebundene, raum-zeitlich konkrete Performanzen beschreibbar sein, wobei die Beschreibung selbst eine Performanz in diesem Sinne ist.[6]

In diesem Zusammenhang stellt Uwe Wirth (2002a) heraus, dass der Performanzbegriff aufgrund seiner Mehrdeutigkeit in vielerlei Kontexten verwendet werden kann, wodurch er zu einer »akademischen Breitenwirkung« (ebd.: 9) gelangt ist. Dabei ist er in seiner Bedeutung jedoch recht umstritten: Der Performanzbegriff reicht vom ernsthaften Aufführen von Sprechakten, weshalb er für die Sprachphilosophie und Linguistik interessant ist, über das inszenierende Aufführen von theatralen Handlungen und Riten, wodurch er in der Theaterwissenschaft und Rezeptionsästhetik populär geworden ist. Schließlich wird der Performanzbegriff in der Ethnologie sowie in den Medien- und Kulturwissenschaften als das materiale Verkörpern von Botschaften verstanden. Diesbezüglich lässt sich sagen, dass dem Performanzbegriff im Rahmen des *performative turn* in der Ethnologie sowie in den Medien- und Kulturwissenschaften die Schlüsselrolle eines Dachbegriffs, eines *umbrella term*, zukommt. Hier stehen dessen ›phänomenale Verkörperungsbedingungen‹ im Mittelpunkt der Diskussion (vgl. ebd.: 9 f.). Für diese Arbeit interessiert uns vorrangig die Wiederentdeckung des Performanzbegriffs durch die Medien- und Kulturwissenschaften, die Austins Begriff des Performativen in der Hinsicht transformieren, dass daraus ein allge-

---

6   Vor diesem Hintergrund sind die exemplarischen Analysen in Kapitel 3 dieser Arbeit zu lesen.

meiner Begriff der ›*performance*‹ wird. Während Austin noch unterscheidet zwischen dem ernsthaften und dem inszenierenden Vollzug einer performativen Äußerung (vgl. ebd.: 18 f.), betrachten die Medien- und Kulturwissenschaften auch die ernsthaften performativen Äußerungen als potentielle Inszenierungen, eben als *performances*, woher der Performanzbegriff auch eine Anschlussfähigkeit in den Gender-Studies bezieht (vgl.: ebd.: 39 f.), in denen der »performative Akt der Verkörperung […] die Voraussetzung für die Konstitution von Geschlechteridentität« (ebd.: 40) ist. Hier fallen, wie schon bei Austin, Beschreibung – in diesem Fall der Geschlechteridentität – und Handlung – die Herstellung der Geschlechteridentität als *performance* – zusammen. So gelangt Wirth schließlich zur Darstellung dreier Tendenzen in der medien- und kulturwissenschaftlichen Adaption des Performanzbegriffs: Theatralisierung, Iteralisierung und Medialisierung. Bestimmend für diese drei Momente ist, dass die Materialität einer Aussage nicht losgelöst von der Aussage selbst zu betrachten ist. Vielmehr ist die Materialität bzw. Medialität konstitutiv für die Aussage selbst. Dies bedeutet ferner, dass eine Aussage immer in raum-zeitlichen sozio-kulturellen Kontexten situiert ist (vgl. ebd.: 42-45).

Eine Frage, die im weiteren Verlauf dieser Arbeit geklärt werden soll, ist, ob und gegebenenfalls wie diese drei Dimensionen im medien- und kulturwissenschaftlichen Rahmen noch um eine vierte ergänzt werden können, nämlich die Dimension der Kritik. Es soll aufgezeigt werden, wie sich womöglich der Begriff der Kritik und ihre Verortung an einem externen, objektiv beschreibenden Platz durch den *performative turn* verändert hin zu einem Begriff, der Kritik nicht als in einem ›Außen‹ situiert und ›objektiv‹ feststellend begreift, sondern Kritik als durch ihren Gegenstand konstituiert und den Gegenstand durch ihren Vollzug verändernd ansieht. Nehmen wir nun an, dass Kritik, sehr allgemein formuliert, eine Beschreibung eines Ist-Zustandes und dessen Bewertung vor einem spezifischen normativen Hintergrund ist, so ergeben sich aus dem Performanz-Modell heraus auch Implikationen für einen Kritikbegriff. Denn wie kann dann Kritik noch möglich sein, wenn Kritik nicht bedeuten kann, dass wir feststellend beschreiben, um diese Beschreibungen des Seins wiederum mit einem Sollen abzugleichen? Kritik kann hier nicht bedeuten, das Sein an das Sollen anzupassen, denn dieses Projekt ist, wie wir gesehen haben, ständig durch das Scheitern bedroht. Um es anschaulicher zu formulieren: Wenn wir keinen festen Boden als Ort der Kritik mehr unter den Füßen haben, von dem aus wir die Welt beschreiben und abgleichen können, sondern stattdessen mit der Performativität »zwei funkelnagelneue Rutschen unter die metaphysischen Füße« (Austin 1986: 314) bekommen, wo liegt dann der Ort der Kritik? Mit Blick auf das Kommende müssen wir daher fragen, wo der Ort der (Macht-)Kritik liegen kann, und wie sich dieser Ort durch das Medium Film beziehen lässt.

2.2 PERFORMATIVE KRITIK:
KRITIK DER MACHT INNERHALB DER MACHT IM SINNE EINER FLACHEN ONTOLOGIE

Von den drei Hauptachsen im Werk Foucaults, nämlich der Archäologie des Wissens, der Genealogie der Macht sowie der Lebensethik der subjektiven Existenz (vgl. Kögler 2004: V), sind für unser Vorhaben vor allem die beiden letztgenannten von näherem Interesse. Daher werden wir in diesem Kapitel zunächst die verschiedenen bei Michel Foucault vorkommenden genealogischen Machtbegriffe ihrer Entwicklung nach darstellen. Dies sind im Einzelnen die Disziplinarmacht (vgl. Foucault 1977), die Bio-Macht (vgl. Foucault 1995) sowie die Gouvernementalität (vgl. Foucault 2000). Es wird dabei nicht davon ausgegangen, dass diese drei Begriffe die Foucault'sche Machttheorie vollständig abbilden, doch sind es diejenigen, die für diese Arbeit von zentraler Bedeutung sind. Weil uns hier über die Macht hinausgehend im Folgenden vor allem die Möglichkeiten der Machtkritik interessieren werden, hat es wenig Sinn, sich hier mit den archäologischen Analysen Foucaults (1969, 1973, 1981, 2003) zu befassen, da diese nicht erklären, wie bestimmte Individuen in bestimmte Subjektpositionen gelangen (vgl. Hall 2004a: 178 f.). Hier leisten die genealogischen Machtanalysen durch die genauen Untersuchungen von Subjektivierung und Unterwerfung mehr (vgl. Foucault 1977, 1995, 2000). Für den Kritikbegriff werden schließlich die späten Arbeiten Foucaults (2007) zur Ästhetik der Existenz von zentraler Bedeutung sein, da sie zeigen, dass nicht angenommen werden kann, dass Subjekte automatisch den disziplinierenden Anrufungen der Macht folgen. In diesen Arbeiten stellt Foucault heraus, »dass es nicht ausreichend ist, dass das Recht auffordert, diszipliniert, herstellt und reguliert, sondern dass auch eine entsprechende Erwiderung von Seite des Subjekts erfolgen muss.« (Hall 2004a: 181) Wie diese Form der Kritik konkret aussehen kann, werden wir dann anhand von Judith Butlers Arbeiten, die eine produktive Weiterführung von Foucaults Werk sind (vgl. ebd.: 180), weiter vertiefen.

Bei der Diskussion Foucaults wird hier zunächst herausgestellt, dass in seinem Macht- und Kritikbegriff »eine Weise der Performativität« (Hall 2004a: 182) erkennbar ist. Diese Weise der Performativität ergibt sich daraus, dass sich Macht zunehmend in die Subjekte ›hineinschreibt‹, so dass sich die Subjekte als Produkte der Macht im ›Idealfall‹ schließlich selbst regieren. Indem Foucault die

Macht in dieser Weise beschreibt, löst er die Grenze zwischen äußerer, objektivierter Macht und dem regierten Subjekt auf. Dies weist nun eine Ähnlichkeit zu einigen Merkmalen des *performative turn* auf. Wir erinnern uns, dass hier unter dem Begriff einer ›flachen Ontologie‹ die Sprache in ihrer Existenz innerhalb von konkreten Praktiken des Sprachgebrauchs verortet wird, wobei diese Praktiken stets an handelnde Körper gebunden sind. Wie wir sehen werden, lokalisiert Foucault die Macht innerhalb von Diskursen und sozialen Praktiken, die auf Körper zielen und in einer Doppelbewegung das Subjekt sowohl unterwerfen als auch erzeugen. Wenn ferner für die Kultur- und Medienwissenschaften innerhalb des *performative turn* davon ausgegangen wird, dass wir nur innerhalb eines Feldes das Feld beobachten können, nicht aber von außen, und wir mit den Beschreibungen des Feldes das Feld nicht nur beschreiben, sondern wir durch diese Beschreibungen das Feld auch konstituieren und verändern, wobei die Beschreibungen als Performanzen zu verstehen sind, dann ist es interessant, dies auf das Verhältnis von Macht und Kritik bei Foucault zu übertragen. Denn Foucault situiert das Subjekt stets im Inneren der Macht. Es ist dem Subjekt als Produkt der Macht niemals möglich, das Feld der Macht zu verlassen, um es von außen kritisieren zu können. Kritik muss sich daher im Inneren der Macht ereignen, also mit der Macht gegen die Macht. Dabei wird durch die Kritik auch die Macht konstituiert und verändert, wobei darüber hinaus nur in spezifischen Kontexten entscheidbar ist, was Macht und was Kritik überhaupt ist. Was hier mit Blick auf die in kulturellen und sozialen Praktiken hergestellten Wahrheitskriterien der Sprache formuliert wird, lässt sich auch auf Macht und Kritik als Phänomen der Kultur und der sozialen Praxis übertragen:

»Die Vorstellung, daß einer Aussage oder Proposition etwas in der Welt entspricht oder daß sie einen Sachverhalt ›darstellt‹, ist deshalb unhaltbar, weil eine solche Theorie, um ein Wahrheitskriterium zu besitzen, die Vergleichbarkeit von Aussage und Sachverhalt annehmen muß. Doch wir können nicht aus unserer Sprache oder den Diskursen ausscheren, um uns gleichsam neben oder über sie zu stellen und nun die Welt mit der Theorie zu vergleichen. Die Objekte können selbst nur im Rahmen einer theoretisch-diskursiven Welterschließung erscheinen.« (Kögler 2004: 189)

So wie der *performative turn* eine Aussage als immer in geschichtliche und kulturelle Kontexte eingelassen versteht, innerhalb derer sie nur sinnvoll sein kann, so sind auch Macht, Kritik und Subjekt nur kontextuell bestimmbar.

Dies drückt sich bei Foucault in einer Ablehnung alles Vordiskursiven aus: »Statt an den einen reinen *Ursprung* der Dinge zu glauben […] wird nun die radikal geschichtliche und kontingente *Herkunft* unserer Ideen und ›Wahrheiten‹

zum Thema gemacht.« (Kögler 2004: 80, Herv. i.O.) Damit ist Foucaults Genealogie der Macht im Sinne einer flachen Ontologie als performativ verstehbar, weil sie sich von den »Ideen des Überhistorischen, des Erkenntnissubjekts, der allgemeinen Vernunft und Wahrheit« (ebd.: 82) befreit. In diesem Sinne legt Foucault auch keine allgemeine Theorie der Macht vor, sondern er entwickelt eine historisch und kulturell in der Moderne kontextualisierte Analyse des konkreten Funktionierens spezifischer Machtverhältnisse. Damit lautet seine und unsere Leitfrage: »›Wie funktioniert Macht hier, heute, in diesem unseren Kontext?‹« (Ebd.: 91) Wir werden im Folgenden also prüfen, ob die genannten Merkmale des *performative turn* auf die Konzeption von Macht und Kritik bei Foucault übertragbar sind, so dass wir von einer ›performativen Kritik‹ sprechen können. Gelingt dies, stellt sich die Frage, wo die konkreten Orte der Kritik liegen (können). Dabei lassen sich die folgenden Merkmale eines performativen Kritikbegriffes skizzieren: Kritik bedeutet keine abstrakte Idee, sondern ein Tun, ein konkretes Handeln in bestimmten Kontexten des Alltags. Dabei lassen sich die Kritik übenden Subjekte nicht von den durch bestimmte Machteffekte erzeugten Objekten der Kritik trennen, weil das Subjekt durch die Macht unterworfen und konstituiert wird. Macht wird hier stets sowohl als unterdrückend als auch als produktiv verstanden. Durch dieses Handeln, durch performative Kritik intervenieren wir in die Artikulationen und Aktualisierungen der Macht. Kritik bedeutet dabei nicht das Verlassen des Feldes der Macht, sondern das Verschieben von Effekten der Macht, was zur Umgestaltung des Feldes der Macht führt. Wir befinden uns also stets innerhalb eines Feldes der Macht, in dem wir durch Performanzen der Kritik, die wir als Interventionen verstehen, die Machteffekte dahingehend verändern, dass wir unsere Handlungsoptionen vergrößern, was ein *empowerment*, eine Handlungsermächtigung darstellt. Dabei bedeutet Ermächtigung die Möglichkeit zur Teilnahme am relativ offenen Spiel der Macht.

In dieser Hinsicht soll am Ende dieses Kapitels untersucht werden, ob sich Foucaults Idee einer Machtkritik als performativ auffassen lässt (vgl. Foucault 1992a, 2007). Zur Machtkritik soll auf die späten Arbeiten Foucaults zur Lebenskunst Bezug genommen werden, bevor diese Form der Machtkritik an den Arbeiten Judith Butlers (1991, 1995, 1998, 2009c), die Geschlechtsidentität als Produkt von *performances* begreifen, weiterverfolgt und konkretisiert wird.

2.2.1 Bei Michel Foucault

Zu den Machtbegriffen bei Michel Foucault

Michel Foucaults Machtbegriffe dürfen nicht als eine Regierungsmacht oder ein allgemeines Herrschaftssystem verstanden werden, da diese endgültige Formen der Macht sind (vgl. Foucault 1995: 113). Der Machtbegriff Foucaults ist dynamisch, er beschreibt Kraftverhältnisse, die bestimmte Felder unter ständiger Auseinandersetzung mit konkurrierenden Kräften hervorbringen und organisieren. So ist Macht ein Spiel, »das in unaufhörlichen Kämpfen und Auseinandersetzungen diese Kraftverhältnisse verwandelt, verstärkt, verkehrt [...], indem sie sich zu Systemen verketten.« (Ebd.) Der Machtbegriff beschreibt hier weder Institutionen noch Strukturen, sondern eine »komplexe [...] strategische [...] Situation in einer Gesellschaft.« (Ebd.: 114) Macht ist hier also als ein Netzwerk von Kraftverhältnissen zu verstehen, das zwar Ungleichheiten erzeugt, diese aber nie endgültig festschreiben kann, weil die Kraftverhältnisse prinzipiell veränderbar sind: »die Macht ist etwas, was sich von unzähligen Punkten aus und im Spiel ungleicher und beweglicher Beziehungen vollzieht.« (Ebd.: 115) Ferner ist Macht nichts, was nur unterdrückend in bestimmte Gesellschaftsverhältnisse eingreift. Macht ist produktiv, indem sie diese Verhältnisse erst hervorbringt. Macht produziert Individuen und Gesellschaften, die erst hierdurch zu einem Gegenstandsbereich werden: »sie produziert Wirkliches.« (Foucault 1977: 250) So bilden die »Machtbeziehungen [...] nicht den Überbau, der nur eine hemmende oder aufrechterhaltende Rolle spielt – wo sie eine Rolle spielen, wirken sie unmittelbar hervorbringend.« (Foucault 1995: 115) Macht ist somit immer intentional, sie verfolgt stets bestimmte Absichten, wobei nicht die Subjekte über Macht verfügen, sondern erst durch die Macht ins Leben gerufen werden (vgl. ebd.: 116).

In dieser Hinsicht ist Macht nicht auf einen statischen Apparat der Unterdrückung reduzierbar. Macht ist produktiv, indem sie bestimmte Erkenntnisbereiche hervorbringt und mittels bestimmter Diskursverfahren und Wissenstechniken Macht über diese Erkenntnisbereiche ausübt. Macht übt keine Macht über Objekte aus, die bereits vor dieser Macht a priori existieren, sondern sie bringt Subjekte hervor und bemächtigt sich ihrer. Das Verhältnis der Macht zu ihren Subjekten ist somit ein zirkuläres (vgl. Foucault 1995: 119 f.). Macht und Wissen modifizieren sich, sie geben zum Zeitpunkt einer Analyse nur eine kontextuelle Auskunft über Machtverhältnisse, keine objektive, allgemeingültige Beschreibung: »Die Beziehungen des Macht-Wissens sind nicht feste Verteilungsformen [sic!] sondern ›Transformationsmatrizen‹.« (Ebd.: 120) Macht und ihre Diskurse sind niemals eindimensional in ihrer Bedeutung, sondern eine »taktische Polyvalenz« (ebd.: 122). Indem Macht einen bestimmten dominant-hegemonialen Diskurs produziert, produziert sie gleichzeitig auch davon abweichende Diskurse, die zunächst einen marginalen Status haben, sich jedoch gegen ihre Unterdrückung behaupten und selbst zum dominant-hegemonialen Diskurs werden können. Denn »[d]er Diskurs befördert und produziert Macht; er verstärkt sie, aber er unterminiert sie auch, er setzt sie aufs Spiel, macht sie zerbrechlich und aufhaltsam.« (Ebd.) Foucaults Machtbegriff fasst Macht als ein strategisches Modell, gegen das Taktiken des Widerstands wirken können, welche sich wiederum von Taktiken des Widerstands zu Strategien der Macht entwickeln können. Vor diesem Hintergrund soll nun ein detaillierter Blick auf die von Foucault verwendeten Machtbegriffe geworfen werden.

Im Panopticon: Von der Souverän- zur Disziplinarmacht
In der Bewertung Hans-Herbert Köglers (2004: 83 f.) kann *Überwachen und Strafen* (1977) als machtanalytisches Hauptwerk Foucaults gelten. Hier legt Foucault eine perspektivische Geschichtsschreibung vor, die sich an der Methode der Rekonstruktion der Geschichte orientiert. Dabei tritt zutage, dass das Gefängnis als spezifischer Machtapparat den modernen Machtpraktiken am vollkommensten entspricht. Die moderne Macht, um deren Analyse es Foucault eigentlich geht, kommt in der Institution des Gefängnisses gebündelt zum Ausdruck. Die moderne Macht in Form der Disziplinarmacht will »durch die Strukturierung und Konformisierung [also Normalisierung, Anm. SN] von Körperverhalten bestimmte Verhaltensweisen und Individualtypen erzeugen.« (Kögler 2004: 85) Mit Blick auf die Disziplinarmacht lässt sich von einem dezentralen Netz der Macht sprechen, weil sich die Macht nicht mehr klar in gedankliche Überzeugungen einerseits und praktische Verhaltensmuster andererseits trennen lässt. Daher entsteht mit der Zeit ein sich permanent selbst kontrollierendes Subjekt. Hierdurch formt die Disziplinarmacht den Körper direkt und macht ihn zum Objekt der (Selbst-)Kontrolle. In diesem Zusammenhang erscheinen vermeintlich ›natürliche‹ Identitäten als Produkte von durch Machtpraktiken gesteuerten Prozessen. Die ›Natur‹ ist damit eine im Kontext von Machtstrukturen entwickelte soziale Konstruktion (vgl. ebd.: 85-88). Das ›herausragende Produkt‹ der Disziplinarmacht ist das moderne Subjekt, das »Disziplinarindividuum« (ebd.: 89). Hier übernimmt ein bestimmter Diskurs, nämlich der ökonomische, die Herrschaft. Wie wir später noch sehen werden, tut er dies, indem er andere Diskurse, die ansonsten in einem Machtraum relativ gleichberechtigt konkurrieren würden, weitgehend ausschaltet. Statt in einem Machtraum entsteht in einem *Herrschafts*raum das moderne Subjekt, das durch die Disziplinarmacht »an die neuen Funktionsimperative der kapitalistischen Wirtschaft und modernen Verwaltung« (ebd.) gebunden ist. Später werden wir noch erörtern, dass dieses moderne Subjekt im Zentrum der Machtkritik Foucaults (2007) steht, die zugespitzt darauf hinausläuft, dem modernen Subjekt ein Quasi-Subjekt als Möglichkeit zur Zurückweisung moderner Subjektivierungsformen entgegenzuhalten.

Bei der Entwicklung seines Begriffs der Disziplinarmacht kontrastiert Foucault (1977) metaphorisch das moderne Gefängnis gegen den altertümlichen Kerker. Foucault konnotiert den Kerker mit dem Dunkel, in dem die Gefangenen als einzelne Subjekte in der unsichtbaren Menge verschwinden, während sie im Gefängnis der Tendenz nach zur vollständigen Sichtbarkeit gebracht werden, indem sie in klar voneinander abgegrenzten Raumeinheiten, nämlich beobachtbaren Zellen interniert werden. So charakterisiert Foucault den Kerker als die »Dunkelkammer« (ebd.: 267), während er das Gefängnis als den »Glaspalast« (ebd.) beschreibt. Diese Sichtbarkeit erlaubt es den Überwachern bzw. Beobachtern, Wissen und damit Macht über das einzelne Subjekt zu gewinnen. Da sich die Macht des Beobachters daraus speist, dass er selbst unbeobachtbar bleibt, verwandelt sich der disziplinierte Gefangene mit der Zeit in ein sich selbst disziplinierendes Subjekt, das durch die Disziplinarmacht erst hervorgebracht wird. Das zirkuläre, sowohl unterdrückende als auch produktive Verhältnis von Subjekt und Macht lässt sich daher folgendermaßen beschreiben: Durch die Beobachtung eines Subjekts lässt sich ein Wissen über es erzeugen, das gleichbedeutend mit der Macht über das Subjekt ist. Diese Macht erzeugt ein Subjekt, welches sich wiederum beobachten lässt etc. Erst durch seine diskursive Thematisierung wird das Subjekt sicht- und analysierbar; erst seine Verortung oder auch Positionierung gibt einem Subjekt eine Identität, lässt es für die Gesellschaft sichtbar werden – und nur sichtbare Subjekte sind analysierbar und Basis der Wissensproduktion. Macht erzeugt also Subjektpositionen und damit Identität. Das Prinzip der Sichtbarmachung nimmt innerhalb der Foucault'schen Macht- und Diskursanalyse eine zentrale Stellung ein. Mit der erfolgreichen Sichtbarmachung der Subjekte gelingt der Macht die Ausübung von Kontrolle über sie, jedoch nur, wenn die Macht selber unsichtbar bleibt. Dieses Prinzip beschreibt Foucault anhand der Entstehung des modernen Gefängnisses.

Wesentlich für das moderne Gefängnis ist seine ordnende Funktion. Es soll Struktur in das Chaos abweichenden Verhaltens bringen. Dieses ordnende Prinzip des von Jeremy Bentham 1787 entwickelten Panopticons mag bei Bentham seine Perfektionierung finden, ist jedoch nicht ausschließlich dessen alleinige Erfindung (vgl. Foucault 1977: 258). Denn schon im 17. Jahrhundert existieren bestimmte Praktiken, um das Chaos, in diesem Fall die Pest, zu ordnen. Foucault beschreibt anhand historischer Quellen, wie durch lückenlose Überwachung sowohl der Gesunden als auch der Kranken versucht wird, der Pest Einhalt zu gebieten. Dabei wird nicht das Prinzip der Verschleierung bzw. des Kerkers angewandt: Die Kranken werden nicht wie Aussätzige in Kolonien abgeschoben, in denen sich dann eine ›Gesellschaft außerhalb der Gesellschaft‹ mit eigenen Regeln entwickelt, sondern die Kranken werden lückenlos überwacht, erfasst und bekommen einen bestimmten Ort zugeschrieben, an dem sie beobachtbar sind und den sie aus Gründen der Gewährleistung der absoluten Kontrolle nicht verlassen dürfen. So gelingt es, die Kranken als Kranke sichtbar zu machen und sie überwachen und analysieren zu können, um die ›Kosten‹ ihrer Abweichung für den gesunden Teil der Gesellschaft so niedrig wie möglich zu halten: Möglichst wenige Gesunde sollen von den Kranken angesteckt werden (vgl. ebd.: 251-256). Dieses ›Pestmodell‹ lässt sich als das Grundprinzip moderner Praktiken und Institutionen der Disziplinierung verstehen:

»Dieser geschlossene, parzellierte, lückenlos überwachte Raum, innerhalb dessen die Individuen in feste Plätze eingespannt sind, die geringsten Bewegungen kontrolliert und sämtliche Ereignisse registriert werden, eine ununterbrochene Schreibarbeit das Zentrum mit der Peripherie verbindet, die Gewalt ohne Teilung in einer bruchlosen Hierarchie ausgeübt wird, jedes Individuum ständig erfaßt, geprüft und unter die Lebenden, die Kranken und die Toten aufgeteilt wird – dies ist das kompakte Modell einer Disziplinierungsanlage.« (Ebd.: 253)

So ist der entscheidende Unterschied zur Kolonisierung der Aussätzigen im Mittelalter, dass das Disziplinierungsmodell der Pest seine Subjekte nicht bloß wegschließt und vergisst, also metaphorisch gesprochen einen dunklen Schleier über sie wirft und sie unsichtbar werden lässt, sondern dass hier überwacht, analysiert und diszipliniert wird, indem die Subjekte für die Disziplinarmacht durch und durch sichtbar gemacht werden. Nur durch dieses Ideal absoluter Ordnung kann die Macht wirken:

»Auf die Pest antwortet die Ordnung, die alle Verwirrungen zu entwirren hat [...]. Die Ordnung schreibt jedem seinen Platz, jedem seinen Körper, jedem seine Krankheit und seinen Tod, jedem sein Gut vor: kraft einer allgegenwärtigen und allwissenden Macht, die sich einheitlich bis zur letzten Bestimmung des Individuums verzweigt – bis zur Bestimmung dessen, was das Individuum charakterisiert, was ihm gehört, was ihm geschieht. Gegen die Pest, die Vermischung ist, bringt die Disziplin ihre Macht, die Analyse ist, zur Geltung.« (Ebd.: 253 f.)

Neu hierbei ist die analytische Seite der Macht, die die Subjekte trennt und individualisiert, die gegen die Vermischung und für die Ordnung kämpft, indem sie alles und jeden lückenlos überwacht und allem und jedem feste Orte zuweist, die dann als die ›wahren‹ Orte gelten, an denen die Subjekte ihre ›wahre‹ Identität erlangen. Die Macht[1] gewinnt aus den Subjekten Wissen, um aus diesem Wissen Wahrheit zu produzieren. Mittels dieser Wahrheit, die gleichbedeutend mit Macht ist, werden die Subjekte positioniert, wobei diese machtvolle Wahrheit bindend wird für die Subjekte, denen im Zirkelschluss wieder Wissen abgewonnen werden kann. Macht, Wissen und Wahrheit sind auf diese Weise zirkulär miteinander verknüpft (vgl. Foucault 1977: 254). So differenziert die Macht ihren Gegenstand immer weiter bis in die entlegensten Winkel hinein und stellt sich als eine Mikromacht dar:

»Der Leprakranke wird verworfen, ausgeschlossen, verbannt: ausgesetzt; draußen läßt man ihn zu einer Masse verkommen, die zu differenzieren sich nicht lohnt. Die Pestkranken hingegen werden sorgfältig erfaßt und individuell differenziert – von einer Macht, die sich vervielfältigt, sich gliedert und verzweigt.« (Ebd.: 254 f.)

Durch diese Verfahrensweise gewinnt die Disziplinarmacht analytisches Wissen über diejenigen, auf die sie wirkt. Sie benötigt ein möglichst erschöpfendes Wissen über die Subjekte, um disziplinierend wirken zu können. Nur dadurch, dass sie die Abweichungen von der Norm erforscht, ist es der Macht möglich, die Norm, die gesellschaftliche Ordnung, wiederherzustellen, die Subjekte also zu disziplinieren: »Die große Einsperrung auf der einen Seite und die gute Abrichtung auf der andern [...]. Einmal ist es der Traum von einer reinen Gemeinschaft, das andere Mal der Traum von einer disziplinierten Gesellschaft.« (Ebd.: 255)

Wesentlich für die moderne Macht ist ihr Wandel von einer reinen Ausschließungsmacht zu einer Disziplinarmacht. Allerdings ist zu bemerken, dass sich diese beiden Machtmodelle nicht gegenseitig ausschließen, sondern wirkungsvoll ergänzen, wie es das Bentham'sche Modell des Panopticons belegt (vgl. Foucault 1977: 255). Das hier wirkende Prinzip lautet, »auf den Raum der Ausschließung [...] die Machttechnik der parzellierenden Disziplin anzuwenden« (ebd.), um so »die Ausgeschlossenen zu individualisieren, aber auch mit Hilfe der Individualisierungsprozeduren die Auszuschließenden zu identifizieren.« (Ebd.: 256) Der Disziplinarmacht gelingt es so, die Ausgeschlossenen zu analysieren und aufgrund dieser Analyse als Individuen zu beschreiben. Gleichzeitig wendet sie diese Beschreibung an, um Abweichungen von der Normalität

---

1 Wenn in dieser Arbeit von ›der Macht‹ die Rede ist, so wird diese immer als eine Ansammlung strategischer Konstellationen verstanden, die in sozialen Praktiken vollzogen werden. Diese Praktiken generieren ein Wissen, welches als Macht beschreibbar ist.

zu identifizieren und die abweichenden Individuen zu Zwecken der Disziplinierung von der ›normalen‹ Gesellschaft aus- und in das Gefängnis einzuschließen. Als architektonisches Modell leistet dies das Bentham'sche Panopticon, dessen Insassen »vollkommen individualisiert und ständig sichtbar« (ebd.: 257) sind.[2] Im Panopticon findet sich als Überbleibsel der Ausschließungsmacht somit noch das Einsperren, während das Verbergen und Verdunkeln durch die Sichtbarmachung und Individualisierung der Eingesperrten ersetzt werden, die nun von der überwachenden Macht ›ausgelesen‹ werden können, ohne jemals selbst mit ihr in Kontakt zu treten: Der Eingesperrte ist »Objekt einer Information, niemals Subjekt einer Kommunikation« (ebd.) – und das zu jeder Zeit. Obwohl die Disziplinarmacht zunächst von physisch anwesenden Beobachtern abhängt – Macht ist niemals rein diskursiv, sondern immer auch materiell – funktioniert sie durch ihre Internalisierung tendenziell zunehmend unabhängig von demjenigen, der sie ausübt: Entscheidend ist das Wissen um die Möglichkeit der Überwachung. Diese Entpersonalisierung der Macht ist eine neue Qualität, die einen Unterschied zur Souveränmacht markiert. So zeigt sich die Macht den Gefangenen zwar zeitweise in verschiedenen Verkörperungen, damit diese wissen, dass sie kontrolliert werden. Doch bleibt die Macht in ihren Funktionsprinzipien uneinsehbar, wodurch niemand genau weiß, wer zu welcher Zeit kontrolliert, oder ob überhaupt kontrolliert wird (vgl. ebd.: 258 f.). Zur Disziplinierung genügt dem Prinzip nach die *Möglichkeit* der Kontrolle.

Durch das Panopticon wird Macht erstmalig »automatisiert und entindividualisiert« (Foucault 1977: 259). Gleichzeitig vollzieht das Panopticon auch die Trennung von Sehen und Gesehenwerden (vgl. ebd.), von Subjekt und Objekt und ist dadurch als modern auch im Sinne moderner Wissenschaft zu charakterisieren: »[D]as Panopticon [betreibt] Naturforschung; es stellt die Unterschiede fest.« (Ebd.: 261) Über diese Prinzipien wirkt die Macht zunehmend gewaltfrei

---

2 Foucault beschreibt das Panopticon mit seinen eigenen Worten wie folgt: »[A]n der Peripherie ein ringförmiges Gebäude; in der Mitte der Turm, der von breiten Fenstern durchbrochen ist, welche sich nach der Innenseite des Ringes öffnen; das Ringgebäude ist in Zellen unterteilt, von denen jede durch die gesamte Tiefe des Gebäudes reicht; sie haben jeweils zwei Fenster, eines nach innen, das auf die Fenster des Turms gerichtet ist, und eines nach außen, so daß die Zelle auf beiden Seiten von Licht durchdrungen wird. Es genügt demnach, einen Aufseher im Turm aufzustellen und in jeder Zelle, einen Irren, einen Kranken, einen Sträfling, einen Arbeiter oder einen Schüler unterzubringen. Vor dem Gegenlicht lassen sich vom Turm aus die kleinen Gefangenensilhouetten in den Zellen des Ringes genau ausnehmen.« (Foucault 1977: 256 f.)

hinein in das Gewissen der Individuen, es muss nicht mehr mit dem Schwert des strafenden Souveräns gedroht werden. Je weiter sich die Disziplinarmacht ausbreitet, je verzweigter sie wirkt, umso mehr wird die Disziplin zur Selbstdisziplin, die auf physische Gewalt weitgehend verzichten kann[3]: »Derjenige, welcher der Sichtbarkeit unterworfen ist und dies weiß, übernimmt die Zwangsmittel der Macht und spielt sie gegen sich selber aus; er internalisiert das Machtverhältnis, in welchem er gleichzeitig beide Rollen spielt; er wird zum Prinzip seiner eigenen Unterwerfung.« (Ebd.: 260) Diese Perfektionierung der Machtausübung funktioniert allerdings nur, weil sich das Panopticon auch selbst zum Objekt von Beobachtung und Kontrolle macht. Es wird zum Prinzip seiner eigenen Unterwerfung und optimiert seine Macht dadurch ständig, denn unter dem Personal des Panopticons herrschen die gleichen Prinzipien disziplinierender Macht, die keine Standesgrenzen, sondern nur ihre eigene Optimierung kennen:

»Das Panopticon vermag sogar seine eigenen Mechanismen zu kontrollieren. In seinem Zentralturm kann der Direktor alle Angestellten beobachten, die seinem Befehl unterstehen […]; er kann sie stetig beurteilen, ihr Verhalten ändern, ihnen die besten Methoden aufzwingen; und er selbst kann ebenfalls leicht beobachtet werden. Ein Inspektor, der unversehens im Zentrum des Panopticon auftaucht, kann mit einem Blick, ohne daß ihm etwas verborgen bleibt, darüber urteilen, wie die gesamte Anstalt funktioniert. Und ist nicht der Direktor, der inmitten dieser architektonischen Anlage eingeschlossen ist, mit ihr auf Gedeih und Verderb verbunden?« (Ebd.: 262 f.)

Diese universelle Macht stellt in der Tat eine neue Dimension von Macht dar. Zeigt sich die Macht in Pestzeiten, also in einer Ausnahmesituation, als »Abwehr eines außerordentlichen Übels« (Foucault 1977: 263), so kann das Panopticon als ein »verallgemeinerungsfähiges Funktionsmodell […], das die Beziehungen der Macht zum Alltagsleben der Menschen definiert« (ebd.) verstanden werden. Die Macht normalisiert sich, sie wird universell, alltäglich und ist kaum noch als unterdrückende Macht wahrnehmbar, da sie sich in die Körper der Subjekte einschreibt und sie gleichsam produziert. Macht ist nun »eine Gestalt politischer Technologie, die man von ihrer spezifischen Verwendung ablösen kann und muß.« (Ebd.: 264) Mit dem Panopticon wird die Disziplinarmacht zu einem universellen Prinzip, das weitgehend entpersonalisiert und gewaltfrei[4] im Verborge-

---

3   Diese Selbstdisziplin, die Foucault später unter den Begriff der ›Gouvernementalität‹ (vgl. Foucault 2000) fasst, wird später noch ausführlicher thematisiert werden.
4   Das weitgehende Freisein von Gewalt der Disziplinarmacht wird hier von der allgegenwärtigen Drohung mit dem Tod in der Souveränmacht abgegrenzt.

nen wirkt, auch wenn in der Praxis nicht auf entsprechendes Überwachungspersonal verzichtet werden kann. Dennoch hat der Panoptismus die Tendenz, sich von der Fremd- zur Selbstüberwachung zu entwickeln. Ein Prinzip, das schließlich in der Gouvernementalität (vgl. Foucault 2000) gipfeln und Subjekte produzieren wird, die vollständig einem Begriff von Ökonomie und Effizienz entsprechen bzw. zu entsprechen haben. Das Panopticon »ermöglicht [...] die Perfektionierung der Machtausübung.« (Foucault 1977: 264 f.) Es ist »ein Verstärker für jeden beliebigen Machtapparat: es gewährleistet seine Ökonomie (den rationellen Einsatz von Material, Personal, Zeit); es sichert seine Präventivwirkung, sein stetiges Funktionieren und seine automatischen Mechanismen.« (Ebd.: 265) Machtsteigerung kommt daher der Produktionssteigerung gleich, weshalb das Panopticon zum bestimmenden Prinzip von Politik und Gesellschaft wird (vgl. ebd.). Auch wenn es zunächst so scheinen mag, geht es dem panoptischen Prinzip nicht um die Steigerung von Macht um ihrer selbst Willen, es ist keine Tyrannei. Das panoptische Prinzip dient einzig der Steigerung der Ökonomie, was auch bedeutet, die Kosten von Abweichungen, wenn sie schon nicht gänzlich ausgeschlossen werden können, so gering wie möglich zu halten. Dies funktioniert jedoch nur durch eine weitgehend unbemerkt bis in die Mikroebenen der Gesellschaft hinein wirkende Macht – die Macht darf nicht als äußerer Zwang erscheinen, sondern muss sich selbst als Normalität setzen: »Es geht darum, die Gesellschaftskräfte zu steigern – die Produktion zu erhöhen, die Wirtschaft zu entwickeln, [...] zu Wachstum und Mehrung beizutragen«, was nur dann gelingt, »wenn die Macht ohne Unterbrechung bis in die elementarsten und feinsten Bestandteile der Gesellschaft eindringen kann und wenn sie auf die jähen, gewalttätigen und lückenhaften Verfahren der Souveränität verzichtet.« (Ebd.: 267) Die Macht ist dadurch auch nicht mehr zentral im Souverän konzentriert, sondern wie in einem Netzwerk überall verstreut und wirkt nicht nur unterwerfend, sondern gleichzeitig produktiv-individualisierend. Die Macht produziert Subjekte im doppelten Wortsinn[5]: sie wirkt »in den Körpern, die durch eben diese Beziehungen individualisiert werden.« (Ebd.: 268) So konzentriert sich das Politische nicht mehr auf das Verhältnis des Souveräns zu seinen Untertanen, sondern darauf, wie die Disziplinen die Individuen untereinander organisieren. Es besteht kein strikt hierarchisches Machtverhältnis mehr, weil die panoptische Macht überall wirkt. Daher geht es bei dem Bemühen der Macht um Effizienz immer

---

5 Zunächst in der ursprünglichen Bedeutung von lateinisch ›*subicere*‹ (unterwerfen, ›*subiectum*‹: der/die/das unterworfen wurde), aber auch im Sinne des modernen Subjekts als selbstbestimmten Individuum.

darum, wie man die Disziplinen »diffus, vielseitig, polyvalent im gesamten Gesellschaftskörper wirken lassen kann.« (Ebd.)

Hinter dieser Entsperrung der Disziplinen stehen tiefergehende Prozesse, die nun näher beschrieben werden sollen. Zunächst lässt sich eine »Funktionsumkehr bei den Disziplinen« (Foucault 1977: 269) feststellen, die nicht mehr ausschließlich repressiv wirken, sondern eine produktive Funktion ausüben, indem sie die Nützlichkeit der Individuen vergrößern. Das Individuum erfährt die Macht daher zunehmend als produktiv, weniger als repressiv und sein ökonomischer Wert steigert sich. So wirken Disziplinen nicht mehr bloß zum Zwecke der Verhinderung abweichenden Verhaltens, sondern um die ökonomischen Kräfte der Individuen zu steigern und den Preis abweichenden Verhaltens so gering wie möglich zu halten.

An zweiter Stelle ist der Prozess einer »Ausweitung der Disziplinarmechanismen« (Foucault 1977: 271) zu beobachten. Die Disziplinarmechanismen weiten sich aus, indem sie sich nicht mehr allein auf ihre Disziplinarinstitutionen wie beispielsweise das Gefängnis beschränken. Das panoptische Prinzip ist nicht notwendigerweise an die Institution – und das Gebäude – des Gefängnisses gebunden, sondern verlässt diese alsbald, um seine Prinzipien der gesamten Gesellschaft einzuschreiben, wo sie in dynamischer Weise ihre Wirkung entfalten: »Die massiven und kompakten Disziplinen lockern sich zu weichen, geschmeidigen, anpassungsfähigen Kontrollverfahren auf.« (Ebd.) Denn ohne institutionelle und architektonische Grenzen steigert sich die machtvolle Wirkung der disziplinierenden Diskurse um ein Vielfaches.

Im Anschluss an die Ausweitung der Disziplinarmechanismen findet an dritter Stelle ihre Verstaatlichung statt (vgl. Foucault 1977: 273). Weiten sich Foucault zufolge die Disziplinarmechanismen zunächst mittels privater religiöser Gruppen aus, so bleibt deren Bedeutung doch marginal, denn »der weitaus bedeutsamere Teil wurde ziemlich früh vom Polizeiapparat übernommen.« (Ebd.) Die Polizei ist hierbei allerdings kein Herrschaftsmittel der Souveränmacht, sondern »mit dem gesamten Gesellschaftskörper koextensiv« (ebd.: 274). So setzt die Polizei ihre Überwachung mitten in der Bevölkerung an, indem sie über jede noch so unwichtige Kleinigkeit des Alltags buchführt und die Bevölkerung durch den Einsatz von Spitzeln unterwandert. Die Polizei ist ein Netz, das sich durch die gesamte Bevölkerung[6] zieht und Informationen filtert. Durch ihr Wir-

---

6 Diese Einschätzung bestätigt Gilles Deleuze in einem Gespräch mit Foucault: »Immer mehr Berufe sind gezwungen, Polizeifunktionen auszuüben: Professoren, Lehrer, Erzieher, Psychiater usw. Hier vollzieht sich etwas, was Sie schon seit langem ankündi-

ken mitten in der Bevölkerung auf der Mikroebene des alltäglichen Lebens wird die Polizei »das unendlich Kleine der politischen Gewalt« (ebd.: 274). Der Polizei gelingt es so, »alles sichtbar zu machen, sich selber aber unsichtbar.« (Ebd.: 275)

Auch wenn es zunächst den Anschein hat, als wäre die Verstaatlichung der Disziplinarmechanismen durch die Polizei eine Reinstitutionalisierung, die der zuvorigen Ausweitung der Disziplinarmechanismen zuwiderlaufe, so ist die Polizei doch die Verwirklichung einer ›Macht als Netz‹ par excellence. Dies erklärt sich durch den Charakter der Polizei als »System mit zwei Eingängen« (Foucault 1977: 275). Zwar ist die Polizei eine staatliche Institution, die einem staatlichen Befehl untersteht, doch artikuliert sie auch Bedürfnisse der Bevölkerung, beispielsweise das Bedürfnis nach Sicherheit. Dies lässt sich an den vollstreckten Haftbefehlen ablesen, die nur zu einem geringen Teil Befehle der Obrigkeit sind, sondern »in ihrer überwiegenden Mehrheit […] auf Ansuchen von seiten der Familien, der Werkmeister, der Notablen, der Nachbarn, der Pfarrherrn« (ebd.) zurückgehen. Daher ist die Disziplin weder mit einer bestimmten Institution noch mit einem Apparat gleichzusetzen, sondern ein Netz aus machtvollen Diskursen und Praktiken, das bis in die kleinsten Elemente einer Gesellschaft hineinwirkt. Foucault spricht von der Disziplin als einer Gewährleistung infinitesimaler Verteilungen der Machtbeziehungen (vgl. ebd.: 277), die sich, wenn überhaupt, nur in konkreten Kontexten ausfindig machen und benennen lassen:

»Man weiß, daß sie [die Macht, Anm. SN] nicht in den Händen der Regierenden liegt. […] Keine Person ist eigentlich mit der Macht identisch; und dennoch wirkt sie immer in einer bestimmten Richtung: Von den einen auf der einen Seite gegen die andern auf der andern Seite. Man weiß nicht, wer sie eigentlich hat; aber man weiß, wer sie nicht hat. […] Jeder Kampf entfaltet sich um ein bestimmtes Machtzentrum […]. Diese Zentren namhaft machen, denunzieren, davon öffentlich sprechen – das ist bereits Kampf […], wenn man dazu das Wort ergreift, wenn man das institutionelle Informationsnetz zereißt [sic!], wenn man die Dinge beim Namen nennt, wenn man sagt, wer was getan hat, wenn man die Zielscheibe ausfindig macht.« (Foucault 1974: 136 f.)

Versteht Bentham die Disziplin noch als ein technisches Programm, so wird sie hier als historischer Prozess verstanden. Die Disziplin ist die Grundlage der Überwachungsgesellschaft. Diese Überwachungsgesellschaft ist allerdings keine die Individuen ausschließlich unterdrückende, sondern auch eine die Individuen

---

gen […]: die Verstärkung und Erweiterung des Einsperrungssystems.« (Foucault 1974: 135)

produzierende Form der Macht, die zu diesem Zweck Bilder der Individuen anfertigt (vgl. Foucault 1977: 278 f.). Das Individuum muss zum Zwecke seiner Disziplinierung also notwendigerweise sichtbar gemacht werden. Bleibt es unsichtbar, entzieht es sich der Disziplin: »Unter der Oberfläche der Bilder werden in der Tiefe die Körper eingeschlossen.« (Ebd.: 278) Diese Sichtbarmachung der Individuen zur Disziplinierung ihrer Körper ist ein historischer Prozess, der sich auf verschiedenen Ebenen vollzieht: als ökonomischer, rechtlich-politischer und wissenschaftlicher Prozess. Disziplinen sind zunächst lediglich »Techniken [...], die das Ordnen menschlicher Vielfältigkeiten sicherstellen sollen.« (Ebd.: 279 f.) Dies allein sagt noch nichts über die spezifischen Machttechniken – ökonomische, rechtlich-politische, wissenschaftliche – aus. Um die Aufgabe des Ordnens menschlicher Vielfältigkeiten effizient bewältigen zu können, formulieren die Disziplinen eine Machttechnik, die drei Kriterien entspricht:

»[D]ie Ausübung der Macht soll möglichst geringe Kosten verursachen [...]; die Wirkung der gesellschaftlichen Macht soll möglichst intensiv sein [...]; schließlich soll sich diese ›ökonomische‹ Steigerung der Macht mit der Leistungsfähigkeit der Apparate verbinden, innerhalb derer sie ausgeübt wird [...]. Es gilt also gleichzeitig die Fügsamkeit und die Nützlichkeit aller Elemente des Systems zu steigern.« (Ebd.: 280)

Dies liest Foucault vor allem an zwei signifikanten historischen Prozessen des 18. Jahrhunderts ab: dem demographischen Wachstum und dem Anwachsen des Produktionsapparates. Anhand dieser beiden Prozesse lässt sich das Auftreten eines völlig neuen Machttypus' erkennen, der die Kräfte nicht mehr gemäß der Methode der Souveränmacht *ab*schöpft, sondern sie *wert*schöpft, indem sich die Disziplinen in die Produktivität der (Macht-)Apparate und die Ausnutzung ihrer Produkte integrieren (vgl. Foucault 1977: 280 f.). Die Macht wirkt nicht von außen in unterdrückender Weise auf die Individuen, sie ist mit ihnen verflochten, sie produziert Individuen, die nur dadurch Individuen sind, weil sie mit der Macht verflochten sind, die sie produziert: »Die Disziplinen sind Techniken, die gemäß diesem Prinzip die Vielfältigkeit der Menschen und die Vervielfachung der Produktionsapparate in Übereinstimmung bringen.« (Ebd.: 281) Es lässt sich erkennen, dass dieses Prinzip streng ökonomisch organisiert ist, denn es geht hierbei um die Maximierung der Nützlichkeit bei gleichzeitiger Minimierung der Abweichung bzw. Minimierung der Kosten der Abweichung: »Die Disziplinen müssen auch die besondere Nützlichkeit eines jeden Elements der Vielfältigkeit steigern, und zwar mit möglichst schnellen und kostensparenden Methoden – d.h. unter Verwendung der Vielfältigkeit selbst als Instrument dieser Steigerung.« (Ebd.: 282) In Kombination mit dem Prinzip der Sichtbarmachung bei gleichzeitiger Unsichtbarkeit der Macht ergibt sich eine Macht, »welche die Objekte ihrer Machtausübung insgeheim heimtückisch vergegenständlicht; anstatt prunkvolle Zeichen von Souveränität zu entfalten, formieren sie ein Wissen von den unterworfenen Subjekten.« (Ebd.: 283) Auch die Frage, ab wann sich die Macht für eine Disziplinierung der Vielfältigkeit einsetzt, lässt sich durch eine ökonomische Formel beantworten: »Eine Vielfältigkeit erreicht die Schwelle der Disziplin [...], wenn das Verhältnis zwischen ihrer nützlichen Größe und ihrem Machteinsatz vorteilhaft wird.« (Ebd.) Nicht jede Vielfältigkeit lohnt also, diszipliniert zu werden. Es muss stets um die Frage eines angemessenen Kosten-Nutzen-Verhältnisses gehen. Die widerständige Kraft der Körper wird von den Disziplinen gehemmt, während die im Sinne der Macht ökonomisch nutzbare Kraft gesteigert wird. Was Foucault (1995) an anderer Stelle durch den Begriff der Bio-Macht ausdrückt, drückt sich hier als Disziplin aus, als »das einheitliche technische Verfahren [...], durch welches die Kraft des Körpers zu den geringsten Kosten als ›politische‹ Macht zurückgeschraubt und als nutzbare Kraft gesteigert wird.« (Foucault 1977: 284)

Diese Wirkungsweise der Macht die Körper zu disziplinieren, beschreibt Foucault als Fundament der formellen und rechtlichen Freiheiten, die im Zuge der Aufklärung entstehen (vgl. Foucault 1977: 285 f.). So setzt das Recht nicht die disziplinierenden Praktiken formell fest, sondern erst durch die disziplinierenden Praktiken entsteht das Recht: »Die wirklichen und körperlichen Disziplinen bildeten die Basis und das Untergeschoß zu den formellen und rechtlichen Freiheiten« (ebd.: 285) – es sind also materielle Praktiken, die einen ideologischen Überbau schaffen. Das Recht ist demnach ursprünglich keine Frage der Metaphysik, ebenso wenig die mit dem Recht eng verknüpfte Frage der Moral. Dazu wird es erst nachträglich, nachdem die Wissenschaften die materiellen Disziplinierungspraktiken erfolgreich tarnen können, und so dem Recht quasi ein »ehrenvolles Ansehen« (ebd.: 287) verleihen. Machtbeziehungen sind keine Frage einer metaphysisch darlegbaren Moral, sondern »ein Bündel von physisch-politischen Techniken« (ebd.).

Charakteristisch für die Macht seit dem 18. Jahrhundert ist, dass die Disziplinen durch ihre Zusammenfügung ein allgemeingültiges Niveau erreichen. Die Erlangung von Wissen über die Individuen und die daraus resultierende Mehrung der Macht werden universell. Zentrale Disziplinierungsinstitutionen werden zu universellen Apparaten – das Panopticon ist nur ein Beispiel hierfür (vgl. Foucault 1977: 287). Ein an eine Institution gebundenes Disziplinierungsprinzip wird objektiviert und somit zum universellen Instrument der Disziplinarmacht, das an jeder beliebigen Stelle der Gesellschaft subjektivierend, also gleichzeitig unterwerfend und produktiv individualisierend wirken kann. Durch diese Vermehrung der Macht entsteht neues Wissen über deren Subjekte, was wiederum die Macht steigert usw. Hiermit sind die ursprünglich vereinzelten Institutionen der Macht, deren Machtausübung sich auf das Gebiet innerhalb ihrer Grenzen beschränkt, universell geworden: die Macht kennt keine Beschränkung mehr. Durch die Disziplinen sind die Institutionen »solchermaßen zu Apparaten geworden, daß jeder Objektivierungsmechanismus darin als Subjektivierungs/Unterwerfungsinstrument funktioniert und daß jede Machtsteigerung neue Erkenntnisse ermöglicht.« (Ebd.) Weil die Macht untrennbar von den Subjekten, die sie produziert, geworden ist, ist sie so schwer analysierbar: Wie will man sie zum Analysegegenstand objektivieren, wenn man selber durch sie produziert wird und sie mit neuem Wissen ›füttert‹? Ein dichotomes Subjekt-Objekt-Verhältnis ist unmöglich geworden, denn die von den Disziplinen »eingesetzte und gesteigerte Macht [ist] eine unmittelbare und physische Macht [...], welche die Menschen gegeneinander ausüben.« (Ebd.: 288) Wissen ist somit kein Gegenstand, der durch eine Analyse, die auf der Trennung von Subjekt und Objekt beruht, erzeugt wird, sondern durch materielle Praktiken der Subjekte, die mit ihrem Objekt performativ verbunden sind. Diese performative Verbundenheit lässt sich im folgenden Kapitel mittels der Bio-Macht noch deutlicher beschreiben, da hier die Macht nicht nur in die Gesellschaft, sondern in die Körper hinein wirkt.

Das Prinzip des Panopticons »hat für Foucault paradigmatischen Charakter« (Kögler 2004: 89), denn der Panoptismus zieht sich bis »in die verstecktesten Winkel unserer Lebenswelt« (ebd.). Damit sind wir »nichts als ein Produkt moderner Macht« (ebd.). Da Macht allerdings, wie wir später noch genauer sehen werden, immer an die Freiheit der Subjekte gebunden ist, sind Widerstand und die Umkehrung der Machtverhältnisse, ein so genanntes *shifting*, immer möglich (vgl. ebd.: 91). Dies werden wir am Begriff des Quasi-Subjekts und an der bei Judith Butler (1998) entwickelten Methode der Resignifikation noch erörtern.

Produktive Bio-Macht:
Diskursive Explosion statt Repression
Während Foucault die Disziplinarmacht als die mikrosoziologische Seite der Macht beschreibt, die auf die einzelnen menschlichen Körper abzielt, ist für ihn die Bio-Macht die makrosoziologische Seite der Macht, weil diese Macht sich auf den Gattungskörper, auf die Bevölkerung, richtet. Beide Machtformen haben das Leben zu ihrem Gegenstand, denn das Lebensprinzip ist das Machtprinzip der Moderne (vgl. Kögler 2004: 94 f.). Damit wird ersichtlich, warum die Sexualität als Scharnier zwischen diesen beiden Seiten der Macht fungiert, indem sie die Makro- und die Mikroseite nicht nur miteinander verbindet, sondern sich durch die Sexualität die eine Seite in der anderen wiederfindet. Mikro- und Mak-

roseite sind hier nur noch analytisch auseinanderzuhalten. In der Machtpraxis schreibt sich die Macht immer tiefer und unauflösbarer in die einzelnen Körper hinein und macht sie somit gleichzeitig zu Teilen eines Gattungskörpers. Während sich die Disziplinarmacht auf äußere subjektive Bewegungsabläufe richtet, fokussiert die Bio-Macht die Selbsterfahrung. Damit ist die Sexualität auch nicht das ›Ursprüngliche‹ und ›Natürliche‹ in der individuellen Identität, sondern sie spielt eine zentrale Rolle für die modernen Machtstrategien, die durch die Internalisierung des Machtwillens charakterisiert sind (vgl. ebd.: 96 ff.). Macht wird dadurch zunehmend performativ.

Um dies näher nachzuzeichnen, soll es an dieser Stelle hauptsächlich um Foucaults Widerlegung der Repressionshypothese gehen. Die Bio-Macht tabuisiert den Sex nicht, sondern versucht, das Subjekt mit Anreizen zum Geständnis vollständig zu durchdringen. Die Entwicklungslinie der Macht, die uns hier primär interessiert, ist die der Einschreibung der Macht in das Subjekt, so dass ›äußere‹ Macht und ›innere‹ Subjektivität kaum noch zu trennen sind, was schließlich zur Gouvernementalität führt. Daher muss ein anderer, nichtsdestoweniger wichtiger Aspekt der Bio-Macht unberücksichtigt bleiben, nämlich der, dass die Bio-Macht im Unterschied zur Souveränmacht eine Macht ist, die statt sterben macht und leben *lässt*, leben *macht*, weil sie die Nützlichkeit des Lebens für ihre Zwecke erkennt und als absoluten Wert festsetzt, wodurch das Recht über Leben und Tod grundsätzlich verändert wird (vgl. Foucault 1995: 161-190). Auch die Frage, wie eine solche Macht mit dem Paradox des weiterhin vorhandenen Todes als Machtmittel umgeht, wie sie diese Frage mit dem Rassismus löst, der »die Zäsur zwischen dem, was leben, und dem, was sterben muß« (Foucault 1999: 301) zieht, kann hier leider nicht weiter geklärt werden.

Durch die Widerlegung der so genannten Repressionshypothese zeigt Foucault, wie die Macht Subjekte zu Diskursen anreizt und die Macht die Subjekte dadurch hervorbringt: Macht ist also produktiv. Indem sie über sich Auskunft geben, werden Subjekte nicht nur kontrollier- und beherrschbar, sie werden durch diesen Akt des Auskunftsgebens erst als Subjekte erzeugt. Macht wirkt dadurch auf Subjekte immer disziplinierend und produktiv zugleich. Je spezieller das Wissen über ein bestimmtes Subjekt ist, desto genauer ist die Identität des Subjekts bestimmbar, desto lokalisierbarer und disziplinierbarer ist es. Dies zeigt Foucault an der so genannten ›Einpflanzung von Perversionen‹ (vgl. Foucault 1995: 27-66).

Ganz im Gegensatz zu der Hypothese, dass das Sprechen über den Sex seit dem 17. Jahrhundert zunehmend mit Verboten belegt worden sei, weshalb sich der Sex zu etwas kaum Sagbarem entwickelt habe, spricht Foucault von einer ›diskursiven Explosion‹ (vgl. Foucault 1995: 27). Zwar sei die Sprache, mit der über den Sex gesprochen wird, eine wissenschaftlich-sterile, doch nie zuvor sei so viel über dieses Thema gesprochen worden: »Unter dem Deckmantel einer gründlich gesäuberten Sprache [...] wird der Sex von einem Diskurs in Beschlag genommen, der ihm keinen Augenblick Ruhe oder Verborgenheit gönnt.« (Ebd.: 31) Durch diesen Zwang zum Sprechen über Sex wird der Sex sichtbar gemacht. Er wird dadurch kalkulierbar und kann von der Macht – effektiver noch als es für die Disziplinarmacht zutrifft – für ihre Zwecke genutzt werden. Anstatt dass der Sex durch Zensur in den ›Untergrund‹ gedrängt wird, wodurch er unsichtbar und damit weder analysierbar noch nutzbar wird, werden die Menschen geradezu gezwungen, in mannigfacher Weise über ihren Sex nicht nur zu sprechen, sondern ihn auch zur Universalie ihres Lebens zu machen. Diese Form der Macht, die Foucault im Weiteren als ›Bio-Macht‹ (vgl. ebd.: 167) bezeichnet, wendet das bereits von der Disziplinarmacht bekannte Prinzip des Sichtbarmachens weitaus entgrenzter und effektiver an, als die Disziplinarmacht es tut. Die Bio-Macht ›wartet‹ nicht darauf, dass ein Subjekt sich abweichend verhält, sie erklärt kurzerhand alle Lebensbereiche – und insbesondere den Sex – für potentiell pathologisch.[7] Man spricht nicht nur über den Sex, sondern ausschlaggebend ist, dass Sex und Diskurs miteinander verwoben werden, wodurch der Sex von der Macht besetzt wird, die nun auf direktem Weg in das Leben der Individuen zielen und wirken kann. Hierdurch entsteht ein mächtiges und komplexes Dispositiv, das es der Macht erlaubt, die Subjekte für ihre strategischen Operationen zu nutzen (vgl. ebd.: 34 f.).

Bis ins 17. Jahrhundert ist der Sex eindimensional. Er ist Gegenstand juridischer Diskurse, die darüber befinden, welche Art des Sexes moralisch akzeptabel ist, und die die Abweichungen von dieser Norm verurteilen und bestrafen. Die Bestrafung sexueller Verfehlungen erschöpft sich dabei im Wegsperren der Delinquenten. Es wird ein ›Schleier‹ über sie gelegt. Zudem werden die sexuellen Verfehlungen sehr undifferenziert erfasst. Demgegenüber führt die Einpflanzung von Perversionen dazu, dass die Anzahl möglicher sexueller Verfehlungen geradezu explodiert, wodurch die Macht ihren Bereich um ein Vielfaches erweitern kann. Dies gelingt im Besonderen durch den Geständniszwang, der die Subjekte durch ihr Sprechen über sich ›sichtbar‹ macht und sie so dem Zugriff der Macht unterwirft. Es lässt sich Foucault zufolge eine diskursive Verschiebung den Sex betreffend feststellen. Sex wird zunehmend ein administrativer, weniger ein rein juridischer Diskurs. Die Macht scheint also nicht mehr an der bloßen Weg-

---

7   Butler (2009j: 257) bemerkt hierzu, dass die Psychoanalyse davon ausgeht, dass es niemandem gelingt, den Normen vollständig gerecht zu werden, wodurch die Psychoanalyse »aus uns allen Perverse und Fetischisten macht.« (Ebd.)

schließung der von den Normen abweichenden Individuen interessiert zu sein, sie entdeckt auch die abweichenden Individuen als eine Zielscheibe ihrer Diskurse, die sie wieder disziplinieren und nützlich machen sollen (vgl. Foucault 1995: 36). Es lässt sich folglich von einer ›Polizei des Sexes‹ sprechen: »Polizei des Sexes: das ist nicht das strikte Verbot, sondern die Notwendigkeit, den Sex durch nützliche und öffentliche Diskurse zu regeln.« (Ebd.: 37)

Diese Verschiebung und Erweiterung der Diskurse bringt außerdem ein verändertes Verhältnis des Staates zu seinen Bürgerinnen und Bürgern mit sich. Zum ersten Mal entdecken die Regierungen in Europa die Bevölkerung als Gegenstand politischer und ökonomischer Fragen und Probleme (vgl. Foucault 1995: 37 f.). Die Menschen in den Staaten sind jetzt nicht mehr bloße Untertanen oder ein Volk, sie werden als *Bevölkerung* zur politischen und ökonomischen Ressource. Von nun an ist es eine der wichtigsten Aufgaben des Regierens, diese Ressource so effektiv wie möglich zu nutzen und Schaden von ihr abzuwenden.[8] So wird das, was zuvor undifferenziert als ›Volk‹ begriffen wurde, immer genauer unterteilt und durch eine ganze Reihe von Variablen wie beispielsweise »Geburtenrate, Sterblichkeit, Lebensdauer, Fruchtbarkeit, Gesundheitszustand, Krankheitshäufigkeit, Ernährungsweise und Wohnverhältnisse« (ebd.) erfasst und effizienter regierbar gemacht. Im Zentrum all dieser Variablen, im Zentrum der Bevölkerung also, steht der Sex. Die Macht droht nicht mehr mit dem Tod, sondern sie zwingt zum Leben; sie wandelt sich von der Souverän- zur Bio-Macht, die die Körper verwaltet und das gesamte Leben rechnerisch plant. Es geht der Bio-Macht nicht um ›sterben machen und leben lassen‹, wie es bei der Souveränmacht der Fall ist, sondern darum, leben zu *machen* (vgl. ebd.: 162-167). Diesbezüglich stellt Foucault fest: »Allgemein wird also der Sex am Kreuzungspunkt von ›Körper‹ und ›Bevölkerung‹ zur zentralen Zielscheibe für eine Macht, deren Organisation eher auf der Verwaltung des Lebens als auf der Drohung mit dem Tode beruht.« (Ebd.: 175) Insofern muss genau darauf geachtet werden, dass der Sex *nützlich* ist. Er soll der Vermehrung des Lebens und der Steigerung seiner Produktivität dienen und diese nicht unterminieren. Der Erfolg einer Gesellschaft hängt somit davon ab, »wie ein jeder von seinem Sex Gebrauch macht.« (Ebd.: 38)

So kommt es, dass der Sex nicht ausschließlich einer Zensur oder einem Verbot unterliegt, sondern dass die Anreizung zu Diskursen in hohem Maße zunimmt, da der Sex nur durch eine intensive diskursive Sichtbarmachung regulierbar gemacht werden kann. Zwar existieren auch weiterhin Schweigegebote,

---

8   Unter dem Begriff der ›Gouvernementalität‹ behandelt Foucault dieses Phänomen noch ausführlicher (vgl. Foucault 2000).

doch sind sie strategische Elemente der Diskurse über den Sex. Es kommt sehr genau darauf an, *was* und *wie* etwas gesagt wird. Das Schweigen ist hierbei ein strategisches Element der Macht, die sich, um effektiv wirken zu können, selbst nicht als Macht zu erkennen geben und folglich auch nicht diskursiv thematisiert werden darf (vgl. Foucault 1995: 40). Dies alles deutet auf ein »neues Regime der Diskurse« (ebd.) hin, wo der Sex nicht mehr als Unsagbares tabuisiert und verdunkelt ist – und sich dadurch weitgehend der Kontrolle durch die Macht entzieht –, sondern wo mehr über den Sex gesagt wird, allerdings in einer sehr kontrollierten Sprache, die auf die Intensivierung der Macht abzielt. Es ist auch nicht mehr der juridische Diskurs allein, der den Sex zu seinem Gegenstand hat, sondern es treten eine Vielzahl wichtiger Disziplinen hinzu, allen voran die Medizin und die Psychiatrie, aber auch die Demographie, die Biologie, die Moral oder die Politik, die beginnen, den Sex immer weiter zu differenzieren, indem sie so genannte Perversionen in ihn einpflanzen (vgl. ebd.: 47-50). Damit gehen die Wissenschaften einen »verschwiegenen Pakt mit sozialen Machtstrukturen« (Kögler 2004: 75) ein. Dieser Pakt ist die für die Moderne spezifische Machtform, die bestimmte Erfahrungsmöglichkeiten ausgrenzt und die Subjekte einschließt (vgl. ebd.).

Durch die Definition des ehelichen, zu Zwecken der Reproduktion bestimmten Sexes als seine ›normale‹, weil nützliche Form, lassen sich Abweichungen hiervon in vielfacher Weise als Perversionen klassifizieren: »[I]nnerhalb des Feldes der Sexualität [kommt es] zur Heraushebung einer spezifischen Dimension der ›Widernatur‹.« (Foucault 1995: 53) Belaufen sich die Abweichungen von einer ›normalen‹ Sexualität bis dahin hauptsächlich auf Ehebruch oder Entführung, so kommen mit der Einpflanzung von Perversionen bisher ungekannte Formen sexueller Abweichung auf. Sodomie, Sadismus, Nekrophilie und unzählige mehr gehören zu den Perversionen, die von den Diskursen der Medizin, der Psychiatrie und des Rechts von nun an immer feiner ausdifferenziert werden. Mit anderen Worten: »Das vom sechsten Gebot abgedeckte Feld beginnt sich zu zersetzen.« (Ebd.) So fällt unter den Begriff der Perversionen alles, was gegenüber dem Gesetz der Ehe oder der Ordnung der Begehren als widernatürlich gilt und was gegen hegemoniale gesetzliche und moralische Diskurse verstößt. Diese Diskurse dringen nun immer weiter in die Subjekte vor, indem sie beispielsweise den ehelichen Sex aus seiner verschleierten privaten Existenz herausholen und zu einer öffentlichen Sache machen. Es wird ein normativer ehelicher Sex beschrieben, der es erlaubt, alles, was seiner reproduktiven Funktion zuwiderläuft, als unvollständige sexuelle Praktik zu bezeichnen und mit Begriffen der organischen, funktionellen oder geistigen Pathologie zu klassifizieren. Kurz: Der Sex ist nun eine Sache der Verwaltung (vgl. ebd.: 54 ff.).

Doch ist diese diskursive Macht über den Sex nicht als eine Macht der Unterdrückung und Untersagung zu verstehen, nicht als ausschließliche Repression. Foucault beschreibt hier eine neue Form der Macht, die er in vier Operationen einteilt, welche sich von der bloßen Repression signifikant unterscheiden. Zunächst konzentriert sich die Macht auf das Kind und seine Sexualität. Hier wirkt die Macht nicht etwa so, dass sie versucht, das, was sie verurteilt, zu unterdrücken und zu verringern. Im Gegenteil weitet die Macht sich selbst und ihren Gegenstand, die kindliche Sexualität, aus. So wird das vermeintliche Laster der Onanie mit einer Akribie untersucht und thematisiert, also diskursiv erweitert, es bleibt nicht bei dem bloßen Verbot. Es handelt sich hierbei nicht um ein so genanntes ›Sperrdispositiv‹, also um das reine Verbot, sondern das Kind und seine Sexualität werden regelrecht diskursiv durchdrungen. Das Kind und seine Sexualität als Zielscheibe der Macht wird immer feiner verästelt. Hier wirkt kein Sperrdispositiv, das Verbotenes mit dem Mantel des Schweigens bedeckt, sondern ein Dispositiv, das das Verbotene mit allen Mitteln ans Licht zerrt und es sichtbar macht (vgl. Foucault 1995: 56-66).

An zweiter Stelle ist zu nennen, dass durch die Einpflanzung von Perversionen in die Subjekte eine neue Spezifizierung der Individuen entsteht. Insbesondere Homosexuelle werden von Medizin, Psychiatrie und Recht erst ›produziert‹. Ist die Homosexualität in den alten zivilen und kanonischen Rechten eine verbotene Handlung, die nur durch das Recht erfasst werden kann und dadurch denjenigen, der das Verbot übertritt, zum reinen Rechtssubjekt macht, wird dieses Rechtssubjekt nun durch Medizin und Psychiatrie erweitert. Homosexuelle sind jetzt nicht mehr nur Straftäter, sondern auch sowohl in physischer wie psychischer Hinsicht Kranke. Bemerkenswert ist, dass eine Verlagerung der Mächte stattfindet und an die zentrale Stelle des Rechtssubjekts das medizinische und psychoanalytische Subjekt tritt. Während die juridischen Strafen für Homosexuelle an Härte abnehmen, werden sie durch Medizin und Psychiatrie zunehmend genauer erfasst (vgl. Foucault 1995: 58 f.). Foucault bemerkt: »Der Sodomit war ein Gestrauchelter, der Homosexuelle ist eine Spezies.« (Ebd.: 58)

Auf einer dritten Ebene operiert die Macht, indem sie einen diskursiven Austausch betreibt, der durch gezielte Fragen an die Subjekte diesen Geständnisse entlockt. Die Macht befindet sich hierbei nicht auf Distanz zu ihren Subjekten, sondern sie sucht ihre Nähe und Vertrautheit, um ihnen so ihre tiefsten Geheimnisse abzuringen und zur Kontrolle über sie einzusetzen. Insbesondere der Medizin gelingt es, durch die Medizinisierung der Sexualität sehr nah an die Subjekte heranzukommen, hinein in ihre Körper und ihre Lüste. Durch eine »Technologie der Gesundheit und des Pathologischen« (Foucault 1995: 60) zielt und wirkt sie direkt über die diskursivierte Sexualität in den Körpern und der Psyche der Subjekte. So wirkt die Macht einerseits auf die Subjekte, indem sie ihnen Geständnisse entlockt, und andererseits, indem sie mit diesem Geständniswissen eine erweiterte Macht über die Subjekte ausübt. Dies beschreibt Foucault als einen Doppeleffekt:

»[D]ie Macht bezieht einen Anstoß aus ihrer eigenen Entfaltung, die überwachende Kontrolle wird von neuer Unruhe heimgesucht und vorangetrieben, die Intensität des Geständnisses weckt frische Wißbegierde beim Befrager, die aufgespürte Lust strömt zurück zur sie umstellenden Macht. [...] Die Lust verstreut sich über eben die Macht, von der sie gehetzt wird; die Macht verankert die Lust, die sie aufgescheucht hat.« (Ebd.)

So oszilliert dieser Doppeleffekt zwischen Lust und Macht und erzeugt eine Spirale der Macht und der Lust: eine Spirale der Lust, Macht auszuüben und der Lust, die sich dieser Macht zu entziehen versucht; eine Spirale der Macht, die von der Lust überwältigt wird und der Macht, die die Lust aufspürt und sichtbar macht. Erzieher und Schüler, Ärzte und Kranke, Psychiater und ihre Hysterischen und Perversen – sie alle bedingen sich gegenseitig in ihrer Existenz (vgl. ebd.: 59 ff.).

Viertens operiert die Macht mit Dispositiven sexueller Sättigung, also mit Dispositiven, die die Gesellschaft mit Sexualität sättigen. Sexualität durchzieht die Gesellschaft in all ihren Bereichen. Mit Institutionen wie der Internatsschule werden auch soziale Räume außerhalb der bereits durch und durch sexualisierten Familie sexualisiert, wodurch überall das Wirken der Macht und der Lust installiert und organisiert wird. Nicht nur die Familie ist ein Gebiet »hoher sexueller Sättigung« (Foucault 1995: 62), sondern auch der Schlafsaal im Internat, wo vielfältige Arten einer »nicht-ehelichen, nicht-heterosexuellen, nicht-monogamen Sexualität« (ebd.: 63) produziert werden. Durch die Dispositive sexueller Sättigung wird die Gesellschaft im Ganzen eine sexualisierte – eine »Gesellschaft der blühendsten Perversion« (ebd.). Auch an den Dispositiven sexueller Sättigung ist charakteristisch, dass sie nicht durch reine Verbote operieren, sondern durch die Vermehrung von Sexualitäten: Es gibt keinen ›Normalfall‹ der Sexualität, denn überall lassen sich durch immer genauere Spezifikationen Abweichungen finden. Die Einpflanzung von Perversionen macht Normalität unmöglich. Die Spirale aus Macht und Lust verstärkt sich überall und pflanzt immer neue Perversionen in die Subjekte ein. Die Macht

»setzt der Sexualität keine Grenzen, sondern dehnt ihre verschiedenen Formen aus, [...] [s]ie schließt sie nicht aus, sondern schließt sie als Spezifizierungsmerkmal der Individuen in den Körper ein [...]; sie errichtet keine Blockade, sondern schafft Orte maximaler Sättigung. Sie produziert und fixiert die sexuelle Disparität. Die moderne Gesellschaft ist pervers, aber nicht trotz ihres Puritanismus oder als Folge ihrer Heuchelei; sie ist wirklich und direkt pervers.« (Ebd.)

Die disparaten Sexualitäten werden von der Macht aus den Körpern und Lüsten der Subjekte gezogen und in ihnen verfestigt – stets wirkt der Doppeleffekt, der die Perversionen vervielfacht. Durch das Instrument der Perversionen gelingt es der Macht, in immer differenzierterer und subtilerer Weise auf den Sex und die Lust, und damit auf das Innerste der Subjekte zu wirken. Die Perversionen sind keine ›Refugien‹, in die sich die Subjekte zurückziehen könnten, um der von der Macht besetzten ›normalen‹ Sexualität zu entkommen. Die Perversionen sind Instrumente, die eine noch intensivere Beziehung der Macht zu ihren Subjekten ermöglichen. Durch das Praktizieren peripherer Sexualitäten entrinnt man der Macht folglich nicht, sondern ermöglicht ihr eine noch größere Kontrolle über die eigene Person. Damit wohnen den Dispositiven sexueller Sättigung totalisierende Tendenzen inne (vgl. ebd.: 61-66): »Lust und Macht heben sich nicht auf, noch wenden sie sich gegeneinander, sondern übergreifen einander, verfolgen und treiben sich an.« (Ebd.: 65)

Es ist also kennzeichnend für die modernen Formen der Macht, dass sie der Repressionshypothese widersprechen. Die Macht entfaltet sich nicht durch bloße Verbote und Unterdrückung peripherer Sexualitäten, sie führt geradezu zu deren Explosion. Anstelle von Dispositiven der Unterdrückung wirken Dispositive sexueller Sättigung, anstelle eines Redeverbots über Sexualität herrscht ein Geständniszwang: »niemals gab es mehr Machtzentren, niemals mehr Berührungs- und Verbindungskreise, niemals mehr Brennpunkte, an denen sich die Intensität der Lüste und die Beharrlichkeit der Mächte entzünden, um weiter auszustrahlen.« (Foucault 1995: 65 f.)

Die Gouvernementalisierung der Macht

Sowohl am Begriff der Disziplinar- als auch am Begriff der Bio-Macht wird deutlich, dass die Macht erstens die Tendenz hat, sich in die überwachten Subjekte einzuschreiben. Externe Kontrolle wird zu einer im Subjekt verankerten internen Selbstkontrolle. Die für die Disziplinarmacht kennzeichnende Staatspolizei entwickelt sich zur medizinisch-psychiatrischen Polizei der Bio-Macht. Die Polizei arbeitet sich damit in das Innere der Subjekte vor und entgrenzt sich dadurch: Sie wird zu einer Universalpolizei. Zweitens soll dies so effizient wie möglich geschehen. Die Macht organisiert sich also nach ökonomischen Prinzipien der Steigerung der Effizienz, während sie gleichzeitig versucht, die Subjekte für ihre Zwecke so nützlich wie möglich zu machen. Es lässt sich hier von einer zirkulären Beziehung der Nützlichkeit zwischen Macht und Subjekt sprechen. Macht und Subjekt sind praktisch untrennbar miteinander verwoben, so dass sich nur in analytischer Hinsicht diese Beziehung aufbrechen lässt. Dies gestaltet auch die Machtkritik schwierig, da zunächst unklar ist, wo die Macht überhaupt lokalisiert werden kann. Der dominante Diskurs der machtvollen Produktion von Subjekten ist dabei der ökonomische, was dazu führt, dass subjektive Identitäten Gefahr laufen, sich auf ökonomische Aspekte zu verengen. Diese Bewegungen kulminieren bei Foucault (2000) schließlich im Begriff der ›Gouvernementalität‹, den er in seinen Vorlesungen im Studienjahr 1977/78 am Collège de France entwickelt und in seiner vierten Vorlesung dieser Reihe genauer umreißt (vgl. Foucault 2006a). Die Gouvernementalität deutet bereits in ihrem Namen auf einen vorläufigen[9] Höhepunkt der eben beschriebenen Bewegungen hin: Das Regieren (*gouverner*) findet hier in mentalen Bereichen des Subjekts (*mentalité*) statt. Damit leistet Foucault eine in ihrer Tragweite kaum zu überschätzende Vorarbeit für die gegenwärtige kritische Diskussion des Neoliberalismus, wie sie beispielsweise bezüglich der Menschenführung im Qualitäts- und Selbstmanagement und der Genese des so genannten unternehmerischen Selbst (vgl. Bröckling 2000, 2007) stattfindet. Denn die Gouvernementalität markiert eine Akzentverschiebung der Macht weg von der Pastoralmacht des Hirten über seine Herde hin zu einer Macht, die sich auf die Bevölkerung konzentriert (vgl. Foucault 2006a: 520-523). Dabei erstreckt sich der Begriff der Bevölkerung nicht bloß auf das politisch gedachte Volk. Er umfasst auch die Familie sowie das einzelne Individuum, welches bezüglich der Steigerung seiner Nützlichkeit wiederum ein Subjekt der Bio-Macht ist. So regiert die Gouvernementalität nicht nur den Staat, sondern auch das Individuum. Ein durchgängiges Moment von der Pastoralmacht zur Gouvernementalität ist jedoch, dass jede Macht nur ausgeübt werden kann, wenn sie »weiß, was in den Köpfen der Menschen vor sich geht.« (Foucault 2007g: 89) Die Verbindung von Wissen und Macht ist beständig.

Foucault entwickelt den Begriff der Gouvernementalität als Antwort auf diverse, die Künste des Regierens betreffende Probleme. Im Zentrum dieser Problematik steht vor allem die Frage nach der richtigen Regierung der Lebensführungen der Regierten. Durch zwei für das 16. Jahrhundert signifikante historische Prozesse – nämlich den der Auflösung feudaler Strukturen und der daraus folgenden Entstehung der großen Territorialstaaten sowie den der Reformation und der Gegenreformation, die Prozesse religiöser Zerstreuung und Abweichung sind – brechen für die damalige Welt zentrale Machtsäulen, der Feudalherr ei-

---

9 Gilles Deleuze (1993a) wird an diese Überlegungen Foucaults anknüpfen und sie im Begriff der ›Kontrollgesellschaft‹ weiter radikalisieren.

nerseits, der Papst andererseits, weg bzw. wird ihre Macht deutlich eingeschränkt (vgl. Foucault 2000: 41). So muss die Frage der Regierung und der Verteilung der Macht neu verhandelt werden, wobei das Problem lautet »wie regiert werden, durch wen, bis zu welchem Punkt, zu welchen Zwecken, durch welche Methoden.« (Ebd.: 42)

Die zwei zentralen Paradigmen dieser Problematik sind Foucault zufolge zunächst Machiavellis *Fürst* sowie die Anti-Machiavelli-Literatur. Weil Machiavelli in seiner Schrift das Problem des Regierens als eine Frage nach dem Verhältnis des Fürsten zu dem, was er besitzt, also nach dem Verhältnis des Fürsten zu seinen Untertanen und seinem Territorium, abhandelt, ergibt sich daraus, dass die richtige Form des Regierens primär dieses Macht- und Besitzverhältnis und weniger die eigentlichen Untertanen oder das eigentliche Territorium schützt. So entwickelt Machiavelli als richtige Form des Regierens eine Beschreibung der Geschicklichkeit des Fürsten in der Erhaltung seines Fürstentums, die Vorbildcharakter besitzt und als Anleitung dienen soll (vgl. Foucault 2000: 44 ff.). Dem widersprechend behauptet die Anti-Machiavelli-Literatur, dass das Geschick bei der Erhaltung eines Fürstentums nicht gleichbedeutend mit der Kunst des Regierens sei. Als frühen Vertreter dieses Denkens nennt Foucault Guillaume de La Perrière, der 1555 den Text »Le miroir politique, contenant diverses manières de gouverner« verfasst. Ein signifikanter Unterschied zwischen Machiavelli und La Perrière besteht zunächst in der Auffassung darüber, wer zum Regieren geeignet sei. Während Machiavelli diese Frage durch Verweis auf das Transzendentale beantwortet, da der Fürst ein Fürstentum erbt, das bereits vor dem Fürsten existiert, kann nach Ansicht La Perrières jeder regieren, der diese Kunst beherrscht (vgl. ebd.: 46). La Perrière verallgemeinert den Begriff des Regierens, indem er ihn nicht auf das Regieren eines Fürstentums verengt, sondern davon ausgeht, dass man »ein Haus, Kinder, Seelen, eine Provinz, ein Kloster, einen religiösen Orden und eine Familie« (ebd.) regieren kann. Weil La Perrière die Objekte des Regierens nicht festlegt, sind auch die Regierenden nicht allein auf die Person des Fürsten festlegbar: Regent kann auch ein Familienvater sein. Der Regent ist mit seinen Untertanen im selben Machtfeld verbunden, er ist nicht ›extern‹ wie Machiavellis Fürst: »Alle diese Regierungen sind zum anderen der Gesellschaft selbst oder dem Staat innerlich.« (Ebd.: 47)

Diese ›Verinnerlichung‹ des Regierens bezieht sich auch auf den Regenten selbst, der zunächst sich selbst angemessen regieren können muss, bevor er einen Staat erfolgreich regieren kann. Diesen Zusammenhang findet Foucault bei François de La Mothe Le Vayer beschrieben, der drei Typen der Regierung bestimmt: Erstens die Regierung seiner selbst durch Moral, zweitens die Regierung der Familie durch Ökonomie, drittens die Regierung des Staates durch Politik.

Umgekehrt wirkt die Regierung des Staates durch die Erziehung seiner Untertanen in die Regierung des Selbst durch die Moral, also in die Lebensführung hinein. Über diese Beziehungen wacht wiederum die Polizei. Zentral ist hierbei stets die *ökonomische* Regierung der Familie, wodurch die ökonomische mit der politischen Regierung verknüpft wird (vgl. Foucault 2000: 47 ff.). Dies hat zur Folge, dass von nun an die Regierung des Staates nicht nur das gemeinschaftliche Wohl seiner Untertanen zu sichern hat, sondern darüber hinaus auch die Lebensführung seiner Untertanen wie ein Familienvater bis ins kleinste Detail überwachen und lenken wird:

»Um einen Staat zu regieren, wird man die Ökonomie einsetzen müssen, eine Ökonomie auf der Ebene des Staates als Ganzem, d.h. man wird die Einwohner, die Reichtümer und die Lebensführung aller und jedes Einzelnen unter eine Form von Überwachung und Kontrolle stellen, die nicht weniger aufmerksam ist als die des Familienvaters über die Hausgemeinschaft und ihre Güter.« (Ebd.: 49)

Die Anti-Machiavelli-Literatur führt also den Begriff der Ökonomie in die Frage nach dem richtigen Regieren ein. Dieser Begriff wird vom 16. Jahrhundert bis ins 18. Jahrhundert hinein theoretisch weiterentwickelt, bevor er schließlich zu einem praktischen »Realitätsniveau« (ebd.: 50) wird.

Es besteht aber noch ein weiterer zentraler Unterschied zwischen der politischen Theorie Machiavellis und der Anti-Machiavelli-Literatur, der in der Auffassung über das Ziel des Regierens liegt. Ist bei Machiavelli vor allem das Territorium an sich Gegenstand des Regierens, so verlagert die Anti-Machiavelli-Literatur diesen Gegenstand hin zu den Dingen und Personen innerhalb eines bestimmten Territoriums und betrachtet das Territorium nicht als geographische Gegebenheit, sondern als »eine Art Komplex, gebildet aus den Menschen und Dingen« (Foucault 2000: 51). Hieraus erklärt sich auch das wachsende Interesse der Regierungen an der Lebensführung ihrer Untertanen, die bis ins kleinste Detail kontrolliert werden soll. Denn nun geht es darum, Verantwortung für die Untertanen zu übernehmen, sie zu einem Wohl zu führen, das sie alleine nicht erreichen können (vgl. ebd.: 52). Der Zweck des Regierens ist daher die Ökonomie, das gemeinschaftliche Wohl. Auch dies ist ein entscheidender Unterschied zu der von Machiavelli beschriebenen Souveränmacht des Fürsten. Denn in der Anti-Machiavelli-Literatur hat das Regieren eine Zweckbestimmung, weshalb das Regieren hier im klaren Gegensatz zur Souveränität steht. Der Zweck der Souveränität ist nämlich zirkulär, da er darin besteht, die Souveränität um ihrer selbst Willen zu erhalten. Die Ökonomie jedoch bestimmt einen anderen Zweck, nämlich den, in einer dem gemeinschaftlichen Wohl angemessenen Art über die

Dinge, also den territorialen Komplex aus Menschen und Dingen, zu verfügen. Somit existiert nicht nur ein einzelnes Ziel der Regierung, sondern viele verschiedene, da das gemeinschaftliche Wohl sehr vielfältig ist. Die richtige Regierung muss also in angemessener Weise über die Dinge verfügen können, was bedeutet, dass man sich um die Vervollkommnung und Intensivierung der Dinge bemühen muss. Kennzeichnend für dieses Bemühen ist, dass die starren Strategien und Gesetze, die den Gehorsam der Untertanen gegenüber dem Souverän sicherstellen sollen, zunehmend flexiblen Regierungstaktiken weichen, die sich situativ auf das jeweils ökonomisch sinnvollste Regieren einstellen (vgl. ebd.: 52 ff.). Die Ausrichtung der richtigen Regierung an der Ökonomie und das dadurch erhöhte Interesse der Regierung an ihren Subjekten und ihrer privaten Lebensführung ist charakteristisch für den Wandel der Souveränmacht zur Disziplinarmacht und zur Bio-Macht. Es geht dabei nicht mehr darum, die Souveränität durch die Drohung mit dem Tode zu sichern, sondern die Regierungssubjekte zu einer ökonomischen Lebensführung anzuhalten, die für das gemeinschaftliche Wohl ebenso zentral ist wie die richtige Regierung. An die Stelle des mit dem Tode strafenden Schwertes tritt nun die Steigerung der Nützlichkeit des Lebens, die der Regent anwenden muss, um ökonomisch zu regieren (vgl. ebd.: 54 f.). Dies bedeutet, dass der Regent nicht über seinen Untertanen steht, sondern mit ihnen in einer Weise verbunden ist, die auch ihm auferlegt, sich selbst ebenso ökonomisch zu regieren: Der Regent wird durch seine Selbstführung regiert.

In historischer Hinsicht belegt Foucault diese Entwicklung am Merkantilismus, der versucht, die Souveränität mit dem hier beschriebenen ›Familienmodell‹ zu kombinieren. Dieser Versuch der Kombination wird aber im 17. Jahrhundert dadurch blockiert, dass der Rahmen der Souveränität zu abstrakt ist, um mit dem sehr eng gefassten Familienmodell zusammengefügt werden zu können: »Hausgemeinschaft und Familienvater auf der einen, Staat und Souverän auf der anderen Seite – so konnte die Regierungskunst ihre eigene Dimension nicht finden.« (Foucault 2000: 59) Diese Blockade wird im 18. Jahrhundert durch die demographische Expansion aufgehoben. Allgemeiner spricht Foucault diesbezüglich von »dem Auftauchen des Problems der *Bevölkerung*« (ebd., Herv. SN). Erstmalig werden die Untertanen nicht als einzelne Untertanen begriffen, sondern als Einheit, eben als Bevölkerung, und somit als eine zentrale Variable in der Kalkulation der richtigen Regierung. Wie weiter oben ausführlicher dargestellt, behandelt Foucault den Begriff der Bevölkerung als Ressource auch an anderer Stelle (vgl. Foucault 1977, 1995). Damit zieht sich ein ökonomisches Motiv ebenfalls durch Disziplinar- und Bio-Macht, auch wenn es dort nicht so stark ausgeprägt ist wie in der Gouvernementalität. Durch die Begriffe ›Bevölkerung‹ und ›Ökonomie‹ kann nun unabhängig von einem juridischen Rahmen, der bis hierhin als einziger Bezugsrahmen die Souveränität bestimmt, über die richtige Regierung nachgedacht werden (vgl. Foucault 2000: 59). Die Bevölkerung, die eine allgemeine Variable ist, die statistisch erfasst werden kann, löst die begrifflich sehr eng gefasste und singuläre Familie ab, weshalb die Bevölkerung nun mit der weitaus abstrakteren Souveränität verknüpft werden kann, was die Blockade aufhebt. Die Bevölkerung hat ihre eigenen Regelmäßigkeiten und Effekte, die nicht mit der Familie gleichzusetzen und auf sie zurückzuführen sind. So verliert das Familienmodell als Modell für die Regierung an Bedeutung und wird durch das Modell der Bevölkerung abgelöst (vgl. ebd.: 60). Auch wenn die Familie nun kein *allgemeines* Modell der Regierung mehr ist, verschwindet sie dennoch nicht ganz. Die Familie bleibt erhalten als ein Regierungs*segment*, und zwar als »ein schlechthin privilegiertes Segment« (ebd.), denn die Familie ist die ›Keimzelle‹ der Bevölkerung. Auch wenn die Familie kein universelles Modell für die Regierung mehr ist, hat sie dennoch eine zentrale Bedeutung in Bezug auf die Sexualität, die Demographie, die Kinderzahl, den Konsum etc. Nur über die Familie als Schaltstelle kann die Regierung über diese Variablen Einfluss gewinnen und die Familie zum Regierungsinstrument werden (vgl. ebd.: 60 f.). Dieser funktionale Wandel ist der Grund für die Entwicklung zur Bio-Macht, den Foucault als »absolut fundamental« (ebd.: 61) ansieht. Die Blockade der Regierungskunst ist nun gelöst, denn »[i]ndem die Bevölkerung das Modell der Familie eliminiert, macht sie die Aufhebung der Blockierung der Regierungskunst möglich.« (Foucault 2000: 61)

Somit ist die Bevölkerung nicht nur der Grund für die Aufhebung der Blockade der Regierungskunst, sondern auch »das schlechthin letzte Ziel der Regierung« (Foucault 2000: 61). Die Bevölkerung befindet sich in einer Doppelrolle als Zweck und Instrument der Regierung: Als Zweck, da sich die mit dem Gemeinwohl gleichbedeutende Ökonomie am Wohl der Bevölkerung messen lassen muss. Als Instrument, da die Regierung diesen Zweck nur mittels einer gesunden Bevölkerung, die die vorhandenen Ressourcen optimal nutzt, erreichen kann. Das Ziel der Regierung kann nicht, wie von Machiavelli behauptet, das Regieren selbst sein, sondern das Ziel der Regierung ist, »das Los der Bevölkerung zu verbessern« (ebd.). Daher ist die Kunst der Regierung, sowohl auf die Bevölkerung als Ganzes als auch auf die einzelnen Individuen, aus denen sich die Bevölkerung zusammensetzt, einzuwirken, sie zu lenken, Macht über sie auszuüben, ohne dass die Regierten es merken. Denn wie bereits am Modell des Panopticons dargelegt, wirkt die Macht dort am effektivsten, wo sie am wenigsten als Macht sichtbar wird. Das ist die Geburt der politischen Ökonomie, die die Bevölkerung, das Territorium und den Reichtum zu ihrem Gegenstand hat (vgl. ebd.: 62).

Die die Gouvernementalität mit Blick auf die Bevölkerung stützende Entwicklung der Bio-Macht bedeutet jedoch nicht das Verschwinden von Souverän- und Disziplinarmacht. Vielmehr ergibt sich ein Dreieck aus Souveränität, Disziplin und gouvernementaler Führung, das auf die Bevölkerung zielt (vgl. Foucault 2000: 64). Die alten Mächte sind nicht verschwunden, sondern sie haben sich mit den neuen zu einem neuen Machttypus rekombiniert, der umso effektiver wirken kann: »Regierung, Bevölkerung und politische Ökonomie [bilden] seit dem 18. Jahrhundert eine feste Reihe [...], die auch heute noch nicht zerfallen ist.« (Ebd.) Diese Zusammenhänge fasst Foucault unter den Begriff der Gouvernementalität. Demnach lässt sich eine Entwicklung vom Gerechtigkeitsstaat des Mittelalters über den Verwaltungsstaat des 15. und 16. Jahrhunderts hin zur Gouvernementalität der Moderne nachzeichnen. Dies bedeutet die Verlagerung des externen Staates bzw. Souveräns hinein in die Bevölkerung und schließlich in die Individuen als Bestandteile der Bevölkerung: Die Macht entwickelt sich zur Regierung im/des Mentalen. So spricht Foucault nicht von einer »Verstaatlichung der Gesellschaft« (ebd.: 65), sondern von der »›Gouvernementalisierung‹ des Staates« (ebd.).[10] Die Gouvernementalisierung des Staates ist es, was den Staat über seine Transformationen hinaus als Staat erhalten hat. Der Staat definiert sich nicht mehr über juridische Diskurse, über einen starren strategischen Gesetzesapparat, sondern über allgemeine Taktiken der Gouvernementalität, die ihm erlauben, situativ festlegen zu können, was der Staat ist und was nicht (vgl. ebd.: 66). Der gouvernementalisierte Staat entspricht in seinem Zusammenwirken aus Souveränität, Disziplin und Gouvernementalität »einer durch die Sicherheitsdispositive kontrollierten Gesellschaft« (ebd.). So lässt sich der gouvernementalisierte Staat charakterisieren als ein Zusammenwirken des Geständniszwangs des Pastorats[11], der diplomatisch-militärischen Technik der Disziplin und der Überwachung durch die Polizei. Indem die Gouvernementalität dem Staat innerlich wie äußerlich ist, durchdringt sie ihn und seine Teile gänzlich (vgl. ebd.: 64-67). In diesem Sinne beschreibt Foucault die Gouvernementalität abschließend als

»die Gesamtheit, gebildet aus den Institutionen, den Verfahren, Analysen und Reflexionen, den Berechnungen und den Taktiken, die es gestatten, diese recht spezifische und

---

10 Hieran knüpft auch Nikolas Rose (2000) mit seiner Neubestimmung der Grenzen des Sozialen und des Regierens an.
11 Auf die Rolle des Pastorats für die christliche Subjektwerdung geht Foucault an anderer Stelle näher ein, nämlich in den Vorlesungen 5 bis 9 des Studienjahres 1977/78 (vgl. Foucault 2006a: 173-368).

doch komplexe Form der Macht auszuüben, die als Hauptzielscheibe die Bevölkerung, als Hauptwissensform die politische Ökonomie und als wesentliches technisches Instrument die Sicherheitsdispositive hat.« (Ebd.: 64)

Möglichkeiten zur Kritik bei Michel Foucault

Wenn im Modell des Panopticons die Macht dort am mächtigsten ist, wo sie nicht als Macht in Erscheinung tritt, sondern erfolgreich vorgibt, ›Natur‹ zu sein, und sich diese Strategie in der Bio-Macht und der Gouvernementalität fortschreibt und perfektioniert, dann könnte Kritik an der Macht der »Kampf gegen die Macht, Kampf um ihre Sichtbarmachung und Schwächung dort, wo sie am unsichtbarsten und hinterhältigsten ist« (Foucault 1974: 130) sein. Kritik wirkt dann gegen »die konstitutive Unsichtbarkeit der Macht, die Unmöglichkeit ihrer gültigen Verortung« (Holert 2008a: 231). Dabei gilt aber stets, dass kein äußerer Ort existiert, von dem aus die Macht kritisiert werden kann. Somit kann Kritik nicht die Frage stellen, ob Macht überwunden werden kann, ob also ein machtfreier Raum erreichbar ist. Es muss vielmehr gefragt werden, wie Macht sich manifestiert und wie ihre Effekte verändert werden können.

Widerstand ist also, wie die Macht, bei Foucault immer in spezifische historische Kontexte eingelassen und leitet sich eben nicht aus universalen Normen ab. Der Begriff des Widerstandes bei Foucault ist deshalb für die Cultural Studies von großem Interesse, weil er als *empowerment* interpretiert werden kann. Denn Foucault zufolge möchte Widerstand immer eine unmittelbare Verbesserung der eigenen Seins- und Lebensbedingungen erreichen:

»Denkt man an die Revolten in Los Angeles im Jahr 1992, wird klar, was Foucault meint: Die Ghetto-Bewohner hatten ja kaum nötig, erst Kants *Kritik der praktischen Vernunft* zu lesen, bevor sie wußten, wogegen sie zu kämpfen und sich zur Wehr zu setzen hatten: Die brutale Mißhandlung des Schwarzen Rodney King durch Polizisten im Einsatz [...] und der Freispruch dieser Polizisten durch eine weiße Jury wurden gleichsam zum Symbol der alltäglich erfahrenen Gewalt.« (Kögler 2004: 106)

Foucault bevorzugt deshalb diese kontextualisierte Art des Widerstands, die wir performativ nennen können, weil er in den ›universalen‹ Normen den Ort sieht, in dem sich die moderne Macht am tiefsten verankert hat. Hier normiert und normalisiert die moderne Macht, indem sie das, was nicht konform geht, also ›abnormal‹ ist, ausgrenzt, und so alternative Subjektpositionen, die ein Mehr an möglichen Identitäten und Lebensoptionen bedeuten, verunmöglicht. So mögen universale Normen zwar für sich eine kontextfreie Wahrheit reklamieren, diese ist jedoch stets eine perspektivische, in Abhängigkeit von Machtverhältnissen und Erfahrungsstrukturen gewonnene Wahrheit, die die Menschen in Macht- und Unterdrückungsstrukturen einbindet. Denn die modernen Humanwissenschaften lösen sich nicht nur niemals von der Disziplinarmacht, sondern etablieren darüber hinaus erst die Bio-Macht in der Moderne (vgl. Kögler 2004: 108-111).

Dem wäre ein »Aufstand der unterdrückten Wissensarten« (Kögler 2004: 117) entgegenzusetzen, der eine inhaltliche Kritik betreibt, die sich gegen die konkreten Zustände richtet. Hierdurch kann sich das Wissen der Unterdrückten artikulieren und Wahrheit wird auf die konkreten Erfahrungen der Subjekte zurückgeführt (vgl. ebd.: 117 f.). Ein universaler Wahrheitsbegriff jedoch, der angeblich die Bedürfnisse aller Menschen oder ›des Menschen an sich‹ artikuliert, bedeutet »die Entmündigung der individuellen Subjekte und die Disqualifizierung ihrer konkreten Erfahrungen.« (Ebd.: 120) Damit denkt Foucault den Widerstand als einen »Wahrheitsbegriff, der die erfahrene Wirklichkeit der Subjekte in den machtbestimmten Kontexten zur Sprache bringt.« (Ebd.) Eben daraufhin zielt das Quasi-Subjekt, das Foucault dem modernen Subjekt, dessen Wahrheit nicht an subjektive Erfahrungen, sondern an eine ›universale Wahrheit‹ gekoppelt ist, entgegensetzt (vgl. Foucault 2007a). Indem durch die Artikulation der Erfahrung unterdrückter Subjektpositionen diejenigen Machtfelder, innerhalb derer diese Erfahrungen gemacht werden, zur Sprache gebracht, und dadurch analysier- und kritisierbar werden, vollzieht sich eine Ermächtigung der Subjekterfahrung. Hiermit wird nachvollziehbar, warum die Auseinandersetzung mit Foucault für die Cultural Studies als Projekt des *empowerment* so produktiv ist.

Dabei muss dieser Wahrheitsperspektivismus aber klar von einer Beliebigkeit unterschieden werden, da er insofern real ist, als die unterdrückten Subjekte ihre Unterdrückung *wirklich* erfahren. Wahrheit erfasst in diesem Sinne das Funktionieren der Macht in ihren jeweiligen Kontexten adäquat und arbeitet auf die Befreiung von Unterdrückung und damit auf einen Wandel der Verhältnisse hin. Foucault erweitert also den Wahrheitsbegriff um die Dimension realer sozialer Funktionen und deren Wirkungen auf die Subjekte (vgl. Kögler 2004: 120-123). Mit anderen Worten: Foucault denkt nicht nur Macht und Widerstand, sondern auch Wahrheit performativ im Sinne einer flachen Ontologie. Diese Performativität auf drei Ebenen ist damit die Voraussetzung für eine Selbstermächtigung der individuellen Subjekte, deren Absicht es ist, das konkrete Erfahrungssubjekt wieder in die Diskurse einzusetzen (vgl. ebd.: 124 f.). Dies bezwecken auch die in Kapitel 3 entwickelten exemplarischen Filmanalysen in Verbindung mit einer kritischen Medienpädagogik, indem sie bestimmte subjektive Erfahrungen, die ein dominant-hegemonialer Diskurs ausklammert oder gar als unmöglich darstellt, artikulieren und zum Gegenstand daran anschließender ermächtigender Diskurse machen.

Zunächst aber möchten wir näher darlegen, was dies für den Kritikbegriff Foucaults bedeutet. Dazu stellen wir zunächst Foucaults Antworten auf die Frage ›Was ist Kritik?‹ näher dar (vgl. Foucault 1992a). Danach werden wir anhand seiner Ausführungen zum Begriff der Lebenskunst und des damit eng verbundenen Quasi-Subjekts (vgl. Foucault 2007) versuchen, eine genauere Vorstellung machtkritischer Praktiken zu entwickeln, denen es gelingen kann, durch die Verschiebung von Machteffekten *andere* Räume und andere Subjektivitäten, die als so genannte ›Heterotopie‹, als eine verwirklichte Utopie (vgl. Foucault 1992b), zu denken sind, zu erschließen.

Was ist Kritik?

In seinem gleichnamigen Vortrag entwickelt Foucault (1992a) mögliche Zugänge zur Antwort auf die Frage, was Kritik sei und wie sie sich artikulieren könne. Dabei muss festgehalten werden, dass sich Kritik nicht gegen Macht im Allgemeinen, sondern immer gegen konkrete Formen der Macht positioniert. So nimmt Foucault zunächst Bezug auf die Pastoralmacht, die diejenige Machtform ist, von der aus sich die für das nach-mittelalterliche Europa typischen Machtformen, nämlich die weiter oben beschriebene Disziplinar- und Bio-Macht sowie die Gouvernementalität, entwickeln und verfeinern. In diesem Prozess sieht Foucault die Psychoanalyse als historischen Nachkömmling des Beichtstuhls, wodurch die Pastoralmacht noch in spätmodernen Institutionen überlebt (vgl. Butler 2009k: 261). Bereits die christliche Pastoral zieht ihre Macht aus dem Wissen, das sie den Individuen über die Praxis der Beichte, die ihnen wiederum ein Heilsversprechen gibt, entlockt (vgl. Foucault 1992a: 10). Dadurch ist die Pastoralmacht nicht nur unterdrückend, sondern auch produktiv, indem sie die Subjekte durch die Beichte ins Leben ruft. Die Pastoralmacht regiert die Subjekte, wodurch sich zunächst die Frage zu stellen scheint, »wie man denn nicht regiert wird« (ebd.: 11). Weil Macht und Widerstand aber nicht voneinander getrennt denkbar sind, sondern sich in ihrer Existenz gegenseitig bedingen, weil sich die Kritik also zur Macht als »gleichzeitig ihre Partnerin und ihre Widersacherin« (ebd.: 12) verhält, kann Kritik nicht bedeuten, die Frage zu stellen, *ob* man regiert wird. Kritik ist immer zu verstehen als »die Kunst nicht *dermaßen* regiert zu werden.« (Ebd., Herv. SN) Kritik zielt nicht auf die Ablehnung der Regierung, sondern sucht nach anderen Formen der Regierung, nach Möglichkeiten der Verschiebung von Machteffekten.

Für diese These findet Foucault drei historische Anhaltspunkte (vgl. Foucault 1992a: 12-15). Zunächst ist nach Foucault die Kritik historisch gesehen biblischen Ursprungs: Wenn in einer bestimmten Epoche die Regierung der Menschen wesentlich eine Angelegenheit des Klerus ist, dann bedeutet zu dieser Zeit

Kritik, »das kirchliche Lehramt verweigern, zurückweisen oder einschränken; es hieß zur Heiligen Schrift zurückzukehren« (ebd.: 13) und mit der Heiligen Schrift Fragen nach Wahrheit und Authentizität dieser Schrift zu stellen, ohne ihr Machtfeld zu verlassen. Später verlagert sich die Kritik von der Frage nach der Wahrheit der Heiligen Schrift zur Frage nach dem Naturrecht. Kritik ist nun nicht mehr biblisch, sondern juridisch, indem sie nach den Grenzen des Rechts zu regieren fragt. Eine weitere Verschiebung der Kritik findet statt, indem die Kritik eine wissenschaftliche wird, was rückblickend als eine historische Zäsur zur Moderne gelten kann. Wissenschaftliche Kritik stellt jegliche Autorität in Frage, so dass nicht das wahr ist, was autoritär ist, sondern nur das, was sich gut begründen lässt. Man selber muss die Gründe für gut befinden, denn es gibt im wissenschaftlichen Sinne der Kritik keine Autorität, die einem etwas vorschreiben könnte. Hier liegt das zentrale Problem der Kritik: das »Problem der Gewißheit gegenüber der Autorität« (ebd.: 14). Foucault macht also drei historische Entwicklungsstadien der Kritik aus: »Die Bibel, das Recht, die Wissenschaft; die Schrift, die Natur, das Verhältnis zu sich; das Lehramt, das Gesetz, die Autorität des Dogmatismus.« (Ebd.) In allen drei Stadien bedeutet Kritik, innerhalb der Macht gegen das So-Sein der Macht zu argumentieren. Das Feld der Macht kann nicht verlassen werden, weshalb sich Kritik stets innerhalb dieses Feldes artikulieren muss. Kritik ist ein Mit-der-Macht-gegen-die-Macht.

Wie schon in seinen Ausführungen zur Gouvernementalität (vgl. Foucault 2000: 64) findet Foucault auch bezüglich der Kritik wieder eine Dreieckskonstellation: Hier ist es das Verhältnis von Macht, Wahrheit und Subjekt als »Entstehungsherd der Kritik« (Foucault 1992a: 15). Wenn regieren bedeutet, die diskursiven Beziehungen zwischen diesen drei Punkten – Macht, Wahrheit und Subjekt – unsichtbar zu machen und als nicht-diskursive, das heißt als ›natürliche‹ darzustellen, dann ist Kritik zunächst das Sichtbarmachen der Diskursivität dieser machtvollen Beziehungen. Daran anschließend ist Kritik das Hinterfragen und Verschieben der Beziehungen zwischen Macht, Wahrheit und Subjekt:

»Wenn es sich bei der Regierungsintensivierung darum handelt, in einer sozialen Praxis die Individuen zu unterwerfen [...], dann würde ich sagen, ist die Kritik die Bewegung, in welcher sich das Subjekt das Recht herausnimmt, die Wahrheit auf ihre Machteffekte hin zu befragen und die Macht auf ihre Wahrheitsdiskurse hin. Dann ist die Kritik die Kunst der freiwilligen Unknechtschaft, der reflektierten Unfügsamkeit. In dem Spiel, das man die Politik der Wahrheit nennen könnte, hätte die Kritik die Funktion der Entunterwerfung.« (Ebd.)

Die historischen Folgen dieser Entwicklung der Kritik zeigen sich nach Foucault in dreierlei Hinsicht: als positivistische Wissenschaft, als Entwicklung eines die Wirtschaft und die Gesellschaft rationalisierenden Staates, der »sich selbst als grundlegende [...] Rationalität der Geschichte ausgab« (ebd.: 19) und schließlich als Staatswissenschaft auf der »Nahtstelle zwischen [...] wissenschaftliche[m] Positivismus und dieser Staatenentwicklung« (ebd.). Es zeigt sich hier deutlich, dass Kritik nicht der Weg in einen machtfreien Raum ist, sondern dass Kritik neben der Entunterwerfung unter einen bestimmten Machttypus unausweichlich auch neue Machtbeziehungen produziert. Historisch gesehen wird zwar die christliche Pastoral überwunden, doch wirft auch der rationalistische Staat kritische Fragen bezüglich seiner Machteffekte auf. Foucault formuliert hierzu: »Wie kommt es, daß die Rationalisierung zur Raserei der Macht führt?« (Ebd.: 24) Kritik an der Macht lässt sich nur innerhalb der Macht formulieren, niemals außerhalb, weshalb es von besonderem Interesse ist, »unter welchen Bedingungen, um den Preis welcher Modifizierungen oder Generalisierungen man diese Frage [...] der Beziehungen der Mächte, der Wahrheit und des Subjekts auf irgendeinen Moment der Geschichte anwenden kann.« (Ebd.: 29)

Auch Judith Butler (2009g) schließt sich der Idee Foucaults von Kritik als Entunterwerfung an und konkretisiert diese Idee anhand der Frage »was es heißt, den Ort des Nicht-Seins innerhalb des Seinsfeldes zu besetzen.« (Butler 2009g: 98) Entunterwerfung, dies lässt sich hieraus lesen, bedeutet nicht, das Seinsfeld, das entlang bestimmter Politiken der Wahrheit definiert, was sein kann, und was nicht, zu verlassen. Vielmehr bedeutet es, innerhalb der Macht einen Ort zu besetzen, der nach den Normen der Macht nicht sein kann. Diese Besetzung kann daher als kritische Performanz verstanden werden.[12] Wie Foucault (1995) gezeigt hat, speist sich die Macht aus den Geständnissen, die wir über uns ablegen. Diese Geständnisse bilden mit Butler gesprochen »das Raster der Intelligibilität« (Butler 2009g: 111), in welchem wir als Subjekt normativ verortet werden und welches überprüft, ob unsere subjektive Identität kohärent ist, also ob wir sein können. Gleichzeitig behauptet sich die Macht durch dieses Verfahren wieder als Macht. Eine kritische Haltung im Sinne einer Entunterwerfung ist es, eine Position zu beziehen, die zeigt, dass es auch außerhalb dieses Rasters der Intelligibilität intelligible Identitätsmerkmale gibt, wodurch die Grenzen dieses beschränkenden Rasters, also die Grenzen der Macht, die sich ›naturalisiert‹ haben, entnaturalisiert und somit sichtbar und veränderbar werden. Dadurch verlässt man das Feld der Macht jedoch nicht, man befindet sich vielmehr auf dem schmalen

---

12 Stuart Hall (2004a) nennt diese Verhaltensweisen ebenfalls »eine Weise der Performativität« (ebd.: 182).

Grat zwischen dem Sein innerhalb der Normen und dem Scheitern an ihnen, was zum sozialen Tod, dem Verlust einer Identität, oder auch zum physischen Tod führen kann (vgl. ebd.: 120 f.). Dieses ›Dazwischen-Sein‹ markiert eine kritische Haltung, weil es die Grenzen der Macht benennt und dadurch die Macht – vorübergehend – ihre Fähigkeit verliert, uns zu benennen, zu unterwerfen, zu subjektivieren. Kritik als Entunterwerfung äußert sich also »an der Grenze zu dem […], was wir zu wissen glauben.« (Ebd.: 121)

Die Frage nach den Beziehungen der Mächte, der Wahrheit und des Subjekts lässt sich nicht außerhalb der Macht stellen. Nicht durch Methoden eines Objektivismus, Positivismus oder Technizismus, die eine »Legitimitätsprüfung der geschichtlichen Erkenntnisweisen« (Foucault 1992a: 30) durchführen. So sind diese Methoden nur scheinbar machtfrei, auch wenn sie sich ihrem wissenschaftlichen Selbstverständnis nach als ›objektiv‹ und ›neutral‹ darstellen. Die Frage der Beziehungen der Mächte, der Wahrheit und des Subjekts kann keine vordiskursive Legitimitätsprüfung sein, sondern sie ist immer in machtvolle Diskurse und Praktiken eingelassen:

»Man möchte nicht wissen, was wahr oder falsch […] ist. Man möchte wissen, […] welche Verschränkungen zwischen den Zwangsmechanismen und Erkenntniselementen aufgefunden werden können, […] wieso ein bestimmtes Erkenntniselement – sei es wahr oder wahrscheinlich oder ungewiß oder falsch – Machtwirkungen hervorbringt.« (Ebd.: 31)

Das aus dieser Frage resultierende Wissen kann demnach auch kein absolutes oder transzendentales Wissen über Macht, Wahrheit und Subjekt sein. Ebenso wenig wie die Macht als absolut und enthoben von Kontexten verstanden werden kann. Die Begriffe Wissen und Macht bestimmen lediglich, was in bestimmten räumlichen und zeitlichen Kontexten als akzeptabel und wahrheitsfähig erscheint. Wissen und Macht sagen nichts über allgemeine Wirklichkeitsprinzipien aus, sondern sie stellen den jeweils relevanten Typ von Wissen und Macht fest (vgl. ebd.: 32). Deshalb darf sich

»niemals […] die Ansicht einschleichen, daß *ein* Wissen oder *eine* Macht existiert – oder gar *das* Wissen oder *die* Macht, welche selbst agieren würden. Wissen und Macht – das ist nur ein Analyseraster. […] Denn nichts kann als Wissenselement auftreten, wenn es nicht mit einem System spezifischer Regeln und Zwänge konform geht.« (Ebd.: 33, Herv. i.O.)

Die Frage nach Macht, Wahrheit und Subjekt muss also die Bedingungen der Akzeptanz eines bestimmten Systems und die Bruchlinien seines Auftauchens in den jeweils relevanten Kontexten untersuchen (vgl. ebd.: 35). Macht und Kritik sind somit historisch spezifische Phänomene, die potentiell umkehrbar sind. Daraus ergibt sich, Macht »stets als eine Beziehung in einem Feld von Interaktionen zu betrachten, sie in einer unlöslichen Beziehung zu Wissensformen zu sehen und sie immer so zu denken, daß man sie in einem Möglichkeitsfeld und folglich in einem Feld der Umkehrbarkeit, der möglichen Umkehrung sieht.« (Ebd.: 40) Kritik ist folglich ein zwangsläufiges ›Nebenprodukt‹ der Macht, das immer innerhalb der Macht lokalisiert ist, aber dennoch die spezifisch historischen Formen der Macht verändern kann, wobei diese veränderten spezifischen Machtformen immer noch machtvoll, niemals machtfrei sind.

Es zeigt sich, dass, wo es Macht gibt, es immer auch Kritik und Widerstand gibt, dass aber »der Widerstand niemals außerhalb der Macht« (Foucault 1995: 116) liegt. Kritik operiert innerhalb der Macht und verschiebt diese an einzelnen Punkten. Kritik kann als eine Umorganisierung spezifischer Formen der Macht verstanden werden, da sie in der Lage ist, bestimmte historische Wahrheiten umzuschreiben (vgl. ebd.: 118 f.). Kritik ist daher ein konstitutives Element jeglicher Machtbeziehung, sie ist »die andere Seite, das nicht wegzudenkende Gegenüber« (ebd.: 117).

Ästhetik der Existenz

Es ist deutlich geworden, dass Foucault das Subjekt stets innerhalb eines Machtraumes lokalisiert: als unter die Macht unterworfen und als deren Produkt. Dies lässt sich mit dem Begriff des ›*assujettissement*‹, der Subjektivation, fassen, der das Werden des Subjekts durch den Prozess seiner Unterwerfung beschreibt, der bei Foucault wesentlich durch den Körper verläuft (vgl. Butler 2001a: 81). Die Subjektivation »ist buchstäblich die Erschaffung eines Subjekts.« (Ebd.). Somit ist das Subjekt stets Souverän und Untertan, denn »je besser du dich der Macht unterwirfst, die über dich gesetzt ist, umso souveräner wirst du sein.« (Foucault 1974: 114) Diese Idee des Subjekts als Souverän und Untertan beschreibt Foucault als die zentrale Säule des Humanismus, der mittels dieser Subjektivationsstrategie versucht, das individuelle Verlangen nach Macht kontrollierbar zu machen und es einzuschränken. Insofern definiert der Humanismus Individualität als unterworfene Subjektivität (vgl. ebd.: 114 f.). Diesen Subjektbegriff zu hinterfragen ist Aufgabe der Kritik, die fragen muss, ob wir dermaßen oder anders regiert werden wollen. In seinen späten Schriften zur Lebenskunst (vgl. Foucault 2007) radikalisiert Foucault allerdings seinen Kritikbegriff. Hier unternimmt er nichts weniger als das, was er bereits früher als »das Unternehmen einer Dekonstruktion des Subjekts als eines Pseudo-Souveräns, [...] eine ›kulturelle‹ Attacke« (Foucault 1974: 114 f.) formuliert.

Innerhalb seiner Arbeiten zur Lebenskunst bringt Foucault dieses Unternehmen dann auf den Begriff eines ›Quasi-Subjekts‹ (vgl. Foucault 2007a: 133). Das Quasi-Subjekt erlaubt eine Vielzahl lebbarer Identitäten und wird von Foucault begrifflich von dem durch Disziplinar- und Bio-Macht sowie Gouvernementalität produzierten ›modernen Subjekt‹ abgegrenzt, welches lebbare Identität zunehmend auf den Imperativ ökonomischer Effizienz einschränkt. Foucault proklamiert damit nicht den Tod des Subjekts, oder ein machtfreies Subjekt. Vielmehr geht es ihm darum, mittels der begrifflichen Differenzierung von Macht und Herrschaft zu zeigen, wie eine kritische und selbstbestimmte Subjektivation möglich ist, die sich nicht, wie im Fall der Herrschaft, durch dominanthegemoniale Diskurse auf eindimensionale Subjektpositionen festschreiben lässt, sondern wie im Fall der Macht das Spiel mit den subjektiven Identitäten so frei, beweglich und ermächtigend wie möglich verlaufen kann. Denn Macht setzt immer Freiheit voraus (vgl. Foucault 2007d). Im modernen Subjekt des Humanismus sieht Foucault die Gefahr des Stillstandes, den Moment, in dem Herrschaftseffekte das Subjekt auf wenige, meist ökonomische Aspekte seiner Identität reduzieren und an dieser Position festschreiben. Kritik im Sinne einer Ästhetik der Existenz oder einer Lebenskunst müsste diesem modernen Subjekt, das Produkt von *Herrschafts*effekten ist, also etwas entgegensetzen: nämlich das Quasi-Subjekt als Produkt relativ offener und flexibler *Macht*beziehungen, das zur Steigerung von Diversität und zum Abbau von Herrschaftseffekten beiträgt.

Die leitende Frage bei der begrifflichen Bestimmung des Quasi-Subjekts lautet, wie Widerstand praktisch realisierbar und konkret durchführbar ist. Widerstand ist die Suche nach einem realen ›Andersleben‹ auf den Ebenen der existentiellen Erfahrung, des politischen Kampfes und der angemessenen Begriffsbildung. Die Ästhetik der Existenz soll eine von modernen Identitätszwängen befreite subjektive Erfahrungsweise ermöglichen (vgl. Kögler 2004: 136-144). Dabei muss stets im Blick bleiben, dass Foucault die Voraussetzungen für befreiende Selbstpraktiken immer in den konkreten gesellschaftlichen Bedingungen der Subjekte sieht. Ermächtigung bedeutet dann eine subjektiv erfahrbare Chance und Option zur freien, d.h. selbstgeführten Gestaltung des eigenen Lebens, die sich aber immer auch an den jeweiligen Machtfeldern abarbeiten muss. Ermächtigung auf existentieller Ebene bedeutet nicht das Verlassen eines Machtfeldes, sondern dessen widerständige Umgestaltung von innen heraus, die sich nicht fremdführen lässt, sondern sich selbst führt. Ermächtigung auf dieser Ebene verlangt jedoch auch nach ihrer Fortsetzung im Politischen. Denn nur so können alternative Lebenschancen relativ dauerhaft als individuelle Erfahrung neuer Subjektivitäten, die denen der Moderne widersprechen, realisiert werden (vgl. ebd.). Man muss also »das Recht auf konkrete Autonomie und individuelle Selbstverwirklichung realpolitisch einklagen« (ebd.: 142), wozu wiederum eine adäquate Begriffsbildung zur Analyse der Macht, wie wir sie hier entwickeln möchten, benötigt wird.

Diese Begriffsbildung betreibt Foucault einerseits entlang der Gouvernementalität, die die historische Entstehung der modernen Macht, die bis in die Antike zurückreicht, nachzeichnet, wodurch wir unser Verhältnis zur Macht neu überdenken können. Hier kristallisiert sich eine jüdisch-christliche Entwicklungslinie der Pastoralmacht gegen eine antik griechische Regierungsform des kollektiven Zusammenhalts heraus, die die moderne Macht beide strategisch für sich nutzt, indem sie sich »der gesamten Subjekte und ihrer ›Mentalitäten‹« (Kögler 2004: 148) bemächtigt. Andererseits führt die Aufwertung des Subjekts zu der dreistelligen Relation von Macht – Widerstand – Subjekt. Damit wird der Macht ein eigenes Erfahrungszentrum entgegengehalten. Widerstand orientiert sich damit am Subjekt und seinem Selbstverhältnis (vgl. ebd.: 144-155). Dieses Erfahrungszentrum ist das Quasi-Subjekt. Da aber Foucault ein performativer Denker ist, ist diese Begriffsbildung nicht abschließend und universalisierend zu verstehen. Vielmehr fließt der Begriff wieder in die subjektive Erfahrungswelt ein, in der er in spezifischen Kontexten mittels konkreter Praktiken eine existentielle Bedeutung erlangt. Was dieser Wiedereintritt des Begriffs in die existentielle Ebene bedeutet, können beispielsweise die Filmanalysen in Kapitel 3 zeigen, die den Begriff des Quasi-Subjekts mit Inhalten füllen, und es dem Subjekt ermöglichen, das Verhältnis zu sich selbst zu bestimmen. Das Quasi-Subjekt als Form der Selbstführung kann daher als eine »ethische Alternative zu modernen Konzepten des Selbstbezuges« (ebd.: 155) gesehen werden, ohne jedoch eine »egozentrische Verabsolutierung des individuellen Selbstbezugs« (ebd.: 170) zu sein. Denn das Subjekt steht immer in einem bestimmten Verhältnis zu in ihm wirkenden sozialen Strukturen und Mechanismen, es befindet sich niemals in einer vom Sozialen entkoppelten Sphäre des Privaten (vgl. ebd.: 175). So sind »Selbstpraktiken [...] zum großen Teil selbst von der Plazierung im sozialen Feld abhängig.« (Ebd.: 176) Daher ist die Ästhetik der Existenz nicht das einzige, wohl aber ein wesentliches Moment im Widerstandskampf gegen die Macht und für bessere und gerechtere Gesellschaftsverhältnisse. Denn nur auf der Basis einer gerechten Verteilung sozialer Ressourcen kann eine ästhetische Lebensethik Teil der Gesellschaft werden (vgl. ebd.). Kögler (ebd.: 153-161) zeichnet dies anhand der klassisch-griechischen Ästhetik der Existenz, der hellenistisch-römischen Sorge um sich sowie der christlich-mittelalterlichen Hermeneutik des Begehrens nach, ohne jedoch den Begriff des Quasi-Subjekts zu verwenden. Auch in der diesbezüglich weitergehenden gegenwärtigen Foucault-Diskussion ist der Begriff des Quasi-Subjekts so gut wie nicht präsent (vgl. Bröckling/Krasmann/Lemke 2000).

Da er aber als alternative Form von Subjektivität die von Foucault eingeforderten souveränen Selbstgestaltungsmöglichkeiten greifbar macht, möchten wir ihn hier zunächst in die Diskussion einführen sowie anschließend speziell für die Cultural Studies nutzen.

Die Sorge um sich als soziale Praxis und das Quasi-Subjekt als möglicher Ort der Kritik

Im Kontext der Lebenskunst behandelt Foucault antike Praktiken der Sorge um sich, bei denen die Selbstsorge stets eng mit der Selbsterkenntnis verknüpft ist (vgl. Foucault 2007a: 123 ff.). Die Sorge um sich ist eine ständige und lebenslange Aufgabe, die auf eine vollkommene Unabhängigkeit des Menschen von seiner Umwelt hinarbeitet, mit dem Ziel, »ganz sein Eigen« (ebd.: 127) zu sein. In der Sorge um sich kulminieren eine kritische Funktion, nämlich die Kritik gegenüber schlechten Gewohnheiten, die Funktion des Kampfes gegen die Feinde der Seele und die therapeutische Funktion, deren Gegenstand die Heilung der Krankheiten der Seele ist. Dennoch besteht in der Sorge um sich ein Spannungsverhältnis zwischen dem formulierten Ziel der vollkommenen Unabhängigkeit des Menschen von seiner Umwelt und dem Umstand, dass die Sorge um sich stets eine *soziale* Praxis ist. Denn hier ist immer ein Dritter als eine Reflexionsinstanz notwendig, der einen zur richtigen Sorge um sich anleitet, wobei dieser Dritte nicht zwangsläufig eine dritte Person sein muss (vgl. ebd.: 127 f.; Foucault 2007c: 138). Auch das Schreiben über sich selbst kann diese Funktion übernehmen, weil dies bedeutet, sich anderen zu zeigen, um »den Blick des anderen mit dem eigenen Blick auf sich selbst zur Deckung zu bringen.« (Foucault 2007c: 154) Ferner spielen Reden in diesem Ensemble asketischer Praktiken eine zentrale Rolle. Es handelt sich hierbei um die »wahren Reden« (Foucault 2007a: 130), die uns Aufschluss über unseren Ort in der Natur geben sollen.

Auf diese Weise sollen Subjekt und Wahrheit miteinander verbunden werden, wobei es sich hier um eine Wahrheit handelt, die das Subjekt »nicht bereits kannte und die nicht bereits in ihm vorhanden war.« (Foucault 2007a: 132) Wahrheit ist nicht die bereits durch ein bestimmtes Wahrheitsregime vorgegebene Wahrheit, eine Wahrheit der Fremdführung, auf die sich das Subjekt zu verpflichten hat, wie es für die Disziplinarmacht, Bio-Macht oder Gouvernementalität gilt, die nur Subjektpositionen innerhalb ihres Wahrheitsregimes gestatten. Foucault nennt das Subjekt, das sich durch die Sorge um sich seine eigene Wahrheit zu eigen gemacht hat ein »Quasi-Subjekt […], das souverän in uns herrscht« (ebd.: 133). Dies ist insofern bemerkenswert, als die angedeutete Souveränität den Schluss zulässt, dass hier die Wahrheit noch eine Wahrheit der Wahrheit und keine Wahrheit der Macht ist, wie es ab der historischen Zäsur durch die Pastoralmacht der Fall ist. So mag ein Quasi-Subjekt ein Subjekt sein, dass deshalb nur ›quasi‹ ein Subjekt ist, weil es keiner Fremdführung unterworfen ist, so wie es die Subjekte der Pastoral-, Disziplinar- und Bio-Macht oder der Gouvernementalität sind. Das Quasi-Subjekt wäre demnach kein Produkt des *assujettissement*, sondern der Selbstführung. Diese Sicht wird auch gestützt durch den Charakter der asketischen Übungen, die das Subjekt aus Sorge um sich praktiziert. Diese Übungen sind nämlich keine affirmative Performanz der Realität und ihrer Zwänge, sondern sie sollen dazu dienen, sich von diesen zu befreien. Dies veranschaulicht beispielsweise die Übung des Vorausbedenkens zukünftigen Unglücks, die mit dem *Möglichen* spielt, anstatt das *Wirkliche* einzuüben, wodurch das Mögliche keine ferne Utopie, sondern ein konkreter Gegenstand einer bestimmten Praxis, nämlich der einer Übung ist und sich die Utopie so als Heterotopie realisiert. Es ist allerdings nicht das Ziel einer solchen Übung, im Unglück zu leben. Durch das Vergegenwärtigen der prinzipiellen Möglichkeit des größten Unglücks soll eine Einsicht dahinein gewonnen werden, dass die vorgestellten Übel keine realen Übel sind, sondern dass alleine die Vorstellung der Übel dazu führt, dass sie als Übel betrachtet werden (vgl. ebd.). Somit befreit sich das Subjekt von den Zwängen der Macht und lässt deren Methode, das Subjekt mit dem größtmöglichen Unglück zu bedrohen, um es auf diese Weise fügsam zu machen und es zu unterwerfen, ins Leere laufen. Dem Quasi-Subjekt gelingt es, die unterwerfende Seite der Macht zu entmachten, indem es die Zukunft und das drohende Übel neutralisiert.

Ergänzt werden die Gedankenübungen, die alle mit der Übung des Vorausbedenkens zukünftigen Unglücks gemeinsam haben, dass es darum geht, den jeweiligen Möglichkeitsraum des Subjekts zu erweitern, um Leibesübungen, die ebenfalls die »Unabhängigkeit des Individuums von der äußeren Welt« (Foucault 2007a: 134) herstellen und proben sollen. Mittels der Kombination von geistigen und körperlichen Übungen soll es gelingen, eine Haltung sich selbst gegenüber einzunehmen, die uns darüber urteilen lässt, ob uns bestimmte Vorstellungen berühren, und wenn ja, worin der Grund dafür liegt. Gegenstände dieser Haltung sind vor allem grundsätzliche Dinge, die sowohl die private als auch gesellschaftliche Dimension der Subjektivität betreffen, nämlich Tod, Krankheit und das politische Leben (vgl. ebd.: 135 f.). So schafft die Sorge um sich durch ihre asketischen Übungen ein Quasi-Subjekt, das sich selbst in dem Maße ›autonom‹ herstellt, indem es über die Zwänge der Macht kritisch reflektiert und dadurch seinen Gestaltungsspielraum erweitert.

Dabei besteht ein signifikanter Unterschied zwischen der Sorge um sich und der Gouvernementalität als Regierung seiner selbst, zwischen dem klassischen Selbst und dem modernen Subjekt (vgl. Foucault 2007b: 208). Das klassische

Selbst ist ein Ort der Individualität, der, anders als das moderne Subjekt, keine Zielscheibe der Bio-Macht ist, weil der Tod im Alltag einen Platz findet und nicht zum Tabu wird. Denn in gewisser Weise operiert die Bio-Macht mit der Angst vor dem Tod, indem sie zum Leben zwingt, weil der Tod der Bereich ist, den sie nicht regieren kann. Den Menschen Angst vor dem Tod zu machen, ist also eine Art des Machtmissbrauchs (vgl. Foucault 2007d: 263). Das klassische Selbst setzt es sich zur Aufgabe, »aus seinem Leben das Objekt einer Erkenntnis […], ein Kunstobjekt zu machen« (Foucault 2007b: 210), was der modernen Reduzierung des Lebens auf die Prinzipien der Ökonomie, Ausbeutung und Abschöpfung, wie sie für das moderne Subjekt konstitutiv sind, entgegensteht. Dies ist ein Lebensentwurf, der in der Moderne weitgehend in Vergessenheit gerät und abgelöst wird durch die allgegenwärtigen Prinzipien der Ökonomie, der Effizienz und Leistungssteigerung. Höchstens episodisch, so in bewusst zum Kunstwerk stilisierten Lebensentwürfen des Dandyismus des 19. Jahrhunderts (vgl. ebd.), finden Bezüge zum Entwurf des Lebens als Kunstwerk statt. Auch hier markieren das Christentum und die Pastoralmacht den entscheidenden Bruch mit der Antike. Nun geht es nicht mehr um die Erschaffung des Selbst als Kunstwerk, sondern um die Entsagung[13] des Selbst (vgl. ebd.), wodurch das Selbst zu einem leeren Behältnis[14] wird, das durch die Macht mit beliebigen Inhalten, so beispielsweise ökonomischen Prinzipien, befüllt werden kann. Foucault spricht in diesem Zusammenhang davon, dass »die klassische Sorge um sich […] vereinnahmt worden [ist] und […] einen Großteil ihrer Autonomie verloren« (ebd.: 217) hat.

Hiergegen setzt Foucault die Sorge um sich und das Leben als Kunstwerk, das dem Subjekt einen Zugang zu einer Wahrheit eröffnet, die nicht nur eine sich selbst erfüllende Wahrheit mächtiger Diskurse ist. Foucault zufolge bricht René Descartes mit dem Zugang zur Wahrheit durch eine Ästhetik der Existenz, indem er die Askese durch die Evidenz ersetzt. Dadurch wird die asketische Sorge um sich, und damit das Quasi-Subjekt, ersetzt durch eine unmittelbare Evidenz der Wahrheit, die zunehmend zur Wahrheit der unmittelbaren Evidenz der Macht wird, was für Foucault die Geburt des modernen Subjekts markiert (vgl. Fou-

---

13 Die Entsagung kann auch als eine Frage der Reinheit verstanden werden. So ist die sexuelle Entsagung wichtig, um rein zu sein. Dies wendet das Christentum vor allem auf die Frau an, die nur als Jungfrau unversehrt und rein sein kann. Reinheit wird in erster Linie zu einem »weiblichen Paradigma« (Foucault 2007b: 213).

14 Hierzu bemerkt Foucault: »In der gesamten Geschichte des Christentums besteht ein Zusammenhang zwischen dramatischer oder verbalisierter Selbstenthüllung und dem Verzicht auf das eigene Selbst.« (Foucault 2007f: 317)

cault 2007b: 217 f.). Kern einer Lebenskunst des Quasi-Subjekts ist es aber, die Ästhetik der Existenz als regulierendes Prinzip über die moderne Strukturierung sozialer Verhaltensweisen – wie sie primär durch das Recht geschieht, welches dem Feld der Herrschaft zuzurechnen ist – zu stellen. Das Quasi-Subjekt ist damit im Gegensatz zum modernen Subjekt keine determinierte, sondern eine relativ freie Akteurin, für die nicht entscheidend ist, bestimmten Regeln Gehorsam zu erweisen, sondern sich stets aufs Neue zu fragen, auf welche Weise man unter welchen Bedingungen welche Wahl trifft (vgl. Foucault 2006b: 62 f.). Wie Austin, der sich mit dem Begriff der Performanz nicht für ein abstraktes, von seinem Gebrauch entkoppeltes Regelwerk der Sprache interessiert, legt auch Foucault dar, dass ihn die Fragen des *alltäglichen Gebrauchs* von Macht und Kritik interessieren. Ein Gebrauch, der deshalb so viel kritisches Potential in sich trägt, weil er immer auch widerständig und subversiv sein kann.

Zur Differenzierung von Macht und Herrschaft und der Problematisierung des Foucault'schen Wahrheitsbegriffs

An dieser Stelle wird es sinnvoll, zwischen Macht und Herrschaft zu unterscheiden, um das Missverständnis zu vermeiden, das Quasi-Subjekt wäre ein machtfreies Subjekt. Das Quasi-Subjekt ist ein Subjekt, das zwar ebenfalls durch Machtpraktiken entsteht, aber eben nicht durch *Zwangs*praktiken. Konstitutiv für die Heranbildung eines Quasi-Subjekts ist eine asketische Praxis des Selbst, die keine Praxis des Verzichts bzw. des erzwungenen Verzichts, wie es für die Pastoralmacht und die ihr folgenden Machtformen zutrifft, sondern eine Praxis der Einflussnahme des Subjekts auf sich selbst ist. Während Foucault das moderne Subjekt als fremdgeführt denkt, führt sich das Quasi-Subjekt selbst, wobei eine Bestimmung von Fremd- und Selbstführung nicht allgemein, sondern nur in konkreten Handlungskontexten möglich ist. Dabei sind Machtbeziehungen als ein relativ flexibles und weit gesponnenes Beziehungsnetzwerk anzusehen. Macht ist allerdings nicht zu verwechseln mit Herrschaft, da Herrschaft den Machtbeziehungen die konstitutive Flexibilität und Offenheit nimmt, indem sie versucht, Flexibilität und Offenheit durch engmaschige Diskurse der Überwachung einzuengen (vgl. Foucault 2007d: 253-256). Das Quasi-Subjekt kann ein Subjekt der Befreiung von Herrschaft sein, das neue Machtbeziehungen eröffnet und diese durch »Praktiken der Freiheit« (ebd.: 256) verteidigt, um erneute Festsetzungen und Einschränkungen durch Herrschaft zu vermeiden. Diese Praktiken der Freiheit setzen ihrerseits eine Selbsterkenntnis voraus, zu der man mittels der oben beschriebenen Übungen gelangen soll. Selbsterkenntnis ist hier der Zugang zu einer Wahrheit, die nicht bloß das Produkt von Diskursen der Herrschaft ist (vgl. ebd.: 258 f.).

Wenn Foucault in seinen späten Schriften zur Lebenskunst über Macht und Herrschaft spricht, entsteht bisweilen der Eindruck, als suche er die Möglichkeit der Existenz einer Wahrheit, die nicht durch die Macht verstellt ist. Hierzu stellt Walter Seitter fest, dass die Wahrheit der einzige normative Begriff im Werk Foucaults ist, dem sich Foucault nicht hat entziehen können (vgl. Seitter 2001: 69). Dies mutet seltsam an, weil Foucault in seinen früheren Arbeiten zu Disziplinar- und Bio-Macht sowie zur Gouvernementalität stets gezeigt hat, dass es die Macht ist, die das Feld dessen definiert, was überhaupt als wahrheitsfähig gelten kann. Auf diese Problematik wollen wir nun einen genaueren Blick werfen. Zunächst spricht sich Foucault mit Blick auf das Quasi-Subjekt dagegen aus, Wahrheit vollständig auf Macht zu reduzieren, auch wenn Macht in jeder Wahrheit präsent ist. Dennoch »kann man nicht sagen, dass die Wahrheitsspiele nichts weiter sind als Spiele der Macht.« (Foucault 2007d: 273) Foucault lässt sich hier vielleicht als ›vorsichtiger Konstruktivist‹ verorten. Denn so wie er zwischen Wahrheit und Macht unterscheidet, ist für ihn Wahrheit nicht immer eine Konstruktion, sie kann auch Deskription sein. Er unterscheidet die Konstruktion von der Deskription jedoch nicht als absolutes Verhältnis, sondern als Frage der Perspektive. Je nach Perspektive hat eine Wahrheit mehr oder weniger Gewicht, ist sie mehr Deskription als Konstruktion, wodurch ihr ein bestimmter Wert beigemessen werden kann. Eine Deskription hat für Foucault »eine gewisse Zahl historisch veränderlicher Regeln, so dass man bis zu einem gewissen Punkt sagen kann, dass sie im Verhältnis zu anderen Beschreibungen eine Konstruktion ist.« (Ebd.: 274) Dies bedeutet einerseits, dass die Unterscheidung zwischen Konstruktion und Deskription wiederum eine Unterscheidung ist, die von einer Macht getroffen wird, die die Perspektive definieren kann. Aber es bedeutet auch, dass machtvolle Unterscheidungen eine gewisse Materialität haben, die sich nicht einfach in einem postmodernen ›*anything goes*‹ auflösen lassen. Wenn Foucault an anderer Stelle von einem »Wahrheitsspiel« (ebd.: 276) redet, dann ist dieses Spiel kein ›schwereloses‹, sondern immer eines von materiellem Gewicht, was eine prinzipielle Veränderbarkeit nicht ausschließt, wohl aber deutlich macht, dass Veränderung ernsthafte Arbeit ist.

Dies ist der Punkt, an dem Foucault der Wahrheit am nächsten kommt. Auch ihm gelingt es nicht, die Wahrheit anders als durch Macht vermittelt zu erfahren, ein Problem, das bereits Platon hatte, weshalb *lógos* und *mythos* bei ihm in einem ähnlich komplexen Verhältnis zueinander stehen. Jedoch bedeutet dies nicht, dass die Existenz einer machtfreien Wahrheit ausgeschlossen ist, sie ist uns nur nicht zugänglich und somit Teil von Metaphysik und Transzendenz. Damit rückt die machtfreie Wahrheit aber aus dem Erkenntnisinteresse pragmatischer Ansätze, zu denen in gewisser Weise auch Foucaults Ansatz gehört, wenn er über Habermas sagt: »Die Vorstellung, dass es einen Zustand der Kommunikation geben kann, worin die Wahrheitsspiele ohne Hindernisse, Beschränkungen, und Zwangseffekte zirkulieren können, scheint mir zur Ordnung der Utopie zu gehören.« (Foucault 2007d: 275) So behauptet Foucault auch nicht, dass es der Antike gelungen wäre, diese Utopie zu verwirklichen und mit der Sorge um sich ein der Macht vorgelagertes bzw. vordiskursives Subjekt zu erschaffen. Auch das Quasi-Subjekt ist in der Praxis niemals ein vollständig selbstgeführtes. Was aber seiner Ansicht nach wohl ein signifikanter Unterschied zwischen Antike und Moderne ist, ist dass in der Moderne die Möglichkeit relativ freier, flexibler und veränderbarer Machtverhältnisse zunehmend eingeschränkt ist und Macht durch Herrschaft weitgehend fixiert wird, so dass auch die Subjekte zunehmend unfreier werden, da Herrschaft, anders als Macht, keine freien Subjekte voraussetzt. Foucault äußert sich hierzu folgendermaßen: »Ich glaube, dass es keine Gesellschaft ohne Machtbeziehungen geben kann, sofern man sie als Strategien begreift, mit denen die Individuen das Verhalten der anderen zu lenken und zu bestimmen versuchen.« (Ebd.: 275 f.) Dies bedeutet gleichermaßen für das Subjekt, »dass es kein souveränes, stiftendes Subjekt, keine Universalform Subjekt gibt.« (Foucault 2007e: 283) So wird das Subjekt »durch Praktiken der Unterwerfung oder [...] durch Praktiken der Befreiung, der Freiheit konstituiert [...], selbstverständlich ausgehend von einer gewissen Anzahl von Regeln, Stilen, Konventionen, die man im kulturellen Milieu vorfindet.« (Ebd.)

Das Problem ist nach Foucault also nicht die Macht, sondern die Herausforderung, mittels bestimmter Techniken – seien dies Rechte, Moral, die Sorge um sich – »innerhalb der Machtspiele mit dem Minimum an Herrschaft zu spielen« (Foucault 2007d: 276), weil Herrschaft die freien strategischen Machtspiele unterbindet und die Freiheit bedroht. In diesem Sinne bewertet Foucault auch Macht und Herrschaft zunächst mit Blick auf sexuelle und Liebesbeziehungen: »Über den anderen Macht auszuüben in einer Art offenen strategischen Spiels, worin sich Dinge umkehren können, ist nichts Schlechtes, das ist Teil der Liebe, der Leidenschaft, der sexuellen Lust.« (Ebd.) Dann auch hinsichtlich der Rolle der Macht im Wahrheitsspiel:

»Ich sehe nicht, was schlecht sein soll an der Praxis desjenigen, der in einem bestimmten Wahrheitsspiel mehr weiß als ein anderer und ihm sagt, was er tun muss, ihn unterrichtet, ihm ein Wissen übermittelt, ihm Techniken mitteilt; das Problem liegt eher darin, zu wissen, wie man bei diesen Praktiken, bei denen die Macht sich nicht nicht ins Spiel bringen kann und in denen sie nicht an sich selbst schlecht ist, Herrschaftseffekte vermeiden kann.« (Ebd.)

Das Quasi-Subjekt ist daher ein Produkt der Macht, jedoch im Gegensatz zum modernen Subjekt nur wenig durch Herrschaft eingeschränkt, die im Unterschied zur Macht nur unterdrückend, nicht aber produktiv ist. Fremdführung wäre hier als eine Führung durch Herrschaft bestimmbar. Es lässt sich also ein Bruch zwischen Antike und Moderne feststellen, der darin besteht, dass der in der Antike praktizierte Freiheitsstil zunehmend in einen christlichen Kodex kippt (vgl. Foucault 2007e: 282), aus dem sich, beginnend mit der Pastoralmacht, dann die bekannten Formen moderner Macht und moderner Subjektivität entwickeln. Die Herausforderung an die Praktiken der Freiheit besteht also darin, Herrschaftseffekte zu minimieren oder gar zu vermeiden, was durch Rechtsregeln, vernünftige Regierungstechniken oder eine Praxis des Selbst geleistet werden kann. Das bedeutet für eine kritische Philosophie, alle Erscheinungen der Herrschaft in Frage stellen zu müssen (vgl. Foucault 2007d: 276-279).

›Tod des Subjekts‹?

Mit Blick auf das hier Gesagte möchten wir die Position vertreten, dass Foucault im Rahmen der Entsubjektivierung das Subjekt nicht ›sterben‹ lässt. Vielmehr geht es ihm darum, das moderne Subjekt zurückzuweisen, und mit dem Quasi-Subjekt die Möglichkeit einer ermächtigenden Subjektivitätsform der Selbstführung aufzuzeigen. Bezüglich des ›Todes des Subjekts‹ folgt auch Kögler (2004: V) der »Intuition, daß Foucault das Subjekt weniger destruiert als vielmehr neu definiert«, was sich, wie gezeigt, im Begriff des ›Quasi-Subjekts‹ ausdrückt. Das Quasi-Subjekt konzipiert Foucault als einen Gegenentwurf zum modernen Subjekt. Anstatt wie dieses das Leben im Menschen zu unterwerfen und einzusperren, indem das Leben als eine mess- und bewertbare Sache angesehen wird (vgl. Deleuze 1979: 23), soll das Quasi-Subjekt das Leben im Menschen befreien. Das Quasi-Subjekt ist also immer noch ein durch Macht hervorgebrachtes Subjekt, aber kein durch Herrschaft auf nur wenige Subjektpositionen festgeschriebenes sowie durch Diskurse der ökonomischen Nützlichkeit ausgebeutetes und entfremdetes Subjekt. Weder stirbt das Subjekt, noch verlässt es den Raum der Macht. Ein *empowerment* des Subjekts richtet sich gegen Herrschaft, nicht gegen Macht, weil es ohne letztere nicht existierte. Gleichzeitig aber setzt Macht immer freie Subjekte voraus. Die Wahrheit des Subjekts der Macht sucht Foucault daher immer in einem relativ offenen Spiel der Machtbeziehungen. Ein modernes, entfremdetes Subjekt wird nicht in der Lage sein, diese Wahrheit, die sich immer als soziale Praktik entfaltet, zu erkennen. Gleichzeitig vermeidet es Foucault, Wahrheit auf Macht zu reduzieren, indem er Macht in nicht-reduktionistischer Weise als ein relativ offenes Spiel *vieler verschiedener* Diskurse und sozialer Praktiken begreift. Denn es existieren auch Wahrheiten außerhalb dichotom entlang einer Wahr-Falsch-Achse kodierter Herrschaftsräume. Weiterhin finden wir in der Subjekttheorie Foucaults zwar einen irreduziblen Selbstbezug, dieser jedoch muss sich stets im Medium sozialer Diskurse und Praktiken artikulieren (vgl. Kögler 2004: V f., 80). Damit findet Foucault nicht nur einen produktiven Anschluss in den kritischen Gesellschafts- und Kulturwissenschaften allgemein, sondern mit Blick auf die kulturelle Identität und deren widerständige Aneignung besonders auch in den Cultural Studies (vgl. ebd.: 196 f.). Dies liegt u.a. darin begründet, dass Foucault Macht immer ambivalent begreift: Sie ist »nie ganz abwesend, aber auch nie voll determinierend« (ebd.: 194).

Damit hat »Foucault [...] das Subjekt nicht abgeschafft oder dekonstruiert, sondern vielmehr die Weichen für eine produktive Neubegründung der Subjekttheorie gestellt« (Kögler 2004: 184), die die Selbstkonstitution des Subjekts immer in ihren sozialen Dimensionen begreift. Der vielzitierte ›Tod des Subjekts‹ muss also dahingehend präzisiert werden, dass Foucault sich von einer universalistischen Subjekttheorie abwendet. Was in Foucaults Werk also ›stirbt‹, ist das transzendental-ontologische Subjekt. Denn erstens sind Subjekte immer in konkreten Erfahrungskontexten situiert; zweitens entstehen Subjekte immer im Kontext von Machtpraktiken; drittens kann sich ein solchermaßen begründetes Subjekt in ethischer Hinsicht nicht an universalen Normen orientieren (vgl. ebd.: 184 f.). Foucault lässt sich damit als ein performativer Denker des Subjekts auffassen. Weil subjektive Wahrheit und Selbstverständnis Teil sozialer Auseinandersetzungen sind, müssen Subjekte in jeweils konkreten Kontexten hergestellt werden (vgl. ebd.: 186). Performativ denkt Foucault auch die Macht, die nur in ihrer konkreten Ausübung existiert (vgl. ebd.: 193). Wir können Foucault daher als einen Begründer eines ›*doing subjectivity*‹ sehen. Hiermit besteht eine posttranszendentale Begründung der Autonomie des Subjekts »in der reflexiv-interpretativen Konstitution des Selbst als eines auf sich Selbst bezogenen Subjekts« (ebd.: 197), die notwendig in sprachliche, historische und kulturelle Formen eingelassen ist, aber niemals gänzlich von diesen determiniert ist. So führen sich die Subjekte selbst in den Räumen der Macht und distanzieren sich von der Fremdführung in den Räumen der Herrschaft. Foucault ist ein performativer Denker, der beschreibt, wie das »Selbst [...] irreduzibel im Akt der Selbstbeziehung als solchem« (ebd.) existiert. Gleichzeitig kann sich diese Form von Subjektivität nur in den Räumen und Medien der Macht artikulieren. Daher ist es »*mein* Körper, *meine* Gesellschaft, *meine* Identität, um die es da geht [...]; mein sexueller Körper, meine politische Rationalität, meine kulturellen Wertorientierungen sind allesamt sozial vor-konstruiert. Dennoch ist diese Einsicht selbst wiederum meine.« (Ebd.: 198, Herv. i.O.)

2.2.2 Bei Judith Butler

Neben anderen theoretischen Einflüssen wie beispielsweise denen Hegels, Freuds und Lacans, konkretisiert Judith Butler auch wichtige, aber in seinem Werk weitgehend abstrakt bleibende Überlegungen Foucaults hinsichtlich der Kritik als Entunterwerfung und des Konzeptes des Quasi-Subjekts. Dadurch erschließt Butler die politische Dimension des Denkens Foucaults. Zur Bedeutung Butlers für einen kritisch-politischen Identitätsbegriff bemerkt dementsprechend Stuart Hall, dass Butlers Argumentation deshalb so relevant sei, »weil sie diese im Kontext der Diskussion von Geschlecht und Sexualität im Rahmen des Feminismus entwickelt, und sich so direkt auf Fragen der Identität und Identitätspolitik bezieht.« (Hall 2004a: 185) In dieser Hinsicht geht es Butler darum, einen performativen Zugang zur Kritik zu verfolgen. Wie wir sehen werden, muss Kritik ›aufgeführt‹ werden, d.h. sie muss in politisches Handeln überführt werden. Butler veranschaulicht dies vor allem am Thema Gender als kritischer identitätspolitischer Praxis, wodurch sie den bei Foucault in politisch-kontextueller Hinsicht unscharf bleibenden Begriff des Widerstandes konkretisiert.

Butlers Ansatz ist nicht nur deshalb als performativ einzuordnen, weil er betont, dass Identität erst in einer kontextspezifischen Aufführung hergestellt wird. Auch bezüglich der Verortung im realen Alltagsleben bezieht er sich auf die grundlegenden Ausführungen Austins zur Performativität. So erklärt Butler beispielsweise in ihrem Aufsatz »Über Lebensbedingungen« (2009a), dass eine Ontologie des Körpers nur als soziale Ontologie denkbar ist, da der Körper immer auf ein Außen reagiert und man niemals nur man selbst ist. Damit sind für Butler auch Affekte immer ein Produkt eines bestimmten Interpretationsaktes, der innerhalb eines konkreten Interpretationsrahmens angesprochen und aktualisiert, aber auch in Frage gestellt wird. Körper und Affekt sind demnach keine abstrakten Universalien, sondern bedürfen zu ihrer Aktualisierung und Veränderung der konkreten Aufführung, der Performanz. Butler widerspricht beispielsweise der Vorstellung, dass Moraltheorie eine Theorie auf abstrakter Ebene sei. Stattdessen argumentiert Butler, dass »Moraltheorie Gesellschaftstheorie werden« (ebd.: 13) muss, weshalb man bezogen auf Lebensbedingungen nur die Frage nach *sozialen* Lebensbedingungen stellen kann. Veränderung und Widerstand sind daher auch bei Butler im Foucault'schen Sinne eine Frage, *wie* man etwas tut, nicht *ob* man etwas tut. Mit Bezug auf die Regulierung von Affekten bemerkt Butler daher: »Wie wir interpretieren, was wir fühlen, kann und wird unsere Empfindungen verändern.« (Ebd.: 23) Betrachtet man ferner den *performative turn* als eine Wende, die die Trennbarkeit von Subjekt und Objekt in der Alltagspraxis hinterfragt und verneint, findet sich auch auf dieser Ebene ein Anschluss im Denken

Butlers: »Wir sind schon in die soziale Produktion von Affektivität eingebunden, bevor wir einen Affekt als unseren fühlen und behaupten können; unser Affekt ist niemals bloß unser eigener.« (Ebd.: 35) Der Körper »ist immer schon außerhalb seiner selbst, in der Welt der anderen.« (Ebd.: 39) Butlers Arbeiten lassen sich insofern als performativ-machtkritisch verstehen, als sie die Macht niemals nur als abstrakt bleibende Entität verstehen und auf ihre Effekte und deren mögliche Veränderung hin befragen. Butler bricht mit dem cartesianischen Subjekt-Objekt-Paradigma, indem sie beispielsweise ihre Überlegungen zu Gender im Rahmen der so genannten Geschlechtsidentitätsstörung (GID) konkretisiert, indem sie fragt, wie Menschen mit dieser Diagnose *tatsächlich* leben (vgl. Butler 2009h).

Diese Grundthemen in ihrem Denken überträgt Butler bereits in ihrem ersten Buch, *Das Unbehagen der Geschlechter* (1991), im Original *Gender Trouble. Feminism and the Subversion of Identity* (1990), mit dem sie auch im deutschsprachigen Raum einem größeren Publikum bekannt geworden ist, auf das Thema Gender und tut dies auch gegenwärtig noch (vgl. Butler 2009c). Ihr Konzept des *doing gender*, des Herstellens von Geschlecht in alltäglichen sozialen Performanzen, bleibt ein zentraler Punkt in ihrem Werk. Da ein *doing gender* häufig im Rahmen restriktiver normativer Konventionen abläuft, fragt sich Butler, in welche Richtungen ein Auflösen, ein *undoing*, dieser Konventionen wirken kann. So können bestimmte restriktive Gendernormen verhindern, dass man sein Leben lebenswert lebt. Die Auflösung dieser Normen, also deren *undoing*, kann als Akt performativer Kritik an diesen Normen dazu führen, dass man eine vorherige Identität hinter sich lässt, um zu einer neuen zu finden, die einem ein lebenswerteres Leben ermöglicht. Dieses *undoing* stellt eine performative Kritik an einer bestehenden Macht dar, die die Grenzen der Identität bestimmen kann, und knüpft auch an das von Foucault entwickelte Konzept des Quasi-Subjekts an. Gender ist ein Tun, das in einem Rahmen vor sich geht, den man selbst nicht definiert hat. Daher geschieht *doing gender* oft ohne eigenes Wissen und Wollen, wodurch es aber nicht notwendigerweise determiniert ist. Denn Butler beschreibt *doing gender* als »eine Praxis der Improvisation im Rahmen des Zwangs« (Butler 2009d: 9), was hervorhebt, dass Genderkritik das Feld der Macht nicht verlassen, sich dieses aber spielerisch-subversiv aneignen kann, um dann seine Effekte zu verändern und dessen Grenzen von innen heraus zu verschieben. Hier würde ein Quasi-Subjekt im Sinne Foucaults nach einer anderen Wahrheit geschlechtlicher Identität als derjenigen suchen, die die Macht scheinbar zwingend vorgibt. Es wäre eine mit der Macht und gegen die Macht ausgehandelte individuelle Identität, die nicht vollständig den machtvollen Festschreibungen entspricht und dennoch wahr und intelligibel ist. Im *doing gender* konkurrieren Fremd- und Selbstführung stets miteinander. Diese Prinzipien gelten nicht nur für geschlechtliche Identität, sondern, wie Butler weiter ausführt, für das Menschliche allgemein, dessen Bestimmungen ebenfalls eine Frage gesellschaftlicher Artikulation und Veränderbarkeit sind. Damit lassen dieselben Normen, die ein bestimmtes Subjekt menschlich sein lassen, ein anderes unmenschlich sein (vgl. ebd.: 10). Foucault beschreibt in ähnlicher Weise die Funktion des Rassismus, der auf der Basis ein und derselben Normen festlegt, was leben und was sterben muss (vgl. Foucault 1999: 301). Dies greift Butler auf, wenn sie schreibt, dass die Macht das Menschliche verschiedenartig erzeugt, nämlich indem sie Subjekte produziert, die innerhalb oder außerhalb des Menschlichen stehen. Insofern ist menschliche Identität nicht nur für Foucault, sondern auch für Butler unauflösbar mit der Machtfrage verbunden (vgl. Butler 2009d: 11).

Wie diskutiert Butler nun diese Machtfrage, wenn sie davon ausgeht, dass wir das Feld der Macht nicht verlassen können, weil die Normen der Anerkennung des Menschlichen gleichzeitig die Vorstellung vom Menschlichen (re-)produzieren (vgl. Butler 2009e: 57)? Wie ist also Kritik möglich? Zunächst denkt Butler darüber nach, dass ein mögliches Verhalten darin bestehen kann, »eingeschränkt intelligibel zu bleiben« (Butler 2009d: 11), um den Normen zu entkommen, die einen in einer für sich inakzeptablen Weise festzuschreiben versuchen. So geht man auf Distanz, um sein Überleben zu retten, was jedoch auf Kosten sozialer Zugehörigkeit geht. Dennoch beschreibt Butler diese Distanz als Voraussetzung dafür, ein kritisches Verhältnis zu diesen Normen einnehmen zu können. Eine zweite notwendige Voraussetzung für Kritik ist jedoch auch die Fähigkeit, alternative Normen zu formulieren, die Minderheiten handlungsfähig machen, wobei diese Fähigkeit nur im Kollektiv erreichbar ist, da das Ich stets eine soziale Konstruktion ist (vgl. ebd.: 12). Die Fähigkeit, Alternativen zu formulieren, ist auf zwei Ebenen performativ: Einerseits ist sie selbst ein Tun, andererseits ist das Ich, das etwas mit seiner Umwelt tut, untrennbar mit seiner Umwelt verbunden, die etwas mit ihm tut. Dazu schreibt Butler:

»Wenn ich jemand bin, der nicht *sein* kann ohne ein *Tun*, dann sind die Bedingungen meines Tuns zum Teil die Bedingungen meiner Existenz. Wenn mein Tun davon abhängt, wie mit mir umgegangen wird […], dann ist die Möglichkeit meines Weiterbestehens als ein ›Ich‹ davon abhängig, dass ich in der Lage bin, damit, wie mit mir umgegangen wird, etwas anzufangen.« (Ebd., Herv. i.O.)

Subjekt, Subjektivation und Macht stehen hier in einem zirkulären Verhältnis zueinander, das auch die Kritik nicht aufbrechen kann. Kritik kann aber den Modus der Reproduktion von Subjekt, Subjektivation und Macht verändern. Noch präziser gefasst, beruht kritische Handlungsfähigkeit auf dem Paradox, dass man nicht auswählen kann, durch welche Macht man subjektiviert wird. So bedingt die Unmöglichkeit der Wahl der Subjektivation die Fähigkeit, die Subjektivation zu verändern (vgl. ebd.). Dass das Ich niemals nur ›ich‹ ist, sondern immer auch Sozialität impliziert und damit von verschiedenen Machtfeldern ins Leben gerufen wird, beschreibt Butler an anderer Stelle als ein ›Außer-sich-Sein‹ (vgl. Butler 2009e: 59). Als Ich bin ich niemals nur mein inneres Ich, weil dieses Innen nur in Auseinandersetzung mit einem Außen entstehen kann. Daher spricht Butler von der performativen Konstitution des Subjekts auch als »performative Produktion des Subjekts innerhalb feststehender öffentlicher Konventionen« (Butler 2007: 151).

Kritik muss hierbei auf eine solche Veränderung der Subjektivation hinwirken, die ein Mehr an Gestaltungs- und Lebensmöglichkeiten der eigenen Identität erlaubt. Im Sinne Foucaults muss die Subjektivation ein relativ freies Spiel der Kräfte im Netzwerk der Macht sein und Herrschaftseffekte der Erstarrung vermeiden. Dabei ist das performative Moment der Kritik wiederum, dass Kritik in einer realen Praxis situiert ist und sich mit in konkreten Kontexten stattfindendem Handeln befasst, in welchem das Subjekt seine Umwelt und die Umwelt ihr Subjekt mit offenem Ausgang verändert:

»Am wichtigsten ist ein Ende der Praxis, für alle Menschenleben zum Gesetz zu machen, was nur für einige lebbar ist, und ebenso wichtig ist ein Verzicht darauf, allen Menschenleben etwas vorzuschreiben, was für einige nicht lebbar ist. [...] Die Kritik an den Geschlechternormen muss im Kontext der Menschenleben situiert werden, so wie diese Leben gelebt werden, und sie muss von der Frage geleitet sein, was die Möglichkeiten, ein lebenswertes Leben zu führen, maximiert, und was die Möglichkeit eines unerträglichen Lebens oder sogar eines sozialen oder buchstäblichen Todes minimiert.« (Butler 2009d: 20)

So bedeutet die Kritik an den historischen Kategorien des Menschlichen, »dass der Streit um die Zukunft des ›Menschlichen‹ eine Auseinandersetzung um die Macht sein wird, die in solchen und durch solche Normen wirksam ist.« (Ebd.: 28 f.)

Vor diesem Hintergrund soll im Folgenden das kritische Potential einiger zentraler Arbeiten Butlers (1991, 1995, 1998, 2009c) in engerem Zusammenhang mit den hier bereits dargestellten Arbeiten Foucaults gelesen werden, wobei es um die weitere Herausarbeitung und Darlegung eines Begriffs performativer Kritik geht, der anhand konkreter Kontexte greifbar gemacht werden soll. Dies ist notwendig, da es im weiteren Verlauf dieser Arbeit darum gehen wird, im Sinne der Cultural Studies diesen Begriff performativer Kritik zu einem Werkzeug kritischer Intervention zu machen.

Zur Diskursivierung von Identität

> Patient: »A boy or a girl?«
> Doctor: »Now, I think it's a little early to start imposing roles on it, don't you?«
> THE MEANING OF LIFE 1983

Von Beginn an nimmt die Frage nach der sozialen Konstruktion geschlechtlicher Identität einen zentralen Stellenwert in den Arbeiten Butlers ein. Dabei lehnt sie die Annahme ab, dass eine vorgegebene – um es mit Foucault zu sagen: vordiskursive – Identität existiert. So kritisiert sie die feministische Theorie vor allem in der Hinsicht, dass sie in weiten Teilen eine gegebene Geschlechterdifferenz annimmt und davon ausgeht, es gäbe »eine vorgegebene Identität [...], die durch die Kategorie ›Frau(en)‹ bezeichnet wird« (Butler 1991: 15). Rund zwanzig Jahre später hat diese Diskussion nicht an Relevanz verloren. So weist Butler auch in jüngerer Zeit darauf hin, dass ein »feministischer Theorierahmen, der die strukturelle Beherrschung von Frauen zum Ausgangspunkt nimmt, von dem alle anderen Analysen zu Gender auszugehen haben, [...] seine eigene Brauchbarkeit« gefährdet (Butler 2009d: 21), weil ein so verstandener Theorierahmen einen falsch verstandenen Universalismus zur Folge haben kann, der einem impliziten oder expliziten Kulturimperialismus Vorschub leistet (vgl. ebd.). Daher gibt es nicht nur keine auf Dauer unstrittige Definition von Feminismus. Eine solche Definition wäre auch kontraproduktiv, da es für Butler gerade die Meinungsvielfalt ist, die die feministische Bewegung lebendig hält (vgl. Butler 2009l: 281 ff.). Die Infragestellung von Begriffen erfüllt hinsichtlich dieser eingeforderten Lebendigkeit eine wichtige Funktion. Man muss danach fragen, wie ein Begriff funktioniert, womit er besetzt ist, welche Ziele er verfolgt und wie er sich verändert, was aber nicht bedeutet, dass ein in Frage stehender Begriff unbrauchbar ist (vgl. ebd.: 290). Auch wenn wir die Kategorie ›Frau(en)‹ hinterfragen müssen, kann sie dennoch verwendet werden. Doch nicht nur die Definition und Anwendbarkeit von Begriffen ist Thema in Butlers Arbeiten. Noch wichtiger ist »die Fähigkeit, die Reisen dieses Begriffes durch die öffentliche Kultur zu verfolgen.« (Ebd.: 296) Die Kategorie ›Frau(en)‹ als Markierung der Geschlechterdifferenz ist für Butler somit weniger eine festgefügte Definition, sondern mehr ein Ort der Kritik, ein Ort, der uns ermöglicht, Fragen zu den Beziehungen zwischen dem Biologischen und dem Kulturellen zu stellen (vgl. ebd.: 299). Vor diesem Hintergrund steckt sich Butler (2009m: 329) zwei Ziele: Erstens die Aufdeckung eines allgegenwärtigen Heterosexismus – eine Position, die sie später dahingehend befragt, ob Geschlechterdifferenz notwendigerweise heterosexistisch ist – in der feministischen Theorie sowie zweitens den Entwurf einer Welt, in der diejenigen, die den geltenden Geschlechternormen nicht entsprechen, ein lebenswertes und anerkanntes Leben führen können, wozu es stets einer Kritik an den Begriffen bedarf.

Insbesondere die Idee einer vordiskursiven, ›natürlichen‹ Identität muss der Kritik unterzogen werden, da Butler mit Foucault der Überzeugung ist, dass Subjekte erst durch Diskurse ins Leben gerufen werden. Somit steht man zunächst vor einem Dilemma: Einerseits soll eine Identitätskategorie in ihren Möglichkeiten der Anerkennung von Lebensformen, die nicht der Norm entsprechen, erweitert werden, was aber die Akzeptanz dieser Kategorie und ihrer normativen Bedingungen voraussetzt. Butler führt hierzu aus: »Bevor die Repräsentation erweitert werden kann, muß man erst die Bedingungen erfüllen, die notwendig sind, um überhaupt Subjekt zu sein. […] Das feministische Subjekt erweist sich als genau durch dasjenige politische System diskursiv konstituiert, das seine Emanzipation ermöglichen soll.« (Butler 1991: 17) Hierbei handelt es sich um ein politisches System, das »die geschlechtlich bestimmten Subjekte entlang einer differentiellen Herrschaftsachse hervorbringt oder von vornherein als männlich definierte Subjekte produziert.« (Ebd.) Im weiteren Anschluss an Foucault ist diese Produktion geschlechtlicher Identitäten umso erfolgreicher, je weniger sie als diskursiv wahrgenommen wird und es dadurch gelingt, Geschlechtsidentitäten zu ›naturalisieren‹. Hierdurch ist es der Geschlechterpolitik möglich, vorzugeben, sie repräsentiere nur die Subjekte, die sie aber eigentlich produziert, wodurch eine fiktive Grundlage der eigenen Legitimation geschaffen wird: »Die performative Beschwörung eines ungeschichtlichen ›vor‹ wird zur Begründungsprämisse.« (Ebd.: 18)

Diese ahistorisch-vordiskursive Prämisse ist allerdings sehr problematisch, weil sie nicht berücksichtigt, dass Identität immer in unterschiedlichen Kontexten gebildet wird, so beispielsweise in Kontexten der Rasse, der Ethnie, der Sexualität, der Religion, der Klasse und anderen mehr. Hieraus ergibt sich auch, dass Identität niemals ahistorisch und frei von Macht sein kann. Zudem verläuft Identitätsbildung nicht homogen, sondern wir haben, wie Stuart Hall (1999a) bemerkt, von fragmentierten Identitäten auszugehen. Doch auch Ansätze feministischer Theorie, so Butler weiter, die dies in ihre Reflexionen einbeziehen, verlassen den Rahmen einer binär kodierten Geschlechterdifferenz nur selten.

Ein dermaßen gedachtes Universalsubjekt ›Frau(en)‹ lässt nach Butler feministische Zielsetzungen scheitern, weil es die Macht, die dieses Subjekt konstituiert, nicht als konstituierende Macht, sondern als ›natürliche‹ Repräsentation erkennt. Butlers These lautet daher, dass »die unterstellte Universalität und Integrität des feministischen Subjekts gerade von den Einschränkungen des Repräsentationsdiskurses unterminiert wird, in dem dieses Subjekt funktioniert.« (Butler 1991: 20) Eine zentrale Einschränkung ist, dass das Subjekt ›Frau(en)‹ als stabile und zusammenhängende Identität nur innerhalb eines heterosexuellen Diskurses funktioniert (vgl. ebd.: 21). Daher fordert Butler von kritischen Ansätzen feministischer Theorie, feministische Subjekte als eine historische Kategorie zu begreifen, die der andauernden Neuschöpfung unterliegt (vgl. Butler 2009d: 22). Dabei sind diese Subjekte nicht nur historische Kategorien, sondern wirken auch als Norm, die, zusammen mit biologischen, psychischen und performativen Formen, dichotom kodierte Geschlechterkategorien überhaupt erst hervorbringt. Einmal in Gang gesetzt, ist ein strikt dichotom kodierter Diskurs eine regulatorische Machtoperation im Sinne Foucaults, die sich selbst naturalisiert und hierdurch gegen Veränderung immunisiert. Dabei wird die Norm jedoch nicht als repressiv, sondern als produktiv im Rahmen normalisierender Kontrollen wahrgenommen (vgl. Butler 2009f: 74 f., 87). Normen sind hier als performativ zu verstehen, weil sie durch konkrete Handlungen hergestellt werden und ihre Macht erlangen. Wir haben es also mit einer Performativität von Normen zu tun, weil Normen die cartesianische Subjekt-Objekt-Trennung in sich zusammenfallen lassen. Denn weder ist die Norm, die stets auch Praxis ist und kontextuell hergestellt werden muss, um wirksam zu sein, vollständig auf ihre konkreten Einzelfälle zurückführbar, noch kann sie vollständig aus ihren Einzelfällen herausgelöst werden (vgl. Butler 2009f: 90). Es kann daher nur innerhalb spezifischer Kontexte bestimmt werden, ob Subjekte eher Urheberinnen oder eher Produkte bestimmter Normen sind. Ein eindeutiges Entweder-Oder ist nicht feststellbar. In diesem Sinne kann auch die Frage, was denn Kritik sei, welche Abweichung von der Norm also den regulatorischen Prozess selbst unterbrechen kann, nur innerhalb konkreter Kontexte beantwortet werden (vgl. ebd.: 91-96).

Allerdings kann ein politischer Feminismus eine Repräsentationspolitik nicht einfach ablehnen, da diese das Feld ist, auf dem um Macht gerungen wird. Die Aufgabe besteht vielmehr darin, innerhalb dieses Feldes eine Kritik der Genealogie des Feldes zu betreiben, und so seine Machteffekte zu verschieben. Es besteht eine performative Verflechtung der Subjekte mit dem Feld diskursiver Macht, in welchem geschlechtliche Realität »als ein Effekt der Darstellung produziert wird« (Butler 2009m: 346). Eben diese Verflechtung muss daher im Sinne des hier zu entwickelnden Kritikbegriffes als erster Schritt sichtbar gemacht werden, um der ›Naturalisierung‹ der Repräsentation entgegenzuwirken. Eine Universalkategorie ›Frau(en)‹ ist eine solche Naturalisierung, da sie die Kontextualität von Identität ausblendet (vgl. Butler 1991: 21). Erfolgreiche feministische Politik zeichnet aus dem Inneren der Macht heraus nach, wie ein Subjekt ›Frau(en)‹ produziert wird und wie diese Produktionspraxis gleichzeitig verschleiert wird. Eine erfolgreiche feministische Politik ist daher »eine Politik, die die veränderlichen Konstruktionen von Identität als methodische und normative Voraussetzung begreift, wenn nicht sogar als politisches Ziel anstrebt.« (Ebd.)

In diesem Zusammenhang ist auch die Unterscheidung von Geschlecht (*sex*) und Geschlechtsidentität (*gender*)[15] problematisch (vgl. Butler 1991: 22 ff.). Denn die Spaltung des feministischen Subjekts in das anatomische Geschlecht (*sex*) und eine soziale Geschlechtsidentität (*gender*) suggeriert eine zumindest biologische Universalität und Einheit des Subjekts ›Frau(en)‹. Auch wenn die sozialen Geschlechtsidentitäten heterogen sind und sie sich untereinander je nach Kontext stark unterscheiden, so ist das anatomische Geschlecht scheinbar etwas, was der Bildung eines sozialen Geschlechts vorausgeht. In der Biologie scheint also ein ahistorischer und homogener ›Naturzustand‹ zu existieren, der ferner die Spaltung von *sex* und *gender* wieder zusammenfügen kann, wenn man von einem mimetischen Verhältnis von anatomischem Geschlecht und sozialer Geschlechtsidentität ausgeht. Dies suggeriert die Möglichkeit eines universellen sozialen Subjekts ›Frau(en)‹. Aus diesem Grund bricht Butler radikal mit dem mimetischen Verständnis von *sex* und *gender*: »Wenn wir jedoch den kulturell bedingten Status der Geschlechtsidentität als radikal unabhängig vom anatomischen Geschlecht denken, wird die Geschlechtsidentität selbst zu einem freischwebenden Artefakt.« (Ebd.: 23) Dieser Bruch ermöglicht uns, das anatomische Geschlecht, also *sex*, als ebenso politisch und gesellschaftlich konstruiert zu betrachten wie *gender*. Ähnlich führt uns Foucault (1995) anhand des Begriffs des Sexus vor, wie dies unsere Kritikmöglichkeiten innerhalb eines identitätspolitischen Diskurses steigert. Die Biologie ist kein ›Naturzustand‹, sondern ein Produkt diskursiver Macht, »so daß sich herausstellt, daß die Unterscheidung zwischen Geschlecht und Geschlechtsidentität letztlich gar keine Unterscheidung ist.« (Butler 1991: 24) Eine erfolgreiche feministische Politik muss daher ihre Aufgabe darin sehen, das anatomische Geschlecht nicht weiter als vordiskursive Kategorie zu verstehen, sondern es als diskursive Kategorie zu analysieren und zu zeigen, wie es bestimmten Machteffekten gelingt, die diskursive Produktion des anatomischen Geschlechts zu verschleiern und aus welchen Motiven dies ge-

---

15 Die hier gebrauchte Unterscheidung von ›*sex*‹ und ›*gender*‹ schließt sich der in der deutschen Übersetzung gebrauchten Unterscheidung an (vgl. Butler 1991: 15).

schieht: »Tatsächlich wird sich zeigen, daß das Geschlecht (*sex*) definitionsgemäß immer schon Geschlechtsidentität (*gender*) gewesen ist.« (Ebd.: 26)

So beschreibt Butler den Körper nicht als ein passives Medium, dem bestimmte Eigenschaften eingeschrieben werden können. Der Körper ist nicht einfach bloß ›da‹, er ist eine Konstruktion, die der Markierung seines Geschlechts nachfolgt und deshalb nicht vordiskursiv ist. Es sind Diskurse und machtvolle Praktiken, die bestimmen, ob *sex* und *gender* festgelegt sind, oder so flexibel konstruiert werden können, dass auch außerhalb der Heteronormativität stehende Identitäten lebbar sind. So geht Butler davon aus, dass »der Körper erst in und durch die Markierung(en) der Geschlechtsidentität ins Leben gerufen wird.« (Butler 1991: 26) Diese Markierungen wirken sehr machtvoll, denn sie werden stets durch einen hegemonialen Diskurs bestimmt, der mittels binärer Kodierungen – hier: männlich und weiblich –, die als universelle Vernunft erscheinen, funktioniert. Dies ist ein entscheidender Punkt, denn die Diskursivierung des anatomischen Geschlechts ist keinesfalls gleichzusetzen mit einem Ignorieren ›naturalisierender‹ Kräfte. Denn diese Kräfte wirken, auch wenn man sie als diskursive Effekte versteht, mit großer Macht und binden die Subjekte an eine bestimmte Identität, die nur mühevoll verschoben werden kann. Auch Butler proklamiert hier keine postmoderne Beliebigkeit, kein ›*anything goes*‹. Im Gegenteil ist ihr die Macht der hegemonialen Diskurse, die die denkbaren Möglichkeiten der Geschlechtsidentität festlegen, bewusst. Ein diskursiviertes anatomisches Geschlecht »bedeutet nicht, daß in Sachen Geschlechtsidentität prinzipiell alle und jede Möglichkeiten offenstehen, sondern daß die Schranken der Analyse auf die Grenzen einer diskursiv bedingten Erfahrung verweisen.« (Ebd.: 27) Der Körper ist nicht auf die Sprache der Diskurse reduzierbar, so wie es bei der Performativität nicht nur um Sprechakte geht, sondern auch um *körperliche* Handlungen (vgl. Butler 2009l: 318).

Durch die Diskursivierung des anatomischen Geschlechts löst Butler die tatsächliche Macht der Geschlechterdiskurse nicht in Beliebigkeiten auf. Wohl aber bricht sie mit der humanistisch-feministischen Position, die eine substantielle Person annimmt und diese als Trägerin bestimmter wesentlicher und unwesentlicher Eigenschaften beschreibt. Butler widerspricht dieser Position, da sie einen Essentialismus darstellt, der eine Einheit der Person dort behauptet, wo keine vorhanden ist. Der humanistisch-feministischen Position zufolge ist Geschlechtsidentität eine Eigenschaft, die einer durch ihr anatomisches Geschlecht im inneren Kern bestimmten Person bloß zugeschrieben wird. Butlers Gegenentwurf besteht darin, die Person nicht essentialistisch, nicht substantiell, sondern als sich laufend verändernd zu begreifen: »Als sich ständig verschiebendes (*shifting*) und kontextuelles Phänomen bezeichnet die Geschlechtsidentität nicht ein substantiell Seiendes, sondern einen Schnittpunkt zwischen kulturell und geschichtlich spezifischen Relationen.« (Butler 1991: 29) Geschlechtsidentität ist somit nicht essentiell, nicht einheitlich und nicht immer gleichbleibend. Doch ist sie auch kein beliebig bestimmbares Phänomen, da sie als Schnittpunkt kultureller und geschichtlicher Relationen ein Produkt diskursiver Macht ist. Verschiebbar ist die Geschlechtsidentität nur, wenn es gelingt, die diskursiven Machteffekte zu verschieben, was wiederum nur innerhalb dieser Diskurse gelingen kann. Hierauf begründet sich ein Kritikbegriff, der performativ ist, indem durch spezifisch kontextualisierte Handlungen Machteffekte verschoben (*shifting*) werden können, was aber keinen Akt der Beliebigkeit darstellt, sondern eine kämpferische Auseinandersetzung mit der Macht.

Einer Beliebigkeit der Identitätskonstruktion tritt Butler durch ein kritisches Verhältnis zu dem die abendländische Philosophie seit Platon prägenden Körper-Seele-Dualismus entgegen. Der hier verwendete Begriff des Geistes gibt vor, den Körper überwinden zu können, was von Butler abgelehnt wird. Hierdurch unterstreicht Butler die Relevanz des anatomischen Geschlechts für die Geschlechtsidentität, auch wenn diese Identität nicht substantiell ist. Butler kritisiert an der humanistischen Tradition: »Der Geist hat den Körper nicht nur unterworfen; bisweilen nährt er auch das Phantasma, seiner Verleiblichung insgesamt entfliehen zu können« (Butler 1991: 31), wodurch der Körper-Seele-Dualismus »traditionell und implizit die Geschlechter-Hierarchie produziert.« (Ebd.) Gegen diese Tradition setzt Butler die Diskursivierung des Körpers, die jedoch nicht den Körper zu überwinden oder aufzulösen versucht. Die Diskursivierung des Körpers ist der Ort, von dem aus eine feministische Kritik betrieben werden kann, deren Gegenstand weder ein absolutes patriarchales, noch ein absolutes feministisches Subjekt ist, da Subjekte immer diskursiv und heterogen sind. So ist der »Versuch, den Feind in einer einzigen Gestalt zu identifizieren, [...] nur ein Umkehr-Diskurs, der unkritisch die Strategie des Unterdrückers nachahmt, statt eine andere Begrifflichkeit bereitzustellen.« (Butler 1991: 33) Anstatt die Strategien der Macht nachzuahmen, setzt Butlers Kritik darauf, mittels widerständiger Taktiken hegemoniale Machteffekte zu verschieben. Hierzu gehört es, die Kategorien, die zur Artikulation von Kritik gebraucht werden, selbst zu hinterfragen. Das Hinterfragen der Sprache der Kritik und ihrer Kategorien bedeutet schließlich ein Hinterfragen der Machtverhältnisse, die diejenigen Kategorien hervorbringen, die Kritik ermöglichen und zugleich einschränken. Die Sprache ist hierbei eine Arena im Kampf um Bedeutungen, weshalb keine Kategorie frag- und kritiklos übernommen werden darf.

Die sprachlichen Kategorien der Kritik sind daher immer offen und unvollständig, niemals abgeschlossen und substantiell. Offenheit und Unvollständigkeit sind kein Mangel, sondern führen uns die Grenzen der Normen, die eine Vollständigkeit als zu erreichendes Ideal darstellen, vor (vgl. Butler 1991: 35). Dies ist folglich eine Stärke eines kritischen Feminismus. Denn durch Offenheit und Unvollständigkeit wird die Möglichkeit zur Solidarität und Bildung politischer Bündnisse keineswegs verhindert. Bündnisse sind im Gegenteil umso produktiver, je offener sie sich bilden, weil sie so vielfältige Kräfte in sich vereinen können. Da die Geschlechtsidentität zu keinem Zeitpunkt vollständig ist, kann es auch kein Bündnis sein (vgl. ebd.: 36 f.). Daher argumentiert Butler für offene Bündnisse wie folgt: »Ein offenes Bündnis ist eine offene Vereinigung, die vielfältige Konvergenzen und Divergenzen zuläßt, ohne dem normativen Telos einer definitorischen Geschlossenheit zu gehorchen.« (Ebd.: 37)

Was aber kann in einem solch divergenten Kontext Identität sein? Das bisher Gesagte legt nahe, dass Identität verstanden als Kohärenz des Subjekts oder auch als selbstidentischer Status einer Person durch regulierende Diskurse produziert wird, und aufgrund der faktischen Heterogenität der Diskurse wohl eher ein normatives Ideal als ein deskriptives Merkmal ist (vgl. Butler 1991: 37 f.). Geschlechtsidentität wird diskursiv durch Begriffe wie »›Geschlecht‹ (*sex*), ›Geschlechtsidentität‹ (*gender*) und ›Sexualität‹« (ebd.: 38) gebildet. Weil diese Begriffe aber äußerst heterogen und fragil sind, gilt gleiches auch für die Identität einer Person selbst. Vor allem dort, wo die die Geschlechtsidentität konstituierenden binären Kodierungen hegemonialer Diskurse ins Leere laufen, beispielsweise mit Blick auf Transsexualität, werden die ansonsten für selbstverständlich gehaltenen Geschlechtsidentitäten fragwürdig. Meist besteht die hegemoniale Strategie dann darin, das, was nicht in ihren Identitätsdiskurs passt, für abweichend und nicht intelligibel zu erklären. Abweichende Identitäten, in denen das Verhältnis von anatomischem Geschlecht, Geschlechtsidentität, sexueller Praxis und Begehren nicht kohärent und kontinuierlich organisiert ist, gelten als nicht intelligibel und werden nicht anerkannt (vgl. ebd.). Die hegemonialen Normierungen laufen dabei auf eine »heterosexuelle Fixierung des Begehrens« (ebd.) und eine binäre Kodierung von Geschlechtsidentität in männlich und weiblich hinaus. Hiervon abweichende Identitäten, also solche, bei denen die Geschlechtsidentität nicht aus dem anatomischen Geschlecht resultiert oder solche, die anderen Praktiken des Begehrens folgen, sind nicht nur der Gefahr der Marginalisierung ausgesetzt, sondern stellen in ihrer Andersartigkeit auch eine Möglichkeit zur Kritik an den bestehenden Normen dar. Denn dadurch, dass sie nicht der Norm entsprechen, sorgen sie für Irritation und machen die unsichtbaren regulierenden Normen, die entlang einer zwangsheterosexuellen Matrix Männer und Frauen produzieren, sichtbar. An diese Sichtbarmachung können dann Verschiebungen anschließen, die mittels einer subversiven Matrix alternative Identitäten lebbar machen (vgl. ebd.: 39). Bei ihrer Kritik an der zwangsheterosexuellen Matrix der Intelligibilität geht es Butler jedoch nicht um die Ablehnung des Konzeptes der Heterosexualität und seiner Praktiken, sondern um die Kritik an der allgemeinen heterosexuellen Normativität (vgl. Butler 2009l: 319), die dazu führt, dass andere Sexualitäten nicht intelligibel sind.

Die intelligible Matrix kann ihre Macht nur entwickeln, solange es ihr gelingt, sich hinter einem Substantialismus zu verbergen. Sie muss uns überzeugen, dass unser anatomisches Geschlecht vordiskursiv ist, und dass Identitäten nur dann intelligibel sind, wenn sie dieser ›Natürlichkeit‹ entsprechen. Nur dann ist eine Identität erfolgreich im Sinne von kohärent und kontinuierlich. Doch Butler erwidert dieser Auffassung, dass »[h]inter den Äußerungen der Geschlechtsidentität (*gender*) [...] keine geschlechtlich bestimmte Identität (*gender identity*)« (Butler 1991: 49) liegt. Es gibt keine vordiskursive, durch ein anatomisches Geschlecht bestimmte Identität, der das ›*doing gender*‹, das performative Hervorbringen der Geschlechtsidentität folgen könnte oder sollte. Innerhalb der intelligiblen Matrix ist »die Geschlechtsidentität [...] performativ, d.h., sie selbst konstituiert die Identität, die sie angeblich ist.« (Ebd.) Folglich kann ein Identitätsbegriff nicht kontinuierlich und kohärent sein, da eine Norm niemals vor den Diskursen existiert, sondern sich Norm und Identität wechselseitig erzeugen. So wie das Verhältnis von Norm und Identität performativ zu denken ist – Norm und Identität sind nicht voneinander zu trennen, sondern sie erzeugen sich erst in spezifischen Handlungen gegenseitig –, ist auch die Kritik an den Normen performativ, weil die Kritik den Raum der Macht nicht verlassen kann, aber die Kritik diesen Raum verändert, wobei durch Veränderung Kritik zu Macht werden kann.

Auf dieser Grundlage knüpft Butler an Nietzsches These an, »daß es kein Seiendes hinter dem Tun gibt« (Butler 1991: 49) – also keine Täterin hinter der Tat. Ein Seiendes hinter dem Tun wäre ein Substantialismus, der aber durch die These, die Tat sei alles, performativ umgangen wird. Dies jedoch sieht Butler im Widerspruch zu einem großen Teil feministischer Theorien, die die These vertreten: »Ohne Handlungsträger (*agent*) keine Tätigkeit (*agency*).« (Ebd.) Es ist daher für feministische Theorien notwendig zu verstehen, dass es nichts Vordiskursives, weder ein anatomisches Geschlecht noch eine Sexualität o.ä., gibt. Butler exemplifiziert dies an der Debatte um eine ›spezifisch weibliche‹ Sexualität (vgl. ebd.: 49-62), die einen hohen Stellenwert in der feministischen Theorie besitzt. Hierbei zeigt Butler die Unzulänglichkeiten der Positionen auf, die das Existieren einer spezifisch weiblichen Sexualität außerhalb von allen anderen Sexualitäten behaupten. Diese Positionen nämlich gehen alle dem Substantialismus in die Falle. Es gibt keine Sexualität, »die irgendwie ›außerhalb‹, ›vor‹ oder ›nach‹ der

Macht selbst liegt.« (Ebd.: 55) Dennoch bedeutet dies nicht, dass die Macht, so wie sie ist, akzeptiert werden muss. Auch ohne eine ›Täterin‹ kann kritisch gehandelt werden. Butler verweist hier auf die Möglichkeiten der Parodie, die es erlaubt, die Machteffekte in einer nachahmenden Wiederholung zu verschieben, und so das Original, die intelligible Matrix, als »Parodie der Idee des Natürlichen und Ursprünglichen« (ebd.: 58) entlarvt. Kritik ist hier performativ, weil Täterin und Tat eins sind und kein Teil dem anderen vorausgeht.

Auch dies unterstreicht noch einmal, dass die cartesianische Trennung von Subjekt und Objekt, die Probleme bezüglich der Identität aufwirft, die sie zu lösen beabsichtigt, nicht aufrechterhalten werden kann (vgl. Butler 1991: 210 f.). Vielleicht wird die Subjekt und Objekt trennende Position, die das Subjekt als handlungsmächtige ›Täterin‹ konzipiert, dennoch so sehr verteidigt, weil angenommen wird, ein vollständig durch die Diskurse konstituiertes Subjekt sei ein vollständig durch die Diskurse determiniertes Subjekt, das in seiner Handlungsmächtigkeit eingeschränkt ist. Die Möglichkeit zur Parodie und Verschiebung der Machteffekte legt aber gerade das Gegenteil nahe. Die diskursiv konstituierten Subjekte sind keine determinierten Subjekte, sondern in der Lage, die Diskurse und ihre Machteffekte zu verändern (vgl. ebd.). Indem nämlich Subjekt und Objekt als performativ miteinander verbunden gesehen werden, ergibt sich die Möglichkeit, gerade jene Diskurse sichtbar zu machen, zu kritisieren und zu verändern, die die Binarität von Subjekt und Objekt – und mit ihr auch die Binarität der Geschlechtsidentität – als Notwendigkeit darstellen und so ihre eigene Genese verschleiern. Der Begriff der Identität wird so zu einem Problem der Bezeichnung, und gerade diese Sichtweise erlaubt es, Identität als ein Projekt und eine Praxis der Signifikation und Resignifikation zu beschreiben (vgl. ebd.: 212). Wenn es also Diskurse der Bezeichnung gibt, die die Subjekte in einer bestimmten Art und Weise konstituieren, so gibt es auch Diskurse der Umbenennung, die andere Subjekte hervorbringen. In diesem Sinne versteht Butler Identität stets als »Bezeichnungspraxis« (ebd.).

Weil die Bezeichnung »kein fundierender Akt, sondern eher ein regulierter Wiederholungsprozeß ist« (Butler 1991: 213), ergibt sich die Möglichkeit, die Bezeichnung in ihrer Wiederholung zu transformieren und dadurch stückweise innerhalb des Wiederholungsprozesses neue Identitäten zu erzeugen. Die Bezeichnungspraxis verläuft so, dass Identität durch die Wiederholung einer bestimmten Bezeichnung stets aufs Neue hergestellt werden muss. Die Wiederholung impliziert aber auch die Abweichung und Verfehlung: Macht impliziert ihren Widerstand. So bilden sich Identitäten, die von den Vorgaben abweichen und diese in Frage stellen und parodieren. Die Regel erscheint dann nicht mehr als ›natürlich‹, sondern ebenfalls als diskursiver Effekt bzw. als Parodie von ›Natürlichkeit«. Es kann keine Determinierung von Identität geben, weil das Herstellen von Identität gleichzeitig »die Möglichkeit einer vielschichtigen Rekonfiguration« (ebd.) bedeutet. Gerade weil die Körper Ziel dieser regulierenden Diskurse sind, können Körper die Diskurse der ›Natürlichkeit‹ als diskursive Effekte entlarven, indem sie die vorgegebene Identität performativ nicht erfüllen, sondern »zum Schauplatz einer unstimmigen, entnaturalisierten Performanz werden, die den performativen Status des Natürlichen selbst enthüllt.« (Ebd.: 214)

Ein politisch-kritischer Feminismus muss daher diese Überlegungen in seinen Identitätsbegriff mit einbeziehen. Er darf Identitätskategorien, so wichtig sie für die Herstellung von Solidarität im gemeinsamen Kampf auch sind, nicht als ›natürlich‹ und vorgegeben verstehen. Dieses Verständnis wäre eine fundamentale »Begrenzung und Einschränkung der Möglichkeiten [...], die der Feminismus eröffnen soll.« (Butler 1991: 215) So muss Identität als Effekt, als Praxis und als Performanz begriffen werden. Erst das Wegfallen ›der Täterin hinter der Tat‹, das performative Zusammenfallen von Subjekt und Objekt eröffnet die ermächtigenden Möglichkeiten. Dass Subjekte niemals vordiskursiv sind, bedeutet nicht ihre Determinierung, allerdings auch nicht ihre vollständige Freiheit und Beliebigkeit (vgl. ebd.), da Diskurse immer machtvoll sind. Diese Macht erzeugt eine Art ›diskursive Schwerkraft‹, die zwar in andere Bahnen gelenkt, jedoch niemals vollständig aufgehoben werden kann. Damit liegt die Aufgabe der Kritik darin, »die lokalen Möglichkeiten der Intervention« (ebd.: 216) zu finden und zu bestätigen und dadurch der Produktion eines globalen und globalisierenden Subjekts, das seine eigene Genese verschleiert (vgl. ebd.: 217), befreiend entgegenzuwirken. Dementsprechend ist »Ontologie [...] keine Grundlage, sondern eine normative Anweisung, die verstohlen wirksam ist, indem sie sich als notwendiger Grund in den politischen Diskurs einschreibt.« (Ebd.) Die Dekonstruktion von Identität ist somit nicht mit einer Dekonstruktion von Politik zu verwechseln. Denn durch die Dekonstruktion von Identität wird eine Entschleierung derjenigen Diskurse erreicht, die Identität als ›natürlich‹ konstruieren und sie damit dem Politischen entziehen: Denn wie soll man etwas verändern, das sowieso unverrückbar gegeben ist? Die Dekonstruktion jedoch erlaubt es, Identität als diskursive Konstruktion zu sehen, die durch Wiederholung produziert und verändert wird. Durch das Verschieben und das Einbringen des ›Unnatürlichen‹ in die Praxis der Wiederholung wird die Dekonstruktion der Identität zur politischen Performanz.

Exkurs: Dilemmata an den Grenzen des Menschlichen und Möglichkeiten der Kritik durch das Quasi-Subjekt

Diese Überlegungen bezüglich geschlechtlicher Identität überträgt und erweitert Butler an anderer Stelle mit Blick auf die Beantwortung der Frage, was es bedeutet, menschlich zu sein (vgl. Butler 2009e: 60-69). Auch für das Menschliche gilt, dass wir unsere Identität als Mensch niemals alleine definieren, sondern hierzu nur durch ein ›Außer-uns‹, durch Sozialität und Kollektivität imstande sind. Wir werden als Menschen im Feld einer Macht subjektiviert, in dem es »Normen der Anerkennung gibt, die unsere Lebensfähigkeit als Menschen erzeugen und aufrechterhalten.« (Ebd.: 60) Außerhalb dieses Feldes sind wir als Menschen nicht existenzfähig, da die Diskurse der Macht identitätskonstituierend sind. Doch wie lassen sich diese Diskurse so offen halten, dass sie auch das, was sich mit Blick auf bestimmte Normen anders verhält, als menschlich zulassen (können)? Denn menschlich ist, was bestimmte Formen der Existenz nicht ausschließt, sondern deren (Über-)Leben ermöglicht. Nach Butler muss die Kategorie des Menschlichen, ähnlich wie die Kategorie ›Frau(en)‹, ständig überprüft und gegebenenfalls neu formuliert werden, um ein Mehr an Freiheit und Diversität sowie ein Weniger an Gewalt gegen Andersheit erreichen zu können. Dies bedeutet auch, dass die Unwissenheit über den Anderen nicht dazu führen darf, den Anderen mit Gewalt in die bestehenden Normen einzuzwängen oder ihn von seiner Intelligibilität auszuschließen. Im Gegenteil müssen die Normen es zulassen können, über den Anderen nur wenig oder nichts zu wissen, denn die »gewaltlose Reaktion lebt mit ihrer Unwissenheit in Bezug auf den Anderen angesichts des Anderen.« (Ebd.: 63) Übertragen auf die Machtmodelle Foucaults lässt sich dies als kritische Position zu einer Macht lesen, die die totale Durchdringung des Subjekts, die totale Offenlegung all seiner Facetten, also die Herstellung eines allumfassenden Wissens über das Subjekt zum obersten Prinzip der Subjektivierung hat.

Hier treffen sich Butler und Foucault in dem Punkt, den Foucault als die Ablehnung eines modernen Subjekts, wie es seit der Pastoralmacht bekannt ist, beschreibt. Diese Ablehnung des modernen Subjekts, das ausschließlich entlang der Wahrheit einer bestimmten Macht konstituiert wird und über keine eigene Wahrheit, ohne die Kritik nicht möglich ist, verfügt, bedeutet aber nicht den vielbeschworenen Tod des Subjekts. Wie bereits diskutiert, lässt Foucault das Subjekt nicht ›sterben‹, sondern er setzt dem modernen Subjekt, das sich als ein Produkt von Herrschaft, nicht von Macht, lesen lässt, das Quasi-Subjekt entgegen. Die Offenheit für das Andere, die hierdurch erreicht wird, bedeutet aber keine Wehrlosigkeit gegenüber Angriffen auf diese Offenheit. Butler betont, dass es sehr wohl möglich ist, das, was die Gewaltfreiheit bedroht, zu bekämpfen. Jedoch müssen wir hierbei immer daran denken, »dass man mit dem Kampf für diese Werte eingesteht, dass die eigene Position nicht ausreicht, um das Spektrum des Menschlichen herauszuarbeiten.« (Butler 2009e: 63) Indem wir uns selbst stets als außer uns selbst begreifen und uns die eigene Position zur Erlangung des Menschlichen nicht genügt, weil das Menschliche eine Frage des Sozialen ist, können wir einen Kulturimperialismus vermeiden, der wiederum die menschliche Vielfalt einschränken würde. Das Feld des Menschlichen ist niemals ›natürlich‹ vorgegeben, sondern es wird (re-)produziert und verändert. Die Veränderung ist Aufgabe der Kritik, und wenn wir »das Feld des Menschlichen für selbstverständlich nehmen, versäumen wir es, kritisch und ethisch darüber nachzudenken.« (Ebd.: 64)

Butler beschreibt daher Kritik als eine Notwendigkeit, nämlich als die »Notwendigkeit, unsere Vorstellung des Menschlichen für eine zukünftige Artikulation offenzuhalten« (Butler 2009e: 65), um so die Auseinandersetzung um Macht beweglich zu halten und Herrschaft im Foucault'schen Sinn zu vermeiden. Damit beschreibt Butler sehr konkret für die Politik und die für sie notwendigen Formen handlungsfähiger Identitäten das, was Foucault auf einer allgemeineren Ebene zu Macht und Herrschaft herausgearbeitet hat, wobei stets das Performative als ein Tun in konkreten realen Situationen ausschlaggebend ist:

»Die Auseinandersetzung muss im Spiel sein, damit Politik demokratisch wird. [...] Sie ist kein voraussagbarer Prozess, sie muss durchgemacht werden [...]. Wenn der richtige Weg im Voraus entschieden wird [...], dann könnte das Leben selbst ausgeschlossen werden. Es mag sein, dass das, was richtig ist und was gut ist, darin besteht, offenzubleiben für die Spannungen, die auch die grundlegendsten Kategorien heimsuchen, die wir brauchen.« (Ebd.: 69)

Die Verbindung der Arbeiten Butlers mit dem Foucault'schen Begriff des Quasi-Subjekts scheint in der Hinsicht vielversprechend zu sein, als er ermöglicht, sowohl auf theoretischer Ebene als auch in konkreten Kontexten der kritisch-politischen Praxis über Alternativen zu einem modernen Subjektkonzept zu reflektieren. Um jedoch dahingehend fortfahren zu können, müssen zunächst ein paar Bemerkungen zu Butlers (2009k) Kritik am Begriff des Geständnisses, wie Foucault ihn in *Sexualität und Wahrheit 1* (1995) entwickelt, angebracht werden. Denn hier begeht Butler einen Irrtum, wenn sie unterstellt, es sei Foucaults Fehler zu denken, durch das Geständnis erlange der Analytiker ausschließlich Kontrolle und Autorität über eine bestimmte Seele. Dies unterstellt sie zweifelsohne aus guten Gründen, weil sie hieran ein Plädoyer für den Analytiker als Hilfe, nicht als Kontrolle anschließt (vgl. Butler 2009k: 275 f.). Hierüber vergisst Butler aber, dass Foucault, anstatt einen ›Fehler‹ zu begehen, einen bestimmten Fokus setzt. Foucault (1995: 53) geht es nämlich um das Geständnis zur Regulierung des Sexes mit Blick auf die Reproduktivität, was zweifelsohne auch eine wichtige Funktion des Geständnisses ist, in diesem Kontext vielleicht sogar die vorherrschende. Daher sollte man Foucault hier nicht nur so lesen, als ob er andere Funktionen des Geständnisses prinzipiell ausschlösse. Aber diese anderen Funktionen scheinen ihn aus Gründen der Fokussierung an dieser Stelle nicht zu interessieren. In diesem Licht trifft auch Butlers Behauptung, der späte Foucault *revidiere* seine früheren Ausführungen zur Funktion des Geständnisses als Mittel zur Erzeugung von Wissen und Macht über Subjekte (vgl. Butler 2009k: 264 f.), nicht ganz zu.

Statt zu revidieren, nimmt Foucault im Kontext der Lebenskunst und der Sorge um sich eine historische Zäsur in den Blick, die zwei verschiedene Subjektivationsformen voneinander scheidet, wodurch er den Begriff des Geständnisses erweitert. In der Antike dreht es sich im Rahmen der Subjektivation um die Erlangung der Wahrheit seiner selbst (Selbstführung), während in der Moderne darauf hingewirkt wird, ein von sich entfremdetes Subjekt zu erzeugen, das der Wahrheit der Macht entspricht (Fremdführung). Dabei ist Foucault jedoch nicht so naiv anzunehmen, die Wahrheit seiner selbst sei eine Wahrheit jenseits der Macht. Auch in der Antike existieren nämlich machtvolle Vorstellungen darüber, was ein gutes, richtiges Selbst ist. Jedoch ist Macht im Gegensatz zur Herrschaft ein relativ offenes Kräftespiel. Die Sorge um sich ist ein relativ offenes dialogisches Aushandeln subjektiver Wahrheit in Auseinandersetzung mit der Wahrheit der Macht. Es gibt nach Foucault im Rahmen der Sorge um sich nicht die Tendenz, ein Subjekt vollständig an die Erfordernisse einer Macht anzupassen und das Subjekt dadurch von sich zu entfremden. Mit anderen Worten tritt die Herrschaft, die Foucault als typisch für die Moderne ansieht, nicht in Dialog mit dem Subjekt. Hier findet kein Aushandlungsprozess zwischen der Wahrheit des Subjekts und der Wahrheit der Macht statt, sondern das Subjekt wird auf die Wahrheit der Macht festgelegt. Solche machtvollen entfremdenden Festlegungen bezeichnet Foucault als Herrschaft. Es ist diese historische Zäsur, die das Geständnis in der Antike vom Geständnis in der Moderne unterscheidet, und Foucault trennt diese beiden Arten des Geständnisses mit den Begriffen Macht und Herrschaft. Eine Revision seiner früheren Schriften findet nicht statt, stattdessen erweitert Foucault seinen Begriffsapparat.

Auf dieser Basis können wir uns nun darauf konzentrieren, dass, je konkreter die Kontexte sind, in denen das Menschliche verteidigt wird, sich die Zusammenhänge von Entunterwerfung und Quasi-Subjekt umso verzwickter gestalten. Im Sinne einer performativen Kritik sind wir daher dazu angehalten, diese Kontexte so spezifisch wie möglich fassen. Dies zeigt Butler (2009h) anhand der Problematik der so genannten Geschlechtsidentitätsstörung (GID), einer Diagnose, die Betroffene hinsichtlich ihrer Geschlechtsidentität zunächst für krank befindet, um ihnen eine durch Versicherungen bezuschusste oder ganz bezahlte Geschlechtsumwandlung zu ermöglichen. Es stellt sich in diesem Kontext die Frage, ob man diese Art der Diagnose befürworten soll, weil sie gerade finanziell weniger gut situierte Transindividuen bei der Umwandlung in das gewünschte Gender unterstützt, oder ob man diese Diagnose ablehnen soll, weil sie das Transindividuum pathologisiert.

Butler skizziert eine mögliche Art des Umgangs mit dieser Problematik, die darin besteht, sich auf das Spiel mit der Diagnose einzulassen. Dies bedeutet, dass man sich zu einem gewissen Teil der Diagnose unterwirft, aber gleichzeitig auch auf Distanz zu ihr geht, indem man nicht glaubt, was die Diagnose sagt, nämlich, dass man krank sei. Dies führt uns die Subjektivation und die Möglichkeit der Kritik bei Foucault greifbar vor Augen, denn »man muss einem regulativen Apparat unterworfen werden [...], um an den Punkt zu gelangen, wo so etwas wie eine Wahrnehmung von Freiheit erst möglich wird.« (Butler 2009h: 149) Diese Freiheit wird jedoch um den Preis erkauft, »dass man die Sprache nicht gebrauchen kann, um zu sagen, was man wirklich für wahr hält.« (Ebd.: 150) Hier erscheint das Transindividuum als Produkt regulierender Diskurse und Praktiken im Sinne Foucaults als ein modernes Subjekt, dem nur die Wahrheit der Macht zugänglich ist. In der Tat scheint dieses Dilemma nur lösbar zu sein, wenn eine Transformation des modernen Subjekts hin zu einem Quasi-Subjekt gelingt, das sich eine andere Wahrheit als die der Macht erschließen kann. Wenn wir Foucault, der, wie bereits dargelegt, bezüglich des Quasi-Subjekts Macht und Herrschaft differenziert, an dieser Stelle weiterdenken, bietet es sich an, die *Macht* der Geschlechternormen, von der Butler spricht, treffender als eine *Herrschaft* der Geschlechternormen zu verstehen. Insofern beschäftigt sich Butler hier eher mit den lähmenden Effekten einer bestimmten Gender-*Herrschaft*, die sie an anderer Stelle als Zwangsheterosexualität beschreibt (vgl. Butler 1991: 39).

Die Kritik als Entunterwerfung von den Effekten dieser Herrschaft ist dann für das Subjekt entsprechend schmerzhaft, denn man muss »lernen, wie man sich in einem Diskurs darstellt, der nicht der eigene ist, sondern ein Diskurs, der einen im Vorgang der Darstellung auslöscht.« (Butler 2009h: 150) In einer Herrschaftsform, deren Feld man nicht verlassen kann, weil sie einen zu wesentlichen Teilen erst produziert, überwiegen die unterdrückenden Effekte über die produktiven, wenn man diese Herrschaftsform kritisiert. Dies macht deutlich, warum Foucault so eindringlich vor der Gerinnung der relativ beweglichen Macht zur

Herrschaft warnt. Eine produktive Kritik an einer bestimmten Herrschaftsform, in diesem Falle an der Diagnose GID, muss daher dort ansetzen, wo diese Herrschaft produziert wird. In diesem Fall greift das Machtmodell des Panopticons, das seine Macht dadurch erlangt, andere sichtbar zu machen, während der Beobachter selbst unsichtbar bleibt. Die kritische Frage muss also lauten, wer beobachtet und durch welches Raster werden diese Beobachtungen gemacht (vgl. ebd.: 157)? Kritik muss die Grundlagen der Macht bzw. Herrschaft zunächst sichtbar werden lassen, bevor sie verändert werden können. Setzt Kritik bloß bei den Effekten regulierender Normen an, ist das Risiko, sich selbst durch diese Kritik zu vernichten, zu hoch. Daher fordert Butler mit Blick auf die Diagnostizierung von GID:

»Wenn aber das Dilemma auf lange Sicht verschwinden soll, werden sich die Normen, die bestimmen, wie wir das Verhältnis zwischen Geschlechtsidentität und psychischer Gesundheit verstehen, radikal ändern müssen [...]. Bis solche sozialen Bedingungen von Grund auf verändert sind, wird Freiheit Unfreiheit verlangen und ist Autonomie in Unterwerfung verwickelt.« (Ebd.: 164 f.)

Bezüglich der Homo-Ehe geht Butler (2009i) noch genauer auf dieses Dilemma ein, indem sie die Ambivalenz beleuchtet, die eine Legitimierung der Homo-Ehe durch den Staat bedeutet. So mag man durch diese Legitimation eine Erweiterung seiner Möglichkeiten zur Selbstverwirklichung erfahren, jedoch nicht ohne auf die Bedingungen der Legitimation einzugehen, die die Legitimation der einen Lebensform nur durch den Ausschluss anderer Formen des Zusammenlebens herstellen können: »Die Sphäre der legitimen intimen Verbindung wird dadurch etabliert, dass Bereiche der Illegitimität produziert und intensiviert werden.« (Ebd.: 173) Eine kritische Position zu diesem Dilemma kann sich nicht innerhalb des Feldes zwischen Legitimität und Illegitimität formieren, so Butler weiter. Diese kritische Position ist als ein Feld zu denken, »das noch nicht legitim oder illegitim ist.« (Ebd.) Dies ist also ein Feld, das nicht der Wahrheit der Macht entspricht, sondern nach einer eigenen Wahrheit sucht – wenn man so möchte, ein Feld, in dem ein Quasi-Subjekt denkbar ist. Ein Ort mit eigener Wahrheit, die nicht der Wahrheit der Macht entspricht, ist innerhalb des Feldes der Macht nicht repräsentierbar, weil er mit den sprachlichen Kategorien der Macht nicht fassbar und somit auch nicht denkbar ist.

Ein solcher Ort ist womöglich ein Ort des reinen Widerstandes, der aber riskiert, als apolitisch zu gelten. Es stellt sich deshalb die drängende Frage, wie dieser Ort in eine politische Praxis münden kann, die durch den Diskurs des Repräsentierbaren bestimmt wird, ohne den Regulierungen der Macht geopfert zu werden. Denn dadurch würde dieser Ort als kritischer Standpunkt, der immer nach den Bedingungen von Politik, also nach den Machtverhältnissen, die diese Politik erst konstituieren, fragen muss, wertlos. Da Kritik die Praxis der Konstituierung eines Machtfeldes, »den Vorgang der Grenzziehung selbst« (Butler 2009i: 176) untersuchen muss, kann sie kein Ort innerhalb eines bereits definierten Feldes sein. Kritik muss ihren eigenen Ort definieren, der aber immer innerhalb der Macht liegt, was ein riskantes Unterfangen ist, da hier stets die eigene Identität auf dem Spiel steht (vgl. ebd.: 175 f.). Solche Orte sind »Unorte, an denen man sich wider Willen befindet« (ebd.: 177), weil sie (Selbst-)Anerkennung nur schwer oder unmöglich erreichbar werden lassen. Da die Entstehung erfahrbarer Subjektpositionen an diesen Orten sehr unwahrscheinlich ist, spricht Butler hier von einem ›Noch-nicht-Subjekt‹ im Bereich des beinahe Erkennbaren, was aber kaum eine wünschenswerte Option ist.

Dennoch sind diese Orte für die Kritik unverzichtbar, weil sie das Funktionieren der Hegemonie empfindlich stören können, indem sie sie durch das Sichtbarmachen ihrer Grenzen entnaturalisieren. So kann auch Butler keine verallgemeinerbare Antwort auf die Frage geben, wie Kritik zu einer politischen Praxis werden kann, wenn diese Antwort eine Entscheidung für die eine oder die andere Position impliziert (vgl. Butler 2009i: 177 f.). Vielmehr muss es darum gehen, »die Spannung zwischen einer kritischen Perspektive und einer politisch lesbaren Forderung aufrechtzuerhalten.« (Ebd.: 178) Mit Foucault gesprochen kann sich eine ermächtigende Kritik, die eine eigene Wahrheit gegen die Wahrheit der Macht verteidigt, nur in steter Auseinandersetzung mit der Wahrheit der Macht vollziehen. Verließe man das Feld der Macht ganz, riskierte man seine Identität und mit ihr die politische Handlungsfähigkeit. Gleichzeitig bedeutet eine eindeutige Positionierung innerhalb des Feldes der Macht aber auch, dessen Wahrheit zu akzeptieren, sich auf das Spiel der Macht einzulassen und die Intelligibilität durch einen vorauseilenden Gehorsam zu limitieren. Was es bedeutet, diese Spannung aufrechtzuerhalten, konkretisiert Butler mit Blick auf das Für und Wider der Anerkennung der Homo-Ehe:

»Es ist politisch unbedingt notwendig, dass wir Intelligibilität und Anerkennung beanspruchen, und es ist politisch notwendig, dass wir ein kritisches und reformorientiertes Verhältnis zu den Normen unterhalten, die darüber bestimmen, was als intelligible und anerkennenswerte Bindung und Verwandtschaft gilt und was nicht. Letzteres würde auch ein kritisches Verhältnis zum Wunsch nach staatlicher Anerkennung als solchem einschließen.« (Ebd.: 192)

Darüber hinaus muss diese Spannung auch deshalb aufrechterhalten werden, weil die Politik sonst Gefahr liefe, dogmatisch zu werden und sich selbst nicht mehr zu reflektieren, wodurch sie ihr kritisches Moment verlöre. Sie wäre dann nicht mehr kritisch, sondern viel eher vergleichbar mit dem, was Foucault ablehnend als Herrschaft beschreibt. Oder, um noch einmal mit Butler zu sprechen: »Politisch zu sein meint in der Hauptsache nicht, einen einzigen und dauerhaften ›Standpunkt‹ zu beziehen.« (Ebd.: 178) Kritisch-politisch zu sein meint in diesem Sinne, kritische Standpunkte einer andauernden Selbstreflexion zu unterziehen und immer wieder neu zu begründen. Diese Standpunkte müssen also in Performanzen der Kritik immer wieder neu hergestellt werden.

Zur Materialität der Diskurse und den Kritikmöglichkeiten durch Resignifikation

Bis hierhin sehen wir, dass Butler geschlechtliche Identität als Performanz begreift, die stets innerhalb von Diskursen aufgeführt wird. Eine vordiskursive, ›natürliche‹ Identität existiert daher nicht. Vielmehr ermöglicht es das Verstehen geschlechtlicher Identität als diskursabhängige Performanz, die Grenzen der hegemonialen Identitätsdiskurse zu benennen und sie so einer Kritik zu unterziehen, die sich ebenfalls in Performanzen herstellt. Daher ist geschlechtliche Identität niemals homogen und abgeschlossen. Subjekte sind also in ihrer Identität nicht determiniert, weil Identität eben nicht ›natürlich‹ und unveränderbar ist. Diese radikale Diskursivierung geschlechtlicher Identität wird mitunter aber auch heftig als voluntaristisch und beliebig kritisiert (vgl. Kraß 2003: 20 f.). Dieses Missverständnis entsteht, wie hier bereits gezeigt wurde, durch eine verkürzte Lektüre Butlers. Butler löst den Körper keineswegs ›in Zeichen auf‹, die Dekonstruktion von Identität bedeutet nicht ihre Abkopplung von kritischer Politik. Gerade die Diskursivierung geschlechtlicher Identität ermöglicht es, auch den naturalisierten Bereich zu kritisieren und zu verändern. Dabei ist *doing gender* nicht nur ein vergnügliches Spiel in einem *anything goes* der Identitäten. Dies stellt Butler wie folgt klar:

»Die Behauptung, dass Gender performativ ist, bedeutet aber nicht einfach, auf dem Recht zu bestehen, ein vergnügliches und subversives Schauspiel aufzuführen, sondern die spektakulären und folgenschweren Formen zu allegorisieren, in denen die Realität sowohl reproduziert als auch angefochten wird.« (Butler 2009e: 55)

Identität ist Dreh- und Angelpunkt allen politischen Handelns und als dessen Voraussetzung hart umkämpft. Die Dekonstruktion von Identität bedeutet nicht, dass Identitäten nicht machtvoll sind.

Um dieses Thema dreht sich Butlers Buch *Körper von Gewicht. Die diskursiven Grenzen des Geschlechts* (1995) – im Original *Bodies That Matter. On the Discursive Limits of ›Sex‹* (1993) –, das sich als eine ausführliche Antwort auf die Kritik an ihrem Konzept diskursivierter geschlechtlicher Identität lesen lässt. Hier zeigt Butler, dass geschlechtliche Identität nicht ›schwerelos‹ im Sinne einer beliebigen Konstruktion ist. Geschlechtliche Identität ist niemals nur eine diskursive Konstruktion im Sinne eines reinen Sprachspiels, sie befindet sich immer in einem Feld diskursiver ›Schwerkraft‹ und hat somit ein ›Gewicht‹, das der Freiheit diskursiver Konstruktion materielle Grenzen setzen kann. Um dieses Verhältnis der Möglichkeiten zu den Grenzen diskursiver Konstruktion und Umdeutung von geschlechtlicher Identität näher auszuloten, wählt Butler (1995) das Beispiel des Begriffs der ›*queerness*‹. Hierbei geht es um den Prozess diskursiver Resignifikation, der Diskurse nicht als schwerelos und als zu jedem beliebigen Moment neu erfindbar begreift. Im Gegenteil ist die Schwerkraft, über die Diskurse verfügen, nach Butler häufig sogar verletzend und schmerzlich (vgl. ebd.: 296). Dies beschreibt Butler anhand der Wiederaneignung und Umdeutung des ursprünglich beleidigend gemeinten Begriffs ›*queer*‹. In der ursprünglich beleidigend gemeinten Anrufung Homosexueller als ›*queer*‹ wird die Macht der Diskurse sichtbar, weil hier ein bestimmter Diskurs ein Subjekt nicht bloß benennt, sondern es durch die Benennung gleichzeitig seiner Macht unterwirft: »Das ›Ich‹ entsteht […], indem es gerufen wird.« (Ebd.: 298) So erzeugt die Anrufung von Homosexuellen als ›*queer*‹ Subjekte, die Außenseiter sind und durch ihr Außenseitertum die ›Normalität‹ der Heterosexualität bestätigen. Hierdurch entsteht besagte Schwerkraft, die aber durch eine subversive Wiederaneignung des Begriffes ›*queer*‹ als stolze Selbstbeschreibung Homosexueller, die dadurch ihre ›Abweichung‹ offensiv betonen, instabil werden kann (vgl. ebd.: 298 f.).

So lässt sich am Begriff ›*queer*‹ nachzeichnen, dass er sein kritisches Potential entfaltet, indem er Stabilität und Instabilität von Diskursen thematisiert und durch ihre Verschiebung konkrete politische Effekte erzeugt. Diese kritische Performanz ist für ihr Funktionieren darauf angewiesen, bereits bekannte Kodes zu wiederholen und sie sich in der Wiederholung widerständig anzuzeigen. Die Widerständigkeit liegt dabei darin, Geschichtlichkeit von Identitäten sichtbar zu machen und neu zu besetzen. Dies impliziert, dass sich Kritik übende Subjekte immer in einer Doppelrolle befinden, die im genannten Beispiel die gleichzeitige Akzeptanz und Ablehnung der Außenseiterrolle bedeutet (vgl. Butler 1995: 300). So wie Butler es für die Kategorie ›Frau(en)‹ beschrieben hat, so gilt auch für den Begriff ›*queer*‹, dass er stets innerhalb seiner spezifischen Verwendungskontexte kritisch hinterfragt werden muss:

»Für wen ist outness eine historisch verfügbare Option und eine Option, die man sich leisten kann? […] Wer wird von welchem Gebrauch des Begriffs repräsentiert, und wer wird ausgeschlossen? […] Welche Arten politischer Inhalte werden von welchen üblichen Verwendungen des Begriffs ermöglicht und welche geraten in den Hintergrund oder werden aus dem Blick entfernt?« (Ebd.)

Obgleich Identitätskategorien notwendig für den politischen Kampf sind, bergen sie aufgrund ihrer Doppelfunktion der Inklusion und Exklusion immer auch das Risiko in sich, bereits Marginalisierte weiter zu marginalisieren. Identitätskategorien sind kontingent, da sie niemals vollständig kontrollierbar sind. Weder kann die Macht sie vollständig kontrollieren, weshalb Macht prinzipiell veränderbar ist. Noch kann der Widerstand sie vollständig kontrollieren, weshalb er immer gefährdet ist, sich gegen sich selbst zu wenden. Macht und Widerstand sind nur innerhalb bestimmter Kontexte als solche zu definieren. Ändert sich der Kontext, kann sich ein und dieselbe Funktion in ihr Gegenteil verkehren. Hierfür müssen Identitätskategorien insofern sensibel sein, als sie, »zugunsten von Begriffen, die diese politische Arbeit wirkungsvoller tun, aufgegeben werden« (ebd.: 301) müssen. Dies trifft nicht nur für Kategorien geschlechtlicher Identität zu. So findet beispielsweise auch der Begriff der ›Rasse‹ sowohl in rassistischen als auch in rassismuskritischen Diskursen eine Verwendung (vgl. Butler 1995: 303).

Identitätskategorien sind also keine Substanz. Sie sind ein Projekt, ein Handeln, und das kann sie unberechenbar machen. Trotzdem sind sie für eine kritisch-ermächtigende Identitätspolitik notwendig. Denn wenn Identitätskategorien uns als Subjekte erzeugen, können wir durch deren Veränderung zu anderen Subjekten werden. Dazu jedoch müssen wir uns dieser Kategorien bemächtigen (vgl. Butler 1995: 302 f.). Wie machtvoll Identitätsdiskurse sind, demonstrieren die Darstellungen Butlers bezüglich der diskursiven Anweisungen, ein bestimmtes Geschlecht zu sein. So folgt aus der Anrufung ›Es ist ein Mädchen!‹ die Erwartung der heterosexuellen Bindung (vgl. ebd.: 306). Demzufolge ist Weiblichkeit »nicht das Ergebnis einer Wahl, sondern das zwangsweise Zitieren einer Norm.« (Ebd.) Doch determiniert einen dieser Zwang nicht vollständig. Erfolgreiche Kritik an und Veränderung von Identität ist beispielsweise durch das theatralische Zitieren von Identitätskategorien möglich. Dies bedeutet einerseits die Nachahmung der Norm, andererseits aber auch ihre Übertreibung und anschließende Verschiebung, da die Übertreibung das ›Original‹ als Kopie einer Kopie entlarvt (vgl. ebd.: 307). In dieser Hinsicht versteht Butler das Original ebenso performativ wie die Kopie (vgl. Butler 2009m: 332 f.), die Macht als ebenso performativ wie die Kritik.

Die theatralische Inszenierung findet sich bei Butler auch als ›*drag*‹ beschrieben (vgl. Butler 1995: 304-308). Wir möchten deshalb an dieser Stelle den bereits vorhin formulierten Begriff der Parodie als Kritik wieder aufgreifen und am Begriff des ›*drag*‹ vertiefen. *Drag* ist eine Übertreibung, die die Kritik an hegemonialen Diskursen zum Ziel hat, und daher als politisch zu verstehen ist. *Drag* verfügt deshalb über politisches Potential, weil es uns zeigt, wie die bestehenden Vorstellungen von Realität hinterfragt und neue Formen der Realität erreicht werden können (vgl. Butler 2009m: 344). *Drag* ist, wie es Harald Fricke kurz und prägnant ausdrückt, »ein Spiel mit Zuschreibungen, das die Bedeutung im Bezeichnen umwendet.« (Fricke 2010b: 44) Im Sinne eines aus dem Panopticon abgeleiteten Kritikverständnisses macht *drag* die Macht sichtbar und kann daraufhin ihre Effekte verschieben. Die Veränderung kann deshalb stattfinden, weil wir in einem ›Modus des Werdens‹ existieren, der die Norm anders besetzen, umarbeiten und über sie hinausgehen kann. Was einerseits die Bedingung für die Norm ist, kann andererseits auch die Bedingung des Widerstands gegen sie sein (vgl. Butler 2009m: 344). So befragt *drag* die Mittel, mit denen Wirklichkeit hergestellt wird und macht sichtbar, dass diese Mittel nicht nur Mittel sozialer Kontrolle, sondern auch Mittel entmenschlichender Gewalt sein können (vgl. ebd.: 345). Die erzwungenen Darstellungen einer bestimmten Geschlechtsidentität entsprechen also nie der Wahrheit einer einzig möglichen Geschlechtsidentität, weshalb sie kritisch auf ihre Machteffekte hin zu befragen sind. Hierbei spielt *drag* als parodistische Geschlechterperformativität eine wichtige Rolle, weil Performativität nicht nur das darstellen kann, was den Normen entspricht, sondern als Parodie auch die Grenzen der Normen darzustellen vermag (vgl. Butler 1995: 309). Butler versteht *drag* als etwas, das »die übertriebenen Identifizierungen« (ebd.: 311), mit denen sich heterosexuelle Männlichkeit und Weiblichkeit selbst bestätigen, als eben diese Übertreibung, und nicht als Normalität sichtbar werden lässt. *Drag* stellt also »das Zeichen der Geschlechtsidentität« (ebd.: 312), das nicht identisch ist mit dem Körper, den es bezeichnet, dar und thematisiert dadurch die Differenz zwischen Zeichen und Körper. Das Zeichen ist dabei der Befehl, eine bestimmte durch das Zeichen auferlegte Geschlechtsidentität zu erfüllen. So stellen im *drag* Männer Zeichen einer Norm der Weiblichkeit in übertriebener Weise dar, und umgekehrt, wodurch die Norm selbst als übertrieben und unnatürlich empfunden wird. Butler sieht hier die Möglichkeit, dass die »übertriebene Angepaßtheit an den Befehl [...] den übertriebenen Status der Norm selbst offenbaren« (ebd.) kann. Jede Norm impliziert damit, dass sie niemals vollständig verwirklicht werden kann und deshalb ihre Abweichungen selbst produziert. In der Resignifikation der Normen wird die Norm unwirksam und subversiv. *Drag* weist somit auf das »Versagen heterosexueller Regimes« (ebd.: 313) hin.

Das Potential zur Subversion im *drag* weist ferner darauf hin, dass ein struktureller Determinismus zwischen Geschlechtsidentität und sexueller Praxis zu kurz greift, und betont stattdessen, dass dieses Verhältnis dynamisch und offen zu begreifen ist. Wenn das Verhältnis von Geschlechtsidentität und sexueller Praxis in normativer Hinsicht als ein deterministisches und naturalistisches inszeniert wird, bemüht sich hier ein Regime der Zwangsheterosexualität darum, Geschlechtsidentität und Sexualität seinem Diskurs entsprechend zu regulieren. Aus dem Imperativ ›Mann!‹ folgt notwendigerweise, Frauen zu begehren und sie sich unterzuordnen (vgl. Butler 1995: 314 f.). Eine subversive Geschlechterdarstellung legt allerdings offen, wie reduktionistisch und unzutreffend dieser Determinismus ist. Mehr noch, sie führt vor, dass der Determinismus des gegenseitigen Ausschlusses von Identifizierung und Begehren »eines der einschränkendsten psychologischen Instrumente des Heterosexismus überhaupt« (ebd.: 316) ist. Jedoch ist auch eine subversive Geschlechterperformativität niemals ausschließlich widerständig. So ist jede Form von Identität dahingehend zu analysieren, inwiefern sie eine Bestätigung oder Resignifikation von Macht ist, welche Konsequenzen dies hat, und ob diese Konsequenzen wünschbar sind. Subversion bedeutet bei Butler mit Foucault verstanden immer das »Wenden der Macht gegen sie selbst, um alternative Modalitäten der Macht zu erzeugen.« (Butler 1995: 318) Auch hier sehen wir, dass Kritik das Verwirklichen anderer Modalitäten der Macht, nicht das Verlassen der Macht bedeutet.

Resignifikation als performative Kritik
Auf das eben dargelegte kritische Potential der Resignifikation soll nun noch genauer eingegangen werden, da es von Bedeutung für die Bildung eines Begriffs der performativen Kritik ist. In einer eng an die performativen Sprechakte Austins anknüpfenden Untersuchung zur verletzenden Kraft von Sprache konkretisiert Butler (1998) im Hinblick auf die Rechtsprechung in den USA ihre Überlegungen zu dem Verhältnis von (sprachlicher) Performanz, Identität und kritischer Identitätspolitik. Butler befasst sich damit, inwiefern die Judikative in den USA in ihren Urteilen von einer Trennung von Sprechen und Handeln, oder von deren Einheit ausgeht. So richtet Butler ihr Interesse darauf, ob sich eine Theorie performativer Sprechakte in bestimmten Gerichtsurteilen wiederfindet oder nicht. Dies ist insofern gerade für die Rechtsprechung von einiger Wichtigkeit, weil sich hierdurch entscheiden lässt, ob eine sprachliche Äußerung bloß ein Sprechen ist, und als solches unter die gesetzlich garantierte Meinungsfreiheit fällt, oder ob eine sprachliche Äußerung mit einem Handeln gleichgesetzt wird,

das beispielsweise im Falle diskriminierender Äußerungen zum Gegenstand rechtlicher Zensur werden kann (vgl. Butler 1998: 35 f.).

Die nähere Bestimmung des Verhältnisses von Sprechen und Handeln basiert auf der bereits weiter oben ausführlicher diskutierten Prämisse, dass das Subjekt durch seine sprachliche Anrufung als Subjekt zeitgleich benannt und hervorgebracht wird. Deshalb können diskriminierende Anrufungen Subjekte verletzen, doch kann verletzenden Anrufungen auch durch Sprache begegnet werden. Dies ist eine klassisch performative Situation, in der mit Worten innerhalb eines bestimmten Kontextes etwas getan wird (vgl. Butler 1998: 10). Gerade die Betonung des Kontextes ist für Butlers weitere Ausführungen von zentralem Stellenwert, so dass »die Totalisierung jedes konkreten Falles scheitern muß.« (Ebd.: 12) Dies spielt weiterhin für Butlers Bestimmung der sprachlichen Verletzung eine wichtige Rolle. Denn durch Sprache verletzt zu werden bedeutet, den Kontext zu verlieren. Es bedeutet, als Adressat/-in einer verletzenden Äußerung der Selbstkontrolle beraubt zu werden und den Sprechakt nicht in der Weise eingrenzen zu können, die nötig wäre, um die verletzenden Effekte unter Kontrolle zu bringen. Wenn Sprache also den Körper hervorbringt, dann bringt verletzende Sprache den Körper (vorübergehend) in Gefahr (vgl. ebd.: 12-15). Um sich gegen diese Verletzungen zur Wehr setzen zu können, müssen wir eine kritische Position einnehmen, die in der Lage ist, die verletzenden Effekte der Sprache sichtbar werden zu lassen und zu benennen, um sie abzuwehren. Diese widerständige Handlungsmacht erschließt sich durch Sprache, denn die »Sprache ist ein Name für unser Tun, d.h. zugleich das, ›was‹ wir tun [...] und das, was wir bewirken; also die Handlung und ihre Folgen.« (Ebd.: 18)

Dennoch macht Butler einen Unterschied zwischen sprachlichen und körperlichen Verletzungen: »Die repressive Sprache vertritt nicht die Stelle der Erfahrung von Gewalt; sie übt ihre eigene Form von Gewalt aus.« (Butler 1998: 19) Diese der Sprache eigene Form von Gewalt ist darüber erfahrbar, dass sie versucht, das Leben, das durch Sprache erzeugt und beschrieben wird, einzugrenzen, anstatt Vielfalt zu erzeugen (vgl. ebd.: 19 f.). Mit Foucault lässt sich sprachliche Gewalt als eine herrschaftliche Festlegung des Subjekts verstehen. Formen sprachlicher Gewalt können nicht nur verletzende Äußerungen sein, sondern auch Zensur, die, obwohl sie vorgibt, schützen zu wollen, immer auch gewaltsam ist. Eine gewaltsame Sprache versucht, das Unsagbare auszusprechen, es in eine feste Form zu pressen. Doch gerade das Unsagbare, das sich nicht fassen lässt, ist konstitutiv für eine lebendige Sprache, auch wenn dies nicht nur Freiheit, sondern auch Gefahren in sich birgt. Diese Engführung von Sprache und Leben führt zu einer Engführung von Sprache und Handeln, was insbesondere in der Drohung deutlich wird, weil eine Drohung niemals bloß ein sprachliches

Phänomen ist. Zwar ist eine Drohung die sprachliche Ankündigung einer Handlung, doch ist gleichzeitig »das Sprechen selbst eine körperliche Handlung« (ebd.: 21). Die Auffassung von Sprechen bzw. dem Sprechakt als körperlicher Handlung impliziert nicht nur die Wichtigkeit dessen, was gesagt wird. Auch wie etwas gesagt wird, wird relevant. Butler versteht dies als eine Verdoppelung des Sprechakts, da nicht nur sein Inhalt relevant für sein Gelingen oder Misslingen ist, sondern auch seine Inszenierung. Am Beispiel der Drohung heißt das, dass es neben ihrem Inhalt auch bedeutend ist, wie sie aufgeführt wird. So kann, auch wenn die angedrohten Konsequenzen ausbleiben, das Äußern der Drohung an sich trotzdem erfolgreich sein. Der drohende Sprechakt allein lässt keine Schlüsse auf seine Effekte zu. Er kann erfolgreich sein, auch wenn seine intendierten Effekte ausbleiben oder das Gegenteil bewirken. Allerdings gelingt diese Entkopplung des Sprechaktes von seiner Wirkung nur, wenn er bei der Adressatin die Illusion aufrecht erhalten kann, der Sprechakt sei mit seinen Effekten – in Austins Begriffen: Illokution und Perlokution – identisch (vgl. ebd.: 22 f.). Diese Illusion zu enttarnen, ist Aufgabe von Kritik.

Lassen sich im Fall der Drohung Illokution und Perlokution auseinanderhalten, so gibt es andere Fälle unmittelbarer sprachlicher Verletzung, bei denen sprechen und handeln scheinbar dasselbe ist, denn nur dann kann Sprache verletzen. Aufgrund einer nur im Kontext, niemals aber allgemein zu treffenden Unterscheidung von Illokution und Perlokution, werden Sprache und Handeln, wenn schon nicht als identisch, so doch als ähnlich begriffen (vgl. Butler 1998: 24 f.). Mit Austin können wir nämlich nur entscheiden, ob Sprache und Handeln dasselbe sind, wenn wir den Kontext berücksichtigen. Verallgemeinerungen sind hier unmöglich.

Vor diesem Hintergrund untersucht Butler (1998) die (Un-)Trennbarkeit von Sprechen und Handeln kontextuell anhand von Urteilen des Obersten Gerichtshofs der USA zu Themen wie Pornographie, Rassismus und Homosexualität. Diese kontextuellen Analysen sind insofern unumgänglich, weil »jedes Wort verwunden kann, je nachdem wie es eingesetzt wird.« (Ebd.: 25) Dabei aber ist »die Art und Weise dieses Einsatzes von Wörtern nicht auf die Umstände ihrer Äußerung zu reduzieren.« (Ebd.) Der Kontext wirkt also auf die Bedeutung von Wörtern einerseits sowie auf ihre Resignifikation andererseits. Außerhalb konkreter Kontexte sind Wörter bedeutungslos und handlungsunfähig. In der Verdoppelung des verletzenden Sprechens kann daher potentiell eine Umwertung stattfinden. Die Verdoppelung einer sprachlichen Verletzung kann eine Verteidigung sein. Diese Kontexte wiederum sind diskursiv, so dass sich das Handeln durch Sprache in ihnen als ›diskursive Performativität‹ (vgl. ebd.: 27) begreifen lässt. Handlungen und Äußerungen verweisen in einer Kette ohne Anfang und

Ende aufeinander, wodurch sie Bedeutung erlangen und sich ihre Bedeutung ständig verändert. In diesem Zusammenhang kann eine sprachliche Verdoppelung zur erfolgreichen Verteidigung gegen sprachliche Verletzung werden, wenn sie die ursprünglichen verletzenden Effekte des Sprechakts übersteigt und in einen anderen Kontext überträgt. Die Resignifikation kann daher nur gelingen, weil das Verhältnis zwischen Sprechakt und seinen Effekten kein mechanisches ist, sondern immer ein Handlungsspielraum besteht (vgl. ebd.: 28). Deshalb gibt es keinen absoluten Maßstab dafür, ob eine bestimmte Äußerung verletzend wirkt oder nicht. Die Unmöglichkeit der Verallgemeinerbarkeit eröffnet hier die Möglichkeiten einer Verschiebung der Machteffekte durch diskursive Handlungsmacht, eben weil der Widerstand nicht berechenbar sein darf. So bewertet Butler im weiteren Zensur als anti-demokratisch, weil Zensur verletzende Sprechakte unterdrücken will, wozu sie allgemeingültige Begriffe benötigt, die aber unmöglich herzustellen sind. Denn Zensur ist aufgrund ihres Allgemeingültigkeitsanspruches gewaltsam. Sie versucht, das Unsagbare zu sagen und die Sprache so in ihrer Lebendigkeit zu beschränken. Stattdessen befürwortet Butler das subversiv-ermächtigende Potential der kontextuellen Resignifikation (vgl. ebd.). Das Sprechen entzieht sich also immer zu einem gewissen Teil der Kontrolle der Sprechenden, wobei dieser Kontrollverlust nicht nur eine Handlungsbeschränkung ist, sondern auch neue Handlungsmöglichkeiten erschließt. Niemand ist souverän in dem Sinne, dass Souveränität die absolute Kontrolle über die getanen Äußerungen bedeutet. Gerade dort, wo diese Souveränität nicht gegeben ist, eröffnet sich diskursive Handlungsmacht. Die Reartikulation ist deshalb nicht zwangsläufig eine Aktualisierung der Machtverhältnisse, sondern sie kann auch Variation und somit Verschiebung der Macht sein (vgl. ebd.: 29-35).

Indem Zensur die Kontrolle von Sprache und Sprechakten anstrebt, verhindert sie auch den potentiell widerständigen Sprachgebrauch durch Resignifikation. Dies erläutert Butler an Beispielen aus der Rechtsprechung des Obersten Gerichtshofs der USA, dessen Urteile das Sprechen und Handeln mit Blick auf bestimmte hegemoniale Interessen je nach Kontext trennen oder als einheitlich ansehen. Mit Blick auf Rassismus, der sich im vorliegenden Fall durch das Aufstellen brennender Kreuze vor dem Haus einer afroamerikanischen Familie artikuliert, trennt der Oberste Gerichtshof das Sprechen vom Handeln und wertet diesen rassistischen Akt als Sprechen, nicht als Handeln. Durch diese Trennung fällt Rassismus hier unter den gesetzlich verankerten Schutz der freien Meinungsäußerung. In einem anderen Fall jedoch werden pornographische Äußerungen als ein Handeln bewertet. Dadurch sind diese nicht mehr durch das Recht auf freie Meinungsäußerung geschützt und können als obszön verboten werden (vgl. ebd.: 36 f.). Durch diese Entscheidungen sieht Butler eine konservative Politik gestärkt, in deren Interesse es liegt, tätlichen Rassismus als freie Meinungsäußerung zu verschleiern, und einen offenen Umgang mit Sexualität als obszöne Handlung einzustufen und zu unterdrücken. So können Debatten, die einem konservativen Wertekanon widersprechen, wie beispielsweise eine offene Diskussion über Abtreibung oder ein homosexuelles Coming-Out, unterdrückt werden. Besonders im Fall des Coming-Out wiegt die Vermischung von sprechen und handeln besonders schwer, weil »die Erklärung, homosexuell zu sein, so verstanden wird, als würde sie etwas von der Homosexualität übertragen und als stellte sie selbst die eine oder andere homosexuelle Handlung dar.« (Ebd.: 37) Diese Argumentation wird häufig herangezogen, wenn es beispielsweise um den Ausschluss Homosexueller aus der Armee geht. Eine ähnlich repressive Politik wird auch bezüglich ethnischer Minderheiten praktiziert. Häufig wird das Sprechen im Gangsta Rap mit Handeln gleichgesetzt, wodurch viele Inhalte des Gangsta Rap als angeblich obszöne und/oder gewaltverherrlichende Äußerungen von Zensur betroffen sind. Dabei werden von der konservativen Politik die Äußerungen des Gangsta Rap als Ursache für die Gewalt in den Ghettos dargestellt, obwohl sie über die Verhältnisse, denen sie entstammen, berichten. So werden durch Zensur ernsthafte Diskussionen verhindert, die die wirklichen Ursachen der Gewalt benennen (vgl. ebd.: 39).

Butler folgert aus diesen konkreten Fällen, dass unter den Vorzeichen einer konservativen Politik eine Trennung zwischen Sprache und Handeln die Resignifikation als Widerstand begünstigt, weil dann sprachliche Äußerungen durch die Meinungsfreiheit geschützt sind. Die Identifikation von Sprache mit Handeln hingegen macht die Zensur sprachlicher Äußerungen sehr wahrscheinlich, was stets eine gewaltsame Einschränkung bedeutet. So kann auch ein staatlich organisierter, von seiner emanzipatorischen Basis entfremdeter Feminismus unterdrücken, statt zu befreien, wenn er beispielsweise Abtreibung von konkreten Einzelfällen enthoben kategorisch verbietet (vgl. Butler 1998: 40). Der Tendenz nach übertragen Forderungen nach mehr staatlicher Macht immer die eigene Macht auf den Staat, der sie dann auch gegen die ursprünglichen Interessen einsetzen kann, auch wenn es oft so scheinen mag, als ob diese Machtübertragung das durch Sprache erzeugte Subjekt davor schützt, durch Sprache verletzt und in einer diskriminierenden Position festgeschrieben zu werden. Doch gleichzeitig zerstört die Macht der regulierenden Zensur immer auch Teile des Subjekts, da die Möglichkeit, überhaupt als Subjekt benannt werden zu können und dadurch (sich) selber benennen zu können, auch die verletzende Anrufung mit einbezieht (vgl. ebd.: 41-55).

Doch auch die Effekte einer verletzenden Anrufung sind nicht vollständig kalkulierbar. Weil sie ständig in Wiederholungen aktualisiert werden müssen, um wirksam zu sein, tragen sie auch ein widerständiges Potential in sich. Verletzungen sind performative Akte, weshalb eine wirkungsvolle Gegenwehr und anti-diskriminatorische Kritik in Form eines wirkungsvollen Verschiebens der Machteffekte ebenfalls performativ in den Prozess der Wiederholung eingreifen muss. Eine wirkungsvolle Kritik kann nach Butler nur die Resignifikation sein, die die Verletzung wiederholt und ihre Bedeutung dadurch verändert (vgl. Butler 1998: 58). Denn auch die Zensur muss, um anklagen zu können, die Verletzung in einem Zitat wiederholen. Insofern ist die Zensur selbst auch ein performativer Akt. Sie urteilt nicht ›objektiv‹, sondern sie bringt durch das Zitat ihren zu verurteilenden Gegenstand erst hervor (vgl. ebd.). Daher sieht Butler die Gefahr staatlicher Zensur darin, dass das Verbot, verletzende Äußerungen zu gebrauchen, dazu führt, diese Äußerungen in ihrer verletzenden Macht festzuschreiben. Denn Zensur verhindert eine mögliche Resignifikation, da Resignifikation die Verletzung zunächst wiederholen muss, bevor sie ihre verletzenden Effekte entkräften kann (vgl. ebd.: 60). Die einzig mögliche Kritik ist laut Butler eine performative, die in der Wiederholung und Resignifikation der verletzenden Äußerung besteht:

»Daß die Sprache ein Trauma in sich trägt, ist kein Grund, ihren Gebrauch zu untersagen. Es gibt keine Möglichkeit, Sprache von ihren traumatischen Ausläufern zu reinigen, und keinen anderen Weg, das Trauma durchzuarbeiten, als die Anstrengung zu unternehmen, den Verlauf der Wiederholung zu steuern. Vielleicht ist das Trauma ja eine merkwürdige Ressource und die Wiederholung ein zwar ärgerliches, jedoch vielversprechendes Instrument.« (Ebd.)

Hiermit legt Butler ihren Begriff der diskursiven Handlungsmacht dar. Diskursive Handlungsmacht ist eine performative Handlungsmacht, die die Verletzung und ihre unterwerfenden Effekte wiederholt, um sie in andere Kontexte zu verschieben, wodurch Ermächtigung entstehen kann. Dabei ist das mögliche Scheitern von Äußerungen eine widerständige Ressource. Die Zensur hingegen ist eine weitere traumatische Beschränkung des Subjekts, das seine eigene Handlungsmacht an den Staat übergibt und fürchten muss, dass dieser die übergebene Handlungsmacht gegen das Subjekt selbst richtet (vgl. ebd.: 64). So plädiert Butler für »einen gesellschaftlichen und kulturellen Sprachkampf, in dem sich die Handlungsmacht von der Verletzung herleitet und ihr gerade dadurch entgegentritt.« (Ebd.)

Doch ist dieser kulturelle Sprachkampf gegen die unterdrückende Macht der Zensur immer mit Risiken behaftet, weil Zensur die Subjekte an den Grenzen des Sagbaren bzw. Unsagbaren hervorbringt. So ermöglicht Zensur bestimmte Subjekte, während sie andere ausschließt. Indem die Zensur Bereiche des Unsagbaren konstituiert, ist ihre Macht schwer identifizier- und angreifbar. Begibt sich nämlich ein Subjekt in die Bereiche des Unsagbaren, um die Zensur als eine diskursive und veränderbare Konstruktion offenzulegen, verlässt es die Bereiche des Sagbaren und setzt, da es selbst durch Sprache konstituiert wird, seine Existenz aufs Spiel (vgl. Butler 1998: 187-191). Die Wirkung der Zensur läuft hierbei sowohl in eine implizite als auch in eine explizite Richtung. Implizit wirkt die Zensur, indem sie »stillschweigend das Subjekt des Sprechens bildet« (ebd.: 191), also als eine nicht als solche identifizierbare Zensur die Subjekte gleichsam ermächtigt und beschränkt. Das explizite Wirken der Zensur besteht hingegen darin, auf das bereits inaugurierte Subjekt im nachhinein Zwang und Beschränkung auszuüben (vgl. ebd.). An dieser Stelle kommt Butler Foucault sehr nahe, da eine Macht bzw. Herrschaft, die wie die explizite Zensur ausschließlich unterdrückt, leicht als solche zu identifizieren und zu kritisieren ist. Anders verhält es sich bei der impliziten Zensur, die stillschweigend wirkt und produktiv ist, d.h. als eine unsichtbare Macht Subjekte erzeugt, weshalb die Identifizierung dieser Macht und die Kritik an ihr schwierige Unternehmen sind, die immer unmittelbar das Subjekt selbst betreffen. Die Kritik an der impliziten Zensur bedeutet daher für das kritisierende Subjekt, eine Grenze, nämlich die des Unsagbaren, zu überschreiten, die das Überleben des Subjekts sichern soll (vgl. Butler 1998: 192). So gesehen ist das Subjekt selbst das kontinuierliche »Ergebnis der Sperre« (ebd.: 196). Dies bedeutet, dass bestimmte Sprechakte immer wieder wiederholt werden müssen, um das Subjekt zu bilden. Hieraus entsteht eine Dynamik, die eine Determinierung des Subjekts unmöglich macht und die Verschiebung der Grenzen des Sagbaren und des Unsagbaren bewirkt (vgl. ebd.: 197). Die Performanzen der Kritik finden in Akten der Resignifikation statt, die sich die Normen, die sie kritisieren, aneignen und die Normen damit gegen die Normen und ihre »geschichtlich sedimentierten Wirkungen« (ebd.: 225) richten.

Auch Butlers (2000) Interpretation der antiken *Antigone* ist eine Konkretisierung der Notwendigkeit und Problematik von Identität für politisches Handeln. Hier spricht sich Butler einmal mehr für die Wichtigkeit der Resignifikation aus, die sie in Antigones Herausforderung der Macht sieht. Da sich die Macht hegemonialer Diskurse unter anderem daraus herleitet, uns bestimmte Identitäten zuschreiben zu können, ist es für eine kritische Haltung erforderlich, Gegenidentitäten zu konstruieren, die eine oppositionelle Haltung zur Hegemonie einnehmen können und eben nicht die Identitätspolitik an die hegemoniale Macht übertragen. Dies zeigt Butler in ihrer Antigone-Interpretation mit Blick auf das identitätsbestimmende Verhältnis von Staat und Familie, das keineswegs ein unproblematisches ist und deshalb einer ständigen Neubestimmung durch Resignifikation bedarf (vgl. ebd.: 1). Butler diskutiert dies anhand der Figur der Antigone, weil diese Figur Fragen bezüglich des Verhältnisses von Staat und Familie aufwirft, indem sie die bestehenden Verhältnisse irritiert und verkehrt. Hierdurch werden die Grenzen der Repräsentation von Subjekten durch die Politik sichtbar. An die Analyse des antiken Dramas anschließend diskutiert Butler, welche Schlüsse hieraus für gegenwärtige Fragen zum Verhältnis von Staat und Familie gezogen werden können, so beispielsweise inwiefern zwangsheterosexuelle, wertkonservative Konzepte von Staat und Familie sinnvoll sind, wenn durch Scheidung, Migration und Globalisierung fragmentierte Familien längst zum Normalfall geworden, und Partnerschaften nicht mehr ausschließlich heterosexuell sind. Schließlich stellt sich auch die Frage nach dem scheinbar ›naturgegebenen‹ Inzestverbot neu, wenn die gesellschaftlichen Grundlagen dieses Verbots, also die verwandtschaftlichen Beziehungen der Kernfamilie, nicht mehr der Normalfall sind (vgl. ebd.: 22 f.). Wir haben es hier mit einer fundamentalen Herausforderung der Macht zu tun.

In diesem Zusammenhang stellt sich eine Vielzahl von Fragen: Gelingt es konservativen Positionen wie denen des Vatikans, Homosexualität als Angriff auf die Familie und damit als Angriff auf die Gesellschaft zu bewerten und daraus Schlussfolgerungen für die Organisation von Familie und Staat zu ziehen und umzusetzen? Oder gelingt es liberalen Positionen zu zeigen, dass der Konservatismus keineswegs ein Naturgesetz ist, auch wenn er sich als solches inszeniert? In politischen Diskussionen ist Identität notwendig, um bestimmte Standpunkte vertreten zu können. Doch muss Identität stets neu verhandelt werden, um unser Handeln nicht zu behindern, wie Butler es für die Kategorie ›Frau(en)‹ demonstriert. So repräsentiert die Figur der Antigone eine radikale Form von Kritik: Dadurch, dass sie gegen das Verbot Kreons, ihren Bruder zu betrauern, verstößt, fordert sie die Macht heraus und stellt Fragen bezüglich der Legitimation dieser Macht. Wie bereits gezeigt, ist Kritik immer auch ein riskantes Unternehmen, da man die Möglichkeit seiner eigenen Existenz aufs Spiel setzt, wenn man die Macht herausfordert, deren Produkt man auch ist. Dies führt uns das Drama *Antigone* vor: Kreon lässt Antigone in ein Gewölbe einschließen, in dem sie sich dann erhängt. Wenn Kritik bedeutet, die Bedingungen der Macht sichtbar zu machen, so versucht die Macht, ihre Bedingungen zu verschleiern, um sich zu erhalten. Die Frage nach deren Bedingungen ist eine Frage, die im Interesse der Macht unterdrückt werden muss: »And this question […] is so quickly suppressed by those who seek to make normative versions of kinship essential to the working of culture and the logic of things.« (Butler 2000: 24 f.) So wirken Normen in negativer Hinsicht dahin, die Existenz derer, die sie in Frage stellen, auszuschließen.

Dies greift Butler (2009j) an späterer Stelle noch einmal auf und kritisiert erneut die strukturalistische Position der auf der symbolischen Ebene angelegten binären Unterscheidung von Mutter und Vater als Universalie für Elternschaft und Familienstruktur. Eine Unterscheidung, die für Butler alles andere als eine Universalie ist. Denn eine solche Position, so Butler, reflektiert ihren sozialen Kontext nicht mit, und kann daher Verwandtschaft nicht als sozial kontingente Praxis begreifen. Durch diese Bestimmung der Normalität von Verwandtschaft als ausschließlich heterosexuelle Vater-Mutter-Beziehung werden alle anderen Formen von Verwandtschaftsbeziehungen – lesbisch, schwul, allein erziehend, Patchwork etc. – als nicht intelligibel derealisiert. So wird nicht nur der Inzest durch das Inzestverbot verhindert, sondern auch alle von der zwangsheterosexuellen Norm abweichenden Formen der Partnerschaft und Sexualität (vgl. ebd.: 255 f.). In diesem Sinne ist das Inzestverbot »das, was manchmal vor einer Verletzung schützt und manchmal genau das Werkzeug einer Verletzung wird.« (Ebd.: 258 f.) Diese Ambivalenz von Macht und Widerstand, von Inklusion und Exklusion, von Schutz und Verletzung kann nur in spezifischen Kontexten entschieden werden. Wo produziert Macht den Widerstand und wann wird Widerstand zur Macht? Diese Fragen sind nicht universell zu beantworten und so kann es keine universellen Verwandtschaftsformen geben.

Die *Antigone* lässt sich daher auch als eine Parabel darauf lesen, dass Macht nur von innen heraus, also in dem Feld, dessen Grenzen sie selber zieht, kritisiert werden kann. So ist Antigone von der Gesellschaft ausgeschlossen, weil sie durch das Begräbnis ihres Bruders ein Tabu gebrochen hat, das an den Bedingungen der Macht rührt. Gleichzeitig ist sie durch diesen Tabubruch auch ein Mitglied dieser Gesellschaft, weil sie die Gesellschaft durch ihre Tat in Unordnung bringt. Antigone irritiert das Machtgefüge, wodurch es ihr gelingt, die die Macht konstituierenden Diskurse sichtbar zu machen und die bestehende Ordnung als in keiner Weise ›naturgegeben‹ erkennbar zu machen. Antigones Existenz verbindet zwei scheinbar widersprüchliche Positionen in sich, weshalb Butler ihre Existenz als Katachrese bezeichnet (vgl. Butler 2000: 82). Diese katachretische Position ist die Voraussetzung für Kritik: Sie macht Antigone widerständig, da sie sich nicht vollständig der Macht unterwirft, wobei sich Antigone gleichzeitig dem Zugriff der Macht auch nicht vollständig entziehen kann, da sie nicht anders handeln kann, als in der Sprache der Macht zu sprechen, um die Macht zu adressieren.

2.2.3 Zwischenresümee zum Begriff der performativen Kritik

Bei Michel Foucault

Es lassen sich also bezüglich der Begriffe ›Macht‹ und ›Kritik‹ in der Konzeption Foucaults die folgenden Merkmale zusammenfassend beschreiben: Macht begreift Foucault einerseits produktiv, nämlich als Subjektivierung von Individuen, andererseits auch unterdrückend, weil die Subjektivierung von Individuen gleichzeitig ihre Objektivierung als Objekt der Erkenntnis zwingend erfordert. Dadurch werden die Individuen nicht nur als Subjekte ins Leben gerufen, sie werden auch zur Zielscheibe verschiedener Technologien der Macht. Hierzu gehören beispielsweise »die Objektivierung des sprechenden Subjekts in der Grammatik [...], des produzierenden, arbeitenden Subjekts in den Wirtschaftswissenschaften [...], die Objektivierung der bloßen Tatsache des Lebens in Naturgeschichte oder Biologie.« (Foucault 2007g: 81) Dies hat zur Folge, dass wir uns mit dem Subjekt nur durch die Thematisierung der Macht befassen können, da für Foucault kein Subjekt außerhalb von Machtbeziehungen denkbar ist. Für ihn ist das Subjekt stets in Machtbeziehungen, wie beispielsweise Sinnbeziehungen oder Produktionsverhältnisse, eingelassen.

Dabei richtet sich Foucaults Interesse nicht nur auf die Diskurse der jeweiligen Machttechnologien, sondern auch auf die mannigfaltigen Praktiken der Macht. Es genügt nämlich nicht,

»zu behaupten, dass das Subjekt in einem symbolischen System konstituiert wird. Es wird in *wirklichen* Praktiken [...] konstituiert. Es gibt eine Technologie der Selbstkonstitution, die die symbolischen Systeme zugleich verwendet und durchkreuzt. Das Subjekt wird nicht nur im Spiel der Symbole konstituiert.« (Foucault 2007b: 216, Herv. SN)

Gerade diese wirklichen Praktiken, die Gegenstand alltäglichen Handelns sind, werden uns später noch bezüglich der Bedeutung der Arbeiten Foucaults für die Cultural Studies, in deren Fokus die Alltagskultur steht, interessieren. Daher stellt Foucault nicht die Frage, was Macht an sich ist, sondern wie Macht ausgeübt wird: »Die Frage lautet nicht, wie Macht sich manifestiert, sondern wie sie ausgeübt wird, also was da geschieht, wenn jemand, wie man sagt, Macht über andere ausübt.« (Foucault 2007g: 92) So wie Austin sich nicht für die abstrakten Idealbedingungen von und für Sprache interessiert, richtet Foucault seine Aufmerksamkeit nicht auf *die* Macht, sondern immer auf bestimmte räumlich und zeitlich kontextualisierte Machtpraktiken, wodurch sein Machtbegriff – und im Umkehrschluss auch sein Kritikbegriff – als performativ gelten müssen. Denn Macht ist »eine Form *handelnder* Einwirkung auf andere« (ebd.: 95, Herv. SN), weshalb es auch »*die* Macht nicht gibt« (ebd., Herv. i.O.). Damit existiert »Macht [...] nur als Handlung« (ebd.: 96). Weiterhin beruht für Foucault Macht nicht auf Konsens, sondern darauf, dass freie Subjekte auch widerständig handeln können. Dies impliziert wiederum, dass Macht nicht bloß unterdrückend ist, indem sie ihre Subjekte endgültig auf determinierende Subjektpositionen festschreiben kann. Denn wo es keine freien Subjekte gibt, kann es keine Machtbeziehungen geben. Unter Macht versteht Foucault daher ein relativ bewegliches Beziehungsnetzwerk (vgl. ebd.: 96 ff.). Macht determiniert daher im Gegensatz zur Herrschaft nicht, sondern nimmt »Einfluss auf die Wahrscheinlichkeit von Verhalten« (ebd.: 97).

In diesem Kontext stellt sich die Frage, wie sich Macht adäquat analysieren lässt. Hierzu wählt Foucault die Analyse von Macht innerhalb von Institutionen. So analysiert Foucault das Panopticon im Rahmen seiner Analyse der Disziplinarmacht (vgl. Foucault 1977), oder Medizin und Psychiatrie im Rahmen seiner Analyse der Bio-Macht (vgl. Foucault 1995). Darüber hinaus aber muss die »eigentliche Verankerung der Machtbeziehungen [...] außerhalb der Institutionen« (Foucault 2007g: 99) gesucht werden. Ansonsten kann Macht mit den Reproduktionsfunktionen, den Regeln und Apparaten der Institutionen verwechselt werden. Macht selbst hingegen ist tief in der Gesellschaft verwurzelt, so tief, »dass es keine Gesellschaft ohne Machtbeziehungen geben kann.« (Ebd.) Gerade dies bedingt die Verantwortung zur Kritik der Macht. Auch wenn wir nicht alleinige Urheberinnen der Macht sind, haben wir die Verantwortung, sie zu kritisieren, da bestehende Machtbeziehungen keineswegs auch notwendigerweise so sein müssen. Innerhalb der Macht existiert immer auch der Widerstand, den Foucault eine »störrische Freiheit« (ebd.: 102) nennt. Widerstand ist ein konstitutives Element der Macht, der die Macht an ihre Grenzen führt und sie aus ihrer Unsichtbarkeit herauslockt, wenn sie versucht, den Widerstand zu brechen. Dieses Herauslocken aus der Unsichtbarkeit, also der Moment, in dem Macht als Macht erkennbar wird und sich folglich nicht mehr als ›Natur‹ darstellen kann, ist der erste Schritt der Kritik: Es ist die Frage, ob die Machtbeziehungen so sein müssen, wie sie sind. Macht und Widerstand stehen in einem unauflösbaren, aber sehr wohl veränderbaren Verhältnis zueinander, in welchem sie sich stets gegenseitig herausfordern. So kann, je nach Kontext, Macht zu Widerstand werden und Widerstand zu Macht[16] (vgl. ebd.: 101 ff.). Auch an dieser Stelle ist ein für

---

16 Gilles Deleuze und Félix Guattari (1997) greifen diesen Gedanken auf und vertiefen ihn mit ihrem Konzept der molaren und molekularen Linien sowie den Fluchtlinien. ›Harte‹ hegemoniale Linien, auch molare Linien genannt, haben das Potential, zu ›weichen‹, molekularen Linien zu werden, bevor sie schließlich in einer Fluchtlinie

das Konzept der Machtanalyse und -kritik der Cultural Studies fruchtbarer Anknüpfungspunkt gegeben, auf den später noch ausführlich eingegangen wird.

In diesem Sinne sollen Machtanalyse und -kritik die »überzogene Macht der politischen Rationalität [...] überwachen.« (Foucault 2007g: 83) Dazu ist es notwendig, die gesellschaftlichen Rationalisierungen in ihren jeweiligen konkreten Kontexten zu betrachten und ihre Spezifika zu berücksichtigen. Indem Foucault so verfährt, ist sein Ausgangspunkt nicht die Macht selbst, sondern er wählt »den jeweiligen Widerstand gegen die verschiedenen Formen von Macht« (ebd.: 84) als Basis seiner Analysen. Denn in diesen spezifischen Alltagskontexten werden Individuen an konkrete Identitäten gebunden, indem sie in spezifischen machtvollen Wahrheitsfeldern verortet werden. Machtbeziehungen legen fest, was überhaupt als wahr gelten kann, ob man als Subjekt innerhalb eines bestimmten Wahrheitsfeldes existieren kann – oder eben nicht. In der Alltagspraxis werden Individuen zu Subjekten, in dem sie einer Macht unterworfen werden, welche durch diese Unterwerfung ein Subjekt mit einer ihm eigenen Identität konstituiert (vgl. ebd.: 86). Judith Butler trifft den Kern dieser Form von Subjektivation, wenn sie fragt: »Wer zählt als Person?« (Butler 2009g: 97) Auch hier wird wieder ein starkes performatives Moment in Foucaults Macht- und Kritikbegriff sichtbar, da beide »eine Rolle in dem Realen spielen, von dem sie sprechen.« (Foucault 2001: 14) Es geht Foucault also nicht um einen abstrakten Macht- und Kritikbegriff. Denn Macht wird nie an sich sichtbar, sondern nur in dem jeweiligen Kontext, in dem sie Subjekte erzeugt, nämlich »am Punkt ihrer [der Subjekte, Anm. SN] plötzlichen Berührung mit der Macht« (ebd.: 16). Dies kennzeichnet für Foucault den Beginn der kritischen Philosophie, die das Subjekt nicht mehr wie Descartes universell, sondern in historischen Kontexten begreift (vgl. Foucault 2007g: 90 f.). Somit bedeutet Performativität auch die Infragestellung des cartesianischen Subjekt-Objekt-Paradigmas, wodurch Repräsentativität und Essentialismus problematisiert werden. Der Gegenstand der kritischen Philosophie ist nicht, zu *erkennen*, was wir sind, sondern »*abzulehnen*, was wir sind.« (Ebd.: 91, Herv. SN) Hierbei geht es darum, Identitäten, die uns festschreiben, abzulehnen und gegen solche zu ersetzen, die uns ein Mehr an Subjektpositionen ermöglichen. Wir müssen »nach neuen Formen von Subjektivität suchen und die Art von Individualität zurückweisen, die man uns seit Jahrhunderten aufzwingt.« (Ebd.). Es lohnt sich, gerade den ›späten‹ Foucault bezüglich seiner Überlegungen zu Macht, Herrschaft und Kritik näher für die Cultural Studies zu erschließen.

---

implodieren können. Dieses Konzept und seine Bedeutung für Machtanalyse und -kritik wird im Fazit dieser Arbeit noch näher dargestellt.

Bei Judith Butler

Butler konkretisiert die politische Ebene des Denkens Foucaults, indem sie viele seiner Überlegungen aufgreift, weiterdenkt und kontextualisiert. Vor allem der Begriff von Kritik als Entunterwerfung und die widerständigen Möglichkeiten des Quasi-Subjekts – beides sucht nach einer anderen Wahrheit als der Wahrheit der Macht – interessieren uns hier. Dabei ist Butlers Zugangsweise zu jeglichem Aspekt von Identität, wobei ihr spezieller Fokus auf geschlechtlicher Identität liegt, deshalb performativ, weil Identität immer wieder in wechselnden Kontexten des realen Alltagslebens durch konkrete Aufführungen hergestellt werden muss. Hervorzuheben ist außerdem, dass nach Butler Identität immer nur durch den Anderen denkbar ist. Dadurch gelingt es ihr, eine das einzelne Subjekt übersteigende Sozialität herzustellen: ich bin ich selbst nur durch andere. Die Vereinzelung und die damit einhergehende Schwächung politischer Handlungsfähigkeit, wie man sie vielleicht bei ungenauer Lektüre Foucaults mit Blick auf das Quasi-Subjekt vermuten könnte, wird vermieden. In dieser Hinsicht führt Butler Foucault weiter, denn dieser Aspekt bleibt in seinem Werk unterbelichtet, auch wenn er vorhanden ist.

Butler befragt Macht immer in konkreter Hinsicht auf ihre Effekte. Dabei knüpft sie an Foucault an, wenn sie davon ausgeht, dass das Feld der Macht zwar nie verlassen werden kann, die Machteffekte innerhalb des Feldes jedoch verschoben werden können, wodurch neue, andere Identitäten realisierbar werden, die sich als Heterotopien verstehen lassen. In ihrem Begriff des *undoing* nimmt Butler die von Foucault formulierte Forderung auf, die uns auferlegten Arten von Individualität zurückzuweisen und durch neue Subjektivitäten zu ersetzen (vgl. Foucault 1997: 28). Zentral für Butlers Identitätsbegriff ist nämlich, dass es keine vordiskursive, ›natürliche‹ Form von Identität gibt. Dies impliziert einerseits die ständige Verortung der Subjekte im Feld der Macht, ermöglicht aber andererseits die prinzipielle Veränderung von Macht und Identität. Diese Möglichkeit zur Veränderung ist jedoch nicht leicht zu erlangen. Entgegen einer oft vorgebrachten Kritik an Butlers Identitätsbegriff, löst sie Identität keineswegs in den Zeichen des Diskurses auf. Identität ist, eben weil sie diskursiv ist, der Gravitation der Felder der Macht unterworfen und ist schließlich unüberwindbar auch an materielle Körper gebunden, die bereits Foucault als primäre Zielscheibe der Macht beschreibt. Butlers Leitgedanke des kritischen Handelns lautet also stets, wie ich den Normen entkommen kann, die mich in einer für mich inakzeptablen Weise festzuschreiben versuchen. Performativ ist die Kritik des *undoing* dadurch, weil auch das *undoing* ein Aufführen anderer Identitäten in wechselnden Alltagskontexten ist, wobei Subjekt, Subjektivation, Macht und Kritik in einem zirkulären Verhältnis zueinander stehen und sich wechselseitig voraussetzen und erzeugen. So wie auch Austin es beschreibt, fallen hier generelle Trennungen von Subjekt und Objekt in sich zusammen.

Diese Form der Kritik soll schließlich andere Identitäten erzeugen, nämlich solche, die ein Mehr an Handlungsmöglichkeiten erlauben. Dennoch muss man, um kritisch sein zu können, ein innerhalb eines bestimmten Feldes verortbares, also intelligibles Subjekt sein. Kritische Handlungsfähigkeit ist an intelligible Subjekte gebunden, wobei die Identitäten, mit denen kritisch gehandelt wird, immer wieder neu überdacht und geformt werden müssen. Identität muss dynamisch bleiben, damit wir kritisch handeln können. Gerinnt sie, wird sie allzu leicht verort- und festschreibbar; dann können wir nicht mehr kritisch sein. Mit Foucault gesprochen ist hier das relativ offene Spiel der Macht zu einer festgelegten Herrschaft geworden, die wenig Alternativen erlaubt. In diesem Zusammenhang stellt die Resignifikation bei Butler eine zentrale Säule performativer Kritik dar. Durch das Mittel der Parodie, Butler verweist auf das subversivkritische Potential von *drag*, werden bestimmte Identitäten in überaffirmativer Weise inszeniert und so ihrer – ohnehin niemals vorhandenen – ›Natürlichkeit‹ beraubt. Die Resignifikation zeigt so, dass Identität nicht ›natürlich‹ im Sinne von vordiskursiv ist, weshalb mächtige Identitätsentwürfe durch widerständige Aneignung verändert werden können. Dies vergrößert die Zahl möglicher Identitäten und stellt somit eine erfolgreiche Kritik dar. Denn so können auch Wahrheiten über Identität ins Spiel gebracht werden, die den Wahrheiten der Macht widersprechen. Wie sich diese Aspekte eines performativen Kritikbegriffs mit dem kritisch-interventionistischen Projekt der Cultural Studies verknüpfen lassen, und wie die Cultural Studies hierdurch eine produktive Weiterentwicklung erfahren können, möchten wir nun genauer untersuchen.

2.3 ARTIKULATION VON IDENTITÄT UND POLITIKEN DER REPRÄSENTATION: MÖGLICHKEITEN KRITISCHER MEDIALER INTERVENTIONEN AUS SICHT DER CULTURAL STUDIES

Wenn wir uns an dieser Stelle dem Projekt der Cultural Studies als Kritik der Macht und als interventionistischem Projekt zuwenden, so möchten wir keine Einführung in dieses Thema oder einen umfassenden Überblick[1] zu diesem Bereich geben. Vielmehr interessiert uns, wie sich die machtkritischen Arbeiten der Cultural Studies mit dem hier entwickelten Begriff einer performativen Kritik

---

1 Einen wichtigen Beitrag hierzu leistet Rainer Winter (2001).

verbinden und weiterführen lassen, um konkrete Kontexte machtkritischer Interventionen bestimmen zu können. Daher besteht auch kein Anspruch auf Vollständigkeit, wenn hier von *den* Cultural Studies die Rede ist, denn Cultural Studies sind ein weitaus vielschichtigeres Projekt. So werden mit *den* Cultural Studies im Kontext dieser Arbeit lediglich die für uns relevanten Ansätze identifiziert. Im Zentrum dieses Kapitels stehen also die Artikulation von Identität und die Politiken der Repräsentation sowie ihr Funktionieren im medialen Diskurs, wobei unsere besondere Aufmerksamkeit auf dem Film liegt. Somit wird eine Grundlage erarbeitet, auf der dann eine kritische Medienpädagogik des Films basieren kann, wie sie am Ende dieses Kapitels dargestellt wird. In Kapitel 3 dieser Arbeit werden dann konkrete Filmanalysen im Sinne der hier vorgestellten kritischen Medienpädagogik des Films vorgestellt werden, die sich insofern als kritische Interventionen verstehen, als sie Interpretationsangebote sind, mit deren Hilfe sich alternative Subjektpositionen einnehmen lassen.

Zum besseren Verständnis dieser Verknüpfung von Interpretation und Intervention sind die Arbeiten John Fiskes (1993, 1999b, 1999c) relevant. Im Spätkapitalismus des ausgehenden 20. Jahrhunderts sieht Fiske (1993: 6 ff.) einst vermeintlich ›objektiv‹ gültige Sozialstrukturen wie die Unterscheidungen von Proletariat und Bourgeoisie, Schwarz und Weiß, Links und Rechts etc. im Niedergang. Diese werden zunehmend ersetzt durch ›taktische‹ soziale Identitätskategorien, so beispielsweise durch die Kategorie der Besitzenden und der Besitzlosen [*haves* und *have-nots*]. Fiske beschreibt eine ›taktische Mobilität‹, die entlang zahlreicher Achsen sozialer Unterschiede dazu eingesetzt wird, sozialen Sinn zu konstruieren, weil strukturalistische Modelle wie die Klassengesellschaft keine zentrale Erklärungskraft mehr besitzen. Doch während die Klassengesellschaft als sozialtheoretisches Modell ihre Zentralität eingebüßt haben mag, sind die Probleme, mit denen sich die traditionelle Klassenanalyse befasst, noch stets aktuell, lassen sich aber nicht mehr global mit der Klassenzugehörigkeit allein erklären. Statt dessen ist ein differenzierterer Blick notwendig, der sich außer auf die Klasse auch auf Identitätskategorien wie Ethnie, Geschlecht und andere mehr bezieht: »Even in its most overt forms, class difference is always articulated with other axes.« (Ebd.: 9)

Vor diesem Hintergrund schlägt Fiske (1993: 9) die Begriffe ›*power-bloc*‹ und ›*the people*‹ als zentrale Kategorien für eine poststrukturalistische Kultur- und Politikanalyse vor, die sozialkritisch ist und spezifische Auseinandersetzungen verstehen möchte, die auch unter poststrukturalistischen Vorzeichen klare strukturelle Gegensätze in sich tragen. Dabei muss jedoch hervorgehoben werden, dass Fiske diese beiden Begriffe, auch wenn sie zentral sind, als instabil betrachtet (vgl. ebd.: 10). Sie sind strategisch oder taktisch gebildete flüchtige Allianzen gesellschaftlicher Interessenlagen, deren Ziel es ist, diejenigen, die diese Allianzen bilden, einen Schritt weiter in Richtung einer sozialen Gerechtigkeit zu bringen. So wie die Begriffe ›power-bloc‹ und ›the people‹ sind auch kritische Gesellschaftsanalysen ein politisches Projekt ohne Garantien, das stets in einen größeren Bezugsrahmen der Macht eingelassen ist, wobei die einzelnen Momente Klasse, Kapital und Macht in komplexen und widersprüchlichen Beziehungen zueinander stehen. Demnach sind der *power-bloc* und *the people* keine fixierten Kategorien, sondern Dispositionen und konkrete Ausübungen von Macht bzw. Widerstand. Im Rahmen des in dieser Arbeit vorgestellten Konzepts von Performativität als flacher Ontologie ist auch die Kulturanalyse und -kritik Fiskes als performativ zu verstehen. Denn er beschreibt den *power-bloc* als »a social force that can be identified better by what it *does* than what it *is*.« (Ebd.: 11, Herv. i.O.) Gleiches gilt für *the people*, die Fiske als ein »set of social forces rather than as social categories« (ebd.) sieht. Dies wiederum impliziert eine starke Kontextualität, denn wenn man in einem bestimmten Kontext zu den *people* gehört, kann man in einem anderen dem *power-bloc* zugehörig sein. Beispielsweise kann ein subordinierter Obdachloser für die patriarchalen Werte des *power-bloc* eintreten. Als strategische Sammlung sozialer Interessen kann der *power-bloc* aber keine Garantien im Sinne einer Klassenzugehörigkeit geben (vgl. ebd.: 28). Ein solches anti-essentialistisches Moment lässt dieses Begriffspaar interessant für widerständige Interventionen werden.

In diesem Zusammenhang ist es merkwürdig, dass Fiske (1993: 11 ff., 21) die imperialisierende, von oben nach unten wirkende Macht auf globaler Ebene ansiedelt und sie als homogen beschreibt, während er die von unten nach oben wirkende Macht der *people* als lokalisierend und heterogen in begrifflicher Hinsicht relativ starr zusammenfasst. Denn es wirft einige Fragen auf, wenn die lokalisierende Macht angeblich nur darauf abzielt, die eigenen, unmittelbaren Bedingungen des Alltags zu verbessern, ohne dabei die Ausweitung des eigenen Terrains zu verfolgen. Umso erstaunlicher ist es, dass Fiske an anderer Stelle diese Dichotomie relativiert, wenn er schreibt: »Top-down and bottom-up powers do not operate in different spheres [...] but are different directionalities of the same desire to control.« (Ebd.: 79) Wie in der Einleitung zu dieser Arbeit bereits vorweggenommen, wollen wir uns mit dieser diskursiven Praxis der Dichotomisierung später noch ausführlich – u.a. anhand des Konzepts der ›Staatssprache‹ und der ›kleinen Sprache‹ (vgl. Deleuze/Guattari 1976) – kritisch auseinandersetzen. Für den Moment soll der Hinweis genügen.

Die Kultur ist in diesem Kontext das Feld, auf welchem der Kampf um soziale Kontrolle ausgetragen wird und wo konkurrierende Formen von sozialer Bedeutung, sozialem Wissen, Vergnügen und gesellschaftlichen Werten hergestellt werden. Dabei vermitteln Wissen, Diskurs und Repräsentation im Foucault'schen Sinn Macht und Kontrolle, gegen die lokale Formen des Widerstands opponieren, wie Fiske (1993: 13-20) es am Beispiel der Praktiken der Einwohner eines Obdachlosenasyls beschreibt. In diesem Rahmen sind Praktiken wie das heimliche Lesen pornographischer Magazine oder heimliches Glücksspiel widerständige Taktiken, die eine Option auf *empowerment* enthalten, weil sie für einen Moment die Selbstkontrolle über die eigene Lebenssituation erhöhen, indem sich über Verbote, die von oben erlassen werden, hinweggesetzt wird. *Empowerment* bedeutet hier »to win control over this tiny but directly immediate area of social experience.« (Ebd.: 21) Hierbei geht es also um die Verbesserung der eigenen Lebens- und Seinsbedingungen. Der Bereich sozialer Erfahrung mag zwar klein sein, aber er betrifft einen unmittelbar, weshalb es ermächtigend ist, diesen Bereich selbst kontrollieren zu können, anstatt hier von anderen kontrolliert zu werden. Weil die *people* davon abhängig sind, was der *power-bloc* ihnen zur Verfügung stellt, ist eine kreativ-widerständige soziale Handlungsmächtigkeit [*agency*] eine Frage dessen, wie zur Verfügung stehende Ressourcen in lokalen Kontexten genutzt und angeeignet werden (vgl. ebd.). So definiert der *power-bloc* zwar die Lebensbedingungen der *people*, doch können die *people* sich die Lebensbedingungen so aneignen, dass der *power-bloc* den Rahmen neu setzen muss. Die Macht des *power-bloc* ist daher nicht als monolithischer Block konzipiert, sondern ständigen Transformationen unterworfen: »its lines of circumscription are drawn in sand rather than engraved in rock: as people contest them, they have to be constantly redrawn.« (Ebd.: 22) Das Hauptinteresse der *people* im Rahmen eines *empowerment* liegt darin, sich eine eigene Identität zu geben, die sich von derjenigen, die ihnen durch den *power-bloc* auferlegt wird, unterscheidet. Hier scheint das Foucault'sche Verständnis von Selbst- und Fremdführung sowie des modernen und des Quasi-Subjekts klar durch, auch wenn Fiske es nicht expliziert.

Es handelt sich bei diesem Verständnis von *empowerment* also um eine Entsubjektivierung als Zurückweisung der von oben auferlegten Identitäten (vgl. Foucault 1997). Es ist dieses Verständnis eines *empowerment*, das auch für die in dieser Arbeit vorgestellten exemplarischen Analysen in Kapitel 3 leitend ist. So geht es darum, stets die Grenzen sozialer (Selbst-)Kontrolle auszuhandeln. Dabei ist die Resignifikation durch Interpretation eine zentrale Säule für die Intervention. Denn Sprache ist ein entscheidender Ort in der Auseinandersetzung um Macht. In ihr ist nicht nur die Macht eingeschrieben, sondern sie kann immer auf einer Vielzahl von Ebenen verschieden akzentuiert werden und uns so die Möglichkeit geben, die Diskurse des *power-bloc* herauszufordern und zu verändern (vgl. Fiske 1993: 31 f.). Allerdings irrt Fiske, wenn er die Sprache des *pow-*

er-bloc für eindimensional akzentuiert hält, und nur der Sprache der *people* eine Multiakzentuierung zuspricht. Die multiple Akzentuierung von Sprache besteht überall, was sich beispielsweise an der Tatsache, dass sich auch konservative Kräfte der Populärkultur bedienen (vgl. Piegsa 2011), ablesen lässt.

Eine kreativ-widerständige soziale Handlungsmächtigkeit, die zu einem *empowerment* führen kann, hat meist nicht den Umsturz eines Machtsystems zum Ziel, sondern möchte zur Erfüllung der Bedürfnisse der Leute beitragen, die innerhalb oder außerhalb des Systems stehen oder gegen es opponieren (vgl. Fiske 1993: 82). Das Anschauen von Sportereignissen illustriert dies sehr gut: Es findet innerhalb eines spezifischen Machtsystems statt und richtet sich meist nicht gegen es, da Sport sehr häufig zur Aktualisierung dominanter Diskurse beiträgt. Aber für die Dauer eines Sportereignisses kann die Richtung, in die die Macht normalerweise wirkt, umgekehrt werden. So kann eine Angestellte, die tagtäglich unter Beobachtung des Chefs steht, im Fußballstadion Macht erfahren, indem sie den panoptischen Blick auf die Spieler/-innen lenkt: »The fan who, in the workplace, is monitored and totally known, in sport turns the tables and becomes the monitor.« (Ebd.: 84) An den Funktionsprinzipien einer Disziplinar- und Kontrollgesellschaft ändert dies jedoch wenig, wenn nicht darüber reflektiert wird, weshalb das Beobachten einem Macht verleiht und warum dies erstrebenswert sein soll. Dennoch enthält ein Besuch im Stadion die *Option* auf Ermächtigung im Sinne eines *empowerment*. So liegt nach Fiske ein Grund für die Popularität von Sport darin, dass er die Machtmechanismen des Alltäglichen unter umgekehrten Vorzeichen reproduziert. Dies stellt zwar die Grundlagen der Macht nicht in Frage, aber es repositioniert die Sportfans innerhalb des Systems und lässt sie an der Macht teilhaben (vgl. ebd.: 91). Dies mag als erster Schritt zur Ermächtigung durchaus relevant sein. Doch zielen die exemplarischen Analysen in Kapitel 3 nicht nur auf die Umkehrung der Vorzeichen, sondern mit Stuart Hall (2004d) darüber hinaus auf eine Dekonstruktion der Macht von innen heraus. So möchten diese Analysen ihren Leserinnen und Lesern eine Option auf ein weiterreichendes *empowerment* an die Hand geben.

Im Mittelpunkt eines *empowerment* steht bei Fiske ein Wissen, das sich oft auf ein Wissen über den Körper spezialisiert. Besonders deutlich wird dies in dem Moment, in dem ein toter Körper eines Prominenten ›auf den offenen Markt geworfen‹ wird, wo dann darum gekämpft wird, wer diesen Körper besitzt. In diesem Zusammenhang beschreibt Fiske (1999b), wie der Körper Elvis Presleys nach seinem Tod ein Teil eines umkämpften kulturellen Terrains wird, auf dem um die Auflladung dieses toten Körpers mit verschiedenen Bedeutungen gekämpft wird. Hierbei treten *power-bloc* und *the people* in Konkurrenz, indem beispielsweise darum gestritten wird, ob Elvis überhaupt tot sei und, falls nein, wer dann an seiner Stelle gestorben sei und wo Elvis sich nun aufhalte, oder, falls ja, ob er eines natürlichen Todes gestorben sei, ob er Opfer einer Verschwörung wurde, und viele andere Fragen mehr. Um diesen Kampf um Bedeutungen nachvollziehen zu können, referiert Fiske einige Lesarten des Geschehens rund um Elvis' Tod, wobei er nachzeichnet, inwiefern es sich um offizielles Wissen des *power-bloc* handelt, oder um populäres Wissen der *people*, der Elvis-Fans. So steht ein offizielles, instrumentelles und machtvolles Wissen gegen ein populäres Wissen, das sich durch ›fließende Skepsis‹ auszeichnet und ständig zwischen Glauben und Unglauben osziliert (vgl. ebd.: 359-378). Dieses skeptische Wissen charakterisiert Fiske als »eine populäre Taktik, die entwickelt worden ist, um mit den unausweichlichen Widersprüchen zwischen den Kräften von oben und von unten ebenso fertigzuwerden wie mit den Unterschieden zwischen dem jeweiligen Wissen um das, was die Wirklichkeit gesellschaftlicher Erfahrungen ausmacht.« (Ebd.: 371) Weil ferner Wissen und Identität immer zusammenhängen, ist das populäre skeptische Wissen ein kritisches Instrument in der machtvollen Auseinandersetzung um soziale Identität. Die fließende Skepsis wehrt sich dagegen, auf eine einengende Subjektposition festgeschrieben zu werden. Sie ist ein Mittel der Entsubjektivierung im Sinne einer Erweiterung der lebbaren Subjektpositionen, da sie Identitäten beweglich hält und das ›Dazwischen‹ zum Normalfall werden lässt. Denn das skeptische Wissen ist »nie ein objektives Wissen, welches bewiesen und als fixe Wahrheit stehengelassen werden kann.« (Ebd.: 377) Es ist vielmehr ein performatives Wissen, da es immer wieder in spezifischen Kontexten aufgeführt werden muss, um Bedeutung und Macht zu erlangen: »es ist ein populäres Wissen, das nur im Rahmen seiner Zirkulation existiert.« (Ebd.) Da Wissen immer Macht bedeutet, bedeutet die Zirkulation des skeptischen Wissens eine Teilhabe an den Prozessen der Macht. Die Zirkulation skeptischen Wissens lässt sich daher auch als eine kritische Intervention in die Kreisläufe der Macht verstehen.

Damit kommt Fiske (1993: 124) in der Bewertung des Potentials des skeptischen Wissens um Elvis Presley zu dem Schluss, dass es der *top-down*-Macht des *power-bloc* entkommt, während sich das Wissen der Sportfans meist komplizenhaft zum *power-bloc* verhält. Ein ambivalentes Verhältnis zum *power-bloc* macht Fiske im Vergnügen an symbolischer Gewalt, das manche Frauen und obdachlose Männer empfinden, aus. Denn obwohl Gewalt immer auch Mittel des *power-bloc* ist, um die Ordnung herzustellen, kann die Darstellung von Gewalt zu einem Schauplatz des Konflikts um die Vorherrschaft bestimmter Wissensformen werden (vgl. ebd.: 125 f.). Weil viele mediale Darstellungen von Gewalt in direkter Verbindung zu den sozialen Realitäten des Kapitalismus und seiner Privilegien, die er nur wenigen Menschen bietet, stehen, wird aus der Sichtweise subordinierter Gruppen symbolische Gewalt eine Arena im Kampf um Macht. So verkörpern Heldenfiguren häufig die dominanten Werte einer Gesellschaft, während die Schurken innerhalb dieses Wertesystems als Bedrohung der sozialen Ordnung und damit als Bedrohung für alle Mitglieder einer Gesellschaft dargestellt werden. Das Aufeinandertreffen dieser Charaktere ist damit nicht bloß ein gewaltsames Aufeinandertreffen auf individueller, sondern auch auf gesellschaftlicher Ebene. Damit besteht die Möglichkeit für Zuschauer/-innen aus gesellschaftlichen Randgruppen, ihre persönliche Lebenssituation mit der Darstellung von Gewalt in Beziehung zu setzen und über mögliche Interventionen nicht nur zu reflektieren, sondern diese vielleicht auch in die Tat umzusetzen. Die kritische Interpretation kultureller Texte gibt uns somit die Option auf ein *empowerment*. Dass der *power-bloc* daher ein starkes Interesse daran hat, die öffentliche Darstellung von symbolischer Gewalt zu zensieren, liegt auf der Hand. Denn Zensur ist eine Selbstverteidigung des *power-bloc*, sie ist ein machtvoller Eingriff in das gesellschaftliche Zirkulieren von Kommunikation, der den *power-bloc* vor der *bottom-up*-Macht schützen soll. Wie wir bereits ausführlich dargelegt haben, ist die Resignifikation ein wichtiger Schritt auf dem Weg zu einer kritischen Lesart und einer möglichen kritischen Intervention in die Reproduktion der Macht. Zensur soll eine Resignifikation verhindern. Indem der *power-bloc* in Debatten um Zensur die symbolische Ordnung in den Mittelpunkt rückt, bleibt die soziale Ordnung unberührt (vgl. ebd.: 133 f.).

Diese verschiedenen Arten des Umgangs mit dem Wissen und der Macht des *power-bloc* zeigen, dass kulturellen Texten die Option auf *empowerment* im Sinne einer Stärkung kritischer Handlungsmächtigkeit stets inhärent ist. Hierbei geht es zunächst um die Konstruktion einer ›Welt-als-ob‹ [*world as if*]. Doch angesichts der materiellen Realitäten und Imperative der sozialen Welt genügt eine bloße Utopie nicht (vgl. Fiske 1993: 138). An die Utopie einer Welt-als-ob muss nach Fiske die Verwirklichung der Utopie – man kann auch sagen: eine Heterotopie (vgl. Foucault 1992b) – anknüpfen. Der Ort, an dem dies geschehen kann, ist das Lokale (vgl. Fiske 1993: 138). Hier kann sich durch populäres Wissen eine Welt-als-ob materialisieren, in der man Kontrolle über unmittelbare Lebensbedingungen erlangen kann. In einer solchen Welt ist eine alternative Artikulation von Identität und gesellschaftlichen Beziehungen aus einer subordinierten Perspektive eine Performanz mit realen Konsequenzen, da im Lokalen Identitäten niemals nur imaginiert, sondern stets an eine Verkörperung im Hier und Jetzt gebunden sind: »A locale is where […] the conditional can become indicative.« (Ebd.) Das Lokale ist zwar ein Ort innerhalb des Raumes globaler Macht, doch wird diese Macht hier nicht bruchlos reproduziert, sondern kritisch resignifiziert.

Dies unterstreicht Fiske (1999c), wenn er beschreibt, wie anhand der Fernsehserie MARRIED ... WITH CHILDREN, die im Wohnzimmer einer Wohngemeinschaft von Studierenden verschiedener Herkunft rezipiert wird, konkrete Verhandlungen über Familienbilder und Rollenverständnisse stattfinden. So ist ein *empowerment* bei Fiske eine an spezifische Kontexte gebundene kritische Performanz oder performative Kritik, die uns die Option auf reale Veränderung gibt. Auch wenn diese Macht der *people* zunächst schwach erscheinen mag, sollte sie nicht unterschätzt werden. Die Macht der *people* ist nämlich nicht nur bezüglich der Verteidigung und Erweiterung der eigenen Möglichkeiten von Bedeutung, sondern sie diversifiziert auch Kontrolle und lässt Marginalisierte an den Diskursen der Macht aktiv und die Macht verändernd teilhaben. Damit ist die Macht der *people* eine wichtige Ressource für das soziale Leben (vgl. Fiske 1993: 223). Ob dies allerdings nur im Lokalen geschehen kann, oder ob es nicht auch andere Kontexte für ein *empowerment* gibt, die jenseits der Dichotomie von global und lokal oder *power-bloc* und *the people* liegen, darüber werden wir abschließend in Kapitel 4 diskutieren.

Zunächst jedoch sind für die Rekonstruktion der für unsere exemplarischen Analysen relevanten Positionen vor allem die Arbeiten Stuart Halls von Belang (vgl. Hall 1989, 1994, 2000, 2004). Dies weniger, weil Hall nicht zu Unrecht als »einer der wichtigsten – wenn nicht der wichtigste« (Koivisto/Merkens 2004: 5) Begründer der neueren Cultural Studies gilt, sondern vielmehr, weil in seinen Schriften immer das für die Cultural Studies so zentrale interventionistisch-politische Element vorhanden ist, wodurch Hall einer befürchteten Depolitisierung der Cultural Studies entgegentritt (vgl. ebd.). Ferner findet sich in Halls Arbeiten das Politische häufig mit Blick auf mögliche Strategien einer kritischen Identitätspolitik unter Einbezug der Medien konkretisiert, wodurch sie in noch einem weiteren Punkt für unser Anliegen von Interesse sind. Wir werden außerdem sehen, dass viele der theoretischen Überlegungen Halls große Parallelen zu den Arbeiten Foucaults und Butlers aufweisen. Daher muss aber auch kritisch hinterfragt werden, ob die von Hall bezüglich der Verortung von Macht und Widerstand im Globalen bzw. Lokalen vorgenommene dichotome Trennung mit Blick auf die Erweiterung eines kritisch-ermächtigenden Handlungspotentials sinnvoll ist, oder ob hierdurch der Handlungsspielraum nicht eingeschränkt wird (vgl. Holert 2007; Höller 1996; Stäheli 2004). So verortet Butler beispielsweise den Widerstand durch Resignifikation nicht ausschließlich im Lokalen und Foucault führt uns vor, dass Macht und Widerstand keine zwei verschiedenen Dinge sind, sondern dass der Unterschied zwischen ihnen eine Frage der Perspektive ist, mit der man diese Phänomene untersucht. So möchten wir bereits hier auf diese

Problematik vorbereitend hinarbeiten, bevor sie in Kapitel 4 ausführlicher diskutiert wird.

Douglas Kellner wird ein weiterer wichtiger Autor für uns sein, weil er mit seinen Arbeiten nicht nur die kritisch eingreifende politische Perspektive der Cultural Studies fortsetzt, sondern auch weil er diese Perspektive erweitert, indem er Arbeiten der Kritischen Theorie in sein Denken aufnimmt und so dem Projekt der Cultural Studies neue, produktive Impulse gibt (vgl. Kellner 2005a, 2005b). Dabei spielen bei Kellner die Zusammenhänge von (Medien-)Kultur, Kritik und Demokratie eine für seine Arbeit konstitutive Rolle. Kellner bearbeitet nicht nur das Themenfeld der theoretischen Grundlagen für Cultural Studies als kritischer Theorie, die durch Ansätze wie den Feminismus oder die ›Neue französische Theorie‹ des Poststrukturalismus produktiv erweitert wird (vgl. Kellner 2005a: 15, 43). Auch Fragen der gelebten Medienkultur sowie deren Implikationen für eine kritische (Medien-)Pädagogik stehen auf seinem Programm (vgl. Kellner 2005c, 2005d, 2005e, 2005f, 2005g, 2005h). Vor allem in seiner jüngsten Publikation richtet Kellner diesen Fokus speziell auf den Hollywood-Film der Bush-Cheney Ära (vgl. Kellner 2010). So gelingt es Kellner, uns vorzuführen, wie wir uns die Medien im Sinne eines *empowerment* aneignen können. Da für uns die Intervention ein wichtiges Moment kritischer Cultural Studies darstellt, lässt sich aus den Arbeiten Kellners viel lernen, da sie immer wieder auf die Gefahren, aber auch auf die Möglichkeiten der Gegenwart in einer kritisch-politisch engagierten Art hinweisen. Kellner ist ein politisch vitaler, engagierter Philosoph, der sich nicht davor scheut, sich öffentlich einzumischen, was seine Arbeiten auf dem Feld der Medienanalyse fast einzigartig macht (vgl. Winter 2005a: 353).

Da sich Kellners Medienanalysen häufig dem Kino widmen (vgl. Kellner 2005a, 2005d, 2010), möchten wir die Zusammenhänge von Kino und Gesellschaft anhand der Arbeiten Norman K. Denzins zur Gesellschaft des Kinos und dem Film als sozialwissenschaftlicher Methode (vgl. Denzin 1995, 2000) noch weiter vertiefen. Denzin zeigt auf, wie Kino, Kultur und Gesellschaft in politischer Hinsicht miteinander verknüpft sind, und wie Film zu einem Werkzeug machtkritischer Intervention werden kann. Diesen letzten Punkt werden wir, bevor wir ihn mittels exemplarischer Analysen in Kapitel 3 auch praktisch konkretisieren, noch spezifischer anhand einiger Überlegungen zu einer kritischen Medienpädagogik, die den Film als pädagogisches Werkzeug gebraucht, diskutieren (vgl. Giroux 2001, 2002; Giroux/Simon 1989; Hipfl 2004; Winter 2004).

Im Zentrum dieses Kapitels stehen also die Artikulation von Identität und Widerstand und ihre kritisch-interventionistischen Möglichkeiten. Dabei interessiert uns die Herausbildung eines möglichst handlungsmächtigen Kritikbegriffs, der das Projekt der Cultural Studies weiter voranbringen kann, indem er Handlungsspielräume erweitert und demgemäß eine Ermächtigung (*empowerment*) erreicht. So können wir darüber reflektieren, inwiefern Ermächtigung im Sinne der Cultural Studies mittels des Quasi-Subjekts als Kritik am modernen Subjekt erreicht werden kann und welche Rolle die Resignifikation als kritische Strategie dabei spielt. Denn sowohl dem Konzept des Quasi-Subjekts als auch dem der Resignifikation geht es darum, die uns einengenden Wahrheitsräume der Macht durch andere Wahrheitsfelder zu ersetzen, die dem Subjekt ein Mehr an Handlungsmöglichkeiten bringen und eine Vielfalt möglicher Identitätsformen erlauben. Wir müssen in diesem Sinn nach Subjektpositionen suchen, die eine Alternative zu einer modernen Subjektivität bieten, die das Subjekt zu einem von sich selbst entfremdeten unternehmerischen Subjekt der reinen Effizienz, der Ökonomie, der Ausbeutung und Abschöpfung formt (vgl. Bröckling 2007). Hierbei wird Subjektivität stets als eine immer wieder aufs Neue zu vollziehende Performanz gedacht.

In diesem Kontext ist der maßgeblich durch Raymond Williams (1967) geprägte Kulturbegriff – und damit, wie wir noch sehen werden, auch der Kritikbegriff – interessant, weil sich Cultural Studies durch ihn als performativ verstehen lassen. Williams beschreibt Kultur als einen *whole way of life* (vgl. ebd.: xviii), als einen Ort, an dem Bedeutung, Wissen und Macht erzeugt wird, und an dem folglich Auseinandersetzungen um Macht stattfinden, die nicht bloß elaborierte kulturelle Sphären wie beispielsweise hohe Literatur oder Kunst, sondern das ganze soziale Leben betreffen. Kultur als *whole way of life* findet somit im Alltag statt. Mit Anlehnung an Austin, der Sprache als ein Phänomen des alltäglichen Sprachgebrauchs in spezifischen Kontexten beschreibt, lässt sich dieser Kulturbegriff als performativ verstehen. Auch mit Bezug auf Butler, die hinsichtlich der Herstellung von Identität von einer Aufführung bzw. Performanz von Identität in konkreten Kontexten des Alltags spricht, lässt sich diese Verbindung vollziehen. Denn für die Cultural Studies ist Kultur eine Arena in der Auseinandersetzung um Macht, also der Ort, an dem handlungsmächtige Subjekte aktiv um die (Re-)Produktion von Macht und ihre Kritik ringen. So hält es Stuart Hall (2000d) für einen zentralen Aspekt der Arbeiten Williams', dass sie, auch wenn sie sich aus der Literaturwissenschaft entwickelt haben, niemals in einen reinen Textualismus verfallen, also die Bedeutung eines Textes ausschließlich im Text selbst suchen. Stattdessen betont Williams die Wichtigkeit der Schreibweise, der Auseinandersetzung mit dem Text und dessen Aneignung (vgl. ebd.: 150). Williams denkt den Text also in ähnlicher Weise performativ, wie Austin den *lógos* denkt: Für beide entsteht die Bedeutung von Sprache nur aus dem

Vollzug sprachlicher Performanzen, nicht aber in der Sprache selbst als von der Sprachpraxis abgekoppelter Einheit.

Seinen Kulturbegriff bildet Williams aus einem literaturwissenschaftlichen Ansatz heraus, indem er das Zusammenspiel der Schlüsselwörter ›*industry*‹, ›*democracy*‹, ›*class*‹, ›*art*‹ und ›*culture*‹ in den Werken bedeutender moderner Schriftsteller des 18. und 19., aber auch des frühen 20. Jahrhunderts untersucht. Durch diese Analyse gelingt es ihm darzulegen, dass Kultur das Produkt dieser in der Moderne untrennbar miteinander verknüpften Schlüsselbegriffe ist, das er als *whole way of life* beschreibt. Hierzu schreibt Williams: »Where *culture* meant a state or habit of the mind, or the body of intellectual and moral activities, it means now, also, a whole way of life.« (Williams 1967: xviii, Herv. i.O.) Kennzeichnend für die sich in der Moderne vollziehende Umdeutung dieser Begriffe ist die Verschiebung ihrer Bedeutung von individuellen mentalen Zuständen oder allgemeinen Abstraktionen hin zu konkreter gesellschaftlicher Praxis (vgl. ebd.: xiii-xx). Dementsprechend interessiert Williams nicht die Bildung eines abstrakten universellen Kulturbegriffs, sondern dessen konkrete Kontextualisierung. Williams' Fragestellung lautet also, wie Kultur und Bedeutung mittels Sprache durch handelnde Subjekte aktiv in spezifischen Kontexten hergestellt wird:

»I shall try to do this by examinig, not a series of abstracted problems, but a series of statements by individuals. […] I feel myself committed to the study of actual language: that is to say, to the words and sequences of words which particular men and women have used in trying to give meaning to their experience.« (Ebd.: xix)

Dabei spielt hinsichtlich der Kultur auch die Verbindung von Ökonomie und Demokratie, wie sie die Cultural Studies bis in die Gegenwart beschäftigt, eine zentrale Rolle. Diese Verbindung aber ist keine vordiskursive, sondern entspringt dem Handeln von Akteurinnen in gesellschaftlichen Zusammenhängen: »Our meaning of culture is a response to the events which our meanings of industry and democracy most evidently define. But the conditions were created and have been modified by men […], what it indicates is a process, not a conclusion.« (Williams 1967: 295) Dies bedeutet wiederum, dass die Kritik eine unumgängliche Frage für die Cultural Studies sein muss, weil Kultur hiermit ein veränderbarer Prozess ist und kein unveränderliches Produkt. Dass Kritik bedeutet, die Frage zu stellen, wem bestimmte Machteffekte nützen, exemplifiziert Williams hinsichtlich des Begriffs der Masse, der bestimmten Teilen der Gesellschaft eine Handlungsmächtigkeit, und somit eine Teilnahme am demokratischen Prozess, absprechen soll: »There are in fact no masses; there are only ways of seeing people as masses. [...] The fact is, surely, that a way of seeing other people which has become characteristic of our kind of society, has been capitalized for the purposes of political or cultural exploitation.« (Ebd.: 300)

Hierdurch wird nachvollziehbar, wie Williams durch diesen Kulturbegriff die weitere Entwicklung der Cultural Studies maßgeblich beeinflusst.[2] Versteht man Kultur als Ausdruck einer Gesamtheit einer bestimmten Lebensführung, als einen *whole way of life*, wird deutlich, dass Kultur kein ahistorisch universelles, sondern ein historisch konkretes Phänomen ist, das nur innerhalb bestimmter Erfahrungskontexte eine Bedeutung und damit auch Macht erlangt. Kultur ist »konkret und historisch bestimmt« (Hall 1999b: 26), wodurch sich Kultur auch als performative Praxis begreifen lässt. Durch die Konzeption von Kultur als Gesamtheit einer bestimmten Lebensführung wird auch die Trennung von Kultur in eine legitime Hoch- und eine illegitime Populärkultur zunehmend problematisch. So erklärt Williams seine Absicht, die gewöhnliche Sprache aus Gründen des allgemeinen Interesses heraus zu untersuchen: »I am enquiring into our common language, on matters of common interest.« (Williams 1967: xx) Auf einer Metaebene regt Williams hierdurch auch zum Reflektieren darüber an, welches die machtvollen Diskurse sind, die eine Kultur überhaupt erst in ›hoch‹ und ›niedrig‹ unterteilen. Hierzu merkt er an:

»I ought perhaps to say that I expect the book to be controversial: not that I have written it for the sake of controversy as such, but because any such enquiry involves the discussion and the proposition of values, which are quite properly the subject of difference, and which affect even what we are in the habit of calling the known facts.« (Ebd.: xix f.)

Hierbei ist die Betonung des Gemeinsamen und des Gewöhnlichen als konstitutive Elemente einer Kultur als *whole way of life* für Williams deshalb so wichtig, weil er mit diesem Kulturmodell die Möglichkeit einer intakten Demokratie begründet: »We need a common culture, not for the sake of an abstraction, but because we shall not survive without it.« (Williams 1967: 317) Dabei ist die Gleichheit des Seins (*equality of being*) von zentralem Stellenwert. Eine *common culture* ist bei Williams deshalb eine Kultur, die in einem demokratischen Sinn

---

2   Dieser Kulturalismus ist jedoch nur *eine* maßgebliche Beeinflussung der Cultural Studies. Darüber hinaus werden die Cultural Studies auch durch den Strukturalismus stark geprägt, wie Stuart Hall (1999b) ausführlich darlegt. Weil aber der Interessenschwerpunkt dieser Arbeit auf den Zusammenhängen von Performanz und Kultur liegt, kann diese, wenngleich auch wichtige, Debatte an dieser Stelle nicht weiterverfolgt werden.

eine Gerechtigkeit herstellen soll, jedoch keine Einheitskultur im Sinne einer erzwungenen Vereinheitlichung ist: »A common culture is not, at any level, an equal culture.« (Ebd.) Williams schließt somit Unterschiede und Vielfalt nicht aus, sondern hält sie für ein konstitutives Element einer gerechten demokratischen Kultur. Diese jedoch bedeutet keine Kultur der Vereinzelung oder die vielbeschworene ›Atomisierung‹ der Gesellschaft, da Williams' Kulturbegriff auf einem stabilisierenden Grundgefühl der Solidarität basiert (vgl. ebd.: 333).[3] Die Bedeutung der Arbeiten Williams' für die Cultural Studies lassen sich also wie folgt zusammenfassen: Mit Raymond Williams »war ein Schwerpunkt für die Cultural Studies gesetzt: die Erforschung der gewöhnlichen Kultur und der gelebten Erfahrung von Menschen, die in der sozialen Interaktion auf kreative Weise Bedeutungen und Werte hervorbringen« (Winter 2001: 57), wobei Kultur »eine grundlegende Komponente aller sozialen Praktiken und ihrer Beziehungen untereinander« (ebd.: 60) ist.

Der Kulturbegriff Williams' zeigt, dass Kultur stets im Alltag lokalisiert ist und von mannigfaltigen sozialen Praktiken erst hergestellt wird. So wie Austin Sprache als performativ versteht, weil sie ihre Bedeutung nur durch ihren Gebrauch innerhalb realer alltäglicher Kontexte erlangt, lässt sich auch Williams' Kulturbegriff als performativ begreifen. Wenn nun Kultur ein Produkt alltäglicher Performanzen ist, wobei die Performanz an sich noch nichts darüber aussagt, ob hier bestimmte kulturelle Muster aktualisiert oder variiert werden, dann lässt sich auch Kritik im Sinne der Cultural Studies als performativ beschreiben. Um neben dem Kultur- auch den Kritikbegriff der Cultural Studies genauer bestimmen zu können, werden im weiteren Verlauf dieser Arbeit einige für die Entwicklung der Cultural Studies wegweisende Positionen dargestellt. Es wird dabei wichtig sein herauszustellen, wie Cultural Studies in spezifischen historischen Kontexten Machtkritik mit Blick auf Aspekte der Politiken der Repräsentation von Klasse, Rasse, Geschlecht, der Rolle des Körpers und anderen mehr in der Populärkultur und medialen Spektakeln sowie im Film als performativ-kritischem Medium betreiben. Gerade hinsichtlich der Mediennutzung besteht eine performativ-interventionistische Dimension der Cultural Studies. Denn die Cultural Studies heben nicht nur hervor, dass sich »die Bedeutung von medialen Texten […] durch ihren sozialen Gebrauch ergibt.« (Winter 2006: 45) Cul-

---

3   Eine vergleichende Untersuchung von Williams sowie Michael Hardt und Antonio Negri (2000, 2004) bezüglich der Zusammenhänge von Demokratie und Vielfalt im Begriff der Multitude (vgl. Hardt/Negri 2004) bzw. Anti-Demokratie und Vereinheitlichung im Begriff des Empire (vgl. Hardt/Negri 2000) wäre ein wertvoller Beitrag zu dieser Diskussion.

tural Studies sind auch ein Projekt kritischer Intervention, weil sie es ermöglichen, »ein Schutzschild gegen die Indifferenz, die Ambivalenz und den Zynismus« (ebd.: 46) zu errichten. Dieser Schutz besteht darin, eine ermächtigende Form von Subjektivität gegen eine moderne Subjektivität der Vereinzelung und Ökonomisierung, die letztendlich entmächtigend wirkt, zu verteidigen. In dieser Hinsicht sind Cultural Studies ihrem Selbstverständnis nach eingreifend-politisch (vgl. Koivisto/Merkens 2004: 5).

2.3.1 Stuart Hall:
Zur (medialen) Artikulation von Identität
und zu kritischen Politiken der Repräsentation

Wenn in dieser Arbeit performative Kritik eng mit performativer Identität verbunden ist, so stellt sich die Frage, wie innerhalb des machtkritischen[4] Projektes der Cultural Studies mit diesen Zusammenhängen umgegangen wird. Wie wird hier Identität verstanden? Welche Bedeutung kommt der Subjektivation zu? Finden sich hier kritisch-widerständige Praktiken beschrieben, die an die kritischen Möglichkeiten eines Quasi-Subjekts und der Resignifikation anknüpfen? Um dies zu klären, werden wir im Folgenden einige für die Cultural Studies relevante Positionen zur Machtkritik diskutieren. Dazu sind zunächst die Arbeiten Stuart Halls zu nennen, die nicht nur deshalb einen solch zentralen Stellenwert für die Cultural Studies besitzen, weil Hall einer der relevantesten Begründer dieses Projektes ist, sondern auch, weil Hall bis in die Gegenwart immer wieder neue theoretische und politische Fragen aufgreift, und so die Cultural Studies weiterentwickelt. Dabei ist er für unser Vorhaben deshalb so interessant, weil er Fragen der Identität, der Identitätspolitik und der Macht verhandelt. Wie bereits Butler, so ist auch Hall der Auffassung, dass wir Identität benötigen, um politisch handeln zu können, wobei Identität aber nicht nur ein ermächtigendes Moment hat, sondern auch durch Kontrolle und Festschreibung entmächtigend wirken kann.

Es ist typisch für die Arbeiten Halls, dass sie das Kulturelle stets politisch denken. Sie stellen die Frage nach der Rolle der Macht in der Konstruktion kul-

---

4 Das Adjektiv ›machkritisch‹ wird in dieser Arbeit gegenüber dem Adjektiv ›ideologiekritisch‹ bevorzugt, weil der Begriff der Ideologie auf der Unterscheidung zwischen ›wahren‹ und ›falschen‹ Aussagen über die Welt basiert. Mit Foucault sind aber diese Unterscheidungen bezüglich der sozialen, politischen und moralischen Welt unzutreffend, da sich diese Welten nicht einfach in ›wahr‹ und ›falsch‹ einteilen lassen (vgl. Hall 1994f: 151).

tureller Bedeutungen und befassen sich »mit der Art und Weise wie Bedeutung umkämpft und hergestellt wird.« (Hall 2004c: 82) Hierbei nimmt die kulturelle Kategorie ›Identität‹ eine Schlüsselrolle für kritisches politisches Handeln ein, wie Hall (2004a) es anhand der Frage, wer Identität braucht, zeigt. Dabei knüpft er an die Dekonstruktion eines Essentialismus der Identität an, die das Konzept eines vordiskursiven ›festen Identitätskerns‹ kritisiert und ablehnt. An anderer Stelle definiert Hall Identität als fragmentiert, zerstreut, dezentriert sowie diskontinuierlich und stellt heraus, dass uns Identität aufgrund dieser anti-essentialistischen Konzeption keine Garantien geben kann (vgl. Hall 1994g: 181-185). Die dezentrierte und fragmentierte Identität versteht Hall als ein Produkt der Globalisierung. Diese dezentriert das Subjekt der Aufklärung, das sich durch einen autonomen Wesenskern auszeichnet, wodurch es seine Identität aus sich selbst heraus bezieht, in fünf historischen Momenten: durch den Marxismus, die Psychoanalyse, den Strukturalismus, das Werk Michel Foucaults sowie den Feminismus bzw. die allgemeine Identitätspolitik (vgl. ebd.: 193-199). Für uns sind hierbei vor allem die letzten beiden Momente von Bedeutung, weshalb sie in der weiteren Diskussion später wieder aufgenommen werden. Dies bedeutet jedoch nicht die Aufgabe vorheriger Konzepte von Identität. So liegt das durch die Globalisierung dezentrierte Subjekt im Widerstreit mit den Ideen des Nationalstaats, der sich gegen seine Erosion mit Strategien der Unterdrückung von Differenz wehrt (vgl. ebd.: 201-208). Daher oszillieren dezentrierte Identitäten zwischen der Tradition des Nationalstaats und deren Übersetzung in eine globalisierte Welt, wodurch in sich widersprüchliche Kulturen der Hybridität entstehen (vgl. ebd.: 217-222).[5]

Die Dezentrierung des Subjekts bedeutet für Hall jedoch nicht dessen Tod. Vielmehr hält Hall Subjekt und Identität weiterhin für unverzichtbar für jede Form politischer Handlungsfähigkeit. Allerdings muss dabei der Identitätsbegriff innerhalb anderer Paradigmen als derjenigen, die ihn ursprünglich aufgestellt haben, gebraucht werden. So stellt sich die Frage nach Identität als Beziehung von Subjekten zu diskursiven Praktiken, die neben ihrer identitätsbildenden Funktion immer auch Praktiken der Exklusion sind (vgl. Hall 2004a: 167 f.). Hall konzipiert Identität bzw. Identifikation[6], ebenso wie Foucault und Butler,

---

5   Diese Zusammenhänge finden sich ebenfalls in ähnlicher Weise in Hall (1999a) dargestellt.

6   Hall bevorzugt den Begriff der ›Identifikation‹, weil er sowohl diskurstheoretische als auch psychoanalytische Bedeutungen in sich aufnimmt (vgl. Hall 2004a: 168). Da jedoch im Zusammenhang mit der Diskussion von Foucault und Butler in dieser Arbeit der Begriff der ›Identität‹ bereits eingeführt ist, soll dieser Begriff auch weiterhin ge-

als einen nicht abschließbaren diskursiven Prozess, der stets kontextabhängig und kontingent ist. Dabei sind diese Prozesse nicht determiniert, wenngleich sie auf der Basis determinierter Existenzbedingungen, wie es beispielsweise materielle und symbolische Ressourcen sind, stattfinden. Hall versteht Identität als einen ›Prozess der Artikulation‹, der nie zu einem Ende kommen kann, weil das Ideal der Identität niemals erreicht wird: »Es gibt immer [...] eine Überdetermination oder einen Mangel, aber niemals passt es richtig.« (Ebd.: 169) Identität erzeugt sich dabei nicht aus sich selbst, sondern immer in Differenz zu dem Anderen[7], weshalb Identität stets ein Prozess der Grenzziehung und der Exklusion ist (vgl. ebd.). Identität ist nicht nur an bestimmte historische Orte, an bestimmte Institutionen, diskursive Formationen und Praktiken gebunden, sondern sie ist auch ein Produkt von Strategien der Macht, die Grenzen und Differenzierungen ziehen. Dadurch ist jede Identität begrenzt. Wie bereits Foucault und Butler erörtern, werden an den Grenzen die sich selbst ›naturalisierenden‹ Diskurse sicht- und angreifbar, wodurch sich Identität stets selbst destabilisiert (vgl. ebd.: 171 f.). Mit Hall lassen sich Identitäten begreifen als »Punkte temporärer Verbindungen mit Subjektpositionen, die aus diskursiven Praktiken hervorgehen.« (Ebd.: 173) Das Subjekt muss also Identitäten ergreifen, um als solches wahrgenommen werden zu können. Doch sind dabei die Formen, die das Subjekt repräsentieren, niemals deckungsgleich mit allen Facetten des Subjekts, das bestimmte Repräsentationsformen ergreift. Identität ist also immer mit Mängeln behaftet (vgl. ebd.).

Für die Bildung seines Identitätsbegriffs greift Hall auch auf die Arbeiten Foucaults zurück, weil sie viele produktive Einsichten in die Zusammenhänge von Identität, Differenz und Macht bieten (vgl. Hall 2004a: 178-183). Demnach proklamiert auch Hall nicht den ›Tod des Subjekts‹, weil die Dezentrierung des Subjekts nicht dessen Auflösung impliziert (vgl. ebd.: 182). Halls Weiterentwicklung von Foucault setzt dort an, wo es darum geht, auf einer theoretischen Ebene zu erklären, warum sich die Einzelne als Subjekt mit bestimmten Positionen der Repräsentation identifiziert – oder auch nicht – und wie der Einzelne als Subjekt diese Positionen bezieht, wie er sie sich aneignet, verkörpert und umsetzt, wenngleich dieses Beziehen der Positionen niemals vollständig sein kann. Diese Relation zwischen der (Nicht-)Identifikation und der Verkörperung oder

---

braucht werden, zumal es in dieser Arbeit um die diskurstheoretischen Aspekte, und nicht um die psychoanalytischen geht.

7 Dass dies nicht nur für individuelle, sondern auch für kollektive Identitäten gilt, stellt Hall (1994f) bezüglich »der Rolle, die der ›Rest‹ in der Formierung der Vorstellung ›des Westens‹ [...] gespielt hat« (ebd.: 141) heraus.

auch Performanz von Identität, also das Verhältnis von Subjekt und diskursiver Formation, denkt Hall als Artikulation (vgl. ebd.: 183). Es lässt sich also festhalten, dass Hall die Arbeiten Foucaults um das Element der Artikulation erweitert, wobei Artikulation immer als eine soziale und kulturelle Praxis verstanden werden muss. In den Texten Butlers sieht Hall diesen Gedanken mit Blick auf die Artikulation von Geschlechtsidentitäten produktiv aufgenommen (vgl. ebd.: 183-186). So teilt Hall Butlers kritische Einschätzung des emanzipatorischen Wertes von universellen und einheitlichen Identitätskategorien, die auf dem Ausschluss jener Subjekte basieren, die eigentlich Teil dieser Kategorie sein sollten. Dennoch schließt Hall, wie auch Butler, hieraus nicht, dass Identität ein hinfälliges Konzept wäre, sondern formuliert einen anderen Identitätsbegriff, der die Erweiterung intelligibler Subjektpositionen zu erreichen versucht, indem er stets die Grenzen notwendiger Identitätspolitiken mitreflektiert (vgl. ebd.: 185 f.). Dies trifft nicht nur auf Geschlechtsidentitäten zu, sondern lässt sich auch für andere Formen von Identität, Hall nennt hier explizit ethnische Identität, denken (vgl. ebd.: 186). Einer Theorie der Artikulation obliegt es dabei »Identitäten als ebenso ›notwendig‹ wie ›unmöglich‹ zu denken.« (Ebd.) Was dies bedeutet, soll nun konkreter diskutiert werden.

Zum Begriff der Artikulation muss zunächst gesagt werden, dass es sich hierbei immer um eine kulturelle *Praxis* der Artikulation handelt. Es lassen sich Ähnlichkeiten zwischen Hall und Butler feststellen, die sich darauf beziehen, dass Artikulation eine performative Herstellung von Identität ist, wobei es zweitrangig ist, ob es sich um ethnische oder geschlechtliche Identität handelt. Mit Blick auf die Verwobenheit von Objekt und Subjekt ist Hall zufolge kulturelle Praxis immer performativ, weil das Subjekt aus den Diskursen seiner Erfahrung nicht hinaustreten kann. Hall lehnt sich hiermit an Foucault an, indem er auch auf der Ebene der Praxis keine Subjektpositionen außerhalb von Identitätsdiskursen für möglich hält. Der Idee eines ›Dort-draußen‹ als der Position des Objekts und eines ›Hier-drinnen‹ als der Position des Subjekts erteilt Hall eine klare Absage (vgl. Hall 1994d: 67-77), auch wenn er deren Funktion anerkennt, die darin besteht, dass sie uns »hilft [...], nachts ruhiger zu schlafen.« (Ebd.: 67) In Butlers (2009e) Begriff des ›Außer-uns‹, der Identität als ein Produkt von Sozialität fasst, findet sich diese Idee des Performativen ebenso wieder. Der Andere ist zur Bildung des eigenen Ichs notwendig, er ist immer Teil von uns selbst (vgl. Hall 1994d: 73). Demgemäß zeigt Hall in seinen Arbeiten, dass Identitäten Produkte vielfältiger, mitunter auch widersprüchlicher Diskurse sind, die im Subjekt zusammenlaufen und kontingente Identitätseffekte nach sich ziehen. Mit Blick auf ethnische Identität[8] erwähnt Hall beispielsweise die Komplexität ›schwarzer‹ Erfahrung im Kreuzungspunkt von Poststrukturalismus, Postmoderne, Psychoanalyse und Feminismus (vgl. Hall 1994b: 18). Hall widerspricht biologistischen Argumenten für ein einheitliches ›Schwarzsein‹. Stattdessen betont er die soziohistorischen Differenzen innerhalb schwarzer Identität, die er als ›schöpferische Ressource‹ sieht (vgl. Hall 1994d: 85), und macht deutlich, dass eine gemeinsame ›schwarze‹ Erfahrung einerseits ein konstitutiver Bestandteil politischer Ermächtigung ist, andererseits aber auch ein fragiles diskursives Produkt. Für Hall ist »›schwarz‹ eine wesentlich politisch und kulturell konstruierte Kategorie [...], die nicht auf einem Ensemble von festen transkulturellen oder transzendentalen ›rassischen‹ Kategorien gründet und deshalb auch keine Garantien in der Natur findet.« (Hall 1994b: 18) Es existiert also kein vordiskursives ›Schwarz‹. Diese Diskursivität von Identität bedeutet ebenfalls, dass Identität sowohl als ›unfertig‹, also als ein nicht abschließbarer Prozess, als auch als uneinheitlich und fragmentiert gedacht werden muss, weil Identität in der Überschneidung verschiedener, oft miteinander konkurrierender Diskurse entsteht. Begreift man Identität als vordiskursiv, als eine Frage der ›Natur‹ oder Biologie, so kann sich das ermächtigende Moment schnell ad absurdum führen, weil fälschlicherweise angenommen wird, eine in dieser Weise fixierte Identität sei »eine ausreichende Garantie für den progressiven Charakter der Politik.« (Hall 2000b: 108) Dies täuscht, denn der Erfolg kritisch-emanzipatorischer Politik ist zwar prinzipiell möglich, aber niemals gewährleistet. Es ist eine Politik, »die ohne letzte Garantien auskommt: eine kritische Politik, eine Politik der Kritik.« (Hall 1994b: 18)

So ist nicht nur ethnische Identität die historische, kulturelle und politische Konstruktion des Subjekts (vgl. Hall 1994b: 21). Indem Halls Identitätsbegriff die diskursive Konstruktion des Subjekts hervorhebt, verfügt er über ein ermächtigendes Potential, weil er die ›naturalisierten‹ Diskurse der Macht als Diskurse zu entlarven vermag. Ethnizität ist nämlich nichts Natürliches, nichts Absolutes, sondern diskursiv und kontextuell konstruiert (vgl. ebd.: 22 f.). Alles, was Repräsentationen artikulieren, ist bereits Teil eines ›diskursiven Universums‹, was bedeutet, dass Realität nicht außerhalb von Diskursen und Praktiken der Repräsentation existiert (vgl. Hall 2004c: 90). Für die Artikulation von Identität durch bestimmte Formen der Repräsentation heißt das: »Repräsentation ist nur deshalb möglich, weil jede Ausdrucksweise immer innerhalb von Codes produziert wird,

---

8   Der durch das Centre for Contemporary Cultural Studies (CCCS) herausgegebene Band *The Empire Strikes Back. Race and Racism in 70s Britain* (1982) ist als die erste Bündelung dieser Thematik zu nennen.

die eine Geschichte und eine Position innerhalb der diskursiven Formationen eines bestimmten Raumes und einer bestimmten Zeit haben.« (Hall 1994b: 22)

Dies bedeutet aber auch die grundsätzliche Umkehrbarkeit der Repräsentation. Durch die kritische Aneignung bestimmter Repräsentationsformen, kann die Konstruiertheit dieser Repräsentationen offengelegt werden, wodurch Identität immer auch in anderer Weise artikuliert werden kann. Von einer spielerischen Beliebigkeit lässt sich bezüglich der Artikulation von Identität allerdings auch bei Hall nicht sprechen, denn »[d]iese Aneignung wird erkämpft werden müssen.« (Hall 1994b: 22) Sie wird erkämpft werden müssen gegen hegemoniale Repräsentationen, die ihre Macht insbesondere aus der (massen-)medialen Artikulation von Identität ziehen, die Identität noch einmal neu erfindet, durchspielt, zurechtstutzt und sie uns dann als Ware zurückgibt (vgl. Fricke 2010a: 38). Denn auch wenn Hall Macht nicht deterministisch denkt, so haben doch diejenigen, die die medialen Repräsentationen produzieren, mehr Macht als das Publikum (vgl. Hall 2004c: 91).

Nach diesen Vorbemerkungen können wir nun unseren Blick auf exemplarische Artikulationen von Identität im Werk Stuart Halls richten, in dem der Aufsatz »Kulturelle Identität und Diaspora« (vgl. Hall 1994a) einen großen Stellenwert hat, da Hall hier einige zentrale Aspekte seines Denkens von Identität und deren Artikulation mit Blick auf das Entstehen eines neuen karibischen Films darlegt. Dabei geht es ihm zunächst um die Bestimmung von Orten der Artikulation, von denen aus Subjekte sprechen, wenn sie andere Subjekte repräsentieren. Dazu ist zu bemerken, dass diese Orte immer verschieden sind, denn der Ort des repräsentierenden Subjekts ist ein anderer als der des repräsentierten. Artikulationen sind also immer innerhalb bestimmter Kontexte positioniert. Die Repräsentation ist dabei nicht deskriptiv, sie beschreibt Identität nicht, sondern sie ist produktiv, weil sie Identität erzeugt. Damit ist Identität »immer innerhalb [...] der Repräsentation konstituiert.« (Ebd.: 26) Diese Perspektive auf Identität erlaubt es, die mit ihr verbundenen Begriffe der Authentizität und Autorität kritisch zu befragen. Die Idee von Identität als Produkt der Repräsentation entnaturalisiert also die identitätskonstituierende diskursive Macht und macht sie dadurch veränderbar. Dies erschließt einen Spielraum für kritische Politiken der Repräsentation.

Diese Politiken können sehr verschieden verlaufen, wobei Hall zwei Wege für besonders erwähnenswert hält: einerseits den Weg, der die Einheit von kultureller Identität betont, und andererseits den Weg, dessen Aufmerksamkeit auf die Differenz, also die Brüche und Diskontinuitäten kultureller Identität gerichtet ist (vgl. Hall 1994a: 27-30). Die Repräsentationsstrategie der Einheit versucht durch das Erzählen so genannter verborgener Geschichten, einen »Akt imaginärer

Wiedervereinigung« (ebd.: 28) zu vollziehen. Auch wenn diese Repräsentationspolitik hinsichtlich der von Hall beschriebenen Fragmentierung von Identität Probleme mit sich bringt, so liegt ihr Wert dennoch darin, einen erlittenen Identitätsverlust heilen zu können, indem unterdrückte und vergessene Erzählungen erneut aufgeführt und dadurch wieder lebendig werden. Weil diese Erzählungen im Diskurs der Identität eine andere Position beziehen als die Diskurse der Unterdrückung, fungieren sie als widerständige Artikulationen (vgl. ebd.: 28 f.). Der Verlauf des zweiten Weges einer Politik der Repräsentation führt in eine andere Richtung, indem er die Differenz hervorhebt. Hierbei wird in der Repräsentation das *Werden* von Identitäten, die sich in ständigem Wandel befinden, stärker herausgestellt als deren *Sein*. Nur hierdurch, so Hall weiter, lässt sich verstehen, dass und auf welche Weise uns normalisierende Mächte bestimmte Subjektpositionen zuweisen. Denn die normalisierende Macht wird meist nicht als Macht erfahren, gegen die man sich kritisch positionieren kann, sondern vielmehr als eine »Macht des inneren Zwangs« (ebd.: 30) empfunden. In Begriffen Foucaults ausgedrückt handelt es sich hierbei um die ›Naturalisierung‹ der Macht, die von einer disziplinierenden Macht bis hin zu einer gouvernementalen reicht, wodurch normalisierende Macht nicht mehr als getrennt vom Subjekt wahrgenommen wird bzw. werden kann. Die Betonung von Differenzen und Brüchen, die mit Butler auch als performative Subversion gedacht werden kann, wirkt in diesem Zusammenhang kritisch, indem sie diese Diskurse der Macht entnaturalisiert.

Auch wenn Hall Identität für unabgeschlossen sowie veränderbar hält und er sie in keinem fixierten Ursprung begründet sieht, ist sie für ihn nicht bloß ein Effekt, der sich beliebig auflösen lässt. Denn Erzählungen über Identität ziehen dann materielle Effekte nach sich, die als real erfahren werden, wenn die Macht das endlose Fließen der reinen Textualität der Sprache unterbricht, um dadurch bestimmte Bedeutungen bzw. Identitäten zu fixieren. Dabei sind diese Fixierungen wiederum Teil eines Diskurses, wodurch sie nie endgültig festlegbar sind (vgl. Hall 2004c: 94) und durch kritische Politiken der Repräsentation verändert werden können. Die Diskursivität ist dabei aber nicht mit einer reinen Zeichenhaftigkeit gleichzusetzen, die keine realen Effekte nach sich zieht. Auch wenn es kein essentielles Wesen von Identitäten gibt, so sind Identitäten dennoch eine reale Positionierung von Subjekten. Kritik muss demzufolge »positionslogisch, ohne fixen Ursprung« (Hall 2000d: 138) als eine Politik der Positionierung verstanden werden, die deutlich werden lässt, dass Identität immer ein Produkt einer dialektischen Beziehung zwischen der Einheit und den Brüchen ist (vgl. Hall 1994a: 30 f.). Die Frage der Positionierung ist daher zu verstehen als eine Frage nach der Einnahme eines spezifischen Standpunktes, an dem eine interventionistische politische Praxis entstehen kann, deren Ziel es ist, etwas in der Welt zu verändern (vgl. Hall 2000a: 36). Um noch einmal auf Foucault zurückzukommen, können wir sagen, dass Hall Identität als Produkt von Macht versteht, und sie deshalb kritisier- und veränderbar ist, weil sie als Produkt der Macht ein Produkt eines nicht endgültig abgeschlossenen Kräftespiels ist. Politiken der Repräsentation sind ein solches Kräftespiel. Sie sind auch ein materieller Kampf, der nicht ausschließlich in »der sauberen Luft der Bedeutungen, der Textualität, der Theorie« (ebd.: 37) stattfindet, sondern in alltäglichen Performanzen der Kritik.

Doch was bedeutet dies für eine kritische Politik der Repräsentation? Ist es für ein politisch handlungsfähiges Subjekt nicht notwendig, eine bestimmte Position zu beziehen, einen Standpunkt, von dem aus alternative Identitäten artikuliert werden können? So wie Hall Identität zwischen Einheit und Differenz verortet, so versteht er auch die Politik der Standpunkte als ein zwischen Öffnung und Schließung oszillierendes Projekt (vgl. Hall 1994a: 33 f.).[9] Einerseits ist für Hall das Einnehmen eines Standpunktes, von dem aus sich Identität in ermächtigender Weise artikulieren kann, die unbedingt notwendige Voraussetzung einer kritischen Identitätspolitik. Mit Bezug auf den Begriff der *différance* bei Derrida versteht Hall dieses Einnehmen eines Standpunktes als eine »›Unterbrechung‹ in der unbegrenzten Semiosis der Sprache« (ebd.: 34). Würde diese unbegrenzte Semiosis nicht unterbrochen, bezöge man also keinen Standpunkt, verlöre sie ihre politische Bedeutung. Diesbezüglich schreibt Hall weiter: »Sie müssen irgendwo positioniert sein, um zu sprechen.« (Hall 1994d: 77) Doch ist diese Unterbrechung nicht endgültig und wesentlich, sondern temporär und prozesshaft, arbiträr und kontingent (vgl. Hall 1994a: 34). Zugleich produziert die Unterbrechung wiederum eine neue Semiosis, die sich nie vollständig kontrollieren lässt: »Es bleibt immer etwas ›übrig‹.« (Ebd.) An dieser Stelle kommt wieder die Öffnung ins Spiel, die neue Bedeutungen anregt, weil sie scheinbar feststehende binäre Oppositionen der Differenz destabilisiert. So bringen kritische Artikulationen »die klassische Ökonomie von Sprache und Repräsentation durcheinander« (ebd.) und erschließen neue Artikulationsräume.[10] Identität und Kritik sind daher nicht-abschließbare Prozesse. Jedoch ist Politik nicht möglich ohne das, was Hall einen »willkürlichen Abschluss« (Hall 2000a: 36) nennt. Nur durch einen

---

9 In vergleichbarer Weise diskutiert Butler (1991) die Problematik des gleichzeitig ermächtigend und entmächtigend wirkenden Subjekts ›Frau(en)‹.

10 An späterer Stelle werden wir diese Zusammenhänge weiterführend mit den durch Gilles Deleuze und Félix Guattari (1997) geprägten Begriffen des Rhizoms und der Fluchtlinie, die ebenfalls Dichotomien auflösen und dem Sein ein Werden entgegensetzen, diskutieren.

solchen willkürlichen Abschluss ist eine Positionierung des eigenen Sprechens, und damit auch Handelns, überhaupt möglich.

Diese kritische Politik der Artikulation und Repräsentation ist immer wieder ein schwieriges und komplexes Unterfangen, für das es kein Patentrezept geben kann. Zugleich ist Kritik immer ein Dialog, der mit der Macht geführt wird (vgl. Hall 1994a: 39). Kritik ist prozesshaft, unabgeschlossen, im Werden, sie muss stets aufs Neue innerhalb bestimmter Kontexte aufgeführt werden. Kurz: Kritik ist performativ. Für eine kritische Politik der medialen Repräsentation ist das Visuelle dann ein produktives Werkzeug, wenn es nicht zum Imaginieren eines ohnehin nicht einlösbaren *back to the roots* eingesetzt, sondern als ein Vorrat für neue Erzählungen genutzt wird. Es zeigt uns, dass Identitäten immer innerhalb von Repräsentationen gebildet werden. Deshalb ist das Visuelle – Hall erwähnt hier den Film, an anderer Stelle aber auch die Fotografie[11] (vgl. Hall 2003) – »kein Spiegel zur Reflexion des schon Existierenden, sondern [...] die Form der Repräsentation, die in der Lage ist, uns als neue Subjekte zu konstituieren, und die es uns ermöglicht, Orte zu entdecken, von denen aus wir sprechen können.« (Hall 1994a: 42) Das Visuelle kann daher ein ermächtigendes Werkzeug zur Herstellung von Identitäten sein, wie wir es anhand der exemplarischen Filmanalysen in Kapitel 3 dieser Arbeit noch genauer darlegen und konkretisieren werden.

Andererseits kann das Visuelle aber auch ein mächtiges Werkzeug zur Konstruktion des Marginalisierten, des kolonisierten Anderen sein, wenn es ein Instrument eines bereits mächtigen Repräsentationsregimes ist. Denn hier manifestiert sich Macht innerhalb bestimmter Diskurse durch spezifische Kodes, die

---

11 So schreibt Hall (2003) zum Potential der Fotografie: »Es gibt kein einheitliches Gebilde wie die Fotografie; es gibt nur eine Vielfalt von Praktiken und historischen Situationen, in denen der fotografische Text produziert, in Umlauf gebracht und eingesetzt wird. [...] Jede Praxis, jede Verortung legt eine andere Bedeutungsschicht über das Bild. [...] Und die Suche nach einer eigentlichen, ursprünglichen Bedeutung ist ohnehin eine Illusion. Einen solchen vorgängigen, noch nicht von den Codes und gesellschaftlichen Verhältnissen der Produktion und der Lektüre berührten, natürlichen Augenblick der wahren Bedeutung gibt es nicht.« (Ebd.: 75 f.) Und weiter: »Die Dekonstruktionen von gestern sind nicht selten die orthodoxen Klischees von morgen. Es hängt – wie immer – davon ab, wie konkrete Praktiken unter konkreten historischen Bedingungen genutzt werden, mit welcher Effektivität bestimmte Codes als dominant konstituiert werden und wie die Kampfverhältnisse innerhalb der gesellschaftlichen Repräsentationsverhältnisse aussehen, ob sie zum politisch progressiven Pol oder von ihm weg tendieren.« (Ebd.: 86 f.)

›kulturelle Landkarten‹ hervorbringen, auf denen sie ›Bereiche der bevorzugten Bedeutungen‹ entwerfen, die eine soziale Ordnung repräsentieren und versuchen, Identitäten festzulegen (vgl. Hall 2004b: 74 f.). Mit Blick auf die Prozesse von Kolonialisierung und Globalisierung nennt Hall das ›Englische Auge‹, das alles in seinen Blick nimmt und als das Andere konstituiert, sich selbst dabei aber nicht beobachtet, wodurch es sich selbst ›naturalisiert‹ und gegen Kritik immunisiert (vgl. Hall 1994c: 45). Doch ist dieses Auge nicht nur englisch. Es lässt sich synonym verstehen als das ›Auge des Westens‹, oder auf einer noch abstrakteren Ebene als das Auge der Macht, das Subjektpositionen zuweist, die jeweils in einem spezifischen historischen Moment ihre Macht entfalten, wie Hall es anhand des Zeitalters der Globalisierung herausstellt (vgl. ebd.: 44). So ist Identität eine performative Narration, sie befindet sich »an einem Ort und in einer spezifischen Geschichte und könnte nicht von außerhalb dieses Ortes und dieser Geschichten sprechen.« (Ebd.: 46) Dabei verleugnet sie jedoch ihren performativ-diskursiven Charakter, indem sie »sich selbst als völlig natürlich« (ebd.) darstellt, nämlich statt fragil, vielschichtig und auf Differenzen beruhend als »gefestigt, homogen, einheitlich« (ebd.: 47). Die ›Naturalisierung‹ von Identität erfordert das Ausschließen jeglicher Differenzen, was aber im Zeitalter der Globalisierung durch die Erosion des Nationalstaates zu einem nahezu unmöglichen Unterfangen wird (vgl. ebd.: 47-51). Wie nun kann sich Macht dennoch durch eine Naturalisierung ihrer Kritik weiterhin entziehen? Eine mögliche Strategie, die Hall nennt, sind die Repräsentationen der globalen Massenkultur, die mit der Botschaft »wirklich schick ist es, sich exotisch zu geben« (ebd.: 56) vordergründig Differenzen betonen. Im Hintergrund aber ist die globale Massenkultur vor allem durch das Prinzip einer westlich zentrierten Homogenisierung geprägt (vgl. ebd.: 53), die eben nur vordergründig, sozusagen als ein ›Ablenkungsmanöver‹, Differenz inszeniert.[12] Die Logik des global agierenden Kapitals spricht nun vordergründig nicht mehr das Massenpublikum an, sondern vermarktet auf globaler Ebene Massenkonsum als individuell verschieden, was die homogenisierenden Tendenzen des globalen Kapitals weiter verstärkt (vgl. ebd.: 55 f.). Dies nennt Hall auch den »Supermarkt-Effekt« (Hall 1994g: 212), den er wie folgt umschreibt:

---

12 Zur vertiefenden Lektüre rund um die Thematik, wie aus vordergründiger medialer Inszenierung von Differenz eine globale spätkapitalistische Einheit des Konsums und des Spektakels aufrecht erhalten wird, sei auf den von Tom Holert und Mark Terkessidis (1996) herausgegebenen Sammelband *Mainstream der Minderheiten. Pop in der Kontrollgesellschaft* verwiesen.

»In den Diskursen des globalen Konsumismus können Differenzen und kulturelle Unterschiede, die bisher Identitäten bestimmten, auf eine Art internationale *lingua franca* oder eine globale Währung zurückgeführt werden, in die alle spezifischen Traditionen und besondere Unterschiede übersetzt werden können.« (Ebd.)

Mit einer ermächtigenden Anerkennung von Differenzen, die in der Lage wäre, alternative Identitäten zu artikulieren, hat dies allerdings nichts zu tun.

Damit sind visuelle Repräsentationen je nach Ort, von dem aus sie artikuliert werden, ermächtigend oder entmächtigend. Die Frage nach dem Ort der Sprechenden ist eine entscheidende und während Hall die homogenisierenden Tendenzen vor allem im Globalen zu erkennen meint, findet er kritische Stimmen im Lokalen. Hier bekommt »die Marginalität in unserer Welt einen machtvollen Raum« (Hall 1994c: 59), der »zwar ein Raum mit geringer Macht, aber dennoch ein Machtraum« (ebd.) ist. Mit dem Beispiel einer von ihm selbst mitorganisierten Fotoausstellung erläutert Hall hierzu, wie die gezeigten Fotografien aus vierzig verschiedenen Nationen des Commonwealth ihren Ort des Sprechens thematisieren und dadurch die Differenzen der Identität machtvoll werden (vgl. ebd.: 62-65). Durch die Thematisierung des eigenen Ortes bleibt eine kritische Perspektive auf die Politik der Repräsentation und die Artikulation von Identität erhalten, wohingegen unkritische Homogenisierungen und ›Naturalisierungen‹ von Identität dann entstehen, »wenn ein Diskurs vergißt, daß er verortet ist.« (Ebd.: 61) In diesem Sinne impliziert Kritik, den Ort, von dem aus gesprochen wird, ebenfalls im Sprechen zu thematisieren und dadurch sichtbar zu machen. Genau dies tut eine ›kleine Politik des Lokalen‹, wie Hall sie beschreibt (vgl. Hall 1994d: 77-88). Dabei ist es wichtig festzuhalten, dass eine kritische Politik des Lokalen immer nur eine *kleine* Politik, niemals aber eine *allgemeine* Politik des Lokalen sein kann. Denn der Politik des Lokalen geht es eben nicht um Verallgemeinerung, sondern um das Betonen von Differenzen, um damit eine kritische Position gegen die tendenziell alle Differenzen nivellierenden globalen Prozesse zu beziehen (vgl. ebd.: 77).

Eine kleine Politik des Lokalen lässt sich auch als das denken, was beispielsweise Butler als eine kritische Politik der Resignifikation definiert, die sich einen diskriminierenden Begriff aneignet und ihm eine ermächtigende Bedeutung hinzufügt, wobei die diskriminierende Bedeutung durchaus auch weiterhin bestehen bleiben kann. Dies konkretisiert Hall am Beispiel des Begriffs ›schwarz‹, der für eine bestimmte Form einer kleinen Identitätspolitik des Lokalen von zentraler Bedeutung ist. So berichtet Hall im Zusammenhang mit dem Wiederentdecken verlorener Geschichten, die unterdrückt wurden, davon, wie diese Geschichten unter einem bestimmten Identitätsbegriff, hier der Begriff

›schwarz‹, eine defensive kollektive Identität gegen Rassismus bilden. Dies nennt Hall eine »Identitätspolitik ersten Grades« (Hall 1994d: 78), durch die das marginalisierte Lokale von den Rändern aus in eine mächtige globale Repräsentation eintritt, um sich dort eine Position zu erstreiten. Die Resignifikation des Begriffes ›schwarz‹ im Rahmen dieser kleinen Politik des Lokalen beschreibt Hall folgendermaßen:

»Ihr habt fünf-, sechs- oder siebenhundert Jahre damit verbracht, eine Symbolik zu entwickeln, in der ›schwarz‹ zu einem negativen Faktor wurde. Jetzt will ich keinen anderen Ausdruck. Ich will diesen negativen Ausdruck, genau den. [...] Ich möchte ihn aus dieser bisherigen Artikulation herausreißen und auf eine neue Weise artikulieren.« (Ebd.: 80)

Damit vollzieht sich eine Bewusstseinsveränderung, die einen neuen Identifikationsprozess in Bewegung setzt, der, wie immer er sich auch entwickelt, deshalb bereits kritisch ist, weil er bisher unsichtbar gehaltene Subjekte sichtbar werden lässt: »Dieser Moment macht es möglich, daß Dinge passieren, die es vorher nicht gab.« (Ebd.: 81) Dinge wie beispielsweise die schwarze Politik und der antirassistische Kampf im England der siebziger Jahre des 20. Jahrhunderts (vgl. ebd.: 82 f.). Ein und derselbe Begriff kann also sowohl gleichzeitig Instrument der Unterdrückung als auch Waffe des Widerstands sein. Seine Bedeutung resultiert aus seiner Verwendung, was wiederum das Performative der Resignifikation unterstreicht. Hall pointiert dies so: »Die rassistischen Anrufungen können selbst zu Orten und Einsätzen im ideologischen Kampf, als elementare Formen einer oppositionellen Formierung besetzt und umdefiniert werden – dort zum Beispiel, wo weißer Rassismus durch die symbolische Umkehrung der *black power* angegriffen wird.« (Hall 1994e: 135)[13]

Ferner sind zwei weitere Aspekte dieser ermächtigend-kritischen Politik im Licht eines Foucault'schen Verständnisses von Macht und Widerstand interessant: Nämlich einerseits, wie die Macht versucht, den Widerstand zu inkorporieren, und zum anderen, wie der Widerstand dazu tendiert, unter einer allgemeinen Identität des Widerstands ebenfalls Differenzen stumm und unsichtbar zu halten. Der erste Aspekt ist bereits weiter oben als das ›Exotische‹ erwähnt. Diese Strategie der Macht versucht, durch die vordergründige Inszenierung von Differenz eine Einheit aufrechtzuerhalten, die der Macht nützt. Ein globaler Kapitalismus beispielsweise akzeptiert Differenzen durchaus, solange sie dabei helfen, den

---

13 In Kapitel 3.3 dieser Arbeit wird dieser Punkt durch eine exemplarische Analyse einer Folge der Fernsehserie SOUTH PARK, in der es um den Kampf um die Bedeutung des ursprünglich rassistischen Wortes ›Nigger‹ geht, veranschaulicht.

Konsum seiner Produkte zu erhalten und zu steigern. Dies ist keineswegs ein Zugeständnis des globalen Kapitalismus an die Differenz, sondern die Instrumentalisierung der Differenz durch den globalen Kapitalismus. Hall beschreibt dies als das »Spektakel des Multikulturalismus« (Hall 1994d: 82), das vom eigentlichen politischen Problem, nämlich dem Rassismus, ablenkt, indem Differenz als Bereicherung des Eigenen inszeniert wird. Die Bedingung hierfür ist allerdings, dass sich Differenz nutzbar machen lässt.

Wie sich der zweite Aspekt auswirkt, erläutert Hall, indem er sagt, dass »die Kategorie schwarz in Bezug auf gewisse Dinge ebenfalls ein Schweigen beinhaltet.« (Hall 1994d: 82) Der Kampf gegen Rassismus wie auch der Kampf gegen jede andere Form von Diskriminierung erfordert es bisweilen, dass man der unterdrückenden Macht mit einer einheitlichen Identität entgegentritt, die sich selbst nur einheitlich konstituieren kann, wenn sie die Differenzen, die es innerhalb der Gruppe der Diskriminierten gibt, ebenfalls unterdrückt. Die für politisches Handeln konstitutive Positionierung hat also sowohl ihre Stärken als auch ihren Preis in der essentialistischen Konzeption von Identität. Den Preis für die Stärke einer Solidarität schwarzer Menschen sieht Hall beispielsweise darin, dass es hierbei häufig um schwarze Männer, nicht aber um schwarze Frauen geht (vgl. ebd.: 83). So produziert auch der kritische Widerstand unvermeidbar neue Formen unterdrückender Macht. Diese Unvermeidbarkeit darf allerdings nicht als Legitimation für neue Ungerechtigkeiten missverstanden werden, das Gegenteil ist der Fall: Es liegt eine weitere große Herausforderung kritischer Politik darin, dass wir »immer über die negativen Wirkungen dieser Positionalität nachdenken« (ebd.) müssen. Macht und Widerstand sind also voneinander nicht grundverschieden, sie sind keine Dichotomie. Sie unterscheiden sich nur durch die jeweilige Perspektive, mit der man auf sie blickt. Deshalb muss eine kleine Politik des Lokalen diese Perspektiven immer wieder in den Blick nehmen, sie diskutieren und verändern, wenn es ihre Absicht ist, Identität als Differenz zu verstehen und zu leben. Eine spezifische Politik, die einmal in einem bestimmten Kontext funktioniert hat, muss dies nicht auch in einem anderen Kontext tun. Denn eine kleine Politik des Lokalen ist eine Politik der immer wieder neu vorzunehmenden Positionierung, ein ›Krieg um Stellungen‹ ohne Garantie (vgl. ebd.: 84 f.).

Wie ein solcher Stellungskrieg ohne Garantien um spezifische Formen der visuellen Artikulation und Repräsentation des ›Anderen‹ aussehen kann, exemplifiziert Hall in seinem hinsichtlich sowohl konkreter Beispiele als auch theoretischer Grundlagen zu diesem Thema wohl umfangreichsten, 1997 erstmalig erschienenen Essay »Das Spektakel des ›Anderen‹« (vgl. Hall 2004d). Hier untersucht Hall auf theoretischer wie repräsentationspraktischer Ebene, warum Differenz und Andersheit ein so zentrales Thema der Repräsentation sind. Damit einhergehend muss auch die Frage gestellt werden, welche Rolle Stereotypisierungen für die spektakuläre Repräsentation des ›Anderen‹ spielen. Auch wenn Hall hierbei seinen Analyseschwerpunkt auf rassische [*racial*] Differenz legt, kann seine Untersuchung in ihren Grundzügen »auch auf andere Dimensionen der Differenz wie Geschlecht, Sexualität, Klasse und Behinderung übertragen werden« (ebd.: 108), was diesen Essay für unser Vorhaben sehr relevant werden lässt. Dabei blickt Hall nicht nur auf die in Vergangenheit und Gegenwart praktizierten, das Andere stereotypisierenden visuellen Repräsentationen in der Alltagskultur und den Massenmedien, sondern mit in die Zukunft gerichteter Perspektive fragt er auch, wie sich solche medialen Repräsentationen verändern lassen (vgl. ebd.). Folglich werden die Möglichkeiten einer kritischen Politik der Repräsentation ausgelotet.

Eine kritische Politik der Repräsentation beruht auf der Annahme, dass durch mediale Spektakel ein diskriminierendes Alltagsbewusstsein entstehen kann, welches dann wiederum Eingang in die mediale Repräsentation findet, wie Hall (1989a: 150) an anderer Stelle weiter ausführt. Die Frage nach dem Zusammenhang von Diskriminierung und Medien ist dabei immer eine Machtfrage, weil die Medien innerhalb der Sphäre der Macht an deren Produktion und Transformation mitwirken. Eine kritische Intervention in den Diskurs der Medien stellt daher immer auch eine kritische Intervention in die Felder der Macht dar. Eine kritische Intervention muss dabei beachten, dass sich Macht immer entlang von Bedeutungsketten artikuliert, weshalb eine kritische Intervention darin bestehen kann, bestimmte Elemente einer Bedeutungskette anders zu artikulieren und dadurch neue Subjektpositionen zu ermöglichen. Denn Subjekte können die von den Medien artikulierten Identifikationsmöglichkeiten annehmen, wenn sie die von den Medien artikulierten machtvollen diskursiven Wahrheiten als ihre eigenen authentischen und originären Wahrheiten anerkennen. Subjekte sind also stets innerhalb bestimmter Mächte positioniert, die sie selbst nicht geschaffen haben. Da subjektive Identität immer als ein sozialer Prozess zu verstehen ist, ist kritische Intervention in den Prozess der (medialen) Artikulation von Identität immer auch eine kollektive Praxis (vgl. ebd.: 150 ff.). Den Medien kommt in der Produktion, Reproduktion und Transformation von Macht eine zentrale Rolle zu, weil sie zur Sphäre der Macht gehören. Sie sind »definitionsgemäß Teil der vorherrschenden *ideologischen* Produktionsmittel« (ebd.: 155, Herv. i.O.), die insofern helfen, eine Hegemonie zu stützen, als sie zwischen verschiedenen Kulturen und Klassen – wie zwischen den ›Mächtigen‹ und den ›Machtlosen‹, den Informierten und den Uninformierten – komplexer Gesellschaften eine vermittelnde Rolle einnehmen, ohne aber eine Übereinstimmung garantieren zu können (vgl.

Hall 1989b: 126 f.). Insofern ist die Funktionsweise der Medien ein entsprechend der Machtverhältnisse strukturierter Prozess (vgl. ebd.: 131 f.). Mediale Repräsentationen formen unsere »›Bilder von der Welt‹« (ebd.: 127), sie vermitteln uns, wie die Welt nach einer bestimmten Logik der Macht funktioniert, wobei sie diese Logik der Macht aber verschweigen und an deren Stelle in der Repräsentation die ›Natur‹ einsetzen. Gleichzeitig reproduzieren sich die Medien selbst entlang dieser Logik. Durch diese Strategie der ›Naturalisierung‹ kann Diskriminierung »›akzeptabel‹ – und nicht allzu lange danach ›wahr‹« (Hall 1989a: 157) werden. Gelingen kann dies jedoch nur, wenn das mediale Auge außerhalb der Repräsentation operiert. Es gibt dann vor, wie ein panoptischer Blick alles innerhalb eines spezifischen Rahmens zu sehen und alles, was sich darin befindet, zu ordnen, ohne sich jedoch selbst innerhalb dieses Rahmens zu verorten (vgl. ebd.: 159). Eine kritische Intervention macht dieses panoptische Auge der Macht, das durch seine Beobachtungen Wissen über Subjekte erzeugt und den Subjekten dadurch ihre Orte zuweist, sichtbar, um die Effekte der Macht zu verschieben und andere Subjektpositionen zu ermöglichen (vgl. ebd.: 168).

Hall legt im Weiteren den Analyseschwerpunkt auf die visuelle Repräsentation von Differenz, weil diese aufgrund der Kraft von Bildern eine besondere Macht entwickeln kann. Diese Macht tendiert dazu, bestimmte Stereotypen als vordiskursiv und ›natürlich‹ zu repräsentieren, und sie so der Kritik zu entziehen. Dennoch gibt es bezüglich visueller Repräsentationen immer die Möglichkeit zur Kritik, weil auch in diesen immer mehr als nur eine einzige wahre Bedeutung zu finden ist. Das visuelle Repräsentationsregime versucht zwar stets, Bedeutung endgültig festzuschreiben, was jedoch niemals ganz gelingen kann, weil sich Bedeutung immer in Bewegung befindet (vgl. Hall 2004d: 110 f.). Das Funktionieren eines Repräsentationsregimes lässt sich damit analog zu dem verstehen, was Foucault als ein Wahrheitsregime beschreibt. Beide Regime lassen nur das als wahr gelten, was sich entlang einer normierenden Logik innerhalb eines von ihnen definierten machtvollen Raumes sinnvoll positionieren lässt. Was dieser Logik der Normierung widerspricht, was sich beispielsweise einem Begriff von Geschlechtlichkeit, der auf einer streng dichotomen Unterscheidung von weiblich und männlich basiert, widersetzt, ist innerhalb dieses Regimes nicht erfahrbar bzw. wie Butler sagen würde, nicht intelligibel oder lebbar. Ein jedes Regime beruht auf Differenz und dem Ausschluss des ›Anderen‹. Daher ist es für den Machterhalt wichtig, Differenz kenntlich zu machen, was in ein »›Spektakel‹ der ›Andersheit‹« (ebd.: 114) münden kann. Dennoch existieren immer auch Lesarten dieses Spektakels, die Differenz in einer widerständigen Weise verstehen und einen Beitrag zur Machtkritik leisten.

Wie wir sehen, ist Differenz essentiell für das Spektakel des ›Anderen‹. Doch nicht nur diesbezüglich, sondern auch generell ist Differenz konstitutiv für Bedeutung, sowohl in positiver als auch negativer Hinsicht. Von einer linguistischen Position aus betrachtet, resultiert Bedeutung immer aus einer Differenz zu etwas anderem. Wir wissen also nur, was etwas bedeutet, indem wir auch wissen, was es nicht bedeutet, weil Bedeutung nicht aus sich heraus, sondern nur in Differenz zu etwas anderem entsteht. Dies bewertet Hall als einen nützlichen Aspekt von Differenz, der aber aufgrund der immer in binären Oppositionen funktionierenden Einteilung sehr grob und reduktionistisch ist. Außerdem besteht immer auch eine Machtbeziehung zwischen diesen Oppositionen, wobei einer der beiden Pole immer ein hegemonialer ist, der über mehr Macht als der andere verfügt. Da aber Bedeutung dialogisch erzeugt wird, und deshalb offen ist, ist es prinzipiell möglich, diese Machtverhältnisse zu verändern (vgl. Hall 2004d: 117 f.). Die Herstellung von Bedeutung ist somit als eine kulturelle Praxis zu verstehen, mittels derer »soziale Gruppen ihrer Welt Bedeutung aufzwingen, indem sie Dinge in klassifikatorischen Systemen ordnen und organisieren« (ebd.: 119), was eindeutige Differenzen voraussetzt. Weil Differenzen aber niemals eindeutig sind, produziert Macht immer auch Widerstand. Denn indem Macht versucht, Bedeutungen, die niemals endgültig festschreibbar sind, endgültig zu fixieren, muss sie an diesem Vorhaben scheitern, was wiederum Widerstand ermöglicht, da an den Orten des Scheiterns der Macht ihre Diskursivität sichtbar wird. Macht entnaturalisiert sich hier selbst und macht sich zugänglich für Kritik. Ein Versuch, dieses Scheitern zu vermeiden, kann darin bestehen, für ›Reinheit‹ innerhalb der symbolischen Grenzen der Macht zu sorgen, also alles, was nicht in den symbolischen Kode der Macht hineinpasst, auszuschließen. Doch auch hier unterminiert sich die Macht selbst. Denn das, was ausgeschlossen ist, also das Andere, wird mächtig, gerade weil es verboten ist (vgl. ebd.: 119 f.). Differenz ist daher immer ambivalent. Erst durch sie kann Bedeutung entstehen. Diese Bedeutung aber kann, weil sie aus groben Dichotomien resultiert, Misstrauen und Feindschaft gegenüber dem ›Anderen‹ hervorrufen. Produktive Kritik an der Differenz muss also genau genommen eine Kritik an der dichotomen Kodierung von Differenz sein und diese Kodierung aus dem Entweder-oder-Schema in eine verknüpfende Logik transferieren. Wir werden in der späteren kritischen Diskussion dieser Arbeit in Kapitel 4 untersuchen, ob und inwiefern hierbei die von Deleuze und Guattari (1997) beschriebene ›Logik des UND‹ nutzbar gemacht werden kann.

Auf dieser Basis lassen sich nun konkrete Repräsentationen des ›Anderen‹, die Hall historisch in drei Hauptphasen unterteilt, machtkritisch analysieren. Er datiert den Beginn der populären Repräsentationen des ›Anderen‹ aus der Perspektive des Westens auf das sechzehnte Jahrhundert, als europäische Händler Kontakte mit westafrikanischen Königreichen knüpfen, um sich dadurch Quellen für Sklavinnen zu erschließen. Die zweite Phase ist die europäische Kolonisation Afrikas und die daran anschließende dritte Phase umfasst die nach dem Zweiten Weltkrieg einsetzende Migration aus den ehemaligen Kolonien nach Europa sowie in die USA. Diese drei Phasen prägten und prägen nach Hall die spektakuläre Repräsentation des ›Anderen‹ (vgl. Hall 2004d: 122 f.). Ihren Grundzügen nach beruht diese Repräsentation auf der Differenz von Kultur und Natur: »Während Weiße ›Kultur‹ entwickelten, um ›Natur‹ zu unterwerfen und zu überwinden, waren für Schwarze ›Kultur‹ und ›Natur‹ austauschbar.« (Ebd.: 128) Aus dieser die Sklaverei legitimierenden Unterscheidung gehen Weiße als ›Kulturmenschen‹ hervor, während Schwarze ›Naturwesen‹ sind, die ohne die Weißen keinen Zugang zu Kultur haben. Dieses ›rassisierte Wissen‹ wird in Verbindung mit einem visuellen Diskurs umso machtvoller, weil letzterer den Körper in den Mittelpunkt der Repräsentation stellt, so dass der Körper zum ›unwiderlegbaren Beweis‹ einer ›natürlichen‹ Andersheit der Schwarzen wird. In der Analyse dieser Zusammenhänge wird ersichtlich, dass der schwarze Körper hier zum diskursiven Ort wird, aus dem sich weiße Hegemonie herleitet. Gleichzeitig aber muss die weiße Hegemonie, um sich herstellen und reproduzieren zu können, diese Diskursivität verschleiern, indem sie die Differenz ›naturalisiert‹. Würde offensichtlich, dass die Differenz zwischen Schwarzen und Weißen rein diskursiv ist, könnte die Differenz verändert werden (vgl. ebd.: 128 ff.). Werden diese Unterschiede aber ›naturalisiert‹, »dann befinden sie sich jenseits von Geschichte, sind permanent und festgeschrieben.« (Ebd.: 130) ›Naturalisierung‹ ist also eine Repräsentationsstrategie, die darauf abzielt, bestimmte Differenzen endgültig zu fixieren (vgl. ebd.). Folgen wir der im vorhergehenden Kapitel entwickelten begrifflichen Unterscheidung von Macht und Herrschaft bei Foucault, müssen wir die ›Naturalisierung‹ als ein Herrschaftsinstrument bezeichnen. In diesem Kontext wirken Bilder – Hall zeigt hier beispielhaft einige Kupferstiche, die die Differenz von Schwarzen und Weißen ›naturalisierend‹ darstellen und somit die soziale Ordnung von Sklave und Herr festzuschreiben versuchen – als eine »Form ritualisierter Erniedrigung« (ebd.: 131), in der die Biologie zum ›Schicksal‹ wird. Diese ritualisierte Erniedrigung speist sich aus der Stereotypisierung von Differenz, also aus der Repräsentation einiger weniger ›naturalisierter‹ Merkmale (vgl. ebd.: 132).

Diese stereotypisierenden Repräsentationen dringen zunächst durch das in die Alltagswelt, was Hall als ›Waren-Rassismus‹ oder auch ›Rassisierung der Werbung‹ bezeichnet (vgl. Hall 2004d: 123-126). Zu Zwecken der Werbung werden Konsumartikel mit rassistisch-stereotypisierenden Bildern bedruckt, wodurch sich diese Repräsentationen zunächst in den Haushalten der viktorianischen Mittelklassen verbreiten und nach 1890 mit dem Aufstieg der Massenpresse auch in den Haushalten der arbeitenden Klassen großflächig zu finden sind, wodurch die Politik des Imperialismus mit der privaten häuslichen Sphäre verbunden wird. Wegen dieser massenhaften Verbreitung der mannigfaltigen Repräsentationen des ›Anderen‹ lässt sich auch von einem ›Spektakel des ›Anderen‹‹ sprechen, das das ›Andere‹ »in eine phantastische visuelle Zurschaustellung von *Zeichen und Symbolen* übersetzte.« (Ebd.: 124, Herv. i.O.) Die Spektakularisierung des ›Anderen‹ ist wiederum nur durch die Stereotypisierung des ›Anderen‹ möglich, die den ›Anderen‹ essentialisiert, reduziert und ›naturalisiert‹ (vgl. ebd.: 143), ihn also in einer marginalisierten Subjektposition fixiert. Dies bedeutet auch eine Übertreibung und Vereinfachung (vgl. ebd.: 144), die mediale Spektakel benötigen, um überhaupt funktionieren zu können. So versuchen Stereotypisierungen einerseits diese übertriebenen und simplifizierenden Repräsentationen von Identität ewig zu fixieren. Andererseits spalten Stereotypisierungen die Welt in das Normale und Akzeptable und das Anormale und Inakzeptable. Diese Spaltung erweist sich nicht als folgenlos, sondern im Gegenteil als sehr mächtig, weil sie den Ausschluss des Anormalen und Inakzeptablen zur Folge hat. Medienkultur ist somit immer politisch, weil »Stereotypisierung Teil der Aufrechterhaltung der sozialen und symbolischen Ordnung« (ebd.) ist und vor allem dort auftritt, »wo es große Ungleichheiten in der Machtverteilung gibt« (ebd.), wie sie beispielsweise durch den Ethnozentrismus, der seine eigenen Normen privilegiert und auf andere Kulturen zu übertragen versucht, geschaffen werden. Aufgrund dieser Merkmale lässt sich Stereotypisierung folgendermaßen denken: »Stereotypisierung [...] klassifiziert Menschen entsprechend einer Norm und konstruiert die Ausgeschlossenen als ›anders‹.« (Ebd.: 145) Dadurch verbindet die Stereotypisierung unweigerlich Repräsentation, Differenz und Macht miteinander, wodurch Repräsentation immer politisch zu begreifen ist, auch wenn die Macht versucht, unsichtbar zu bleiben, indem sie beispielsweise ihre Stereotypisierungen unter einem ›Deckmantel des Wissenschaftlichen‹ tarnt, der einen unbegrenzten Voyeurismus, der sein Objekt vollständig sichtbar werden lässt, während der Beobachter bzw. die Beobachterin unsichtbar bleibt, legitimiert (vgl. ebd.: 155 ff.).[14] Dennoch kann Repräsentation immer

---

14 Gemäß diesem ›Deckmantel der Objektivität‹ verbergen auch Nachrichtensendungen ihren Ethnozentrismus. So berichten sie meist weniger über eine »Katastrophe in fremden Ländern, die Großbritannien nicht betrifft [...] als [über] eine kleine Katastrophe, die dieses Land direkt betrifft.« (Hall 1989b: 129) Bedeutungsproduktion ist

auch kritisch genutzt werden, um unterdrückende Machtstrukturen zu verändern, weil auch die Mächtigen, wenn auch nicht unter gleichen Bedingungen, Teil des Machtkreislaufs sind (vgl. ebd.: 148). Allerdings ist dies ein komplexes Unterfangen, da die Artikulation von Widerstand in der Absicht, Stereotypisierungen zu brechen, stets Gefahr läuft diese zu bestätigen (vgl. ebd.: 150).

Dies alles lässt Hall anhand konkreter Medienanalysen begreiflich werden (vgl. Hall 2004d: 133-142). So zeigt er, dass rassistische Repräsentationen sich nicht nur auf die Zeit des Kolonialismus beschränken, sondern sich vor allem im Kino der ersten Hälfte des 20. Jahrhunderts mit Modifikationen fortschreiben. In dieser Hinsicht lassen sich, so Hall, fünf dominierende Stereotypen beschreiben, die durch D.W. Griffiths Film BIRTH OF A NATION (1915) in den Diskurs eingeführt wurden: »*Toms* – die ›guten Neger‹ [...]. *Coons* – [...] die Slapstick-Entertainer [...]. *Die tragische Mulattin* [...]. *Mammies* – die prototypischen Hausbediensteten [...] mit [...] ihrer unhinterfragten Unterwürfigkeit am Arbeitsplatz [...]. Schließlich die *Bad Bucks* – groß, stark, schlecht, gewalttätig, aufbegehrend.« (Ebd.: 134 f., Herv. i.O.) All diese Stereotypen modifizieren zwar die alten kolonialistisch geprägten Rassismen, doch ist »das Repertoire stereotyper Figuren aus der Zeit der Sklaverei [...] nie vollständig verschwunden.« (Ebd.: 136) Immer noch basieren viele Seherfahrungen im Kino auf der Stereotypisierung und Spektakularisierung des ›Anderen‹, nicht nur hinsichtlich der Rasse, sondern auch bezüglich sexueller Identität, sozialer Zugehörigkeit etc. So bestätigt Hall zufolge auch ein Schauspieler wie Sidney Poitier, der ohne Zweifel viel zur Emanzipation schwarzer Schauspieler/-innen im Hollywoodkino beigetragen hat, gewisse Stereotypen im Akt der Emanzipation. Poitier entzieht sich zwar den klassischen Zuschreibungen, die Schwarze als ›der Natur nahe‹ und ›Wilde ohne Kultur‹ erscheinen lassen, denn er tritt in seinen Rollen gebildet und intelligent auf. Allerdings entspricht er mit diesem Bild einer liberalen weißen Perspektive, die schwarze Kultur nur an den Stellen, an der sie der eigenen weißen so nahe wie möglich kommt, akzeptiert (vgl. ebd.: 137 f.). Erst im Fahrwasser der Bürgerrechtsbewegung der sechziger Jahre des 20. Jahrhunderts gelingt es, einigen dieser Fallen der Repräsentation zu entkommen. Diese Befreiung von traditionellen Stereotypen wird aber in den achtziger und neunziger Jahren des 20. Jahrhunderts komplexer und zwiespältiger, da hier eine andere Segregation einsetzt, die nicht schwarz von weiß trennt, sondern die Schwarzen von innen heraus spaltet. Hall nennt hier die Entstehung einer neuen schwarzen Unterklasse, die durch Ghettoisierung, endemische Armut und Kriminalisierung gekenn-

---

also niemals eine ›natürliche‹, sondern immer eine soziale, durch Machtverhältnisse strukturierte Praxis. Hall spricht hier von ›kodierter Realität‹ (vgl. ebd.: 134).

zeichnet ist, und sich zusehends von der schwarzen Mittelschicht entfernt, wodurch die Politik der Repräsentation sich erweitert, wie Filme von Regisseuren wie Spike Lee es uns vorführen (vgl. ebd.: 142).

Weil Bedeutung also niemals endgültig fixiert werden kann, ist es prinzipiell möglich, eine kritische Politik der Repräsentation zu betreiben, die womöglich die Kette der sich fortschreibenden Stereotypen durchbrechen kann. Da aber das Terrain der Repräsentation ein sehr komplexes ist, existieren viele unterschiedliche Strategien, rassierte Repräsentationsregime zu kritisieren und andere Repräsentationsformen, die Subjektpositionen und Identitäten jenseits der Stereotype erschließen, in den visuellen Diskurs einzuführen. Hierzu skizziert Hall drei mögliche Herangehensweisen, die aber keinesfalls die einzig möglichen darstellen (vgl. Hall 2004d: 159-165). Zunächst existiert die Möglichkeit der Umkehrung der Stereotype, die alle negativ konnotierten Eigenschaften eines Stereotyps positiv besetzt (vgl. ebd.: 159). Hall nennt hierzu den in den siebziger Jahren des 20. Jahrhunderts äußerst populären Film SHAFT (1971), dessen gleichnamige Hauptfigur, gespielt von Richard Roundtree, ein schwarzer Detektiv ist, der ursprünglich negativ besetzte Eigenschaften wie Rüpelhaftigkeit, Sexismus, Mangel an Respekt gegenüber Autoritäten und einige mehr als ›Tugenden‹ eines coolen ›Super-Niggers‹ präsentiert. Dass diese Strategie der Umkehrung der Stereotype auch dreißig Jahre danach noch populär genug ist, um zur Anwendung zu kommen, zeigt das Remake gleichen Namens aus dem Jahr 2000, in dem diesmal der von Samuel L. Jackson gespielte Neffe von John Shaft, der mit seinem Onkel nicht nur den Namen, sondern auch dessen ›Tugenden‹ gemeinsam hat, auf Gangsterjagd geht. Doch auch im Jahr 2000 bedeutet die Umkehrung des Stereotyps nicht dessen Überwindung, da es die binäre Struktur rassischer Stereotypisierung eben bloß umkehrt, ohne Alternativen jenseits dieser Dichotomie anzubieten (vgl. ebd.: 161).

Auch das Hinzufügen positiver Bilder zu den negativen Repräsentationen ist eine zweischneidige Angelegenheit (vgl. Hall 2004d: 162 f.). Die positiven Bilder stellen heraus, dass Stereotypisierungen Identitäten nicht angemessen repräsentieren und kritisieren den Reduktionismus der Stereotypisierungen mit seinen machtpolitischen Implikationen. Sie erweitern den visuellen Diskurs um Bilder, die die positiven Seiten von Differenz thematisieren, wodurch insgesamt eine Balance hergestellt wird. Das Hinzufügen positiver Bilder lässt allerdings die negativen Repräsentationen bestehen. So wird zwar die Vielfalt der Repräsentationen erhöht, deren Gegensätze aber nicht unterminiert.

Eine andere Strategie, die diese Schwierigkeiten umgehen kann, ist, die dominanten Formen der Repräsentation von innen heraus zu dekonstruieren, wobei auch diese Strategie misslingen kann (vgl. Hall 2004d: 163 ff.). So lehnt diese

Strategie die diskriminierenden Formen der Repräsentation nicht ab, sie tabuisiert sie nicht, sondern lässt die Stereotype ›gegen sich selbst wirken‹ (vgl. ebd.: 164). Diskriminierende Formen der Repräsentation werden thematisiert, entnaturalisiert und in Frage gestellt. Dazu ist, wie wir bereits bei Butler bezüglich der Resignifikation gesehen haben, das Zitieren der Diskriminierung notwendig. Dadurch werden die meist im Verborgenen, und daher machtvoll operierenden Strategien der diskriminierenden Repräsentationen bewusst gemacht. Der Blick wird somit von der Repräsentation auf die Repräsentationsstrategie, die hinter der Repräsentation steht, gelenkt, was die Strategien der Macht sichtbar macht und für kritische Interventionen öffnet. Dass dabei Humor eine wichtige Rolle spielt (vgl. ebd.), werden uns die Filmanalysen in Kapitel 3 dieser Arbeit zeigen, die oft die parodistischen Elemente der analysierten Filme hervorheben.

Ohne das Potential einer kritischen Politik der Repräsentation schmälern zu wollen, muss aber auch darauf hingewiesen werden, dass diese Form der Politik, wie jede andere auch, eine Politik ohne Garantien ist. Dazu schreibt Hall:

»Repräsentation ist eine komplexe und ambivalente Praxis. Das macht es so schwierig, ein rassisiertes Repräsentationsregime zu demontieren oder zu untergraben – ein Vorhaben, für das es […] niemals eine absolute Garantie geben kann. Damit wird das Feld eröffnet für ›Politiken der Repräsentation‹, für einen Kampf um Bedeutung, der andauert und nicht beendet ist.« (Hall 2004d: 165)

Wir haben nun gesehen, wie Hall beschreibt, wie innerhalb bestimmter Repräsentationsregime konkrete Subjektpositionen des ›Anderen‹, die immer auf Differenz beruhen, durch mediale Spektakel festgeschrieben werden – oder wie dies zumindest versucht wird. Übersetzt man nun diese Begriffe in die Begriffe Foucaults, ergibt sich, dass innerhalb bestimmter Wahrheitsregime, die nur bestimmte Effekte der Macht als wahr, und damit – so würde Butler sagen – als intelligibel gelten lassen, Subjekte entlang der Wahrheit dieser Regime positioniert bzw. fixiert werden. Dies kann sich je nach Dynamik der Subjektpositionen mal als ein Machteffekt, mal als ein Herrschaftseffekt äußern. Deshalb sucht Hall nach alternativen Repräsentationsmöglichkeiten, die den ›Anderen‹ jenseits diskriminierender Differenzen positionieren und erfahrbar machen, wodurch er nicht der ›Andere‹ bleibt. Mit Foucault ließe sich sagen, dass alternative Formen der Subjektivität und Identität gesucht werden, die sich womöglich als Quasi-Subjektivität erweisen können. Denn das Quasi-Subjekt ist ein Subjekt, das außerhalb der Machtfelder einer ökonomisch dominierten Macht existiert. Hier würde Hall mit Marx Foucault zustimmen, denn auch Hall geht es um Identitäten, die eine Alternative zu Identitäten der kapitalistischen Fremdführung sind. Das Quasi-Subjekt ist also ein Subjekt *anderer* Machtfelder oder auch Heterotopien (vgl. Foucault 1992b), in denen subjektive Selbstführung möglich ist. Diese Orte zu erreichen, die immer vorläufig, niemals endgültig sind, kann mittels der von Butler beschriebenen Resignifikation – die auch Hall hier als Dekonstruktion der Repräsentation von innen heraus aufgreift – gelingen. Denn die Resignifikation zeigt die diskursive Konstruiertheit jeder Macht auf, indem sie die Grenzen der Macht sichtbar macht und so die Macht entnaturalisiert und für Veränderungen öffnet. Hall begreift also festschreibende Repräsentationen als Macht. Auch ihm geht es um das Erschließen anderer Identitäten, anderer Wahrheitsräume und anderer Subjektpositionen mittels anderer medialer Repräsentationen. Das Quasi-Subjekt und die Resignifikation können für eine solche kritische Medienpraxis hilfreiche Begriffe sein, weil sie verständlich machen, was Kritik sein kann.

2.3.2 Douglas Kellner: Zur Bedeutung von diagnostischer Kritik und kritischer Medienkompetenz in postmodernen Medienkulturen

Wir werden nun mittels der Arbeiten Douglas Kellners unseren Schwerpunkt innerhalb der Cultural Studies weiter auf Medienkultur fokussieren. Denn wie Douglas Kellner und Jeff Share (2007b: 3) diagnostizieren, ist das 21. Jahrhundert ein Jahrhundert der ›Mediensättigung‹. Gegenwärtig ist Medienkultur *die* dominante Form von Kultur, in der sich die wichtigen Auseinandersetzungen um Macht abspielen (vgl. Kellner 1995: 18). So schreibt Kellner: »media culture […] is itself a contested terrain, on which competing social groups attempt to use to promote their agendas and ideologies.« (Ebd.: 20) Cultural Studies sind aufgrund ihres Verständnisses von Kultur als Arena im Kampf um Macht eine geeignete Disziplin, um kritische Einblicke in gegenwärtige globale Medienkulturen zu erlangen. Neben einer für die Cultural Studies typischen marxistischen Perspektive, erweitert Kellner seinen kritischen Blick einerseits um die Arbeiten der Kritischen Theorie sowie andererseits um Positionen aus der poststrukturalistischen Diskussion französischer Prägung. Dabei kommt es Kellner jedoch nicht auf die Theoriediskussion um ihrer selbst Willen an. Im Sinne des von den Cultural Studies stets geforderten Interventionismus sieht Kellner eine Theorie immer als ein Werkzeug, als eine Waffe der Kritik, das je nach Bedarf modifiziert werden muss (vgl. ebd.: 20-27). Kellner legt dabei eine pragmatische Herangehensweise an den Tag, wenn er schreibt: »I cite only positions that I feel are productive for a media cultural studies, or indicate positions from which I am distancing myself.« (Ebd.: 27) Dieser Zugang zur Theorie liegt darin begründet, dass Cultural Studies Kultur immer als die Kultur eines spezifischen sozio-historischen Kontextes und somit als einen Effekt der Macht betrachten. Damit stellen sich Cultural Studies gegen einen reinen Textualismus, weil sie immer ein materielles Anliegen haben. Denn auch im Feld der Unterhaltung geht es um kulturelle Macht (vgl. ebd.: 32-35).

Kellner lässt sich somit sowohl auf theoretischer als auch praktischer Ebene als ein ›performativer Kritiker‹ lesen. Denn er fordert kritische Cultural Studies nicht nur dazu auf, in der Theoriebildung sich selbst gegenüber lebhaft kritisch zu sein, sich durch eine »Hingabe zu Revision und Entwicklung« (Kellner 2005a: 15) auszuzeichnen, sondern auch stets kritisch, multikulturell, multiperspektivisch und kontextuell zu sein. Darüber hinaus müssen kritische Cultural Studies den Zweck der Theoriebildung darin sehen, die Theorie zu einem kritisch-interventionistischen Werkzeug der Alltagspraxis zu machen, zu einer kritischen Waffe, mit der eine bessere Gesellschaft geschaffen werden kann (vgl. ebd.: 50). Kritik ist bei Kellner damit immer ein performativer Akt, der wieder und wieder in basalen Kontexten des Alltags aufgeführt werden muss, wie Kellner es mit Blick auf diverse Produkte der Medienkultur betreibt. Denn diese Produkte sind niemals nur unschuldige Unterhaltung, sondern es handelt sich bei ihnen immer auch um Artefakte, die die Interessen der Macht durchzusetzen versuchen. Insofern ist (Medien-)Kultur immer politisch zu lesen, da in ihren Texten viele Diskurse zu finden sind, deren Ziel im Zuweisen bestimmter, mit der Macht korrespondierender Subjektpositionen liegt. Bestimmte kulturelle Medientexte unterstützen spezifische Positionen der Macht, die sich im Vergleich mit den herrschenden Diskursen der Zeit aus ihnen herauslesen lassen.[15] Die kritische Analyse von Texten der Medienkultur kann daher ein wichtiges sozialwissenschaftliches Instrument sein, da diese Texte immer mit den jeweiligen Diskursen einer bestimmten Zeit zusammenhängen (vgl. ebd.: 12 f.). Somit kann uns die kritische Analyse von Medientexten, seien dies Nachrichten, Fernsehserien, Filme etc., auch etwas über die Gesellschaft, in der diese Texte zirkulieren, sagen und sowohl das Funktionieren der Macht als auch die Möglichkeiten kritischer utopischer Ideen in diesen Texten herausstellen. Kellner positioniert sich somit gegen einen spielerischen Textualismus, der die textuelle Polysemie als frei von diskursiven Begrenzungen begreift und durch diesen Relativismus einen kritisch-normativen Standpunkt aufgibt[16] (vgl. Kellner 2005b: 67 f.). Ein kri-

---

15 Dies beschreibt auch Hall mit dem Begriff der ›dominanten Bedeutung‹ (vgl. Hall 2004b: 75). Wie diese jedoch erkannt und lokalisiert werden kann, kann Hall auch in einer ausführlichen Diskussion nur skizzenhaft klären (vgl. Hall 2004c).

16 Die Tauglichkeit des Postmodernismus als kritische Gesellschaftstheorie untersucht Kellner (2005i) genauer anhand der Positionen von Jean Baudrillard, Jean-François

tisch-normativer Standpunkt, wie Kellner ihn versteht, ist allerdings kein verabsolutierbarer Standpunkt, sondern ein solcher Standpunkt muss stets seine konstitutiven Vorannahmen kontextuell auf ihre Gültigkeit hin befragen und gegebenenfalls modifizieren (vgl. ebd.: 70 f.).

Diese Herangehensweise an Medientexte, die Kellner eine ›diagnostische Kritik‹ (vgl. Kellner 2005a: 43-50) nennt, stellt Kellner auf das Fundament kritischer Cultural Studies, die er sowohl multikulturell und multiperspektivisch als auch kontextuell konzipiert. Das kritische Element hierbei ist die Praxis, das Funktionieren spezifischer Formen von Macht zu untersuchen und darzustellen, also Macht zu entnaturalisieren. So wird Macht entlang normativer Positionen kritisiert, um alternative Identitäten hervorzubringen. Dies kann nur gelingen, wenn Kultur und Gesellschaft immer mit Blick auf Machtverhältnisse gesehen werden und zusätzlich eigene normative Perspektiven entwickelt werden. Innerhalb spezifischer Kontexte müssen Cultural Studies also Wertvorstellungen entziffern und deren Wirkungen einschätzen, um so alternative Räume zu entwerfen (vgl. ebd.: 13). Daher ist die Aufgabe kritischer Cultural Studies nicht nur die Machtkritik, sondern auch die positive Bildung konkreter Formen des Widerstands im Sinne einer Ermächtigung (*empowerment*). Dies erfordert auch bestimmte normative Standards, die jedoch nicht mit einem normativen Fundamentalismus gleichbedeutend sind. Daher kann es auch hier keine letztendlichen Garantien für eine kritische Politik geben (vgl. ebd.: 14 f.). Diese normativen Vorstellungen sollen »die menschliche Freiheit, Demokratie, Individualität und andere Werte verbreiten.« (Ebd.: 14) Dies versteht Kellner unter soziokultureller Kritik und politischer Veränderung, zu der die machtkritische Analyse von Medientexten Wesentliches beizutragen vermag.

Eine solche machtkritische Medienanalyse »liest Texte der Medienkultur im Kontext von deren Verbindung zu Strukturen der Herrschaft und der Kräfte des Widerstands« (Kellner 2005a: 15) und befasst sich darüber hinaus mit der Frage, welche Subjektpositionen diese Texte in einem konkreten historischen Diskurs bevorzugen (vgl. ebd.). Eine machtkritische Medienanalyse verknüpft die Frage, wie bestimmte Identitäten konkret artikuliert werden, immer mit der Frage nach den Absichten bestimmter Politiken der Repräsentation. Kellner zufolge beabsichtigt eine machtkritische Medienanalyse, diejenigen Politiken der Repräsentation herauszustellen, die das Anderssein hervorheben und Stereotypisierungen

---

Lyotard, Fredric Jameson und Jürgen Habermas. Dabei ist es für Kellner ein entscheidendes Kriterium, dass postmoderne Positionen nicht in Beliebigkeit und Relativismus kippen, sondern vor dem Hintergrund einer fragmentierten Sozialität dennoch normativ-kritische Standpunkte einnehmen.

vermeiden. Diesen Aspekt bezeichnet Kellner als ›multikulturell‹, weil er marginalisierte Gruppen im Kampf um eine selbstbestimmte Repräsentation ermächtigen soll (vgl. ebd.: 16). Unter dem Gesichtspunkt der Multikulturalität wie Kellner sie versteht, zeigen kritische Cultural Studies auf, »wie Kultur die Materialien und Ressourcen für Identitäten bereitstellt und wie kulturelle Artefakte angepasst und benutzt werden, um im Alltagsleben individuelle Identitäten zu produzieren.« (Ebd.: 17) In dieser Hinsicht nimmt ein kritischer Multikulturalismus, den Kellner entschieden von einem ›Melting-Pot-Liberalismus‹ abgrenzt, Differenzen auf den verschiedenen Ebenen von Identität nicht bloß wahr, sondern er analysiert über die wahrnehmbaren Differenzen die Beziehungen zwischen Ungleichheit und Unterdrückung in der Absicht, mehr Gleichheit und Freiheit zu verwirklichen. Deshalb lässt sich auch eine klare Präferenz des kritischen Multikulturalismus für diejenigen medialen Repräsentationen von Differenz ausmachen, die normierende Mächte entnaturalisieren und den Kampf gegen sie voranbringen (vgl. ebd.). Ein kritischer Multikulturalismus hilft den Unterdrückten, »ihre Unterdrücktheit zu erkennen, ihre Unterdrücker beim Namen zu nennen und die Ziele und Vorgangsweise für ihre Befreiung zu artikulieren.« (Ebd.) Dabei haben Differenzen auch eine vergemeinschaftende Funktion, die darin liegt, sich über die geteilte Erfahrung der Differenz und der Unterdrückung als eine Gemeinschaft zu erkennen und gemeinsame Ziele des Kampfes zu benennen (vgl. ebd.: 19). Die Funktion der Differenz für einen kritischen Multikulturalismus verläuft also in zwei Richtungen: Einerseits hebt sie den Unterschied zwischen Unterdrückten und Unterdrückern hervor, andererseits vergemeinschaftet sie die Unterdrückten – aber auch die Unterdrücker/-innen. Die Herstellung von Solidarität durch Vergemeinschaftung der Unterdrückten stärkt ihre Handlungsmächtigkeit.

Neben der Multikulturalität hält es Kellner auch für notwendig, dass kritische Cultural Studies multiperspektivisch sind (vgl. Kellner 2005a: 20-25). Durch eine Multiperspektivität kann es besser als aus nur einer Perspektive gelingen, einen Gegenstand in seinen vielschichtigen Ambivalenzen und Widersprüchlichkeiten zu begreifen. Demnach stellt eine Multiperspektivität eine breite Palette textueller und kritischer Werkzeuge bereit, mit denen ein Gegenstand auf vielerlei Weise analysiert, interpretiert und kritisiert werden kann: »Jede kritische Methode konzentriert sich auf spezifische Aspekte eines Objektes aus einer bestimmten Perspektive heraus« (ebd.: 21), von der jede ihre Stärken, aber auch Schwächen und blinden Flecken besitzt. Doch bezieht sich die Multiperspektivität nicht nur auf die verschiedenen Methoden der Analyse und Kritik, die zur Anwendung kommen. Sie bezieht sich ferner auch darauf, dass eine bestimmte Lesart eines Textes immer auch die Lesart einer bestimmten Kritikerin ist, »egal wie multiperspektivisch sie ist.« (Ebd.: 23) In Abgrenzung zu einem liberalistischen ›anything goes‹-Pluralismus ist es daher wichtig, jede Lesart in Bezug zu einer anderen zu sehen und vergleichend zu bewerten, wobei die Bewertung für Kellner diejenigen Lesarten positiver einordnet, die auf der Seite der progressiven Kräfte stehen, die sich gegen Unterdrückung positionieren und diese angreifen (vgl. ebd.). So zeigen kritische Cultural Studies durch Multiperspektivität, wie kulturelle Texte bestimmte Subjektpositionen produzieren und stellen verschiedene Positionen einander gegenüber. Mit der Multiperspektivität eng verknüpft ist auch der Kontextualismus, den Kellner als konstitutiv für kritische Cultural Studies erachtet. Kellner stellt anhand mehrerer kritischer Kurzanalysen von Hollywoodfilmen heraus, wie diese zu einer bestimmten Zeit sowohl die Macht stützende als auch kritische Lesarten befördert haben, die zu einem anderen Zeitpunkt nicht mehr so oder auch gar nicht mehr funktionieren. Durch die Einbettung einer jeden Analyse in einen spezifischen Kontext vermeidet es Kellner, unzulässig zu verallgemeinern und der Populärkultur eine Widerständigkeit per se zu attestieren (vgl. ebd.: 25-37).

Auch hinsichtlich ihrer Wirkungen lassen sich Medientexte nicht verallgemeinern. Weder wirken sie ausschließlich unterdrückend noch ausschließlich widerständig und ermächtigend. Vielmehr tragen sie sowohl normierende, unter die Macht unterwerfende Elemente als auch ermächtigende Utopien in sich. So können auch reaktionäre Medientexte utopische Ideen vermitteln, wenn sie ›gegen den Strich‹ gelesen werden. Daher sollten kritische Cultural Studies immer auch nach den Momenten der Utopie und des Widerstands innerhalb der Macht suchen und diese für eine Sozialkritik nutzen (vgl. Kellner 2005a: 37-43). Gerade in der Unterhaltung spielen utopische Momente, die uns eine Idee von ›einem besseren Leben‹ geben, eine zentrale Rolle, wie Richard Dyer (2002: 20) betont. Dabei präsentiert uns Unterhaltung gemeinhin keine konkreten, d.h. ausformulierten Modelle utopischer Welten. Die Utopie ist hier vielmehr in einer durch die Unterhaltung verkörperten Gefühlsstruktur vermittelt und dementsprechend diffus, was zu zahlreichen Textaneignungen durch individuelle Interpretationen einlädt. Utopie wirkt auf der Ebene des Empfindungsvermögens als ein ›affektiver Kode‹. So steht nach Dyer eher die Vorstellung im Vordergrund, wie sich eine bestimmte Utopie anfühlt, weniger eine konkrete Organisation und Umsetzung der Utopie (vgl. ebd.). Dies bedeutet aber keine Entwertung des utopischen Potentials in der Unterhaltung. Denn auf der Ebene der Empfindungen sind soziale Unzulänglichkeiten sehr direkt spürbar. Eine Ambivalenz der Unterhaltung als Produkt einer kapitalistischen Kulturindustrie ist es, dass Unterhaltung Alternativen zum Kapitalismus anbietet, die der Kapitalismus selbst zur Verfügung stellt (vgl. ebd.: 27).

So wie die Arbeiten Foucaults hervorheben, dass Macht ihren Widerstand zwingend mitproduziert, sieht auch Kellner, dass es in den Repräsentationen der Macht immer einen »utopischen Bodensatz« (Kellner 2005a: 38) gibt, eine Stelle, an der die Macht einen Überschuss an Bedeutung produziert, der nicht im Interesse der Macht liegt, sondern sich gegen sie stellt.[17] Der utopische Bodensatz rührt daher, dass Macht nicht manipulieren kann, »wenn sie nicht einen echten Inhaltsrest – quasi als Bestechung der Fantasie – dem Publikum anbieten [kann], das gerade manipuliert werden soll.« (Ebd.: 39) Dementsprechend sollen kritische Cultural Studies nicht nur die herrschende Macht kritisieren, sondern in ihren Medienanalysen auch die utopischen Momente hervorheben. Ein Diskurs wird so gegen einen anderen gewendet, was Kellner mit Bezug auf die Frankfurter Schule als ›immanente Kritik‹ bezeichnet (vgl. ebd.: 41), die eine dichotome Trennung von Macht und Widerstand/Utopie als wenig sinnvoll erscheinen lässt. Hier verweist Kellner auf das, was er ›Neue Französische Theorie‹ nennt, eine im Poststrukturalismus verortete und von Autoren wie Roland Barthes oder Jacques Derrida vertretene Theorie, die in Texten prinzipiell eine Vielzahl von Stimmen für hörbar hält und für die Vielwertigkeit von Lesarten eintritt. Hinsichtlich der machtpolitischen Implikationen sieht diese Theorieströmung gerade auf die Ränder eines Textes, wodurch auch diejenigen Stellen für eine kritische Interpretation relevant werden, die der Text auslässt (vgl. ebd.: 43 ff.). Ob sich der Zirkel dieser Autoren auch auf Deleuze und Guattari erweitern lässt, werden wir in der kritischen Diskussion der Arbeit anhand des Begriffs der ›kleinen Literatur‹ untersuchen, der herausstellt, dass die kleine, widerständige Sprache immer schon in der mächtigen ›Staatssprache‹ angelegt ist, wobei die kleine Sprache gleichzeitig dazu tendiert, zur Staatssprache zu werden (vgl. Deleuze/Guattari 1976).

Diese Überlegungen führen Kellner schließlich zur Bildung des Begriffs einer ›diagnostischen Kritik‹, die uns »Einsichten in die gegenwärtige politische Situation, in die Stärken und wunden Punkte der kämpfenden politischen Kräfte, und in die Hoffnungen und Ängste der Bevölkerung« (Kellner 2005a: 49) erlaubt. Medienkulturelle Texte bieten Einsichten in das Funktionieren einer bestimmten Gesellschaft zu einem bestimmten Zeitpunkt und lassen darüber hinaus auch die utopischen Momente, die über dieses konkrete Funktionieren hinausweisen, erkennen.[18] So hilft die diagnostische Kritik dabei, progressive politische

---

17 Wie dieses Thema im Film verhandelt werden kann, demonstriert die ausführliche Analyse des Films V FOR VENDETTA (vgl. Nestler/Winter 2008).

18 Dass das Kino als medienkultureller Text diese Verschränkung mit dem Sozialen nicht erst in der Postmoderne eingeht, zeigt Annette Kuhn (2010) in einer historisch-

Praktiken zu erarbeiten, die uns alternative gesellschaftliche Räume erschließen können. Aus diesem Grund ist es wenig sinnvoll, die ermächtigende Aneignung von Medientexten auf die Texte der Populärkultur zu beschränken, wie es ein von Kellner kritisierter ›Populär-Fetischismus‹ innerhalb der britischen und nordamerikanischen Cultural Studies angeblich tut. Dieser Fetischismus feiert in unkritischer Weise populärkulturelle Texte, während er die Hochkultur abschätzig behandelt. Folglich kann es nicht gelingen, eine radikale Kultur- und Medienpolitik zu realisieren (vgl. Kellner 2005b: 64 f.). Dadurch verschafft die diagnostische Kritik kritischen Cultural Studies über die Analyse hinaus auch die Möglichkeit zur kritischen Intervention (vgl. Kellner 2005a: 50). Diagnostische Kritik »stellt kritische Waffen für diejenigen bereit, die daran Interesse haben, eine bessere Gesellschaft zu schaffen.« (Ebd.)

Wie diagnostische Kritik als kritische Waffe gegen den spielerischen Textualismus der Postmoderne eingesetzt werden kann, veranschaulicht Kellner (2005c) an Hand der Fernsehserie MIAMI VICE, »die als beispielhaft für einen postmodernen populären Text gilt.« (Ebd.: 141) Kellner wählt hier ganz bewusst diese Fernsehserie, weil sie vordergründig mit all den Eigenschaften der Postmoderne zu korrespondieren scheint, die einen spielerischen Textualismus erst ermöglichen. Zu diesen Eigenschaften gehört insbesondere, dass sich das Narrative in einem schnell vergänglichen ästhetischen Erleben oberflächlicher Bilder verflüchtigt, wodurch sich jede Bedeutung auflöst und eine Hermeneutik unmöglich wird. Dieser Position stellt Kellner das Modell einer ›politischen Hermeneutik‹ entgegen, das auch für postmoderne Texte die Notwendigkeit einer machtkritischen Analyse behauptet, weil auch diese Texte mit den Diskursen der Macht gesättigt sind und damit Identitätsmodelle bereitstellen (vgl. ebd.: 142 ff.). So bleibt die politische Hermeneutik auch in der Postmoderne »eine wichtige und unverzichtbare Waffe in unserem Arsenal« (ebd.: 143), die davon ausgeht, dass jedes mediale Produkt ein sozialer Text ist, der etwas über die gegenwärtige Gesellschaft auszusagen vermag (vgl. ebd.: 146). Die politische Hermeneutik ermöglicht somit erst eine diagnostische Kritik.

Dementsprechend gelingt es Kellner zu zeigen, wie MIAMI VICE uns Einblicke in den fragmentarischen und diskontinuierlichen Charakter postmoderner

---

ethnographischen Studie zur Rezeption und Konsumtion des Kinos in den dreißiger Jahren des 20. Jahrhunderts in Großbritannien. Hier kommt Kuhn zu dem Schluss, dass »im Aufeinandertreffen der Welt im Kino und des Kinos in der Welt Träume, Sehnsüchte und Wünsche *domestiziert*« (ebd.: 38, Herv. i.O.) werden. So wurzeln bereits damals die vom Kino aufgegriffenen Träume, Sehnsüchte und Wünsche im Alltag und werden dort gelebt (vgl. ebd.).

Identität gewährt, wodurch auch erkennbar wird, wie die uns von der populären Kultur angebotenen Subjektpositionen tatsächlich übernommen werden und Teil unserer Identität werden (vgl. Kellner 2005c: 145-157). Damit wird klar, dass auch die postmoderne Medienkultur eine äußerst machtvolle Subjektivierungsform ist. Beispielsweise bietet MIAMI VICE seinem Publikum mit seinen Figuren Crockett und Tubbs Rollenmodelle, Geschlechterrollenvorbilder sowie persönliche Einstellungen und verfügt damit über »eine bedeutsame Sozialisations- und Enkulturationswirkung« (ebd.: 147) auf mehreren Ebenen, von denen eine die Ebene von Mode und Geschmack sowie der damit einhergehenden Akzeptanz eines intensiven Konsumverhaltens ist. Dieses Konsumverhalten wiederum führt laut Kellners Analyse dazu, dass sich das Publikum einerseits mit den Gangstern der Serie, die diesen Lebensstil pflegen, und andererseits auch mit den Charaktereigenschaften der Polizisten identifizieren kann. So gibt es in MIAMI VICE keine festgefügten eindimensionalen Identitätsmodelle. Identität in MIAMI VICE ist fragmentarisch, extrem wandelbar und mit Widersprüchen und Ambivalenzen behaftet, was mit postmodernen Identitätskonzepten korrespondiert. Sogar die Identität der einzelnen Seriencharaktere ist als beinahe schizoid zu bezeichnen, da die meisten Polizistinnen und Polizisten in der Serie ständig zwischen ihrer Identität als Polizist/-in und verschiedenen Undercover-Rollen wechseln. MIAMI VICE konstruiert eine postmoderne Vorstellung von Identität, die sich »theaterähnlich durch Rollenspiel und Bildkonstruktion« (ebd.: 150) auszeichnet und sich zu großen Teilen um den Konsum herum organisiert. Indem die Serie darstellt, was die Leute alles tun, um an diesem entfesselten Konsum teilhaben zu können, macht sie die Grenzen zwischen Gut und Böse durchlässiger und so lässt sich häufig nicht entscheiden, ob beispielsweise Drogenhandel ein Verbrechen ist oder eine konsequente Verwirklichung eines ungebremsten freien Unternehmertums. Hierdurch zeichnet die Serie ein durchaus kritisches Bild des Kapitalismus (vgl. ebd.: 154 f.). Andererseits setzt MIAMI VICE einen bestimmten männlichen Habitus, nämlich den des Machos, durchweg positiv ins Licht, während die Frauen nur dann positiv gezeichnet werden, »wenn sie aggressives männliches Verhalten an den Tag legen« (ebd.: 153) und damit ebenso einen Machohabitus annehmen. Bezüglich der Geschlechterrollen ist MIAMI VICE keineswegs so progressiv wie in der Kapitalismuskritik. Das Thema ›Rasse‹ wiederum ist in der Serie sehr ambivalent. Einerseits sind Rassismen vorhanden, wenn die Farbe Weiß mit dem »Subjekt der Macht und des Begehrens« (ebd.) konnotiert ist, während die Farbe Schwarz für das Bedrohliche und Böse steht. Dennoch überschreitet beispielsweise die Freundschaft zwischen den beiden Detektiven Crockett und Tubbs die Rassengrenzen oder sind die beiden nicht-weißen Charaktere »Tubbs und Castillo zwei der positivsten Bilder von Farbigen, die jemals auf dem Bildschirm erschienen sind.« (Ebd.: 153 f.)

Durch diese machtkritische Analyse von MIAMI VICE zeigt Kellner, dass man auch dort, wo augenscheinlich ein oberflächliches Regime bedeutungsloser Bilder herrscht, keinesfalls davon ausgehen kann, dass diese Bilder ›unschuldig‹ und bloß unterhaltend sind. Hinsichtlich MIAMI VICE gelingt es Kellner, durch eine diagnostische Kritik herauszustellen, wie sehr die Identitätsangebote, die die Serie ihrem Publikum macht, mit dem fragmentarischen und diskontinuierlichen Charakter postmoderner Identitäten korrespondieren. Für diese ständige Konfrontation mit Unsicherheiten und Ambivalenzen gibt es, auch das zeigt die Serie, keine simplen Lösungen. Identität in der Postmoderne erscheint in MIAMI VICE als eine permanente Herausforderung. Damit zeigt Kellner, dass die Postmoderne kein rein formalistisch zu betrachtendes ›*anything goes*‹ ist, sondern im Gegenteil, dass sich die Herausforderungen an eine Machtkritik noch ambivalenter und widersprüchlicher stellen, als dies beispielsweise für die Moderne der Fall ist, die Identität als relativ gefestigt ansieht. In der Postmoderne darf, so Kellners normative Forderung, Kritik nicht verschwinden. Wir sind vielleicht mehr denn je gefordert, kritische Standpunkte zu konstruieren und diese einer ständigen Überprüfung auf ihre Kritikfähigkeit hin zu unterziehen. Hiermit finden sich Merkmale einer performativ gedachten Kritik in den normativen Ansätzen Kellners wieder.

Mit der machtkritischen Dekonstruktion von MIAMI VICE weist Kellner auch auf die Unzulänglichkeit bestimmter stereotyper Annahmen über die Medienwelt hin. So lautet eine Annahme, dass postmoderne Fernsehserien einem unkritischen Textualismus, der nicht in der Lage ist, kritische Einsichten in gesellschaftspolitische Zusammenhänge zu geben, das Wort redeten. Denn, so die fälschliche Annahme weiter, eine postmoderne Fernsehserie sei lediglich ein visuelles Regime bedeutungsloser Oberflächlichkeit. Gegen diese Vorstellung führt Kellner an, wie vielschichtig MIAMI VICE hinsichtlich der Herausforderungen, die ein postmodernes Konzept von Identität an uns stellt, angelegt ist, und dass wir nicht den Fehler begehen sollten, Unterhaltung mit Blick auf die in ihr enthaltenen machtvollen Diskurse, die unsere Identität mitunter stark beeinflussen, zu unterschätzen. Dass jedoch auch Filme, die offensichtlich politisch und moralisch strukturiert sind, mitunter an ihren Ansprüchen scheitern können, zeigt Kellner, wenn er sich mit der widersprüchlichen Identitätspolitik der Moralgeschichten Spike Lees befasst (vgl. Kellner 2005d).

Für Kellner sind Lees Filme vielschichtige Ethnographien einer urbanen schwarzen Kultur und pädagogische Lehrstücke, die ihr Publikum dazu bringen möchten, bezüglich moralischer und politischer Fragen eine klare Position zu beziehen. Lees Filme erfordern daher einen modernistisch konzeptionierten ›aktiven Leser‹, der den Filmtext fortschreibt, und stellen sich somit einem postmodernen Nihilismus entgegen (vgl. Kellner 2005d: 159-162). Kellner bezeichnet Lees Filme daher auch als »politische Moralstücke« (ebd.: 167), die zwischen einer modernistischen politischen Haltung, die jegliche Determination verweigert, einer pragmatischen und kontextualistischen Politik und einer primär durch kulturelle Identitäten definierten postmodernen Politik situiert sind. Obwohl Lees Filme als Produkte dieser Spannung gelten können, beschreibt Kellner deren Politik als weitgehend kulturalistisch, weil sie sich auf Fragen nach schwarzer Identität sowie moralische Entscheidungen hinsichtlich Geschlecht und Rasse konzentrieren. Lees Stärken liegen damit in der Darstellung von Dynamiken in Kleingruppen, nicht aber in der Untersuchung umfassenderer Gesellschaftsstrukturen. Dabei liegt ihr Fokus auf der schwarzen Mittelschicht, weshalb es Lees Filmen nicht gelingt, Klassenproblematiken adäquat zu reflektieren (vgl. ebd.: 170 ff.). Auch Lees Gender-Repräsentationen sind nicht unproblematisch, da sich hier männliche Charaktere durch einen extremen Machohabitus auszeichnen, während Frauen passiv, machtlos sowie mit »einer stereotypen weiblichen Bissigkeit« (ebd.: 173) behaftet dargestellt werden. Auch sind die Männer in Lees Filmen diejenigen, die aktiv Politik betreiben, während »Frauen in allen Filmen Lees in die Sphäre des Privatlebens verbannt« (ebd.: 174) werden. Diese Problematik unkritischer Reproduktion dominant-hegemonialer Stereotype findet sich auch hinsichtlich sexueller Identität, da Lee hier konventionelle heterosexuelle Beziehungen privilegiert. Darüber hinaus tritt dieser Sexismus häufig gepaart mit einem Rassismus auf, weil Lee sexuelle Beziehungen zwischen den Rassen durchweg negativ abbildet, was nicht nur für die Beziehungen zwischen Schwarzen und Weißen zutrifft, da Lee auch die schwarze Hautfarbe gewichtig nuanciert (vgl. ebd.: 173 f.). Statt also einige diskriminierende Stereotype kritisch zu hinterfragen, verdoppelt Lee sie und begibt sich damit in gefährliche Nähe zu den traditionellen Rollenklischees des Hollywoodkinos, ohne diese durch kritische Reflexion übersteigen und auflösen zu können (vgl. ebd.: 175). Dementsprechend bewertet Kellner das filmische Schaffen Lees:

»Film ist im besten Falle ein Fest der Bilder, aber kritischer Film hinterfragt diese Bilder, dekonstruiert jene, die den Interessen von Herrschaft dienlich sind und entwickelt alternative Bilder, Erzählungen und ästhetische Strategien. Lee reicht über das Repertoire an bereits etablierten Bildern nicht hinaus und reproduziert viele fragwürdige Bilder von Männern, Frauen, Schwarzen und anderen Rassen.« (Ebd.: 177 f.)

Dennoch bieten Lees Filme auch »provokative kinematische Interventionen, die den krassen Genrespektakeln des Hollywoodkinos bei weitem überlegen sind.« (Ebd.: 178)

Diese Analyse der Filme Spike Lees zeigt uns, dass eine kritische Politik der Repräsentation eine Politik ohne Garantien ist, und dass wir auch denjenigen Repräsentationen kritisch begegnen müssen, die auf einen ersten Blick dazu beitragen, Macht und Herrschaft zu kritisieren. Widersprüche und Ambivalenzen findet man oft dort, wo man sie am wenigsten vermutet hätte. So bekräftigt auch Kellner die Forderung Halls, das, was man kritisieren möchte, auseinanderzunehmen (vgl. Hall 1989a: 168) und erweitert sie dahingehend, dass wir auch das, was wir augenscheinlich für kritisch halten, hiervon nicht ausnehmen.

In seinem Buch *Cinema Wars* (2010) wendet Kellner das Projekt einer diagnostischen Kritik auf eine Vielzahl von in der Ära der Bush-Cheney-Regierung entstandenen Filmen an. Diese Filme analysiert er mit Blick auf ihre politischen Implikationen im Dreieck von Film, Politik und Gesellschaft. Kellner arbeitet heraus, inwiefern die Filme dieser Zeit einen kritischen Kommentar zur politischen Situation abgeben, ob sie utopische Gegenentwürfe zur Verfügung stellen, oder auch, ob sie bestimmte gesellschaftspolitische Entwicklungen bereits vorwegnehmen. Vor allem bezüglich dieses letzten Punkts erinnert Kellners umfangreiches Projekt an Siegfried Kracauers *Von Caligari zu Hitler* (1999), in dem Kracauer eine groß angelegte Untersuchung der psychologischen Geschichte des Films der Weimarer Republik betreibt und darlegt, inwieweit eine Analyse dieser Filme dazu beitragen kann, bestimmte verdeckte psychologische Dispositionen des deutschen Volkes zu dieser Zeit offenzulegen, um so »Hitlers Aufstieg und Machtergreifung zu verstehen.« (Ebd.: 18) Auch wenn sich Kracauers Untersuchung zuvorderst auf die Erforschung der Psychologie und weniger auf die Kultur, die Sozialstrukturen oder die Politik konzentriert, so betrachtet er den Film in ähnlicher Weise als ein ›Medium der Forschung‹, das Aufschlüsse über gesellschaftliche Prozesse geben kann (vgl. ebd.: 7). Im Rahmen einer Filmsoziologie untersucht auch Rainer Winter (1992) das Verhältnis von Film, Kultur und Gesellschaft. Die soziologische Perspektive nimmt die Interaktion von Film und Zuschauer/-in in den Blick und betrachtet damit die Aneignung von Filmen in ihrer sozialen Dimension. Winter betreibt hier eine multiperspektivische Filmsoziologie, die den Film sowohl als Kunstwerk und Text als auch als Erzählung und Erlebnis auffasst. Darauf aufbauend wird die Aneignung von Filmen unter Berücksichtigung ihrer kontextuellen und textuellen Bedingungen genauer untersucht. Dabei wird die Polysemie medialer Texte hervorgehoben, die die Kreativität und das Vergnügen in den sozialen Aneignungspraktiken fördert und zu eigensinnigen Aneignungen ermuntert. Kellner (2010) wiederum sieht Film- und

Medienkultur als einen ›Kampfplatz‹ konkurrierender Gesellschaftsgruppen an, wobei Film und Medien sowohl liberale, radikale als auch konservative[19] politische Positionen beziehen können, meist jedoch eine mehrdeutige Haltung einnehmen. Besonders in einer politisch turbulenten Zeit, wie es die Zeit nach dem 11. September 2001 ist, werden Film und Medien zu einem äußerst umkämpften Ort der Produktion und Artikulation von Bedeutungen (vgl. ebd.: 1 f.).

Von diesem Standpunkt aus ist gerade das einflussreiche Kino Hollywoods, das Kellner als das global dominante Kino betrachtet, Schauplatz eines Kampfes um Repräsentationen, in dem tatsächliche soziale Auseinandersetzungen reproduziert und die aktuellen politischen Diskurse in die Sprache des Kinos übersetzt[20] werden. Hierbei sind für Kellner sowohl fiktionale als auch nichtfiktionale Filme von Interesse. Zwar können erstere bestimmte Themen durch die Verwendung von Science Fiction oder futuristischen Allegorien dramatischer inszenieren als dies ein Dokumentarfilm könnte, wodurch wir zu tiefgreifenden Einsichten über bestimmte soziale und politische Situationen gelangen können (vgl. Kellner 2010: 188). Doch bedeutet dies nicht, dass nicht auch Dokumentarfilme bewegende Bilder liefern, die ihr Publikum beeinflussen und ihm damit einen tieferen Einblick in die machtvollen Auseinandersetzungen der gegenwärtigen sozialpolitischen Realitäten ermöglichen. Dabei müssen wir jedoch stets im Blick behalten, dass auch Dokumentarfilme Konstruktionen mit unterhaltenden und fiktiven Komponenten sind (vgl. ebd.: 52). Mit den fiktiven und unterhaltenden Elementen des Dokumentarfilms befasst sich Kellner ausführlich am Beispiel der populistischen Dokumentationsstrategien Michael Moores, den Kellner als einen ›linksgerichteten Partisanen des Dokumentarfilms‹ sieht. Am Beispiel von Moores Filmen hebt Kellner hervor, dass die Themenauswahl, die Rahmung und das Schneiden eines Films auch im Genre des Dokumentarischen ein Konstrukt hervorbringen, das die Sicht und die politische Einstellung des Regisseurs

---

19 Die Begriffe ›liberal‹, ›radikal‹ und ›konservativ‹ bleiben in Kellners Sprachgebrauch recht grob. So ist es nach Kellner für den Konservatismus typisch, dass er eine markt- und kapitalismuskonforme Politik betreibt, die das einzelne Individuum in den Mittelpunkt stellt und traditionelle Werte wie Heterosexualität, ein patriarchal organisiertes Gesellschaftssystem und Religion propagiert. Dagegen betont der Liberalismus den regulativen Staat, Gleichheit, Minderheitenrechte und Säkularismus. ›Radikal‹ bezieht Kellner meist auf eine radikal egalitäre Form der Demokratie (vgl. Kellner 2010: 3).

20 Im englischen Original ›to transcode‹. Kellner definiert den Begriff des Transkodierens wie folgt: »I use the term *transcode* to describe how specific political discourses […] are translated, or encoded, into media texts.« (Kellner 2010: 2, Herv. i.O.)

widerspiegelt. Reine Objektivität ist hier nicht nur unmöglich zu erreichen, sondern auch unerwünscht (vgl. ebd.: 132-162).

Daher spricht Kellner von *cinematic wars*, von ›Kriegen des Kinos‹.[21] Film ist hier ein erhellender sozialer Indikator hinsichtlich der Realitäten einer bestimmten historischen Ära, in dem Ereignisse, Fantasien, Ängste und Hoffnungen ihren Ausdruck finden (vgl. Kellner 2010: 2 ff.). Dabei kommen in den populären Filmen meist soziopolitische Dynamiken zur Sprache, während in den Filmen abseits des Mainstreams häufig ideologische Problematiken und gesellschaftliche Enthüllungen thematisiert werden, die im Mainstreamkino nicht akzeptabel wären. Mittels eines Lesens ›gegen den Strich‹ lassen sich auch in vermeintlich reaktionären Filmen und ›platten‹ Blockbustern progressive Momente finden, während man darauf stößt, dass vermeintlich liberale Filme oft genug konservative Ideen enthalten (vgl. ebd.: 6). Beispielsweise lassen sich die Filme der BATMAN-Reihe der Zweitausenderjahre nicht nur als Propaganda für Recht und Ordnung lesen. Kellner stellt heraus, dass diese Filme auch den tiefsitzenden Pessimismus der Menschen angesichts von ökonomischen und politischen Krisen artikulieren, die die eigene Regierung zu verantworten hat (vgl. ebd.: 11). Hinsichtlich der von Kellner untersuchten Bush-Cheney-Ära lässt sich feststellen, dass es eine Zahl wiederkehrender Themen gibt, die einige der gesellschaftspolitischen wie ökonomischen Schlüsselkonflikte zum Ausdruck bringen. Filme können so dabei helfen, die gesellschaftliche und politische Geschichte einer bestimmten Zeitspanne zu interpretieren, während das Kontextualisieren von Filmen in ihrer spezifischen Matrix der Produktion, Distribution und Rezeption dabei helfen kann, ihre manchmal widersprüchlichen Bedeutungen besser zu verstehen (vgl. ebd.: 12). Was Produktion und Distribution betrifft, so geht Kellner davon aus, dass das Hollywoodkino zu großen Teilen primär nach Prinzipien des freien Marktes funktioniert. Dementsprechend reagiert das Hollywoodkino meist schnell, wenn es beispielsweise darum geht, die Unzufriedenheit mit der Regierung filmisch zu artikulieren, weil sich damit potentiell finanzielle Gewinne erzielen lassen. Die Stoßrichtung dieser Artikulationen zielt dabei meist gegen eine konservative Politik, da die Gemeinschaft der Filmschaffenden Hollywoods eher liberal eingestellt ist (vgl. ebd.: 34). Kellner geht es also nicht darum, eine allgemeine Sozialtheorie des Films aufzustellen, die sich mit positivis-

---

21 Kellner sieht diese Kriege des Kinos nicht nur im Kino Hollywoods. So stellt er beispielsweise eine Verbreitung des Independentkinos im Mainstream fest (›Indiewood‹) oder einen wachsenden Einfluss filmischer Produktionsmethoden im Fernsehen (›*quality TV*‹). Ferner trägt die Digitaltechnik dazu bei, die Grenzen zwischen Film und (Home-)Video durchlässiger werden zu lassen (vgl. Kellner 2010: 3 f.).

tischen Methoden belegen lässt. Vielmehr liegt sein Interesse darauf, spezifische Filme in ihrer Verbundenheit mit spezifischen Kontexten zu verstehen und hieraus erhellende Einsichten abzuleiten. Eine diagnostische Filmkritik ist daher eine spezifisch kontextualisierte Performanz der Interpretation.

Das Kino stellt uns also verschiedene Arten des Sehens zur Verfügung, die einerseits eine konventionelle Welterfahrung reproduzieren können, aber uns andererseits auch in die Lage versetzen können, die Dinge so zu sehen, wie wir sie zuvor noch nicht gesehen haben. Dadurch kann uns das Kino tiefergehende und kritischere Einsichten in andere Menschen, Gesellschaften und historische Prozesse geben. Das Kino stellt künstlerische Visionen zur Verfügung, die einer aktuellen Lebenssituation sowohl positive als auch negative zukünftige Möglichkeiten hinzufügen und somit den gesellschaftlichen Kontext des Moments transzendieren können (vgl. Kellner 2010: 13 f.). Dies aber setzt eine kontextualisierende Interpretation voraus: »Properly interpreted and contextualized films can provide key insights into specific historical persons, events or eras.« (Ebd.: 14) Wie andere kulturelle Formen auch, kann der Film ›dialektische Bilder‹ liefern, die ihre gesellschaftliche Umgebung erhellen und sie um eine utopische Dimension erweitern, die dem Publikum dabei hilft, die Grenzen der aktuellen Situation zu übersteigen und sich ein alternatives, besseres Leben vorstellen zu können (vgl. ebd.: 16 f.). Film ist ein entscheidender Teil gegenwärtiger Kulturen. Er ist stets in elementare ökonomische, politische, soziale und kulturelle Dimensionen eingelassen, weshalb er Debatten über zentrale gesellschaftliche Fragen initiieren kann. Damit hilft uns Film, gegenwärtige Kulturen und Gesellschaften zu verstehen und leistet so seinen Beitrag zu den relevanten Debatten der Zeit. Das dazu notwendige kontextuelle Lesen von Film verortet die analysierten Filme in ihrer soziohistorischen Umgebung und zeigt, wie sie gesellschaftspolitische Ereignisse und Auseinandersetzungen artikulieren (vgl. ebd.: 17 f.).

Diagnostische Kritik nutzt den Film als symbolische Form, um historische Ereignisse, Ängste, Hoffnungen, Diskurse, Ideologien und gesellschaftspolitische Konflikte einer bestimmten Zeit zu analysieren und zu interpretieren. Diese Zugangsweise impliziert ein dialektisches Verhältnis von Text und Kontext, da der Text genutzt wird, um soziale Realitäten und Ereignisse zu lesen, während der soziale und historische Kontext genutzt wird, um Filme innerhalb des Kontextes zu verorten und zu interpretieren. Nur dann kann Film zu einer relevanten Wissensquelle für sozialpolitisch kritische Interpretationen und Interventionen werden, die dominante Diskurse der Macht dekonstruieren können (vgl. Kellner 2010: 34 f., 39 f.). Der Text erhellt somit den Kontext und umgekehrt. Keiner dieser beiden Teile lässt sich ohne den anderen adäquat erfassen und verstehen. Nutzen wir allerdings Filme in diesem Sinne und nehmen dabei eine Vielzahl verschiedener Perspektiven auf sowohl den Film als auch seinen gesellschaftlichen Kontext ein, ist Film ein mächtiges Werkzeug der Kritik, das uns schärfere Diagnosen zu gegenwärtigen sozialen und politischen Problemen erlaubt als beispielsweise die offiziellen Verlautbarungen der Regierung oder die immer schon durch Macht strukturierten Nachrichten (vgl. ebd.: 259). In dieser Hinsicht begreifen die exemplarischen Analysen in Kapitel 3 Film als ein Werkzeug sozialer, politischer und historischer Nachforschungen sowie als ein Werkzeug der Politiken der Repräsentation und deren Kritik (vgl. ebd.: 250).

Doch nicht nur aus Fernsehserien oder Kinofilmen lassen sich mit Hilfe einer diagnostischen Kritik Rückschlüsse auf die politische Dimension von Unterhaltung ziehen. Im Zeitalter der Globalisierung, das eine immer weiter fortschreitende Ausbreitung eines neoliberalen Technokapitalismus impliziert, werden mediale Spektakel wie Kellner (2005f) sie beschreibt »zu einem der Ordnungsprinzipien von Wirtschaft, Politik, Gesellschaft und Alltagsleben« (ebd.: 187), die zunehmend das politische und soziale Leben gestalten. Dies geschieht über das Eindringen der Unterhaltung in viele Lebensbereiche, so auch in Nachrichten- und Informationssendungen. Durch ihre zentrale Rolle für die Globalisierung bestimmen Medienspektakel also auch maßgeblich die Formen von Kultur und Gesellschaft (vgl. ebd.: 188). Die Kultur des Medienspektakels sieht Kellner als ein Produkt des so genannten Technokapitalismus, der einerseits durch eine Synthese von Kapital und Technologie sowie andererseits durch das Zusammenfallen von Informations- und Unterhaltungsindustrie im Format des *Infotainment* charakterisiert ist. Begleitet wird der Technokapitalismus als ein Phänomen der Globalisierung von dem Niedergang nationaler Sozialstaatlichkeit und der Vergrößerung der Macht des Marktes und seiner transnationalen Konzerne und Regierungsgremien (vgl. ebd.: 205). So werden »Kultur und Technologie […] zunehmend wichtigere Bestandteile des globalen Kapitalismus.« (Ebd.) Kellner zufolge leben wir daher gegenwärtig in einer »Kultur des Technospektakels« (ebd.: 210), einer Kultur, die sich dadurch auszeichnet, dass das Spektakel ein Medien, Politik und Alltag durchdringendes universelles Ordnungsprinzip ist. Dies gipfelt in einer allumfassenden Spektakularisierung, die aber auch neue Formen des Widerstands erzeugt (vgl. ebd.). Neue Technologien leisten also einerseits dem Technokapitalismus und der Spektakularisierung der Gesellschaft Vorschub. Andererseits begünstigen sie auch neue Formen des Widerstands, wie sie sich beispielsweise im Internet effektiv artikulieren können. So legt beispielsweise Rainer Winter (2010) in seiner Studie *Widerstand im Netz* dar, wie sich im Internet kritische soziale und politische Bewegungen organisieren, die die neoliberale Weltordnung hinterfragen und für gerechte und demokratische Lebensverhältnisse eintreten.

Unterhaltung ist daher keinesfalls als ›unschuldig‹ anzusehen, sondern hat immer auch machtpolitische Aspekte. Daher können uns konkrete Interpretationen bestimmter Aufführungen von Medienspektakeln umfassende Einblicke auf politischer, sozialer, kultureller und ökonomischer Ebene in unser Leben geben (vgl. Kellner 2005f: 213). Denn Medienspektakel sind ein wichtiger Teil unserer Sozialisation, da sie grundlegende gesellschaftliche Werte verkörpern, gesellschaftliche Kontroversen thematisieren und auch Lösungsvorschläge aufzeigen (vgl. ebd.: 189). Allerdings erfahren wir diese Dimensionen von Medienspektakeln selten auf den ersten Blick, weil sie unter einem Deckmantel der Unterhaltung verborgen liegen. Denn in einer Spektakelkultur muss alles unterhaltsam sein, um wahrgenommen und damit zum Bestandteil der Diskurse der Macht zu werden. Diese Ökonomie der Aufmerksamkeit durchdringt in einer Gesellschaft des Spektakels alle Lebensbereiche, so dass selbst »›Kaufen, Shoppen und zum Essen ausgehen […] als ›Erlebnis‹ kodiert« (ebd.: 192) werden, wie Kellner es an *Shopping Malls* oder an der durch die Kette *Hard Rock Café* verkörperten Erlebnisgastronomie exemplifiziert. Doch nicht nur shoppen und essen sind als ›Erlebnis‹ kodiert. Neben der zu erwartenden spektakulären Kodierung von Prominenz, Sport, Hollywoodkino, Musikfernsehen, Popkonzerten und digitalen Spielen – bei letzteren wird ihr Unterhaltungswert beispielsweise zur Propaganda und Rekrutierung für das Militär genutzt – betrifft dies auch das Theater, die Mode, die Kunst und Architektur (vgl. ebd.: 192-203). Dieses Agieren der Macht aus dem Verborgenen aber bedeutet, dass sie umso mächtiger auf uns wirken kann, uns umso effektiver in bestimmten Subjektpositionen verorten kann, weil sie als Macht nicht erkennbar ist. Medienspektakel tragen daher zur ›Naturalisierung‹ von Macht bei. Da aber Macht stets auch Widerstand produziert, kann es bisweilen zu einer Umkehrung des Spektakels kommen. Denn auch das strategischste Medienspektakel kann die Wirkung seiner Bilder niemals vollständig kontrollieren. Beispielsweise verwandelten die Bilder aus den US-Foltergefängnissen im Irak einen symbolischen Sieg in eine Niederlage der USA (vgl. Kellner 2005h: 349 ff.). Dort, wo es zu keiner Umkehrung des Spektakels kommt, und dies ist leider oft der Fall, hat eine diagnostische Kritik daher die Aufgabe, die Macht hinter der Unterhaltung sichtbar zu machen und dadurch zu entnaturalisieren. Dies aber setzt Kompetenzen im kritischen Umgang mit Medien voraus.

Wir stellen also eine beinahe totale Durchdringung unseres Alltags mit Medien, die immer im Zusammenhang mit Macht zu sehen sind, fest. Daher ist es von großer Wichtigkeit, eine kritische Medienkompetenz (vgl. Kellner 2005g) zu erlernen, um sich die Medien in einer anderen als der von der Produktion bevorzugten Art aneignen zu können. Verschärft wird diese Notwendigkeit vor allem in einer Wissens- und Informationsgesellschaft, in der der Bildung eine immer tragendere Rolle für unser Leben zukommt (vgl. ebd.: 264). Daher betont Kellner die Wichtigkeit multipler Kompetenzen für eine ermächtigende Mediennutzung, wenn er schreibt: »Ich vertrete die Ansicht, dass die Medien jeden Aspekt unserer Kultur und Gesellschaft fluktuieren, und dass wir sie erfassen und benutzen sollten, um unsere Welt sowohl zu verstehen als auch zu verändern.« (Ebd.: 265) Dabei betreffen Jugendliche die Herausforderungen, die die Postmoderne hinsichtlich unserer Identität an uns stellt, in besonderem Maße. So sieht Kellner (2005e) die Jugend der Gegenwart als »die erste Generation, die die Grundstimmung der postmodernen Theorien tatsächlich lebt.« (Ebd.: 181) Für Jugendliche der Gegenwart ist die Postmoderne nicht bloß ein theoretischer Entwurf, sondern sie strukturiert deren Alltag tatsächlich. Die Postmoderne zeichnet sich nach Kellner durch vielerlei Unsicherheiten, Ambivalenzen, pessimistische Einstellungen und Herausforderungen aus, aber auch durch erweiterte Möglichkeiten zur aktiven Gestaltung von Identität durch die neuen Technologien, wie sie beispielsweise das Internet zur Verfügung stellt. Um sich in dieser Welt allerdings zurechtzufinden, Möglichkeiten zu erkennen und gestalten zu können, ist eine fundierte Medienkompetenz notwendig (vgl. ebd.: 179 f.).[22]

Hiervon ausgehend arbeitet Kellner (2005g) die oben skizzierten neuen Medienkompetenzen im 21. Jahrhundert genauer aus. Diese Kompetenzen müssen anders strukturiert sein als die Kompetenzen des 19. und 20. Jahrhunderts, die die Menschen auf die industrielle Zivilisation vorbereiten und nur geringe Bürgerrechte und Partizipation am demokratischen Prozess für sie vorsehen. Die Unterwerfung unter Autoritäten steht im Mittelpunkt moderner Bildung (vgl. ebd.: 266) und entspricht weitgehend dem, was wir weiter oben über das Konzept der Herrschaft bei Foucault herausgestellt haben. In einer post-industriellen Netzwerkgesellschaft, die im Sinne einer Gouvernementalität zunehmend ein unternehmerisches Selbst als normatives Ideal setzt (vgl. Bröckling 2007), ist der Nutzen dieser Kompetenzen allerdings zweifelhaft, da nun die Imperative von Partizipation und Interaktion bestimmend sind, wie Kellner weiter feststellt (vgl. Kellner 2005g: 266). Dies kann auf den ersten Blick als Ermächtigung verstanden werden, doch ist es zu einer besseren Einschätzung der Machteffekte dieser Entwicklung notwendig, zu fragen, wer diesen gouvernementalen Prozess voranbringt. Denn Macht und Widerstand sind verschiedene Effekte ein und der-

---

22 An anderer Stelle jedoch weisen Douglas Kellner und Jeff Share (2007a: 59 f.) darauf hin, dass die Realität anders aussähe: So ist das Erlernen kritischer Medienkompetenz für die meisten Jugendlichen keine Option, weil hierzu erst gar keine Möglichkeit im Rahmen schulischer und universitärer Curricula geboten wird, obwohl kritische Medienkompetenz ein Imperativ im Rahmen partizipativer Demokratie ist.

selben Sache, wobei Macht und Widerstand immer kontextuell bedingt sind. Was in einem Kontext Widerstand ist, kann in einem anderen Macht sein. In dem konkreten Kontext, den Kellner hier beschreibt, werden die neuen Kompetenzen hauptsächlich von Seiten der Technologie und Wirtschaft eingefordert (vgl. ebd.: 267), so dass die Reformierung der Bildung vor der Herausforderung steht, zu entscheiden, »inwiefern die Restrukturierung von Bildung dem Voranschreiten von Demokratie und menschlichen Bedürfnissen entgegenkommt, oder ob Bildung hauptsächlich an die Bedürfnisse der Wirtschaft und der globalen Ökonomie angepasst wird.« (Ebd.) Eine fortschrittliche Restrukturierung von Bildung ist für Kellner eine, die für multikulturelle Demokratie und Bildung eintritt sowie für ein Mehr an sozialer Gerechtigkeit sorgt und hilft, die soziale Kluft in der Gesellschaft zu verringern. Die Restrukturierung von Bildung darf also nicht nur den Unternehmen und ohnehin schon privilegierten Eliten nützen, sondern muss im Sinne einer radikalen Demokratie die Ermächtigung von Individuen voranbringen (vgl. ebd.: 292). Ist dies nicht der Fall, können Medien und Technologie das Projekt der Ermächtigung verhindern und bestehende Ungerechtigkeiten noch vergrößern (vgl. ebd.: 267 f.).[23] Für eine noch genauer zu formulierende ›kritische Technologie-Theorie‹, wie sie Kellner hier nur skizziert, ist dementsprechend maßgeblich, dass sie Nutzungspraktiken der Technologie, und dies betrifft auch die Mediennutzung, kritisch reflektiert, wobei eine zentrale Leitfrage für die kritische Reflexion ist, ob die Nutzung eine Ermächtigung der Nutzenden begünstigt oder nicht. Denn Technologie und Medien alleine sagen noch nichts über ihre möglichen Machteffekte aus, die sowohl unterdrückend als auch befreiend sein können. Ein technologischer Determinismus ist daher abzulehnen (vgl. ebd.: 269 f.).

Anstelle eines Determinismus setzt Kellner daher einen an das Performative angelehnten Begriff der Kompetenz. Kompetenzen sind nach Kellner Fähigkeiten, die man sich durch die effektive Verwendung sozial konstruierter Kommunikations- und Repräsentationsformen innerhalb bestimmter Kontexte, die wiederum von bestimmten Regeln und Konventionen bestimmt werden, aneignen kann (vgl. Kellner 2005g: 271). Daher nehmen Kompetenzen in unterschiedlichen Kontexten unterschiedliche Formen an (vgl. ebd.: 293). Kompetenzen sind

---

23 Dies spezifiziert Kellner an der so genannten ›digitalen Kluft‹, dem *digital divide*, der die soziale Kluft noch einmal verschärft. Jedoch wirken auch andere Medien dahingehend, die soziale Kluft festzuschreiben und zu vergrößern, wenn sie nur im Interesse des Profits einer globalen Ökonomie arbeiten. Wir lösen hier Kellners Überlegungen zu neuen Medienkompetenzen aus dem Kontext der digitalen Medien heraus, weil wir sie mit Kellner (2005g: 275) auch für Fernsehserien und Kinofilme für nutzbar halten.

das Ergebnis der kritischen Aneignung bestimmter Praktiken innerhalb eines konkreten Feldes der Macht, die weitergehend dazu genutzt werden können, die das Machtfeld konstituierenden Effekte zu ändern und so die Kette der Aktualisierung der Macht zu unterbrechen. Hierzu allerdings müssen Cultural Studies und kritische Pädagogik ihren Beitrag leisten, da kritische Medienkompetenzen sonst Gefahr laufen, ein weiteres ›Kochbuch‹ mit konventionellen Ideen zu sein, die zur Stützung der Macht beitragen (vgl. Kellner/Share 2007a: 62). Kompetenzen hängen unmittelbar mit Demokratie, Ermächtigung und Partizipation zusammen, sie »stellen demzufolge eine notwendige Bedingung dar, um Menschen für die Partizipation in der lokalen, nationalen und globalen Wirtschaft, Kultur und Politik auszustatten.« (Kellner 2005g: 271) Wenn die Medien jeden Bereich unseres Lebens durchdringen und mitbestimmen, wenn wir also von der Medienkultur gebildet und konstruiert werden, liegt es auf der Hand, dass kritische Medienkompetenzen von entscheidender Bedeutung sind, um den postmodernen Herausforderungen angemessen begegnen zu können. Denn die Repräsentationen des medialen Mainstreams sind konstitutiv an Identitätsbildungsprozessen beteiligt und weisen uns hierdurch bestimmte Subjektpositionen zu, die, wenn sie nicht kritisch hinterfragt werden, oft zu weiterer Ungerechtigkeit und Diskriminierung führen. Eine kritische Medienkompetenz kann hingegen dazu beitragen, einen Multikulturalismus der Unterschiedlichkeit zu stärken und damit die Demokratie zu festigen. Dazu müssen wir die verborgenen Funktionsweisen der Medien in den Blick nehmen und kritisieren (vgl. ebd.: 273 f.). Eine kritische Medienkompetenz »zergliedert Medienkultur als Gebilde der sozialen Produktion und Auseinandersetzung, und lehrt die Lernenden, den medialen Repräsentationen und Diskursen gegenüber kritisch zu sein.« (Ebd.: 275) Eine kritische Einstellung gegenüber medialen Repräsentationen und Diskursen kann wiederum ein guter Ausgangspunkt für Praktiken sein, die die Macht transformieren (vgl. Kellner/Share 2007b: 20).

Medienkultur muss also als durch und durch politisch verstanden werden. Andererseits werden wir höchstens dazu befähigt sein, die Spitze des ›medialen Eisbergs‹ zu kritisieren, während die wirklich mächtigen Diskurse unentdeckt unter der Oberfläche wirken. Ferner ist auch die Nutzung der Medien als Selbstausdruck und für sozialen Aktivismus Teil einer kritischen Medienkompetenz, was sich nicht nur auf die neuen digitalen Medien beschränkt, sondern alle Formen der Massenkommunikation und Populärkultur betrifft (vgl. Kellner/Share 2007a: 60 ff.). Nur wenn wir Medienkultur als eine Form von Pädagogik begreifen, sind wir in der Lage, Medienkulturkritik zu betreiben. Da Medienkultur als eine Pädagogik wirkt, lehrt sie uns bestimmte Verhaltensweisen, auch wenn wir uns darüber nicht im Klaren sind und dies nicht bewusst erfahren. Kritische Medienkompetenzen aber sollen uns in die Lage versetzen, auch diese unsichtbar ablaufenden Prozesse der Macht sichtbar zu machen, um sie kritisieren und ändern zu können (vgl. Kellner/Share 2007b: 4). Damit ist eine kritische Medienkompetenz ein Teil des Projektes der Cultural Studies, dem es stets um eine kritische Repräsentationspolitik mittels populärer Medientexte wie beispielsweise Film, Fernsehen, Musik und anderen geht. Dies bedeutet, dass der kritische Blick auf Stereotypisierungen und simplifizierende Dichotomien gerichtet sein muss (vgl. Kellner 2005g: 277 f.).

Wie Kellner darlegt, sind wir nur durch eine kritische Medienaneignung in der Lage, andere Subjektpositionen als die uns von der Macht zugewiesenen einzunehmen und so tatsächlich etwas an unserer Lage zu ändern. Kellner und Share schreiben dazu: »Critical media literacy gives individuals power over their culture and thus enables people to create their own meanings and identities to shape and transform the material and social conditions of their culture and society.« (Kellner/Share 2007b: 18) Dabei handeln wir nicht als vereinzelte Subjekte, sondern stets als Solidargemeinschaft (vgl. ebd.). In der Verbindung mit Foucault und Butler lässt sich formulieren, dass nur eine kritische Medienaneignung das Spiel der Macht relativ offen hält und Herrschaftseffekte verhindern kann. Kritische Medienaneignung kann durch Resignifikation bestimmte Politiken der Repräsentation dahingehend verändern, dass bestimmte unterdrückende Stereotype kritisch hinterfragt und verändert werden. Eine alternative Politik der Repräsentation ermöglicht andere Identitäten, die sich als eine Quasi-Subjektivität verstehen lassen. Also als eine Subjektivität, die sich von der Subjektivität, die die Macht bereitstellt, unterscheidet und die Macht verändert, anstatt sie zu aktualisieren. Dabei ist auch diese Subjektivität als gemeinschaftlich zu verstehen, weil, wie Butler zeigt, Identität immer nur durch den Anderen erfahrbar ist. Dass es sich auch hierbei um eine Politik ohne Garantien handelt, zeigt Kellner, indem er herausstellt, dass es hinsichtlich kritischer Medienkompetenzen keinen ›Königsweg‹ gibt (vgl. Kellner 2005g: 270). Kritische Medienkompetenzen müssen wir nicht nur als eine Familie von kritischen Praktiken denken, die sich gegenseitig ergänzen und einander bedürfen (vgl. Kellner/Share 2007a: 63), wir müssen sie auch als performative Praktiken denken, die ohne die Garantie einer vordiskursiven Identität auskommen und sich je nach Kontext neu erfinden müssen, wobei die Idee einer Heterotopie leitend ist. Die Heterotopie ist nicht nur eine utopische Vorstellung davon, wie das Leben anders sein kann (vgl. Kellner 2005g: 293). Als *verwirklichte* Utopie (vgl. Foucault 1992b: 39) ist sie eben jener vielbeschworene *andere Raum*, in dem andere Formen von Subjektivität als diejenigen möglich sind, die innerhalb eines Raumes einer bestimmten Herrschaft für uns vorgesehen sind. Die Heterotopie ist der Raum, in dem das Quasi-Subjekt lebbar ist.

2.3.3 Norman K. Denzin: Performative Kultur, kinematographische Gesellschaft und Film als sozialwissenschaftliche Methode

Norman K. Denzin sieht Cultural Studies als ein Projekt praktisch-progressiver Politik an, als einen Diskurs, der eine kritische Pädagogik mit einer neuen Praxis des Schreibens und Aufführens von Kultur verbindet. Denzin vertritt einen Ansatz performativer Cultural Studies, die zu sozialen Veränderungen im Sinne einer größeren Gerechtigkeit in ökonomischer und politischer Hinsicht führen können und daher Bestandteil eines radikal-demokratischen Projektes sind (vgl. Denzin 2003: 187). Weil auch Denzin von einer kritischen Politik ohne Garantien ausgeht, ist für ihn das Performative zentraler Bestandteil seines Denkens. Dies bedeutet, dass das Sichtbarmachen des eigenen Standpunkts ein konstitutives Element einer kritischen Methode ist. Durch Sichtbarmachung des eigenen Standpunkts und seiner daraus resultierenden Relativierung, Erweiterung und Verschiebung, entstehen neue Weltbeschreibungen und in deren Konsequenz Verschiebungen in Machtverhältnissen, die Marginalisierte ermächtigen können, anstatt dass sie durch eine ›objektive‹ Methode zu Objekten einer Untersuchung werden, die sie ihrer Handlungsmächtigkeit beraubt. Eine kritische Methode ist eine »form of inquiry and writing that produces descriptions and accounts about the ways of life of the writer and those written about.« (Denzin 1998: xi) In diesem Zusammenhang interessieren sich performative Cultural Studies dafür, welche Prozesse für Kultur konstitutiv sind, wobei sie diese Prozesse als Resultate interagierender Individuen auffassen. So ist für Denzin Kultur ein ›Verb‹ (vgl. Denzin 1999: 138), eine »Folge von fortlaufenden Interaktionspraktiken […] und Möglichkeiten des Inszenierens und Darstellens der Bedeutung von Erfahrung« (ebd.: 120), mittels derer eine Politik der Identität betrieben wird, die Artikulation als Performanz versteht. Somit liegt für Denzin in jeder Performanz auch ein kritisches Potential, weil jede Aufführung nicht nur die kulturellen Bedeutungen sichtbar macht, sondern auch die kulturellen Widersprüche (vgl. ebd.: 139). Jeder performative Akt ist daher auch als ein Akt potentieller performativer Kritik zu sehen.

Darüber hinaus verweist das Konzept von ›Kultur als Verb‹, also von einer performativen Kultur, auch darauf, dass das Subjekt stets als ein Produkt von Performanzen, die niemals machtfrei sind, gedacht werden muss. Performanzen sind eine machtvolle diskursive Praxis, die den Subjekten bestimmte Positionen zuweist, gegen die sich wiederum eine kritische diskursive Praxis richten kann. Hier lässt sich also eine begriffliche Nähe des Denkens von Kultur als Verb sowie der Weise, wie Foucault und Butler Identität denken und dem, was Hall und Kellner zu den Politiken der Repräsentation und der Artikulation von Identität sagen, erkennen. Kultur und Subjekt stehen in diesem Konzept von Kultur als Reihe von fortlaufenden machtvollen Interaktionspraktiken in einem zirkulären Verhältnis zueinander. Hierzu schreibt Dwight Conquergood, auf den sich Denzin immer wieder bezieht: »Culture possesses us as much as we possess it; culture performs and articulates us as much as we enact and embody its evanescent qualities.« (Conquergood 1986: 57) In dieser Beziehung erscheinen Kultur und Subjekt als Produkte, oder, wenn man den Prozess der Produktion hervorheben möchte, als ›Produktivität‹ machtvoller sozialer Performanzen und sind deshalb immer politisch zu denken, wie Conquergood mit Blick auf die Arbeiten Foucaults weiter präzisiert. Kultur verfügt immer über das Potential sowohl zur Veränderung als auch zur Bestätigung von Macht.[24] Performanz ist daher konstitutiv für Kultur (vgl. ebd.: 59 f.).

Dies stellt Denzin am Beispiel eines radikalen Theaters für Schwarze heraus, das Schwarze dazu ermächtigen soll, eine eigene Identität zu artikulieren, die sich von der in den Medien des weißen Mainstreams artikulierten dominant-hegemonialen Identität ablöst. Ein solches Theater hat den pädagogischen Effekt des selbstermächtigten Artikulierens einer positiv besetzten schwarzen Identität (vgl. Denzin 2003: 188) und stellt im bereits weiter oben diskutierten Sinne Halls eine kritische Politik der Repräsentation dar. So ist das Theater keine vom Sozialpolitischen abgekoppelte gesellschaftliche Sphäre, sondern ihm kann als Teil einer performativen Kultur eine kritisch-pädagogische Intervention deshalb gelingen, weil es selbst eine Performanz ist. Ein solches Projekt führt Kultur neu auf und begreift politisches Handeln pädagogisch und performativ (vgl. ebd.: 189). Als ein Handeln also, das von der Utopie der Möglichkeit einer anderen Gesellschaft geleitet ist und das versucht, im Sinne einer Heterotopie diese Utopie als ›anderen Raum‹ zu verwirklichen. Hier wird deutlich, dass Denzin seinen

---

24 Conquergood (1986) bezieht diese Überlegungen im Weiteren auf die Rolle der Ethnographin, die sich dementsprechend nicht mehr in einer positivistischen Manier als ›neutrale‹ Beobachterin einer ›objektiven‹ Welt im Feld positionieren kann, sondern sich selbst als ›performativ‹ begreifen muss. Das bedeutet, dass die Forscherin das Feld erzeugt und durch das Feld in ihren Beobachtungen beeinflusst wird. Diese Einsicht eröffnet nach Conquergood ein über den Positivismus weit hinausgehendes Potential für die Ethnographie, ohne hierfür die Genauigkeit zu opfern: »Positivism can be resisted without sacrificing precision.« (Ebd.: 60)

Performanzbegriff eng an den Arbeiten Austins entwickelt und Performanz in Sprache eingebettet sieht. Auch hier bedeutet Performanz, mit Worten zu handeln. Dabei überschneiden sich Performanz und Performativität in einem sprechenden Subjekt. Performanz und Performativität stehen wiederum in einem zirkulären Spannungsverhältnis zueinander, worin die Performanz das *Getane* ist, eine bereits zu einem Text geronnene Handlung, während die Performativität den Akt des Aufführens einer Performanz, also das *Tun* bezeichnet. Dabei lehnt auch Denzin mit Butler die Existenz eines vordiskursiven kulturellen ›Urtextes‹ ab und begreift jede Performanz gleichzeitig als Original und Imitation des Originals (vgl. ebd.: 189 f.). Insofern fordert jede Performanz existierende kulturelle Konstruktionen heraus und wird so zur kritischen Begleiterin der Macht. Das Performative wird auch zum Akt des Widerstands, der die eigene Biographie mit Pädagogik und Politik verbindet und Unterdrückung sichtbar macht (vgl. ebd.: 192 f.). Hierdurch erschließen sich neue Möglichkeiten kritischer Identitätspolitik, die stets eine solidarische Politik ist, die der Vereinzelung und Entfremdung des Subjekts entgegentritt. Diesbezüglich spricht Denzin von einer Politik mit Hoffnung, aber ohne Garantien (vgl. ebd.: 198).

Daher überträgt Denzin das Konzept performativer Kultur und performativer Kritik auch auf wissenschaftliche Disziplinen, die sich selbst als performativ begreifen müssen, da sie durch ihre Arbeit an der performativen Konstruktion von Kultur mitwirken. Sie sind keine Disziplinen, die abgekoppelt von den politischen Implikationen von Kultur ›objektive‹ Texte über die Welt schreiben (vgl. Denzin 2003: 193). Wie auch bei Austin ist bei Denzin das Äußern einer wissenschaftlichen Feststellung eine Handlung. Diese Einsicht kann unsere Welterfahrung und -beschreibung verändern. Wir können uns hierdurch als Subjekte verstehen, die in die Gestaltung der Welt einbezogen sind. Ein performativer Ansatz kann sich deshalb positiv auswirken, weil er auf der Seite sozialer Inklusion verortet ist (vgl. ebd.). Hier werden auch die traditionellen Grenzen zwischen Ethik, Politik und Macht durchlässig und ermöglichen eine performative Pädagogik, die in die kulturellen Reproduktionskreisläufe eingreift und so das öffentliche Zusammenleben verändern kann. Da es hierbei aufgrund der Performativität von Kultur keinen ›neutralen‹ oder ›objektiven‹ Standpunkt geben kann, von dem aus interveniert wird, obliegt der Formulierung solcher Standpunkte eine Ethik persönlicher und gemeinschaftlicher Verantwortung, die stets eine Erweiterung der sozialen Gerechtigkeit und persönlichen Handlungsfähigkeit zum Ziel hat (vgl. ebd.: 199). Damit genügt es nicht, über Kultur und Gesellschaft bloß zu reflektieren, sondern Kultur und Gesellschaft sollen verändert werden. An dieser Stelle wird Pädagogik performativ, indem persönliche Geschichten zu kulturellen Texten werden, die über die eigene Identität reflektieren und Möglichkeiten zu einer kritischen Auseinandersetzung mit ihr geben (vgl. ebd.: 200 ff.). In diesem Sinne begreifen wir hier auch Filme, die als kulturelle Texte nicht nur Identität und ihre Repräsentation thematisieren, sondern die uns über den Weg einer Kellner'schen diagnostischen Kritik auch Möglichkeiten zur kritischen Intervention geben. Um die Verbindung von Kultur, Gesellschaft, Politik und Film noch deutlicher hervorzuheben und so noch genauer auf Film als pädagogisches Instrument und kritisch-interventionistisches Werkzeug eingehen zu können, werden wir uns nun mit den Ausführungen Denzins zur so genannten ›kinematographischen Gesellschaft‹ befassen (vgl. Denzin 1995, 2000).

Für Denzin trägt Film dazu bei, auf die Problematiken positivistischer Methoden in den Sozialwissenschaften hinzuweisen und diese zu diskutieren. Diese Fähigkeit beschränkt sich allerdings nicht ausschließlich auf den Dokumentaroder Kunstfilm, also auf diejenigen filmischen Disziplinen, denen man dieses Potential am ehesten zutrauen würde. Denzin hebt hervor, dass es auch das Unterhaltungskino ist, das ihn interessiert. Denn auch Hollywoodfilme

»enthüllen, beleuchten und erforschen [...] die Gesellschaft. Ihre Lektüre und Analyse gewährt Soziologen einen Einblick in Sachverhalte, die sie auf andere Weise nicht zu sehen bekämen. Wenn Soziologen diese interaktiven und prozesshaften Repräsentationen untersuchen und analysieren, wie sie gemacht und verbreitet werden und wie die Zuschauer ihnen Bedeutung verleihen, können sie auf eine Ebene kritischer Kulturanalyse gelangen, die ihnen andere soziologische Methoden nicht erlauben.« (Denzin 2000: 426)

Wie wir bereits mit Kellner zeigen konnten, beeinflusst das Kino die stark durch das Visuelle geprägten postmodernen westlichen kapitalistischen Gesellschaften auf fast jeder Ebene. Gerade mit Blick auf die machtpolitischen Implikationen, wie sie in den Bereichen der Überwachung und der informierten Öffentlichkeit zum Tragen kommen, ist der Einfluss des (Unterhaltungs-)Kinos hier überaus groß. Es verfügt über die Macht, das Alltagsleben zu strukturieren und ihm Bedeutung zu verleihen. Das Verhältnis von Kino und Gesellschaft lässt sich daher als ein zirkuläres beschreiben, denn das Kino ist in weiten Teilen an der Erzeugung gesellschaftlicher Realitäten beteiligt, die es dann wiederum in seinen Erzählungen aufnimmt (vgl. Denzin 1995: 20 ff.). Wie wir sehen, ist das Kino ein mächtiger kultureller Text, der an der performativen Konstruktion von Kultur teilnimmt.

So beschreibt Denzin in seinen Arbeiten zur Kinogesellschaft, wie vor allem die US-amerikanische Gesellschaft durch das Kino grundlegend verändert wurde und wird, wobei sich diese Entwicklung jedoch mittlerweile in allen westlich-kapitalistisch geprägten Gesellschaften beobachten lässt. Das Kino wird für die

Methodik einer kritischen Kulturanalyse deshalb relevant, weil in den westlichen Kinogesellschaften die Kulturvermittlung in weiten Teilen über die Erzählungen audiovisueller Medien funktioniert (vgl. Denzin 1995: 24). Es lässt sich festhalten, dass die westlichen Kinogesellschaften Gesellschaften sind, die sich selbst durch die Bilder und Geschichten Hollywoods erfahren (vgl. ebd.). Dabei wird die Gesellschaft gleichzeitig zum Voyeur und zum Objekt des Voyeurs. Das Verhältnis von Kino und Gesellschaft ist also ein doppelt reflexives, das keinen Teil der Gesellschaft von seinen Beobachtungen ausnimmt, wodurch der kinematographische Diskurs gesellschaftlich-kulturelle Hegemonie erlangt und untrennbar vom Alltäglichen wird (vgl. ebd.: 28 ff.). Hierzu bemerkt Denzin: »the everyday is now defined by the cinematic. The two can no longer be separated.« (Ebd.: 34) Hierdurch wird das Kino zu einer zentralen Arena in der Auseinandersetzung um Macht, es ist also immer als ein politisches Phänomen zu verstehen. Die Hegemonie des Visuellen, und insbesondere des Kinos, resultiert aus einer Gleichsetzung des Sehens mit dem Verstehen. Hierdurch scheint die Kamera im Vergleich mit dem menschlichen Auge das ›bessere‹ Auge zu sein, weil sie scheinbar in der Lage ist, alles ›objektiv‹ zu registrieren, was auch die Präferenz positivistisch geprägter ethnographischer Ansätze für dieses technische Gerät erklärt, da mit ihm ›neutrale‹ Beschreibungen der Welt möglich zu sein scheinen (vgl. ebd.: 25). Denzin jedoch bewertet diese Position aus der Perspektive einer performativen Auffassung von Kultur als hoch problematisch, da das Sehen eben nicht mit dem Verstehen gleichzusetzen ist. Ein Verstehen ist demnach nur durch ein aktiv interagierendes Subjekt möglich. Verstehen erfordert immer einen performativen Akt des Verstehens (vgl. ebd.: 35).[25]

In diesem Zusammenhang kommt dem Genre des so genannten ›Voyeurfilms‹ eine zentrale Rolle in der kinematographischen Gesellschaft zu. Ein dominierendes Erzählmotiv dieses Genres ist, wie scheinbar allgemeingültige Sicherheiten zu Unsicherheiten werden. Es scheint hier fraglich, ob die Kamera in der Lage ist, als registrierendes Instrument gemäß einer positivistisch geprägten Weltsicht zu fungieren. Die Unterscheidung zwischen einem beobachtenden Subjekt und einem beobachteten Objekt wird zunehmend problematisch, da immer deutlicher wird, dass diese beiden vermeintlich voneinander getrennten Pole in einer sich gegenseitig bedingenden Zirkularität zueinander stehen. Der Vo-

---

25 Welche weiteren Konsequenzen dies nach sich zieht und wie damit umgegangen wird, kann an dieser Stelle nicht weiter erörtert werden. Tom Holert (2008) leistet einen richtungsweisenden Beitrag zu dieser Diskussion, indem er ausführt, was die Hegemonie von Bild und Affekt über Text und Rationalität für die Praktiken der Macht in konkreten Kontexten des Alltags bedeutet.

yeurfilm stellt das heraus, was Denzin mit dem Begriff einer performativen Kultur beschreibt: Die Trennung von Subjekt und Objekt ist unmöglich, da sich beide gegenseitig erzeugen. Hierdurch wird das narrative Kino um eine reflexive Ebene erweitert, die das Kino mit dem Alltag jenseits der Leinwand verbindet. Das Kino beschreibt nicht bloß den Alltag, es konstruiert ihn auch, während seine narrativen Konstruktionen wiederum vom Alltag gespeist werden (vgl. Denzin 1995: 27). Die Narrationen des Kinos sind damit in konkreten Kontexten verortete, instabile und flüchtige Performanzen. Dabei kommt der Flüchtigkeit ein kritisches Moment zu, weil durch sie deutlich wird, dass die Verfassung einer Gesellschaft, weil sie performativ erzeugt wird, prinzipiell instabil und veränderbar ist. So denkt Denzin die Figur des Voyeurs im Foucault'schen Sinne als potentiell widerständig und kritisch: »[T]he voyeur undermines from within cinema's control over reality and what is seen. [...] The voyeur exposes the underlying power structures which ideologically code truth with the camera's vision.« (Ebd.: 36) Damit kann das Kino zu einem Instrument der kritischen Kulturanalyse werden, mit dem sich Macht auch dort sichtbar machen lässt, wo sie sich anderen Analysezugängen verschließt. Somit sind Filme »kulturelle und symbolische Formen und können dazu genutzt werden, wichtige Merkmale des sozialen Lebens aufzudecken und zu beleuchten.« (Denzin 2000: 428)

Was den gesellschaftlichen Kontext betrifft, so sieht Denzin den Voyeur als ein Phänomen der Postmoderne, die für ihn eine Art voyeuristisches Zeitalter ist, das die seit der Moderne bestehende Präferenz für das Visuelle fortschreibt und zur hegemonialen Form von Welterfahrung erhebt. In der Postmoderne wird die Figur des Voyeurs – ganz ähnlich der Metapher des Foucault'schen Panopticons der Moderne – zu einer Metapher für Wissen und Macht, die die bestehende Ordnung des Öffentlichen und Privaten zunehmend irritiert, da alles in den Blick des Voyeurs geraten kann und auch das Private kein Schutzraum mehr ist. Doch bedroht der Voyeur nicht nur die Privatsphäre eines jeden Individuums, sondern er konstituiert diese gleichzeitig durch deren Bedrohung. Der voyeuristische Blick ist deshalb an Fragen nach Identität, Subjektpositionen und damit Macht gekoppelt, weil nicht jede/r privilegiert ist, diesen Blick einzunehmen und der voyeuristische Blick damit über diejenigen Macht ausübt, die er beobachtet (vgl. Denzin 1995: 1 f.). So ist der voyeuristische Blick diskursiv strukturiert nach geschlechtlicher Identität (*gender*), Rasse (*race*) und sozialer Zugehörigkeit bzw. Klasse (*class*). Der durch seine Blicke Macht ausübende Voyeur ist demnach meist weiß, männlich und gehört privilegierteren sozialen Schichten an. Weil sich der Voyeur aber rein auf das Sehen beschränkt, gelingt es ihm weder, eine tiefere Bedeutung hinter dem, was er beobachtet, zu erkennen, noch eine tiefere Beziehung zu dem, was er beobachtet, aufzubauen (vgl. ebd.: 4). Anders jedoch als die Moderne, die den Beobachter als unsichtbar und neutral denkt, versteht Denzin den postmodernen Voyeur als performativ, da er durch seinen mächtigen Blick sein Beobachtungsobjekt erst erzeugt. Ferner ist der Voyeur in der kinematographischen Gesellschaft als Beobachter sichtbar, da er und seine Praktiken zum Thema der Narrationen auf der Leinwand werden (vgl. ebd.).

Legitimiert werden die grenzüberschreitenden, allgegenwärtigen voyeuristischen Blicke durch die Diskurse einer Überwachungsgesellschaft, die nur durch Figuren wie Spione, Polizistinnen oder Reporter funktionieren kann. So agiert auch das Kinopublikum als Voyeur, der aus der Privatheit des dunklen Kinosaals heraus die hell erleuchtete Öffentlichkeit der Leinwand, auf der auch das Private öffentlich wird, beobachtet (vgl. Denzin 1995: 14). Auf einer zweiten Ebene des Voyeurismus wird also die Figur des Voyeurs auf der Leinwand zum Beobachtungsobjekt des Publikums. Der für den postmodernen Voyeurfilm typische Voyeurismus dritter Ordnung entsteht dann, wenn das Publikum beobachtet, wie auf der Leinwand der Voyeur von einem weiteren Voyeur beobachtet wird. Dieser Voyeurismus dritter Ordnung ist für Denzin eine reflexive Beobachtungspraktik, die das Publikum für die Folgen des Voyeurismus nicht-reflexiver Ordnungen sensibilisiert. Hierdurch beschreibt Denzin die Logik des postmodernen voyeuristischen Blicks, der nicht nur ein Blick ist, sondern eine Praktik der Ausübung von Macht, die in der Lage ist, Subjekte in bestimmten Positionen zu verorten und deshalb einen nicht zu unterschätzenden Einfluss auf die Herausbildung von Identitäten hat (vgl. ebd.: 3 ff., 26). Der voyeuristische Blick ist immer ein machtvoller Blick und damit Mit-Autor von Politiken der Repräsentation und Artikulation von Identität. Dies zeigt uns, dass eine diagnostische Filmanalyse ein ermächtigendes Werkzeug der Kritik ist, weil durch sie der ansonsten unsichtbar bleibende Blick thematisiert werden kann. Denken wir an die stereotypisierenden Zuschreibungen, die hinsichtlich der Identität des Anderen durch diesen Blick produziert werden, ist es daher im Sinne einer kritischen Dekonstruktion der Macht aufschlussreicher, eher den stereotypisierenden Blick in das Zentrum unserer Aufmerksamkeit zu rücken als das fertige Stereotyp. Denn der Blick selbst ist die mächtige Praxis, wie die Dokumentarfilmerin Trinh T. Minh-ha (1992) hinsichtlich ihrer Arbeit, deren Gegenstand die Kritik an kolonialistischen Diskursen ist, hervorhebt: »[...] I was mainly working with the look. How the West has been looking at other cultures, how these cultures look at themselves being looked at, and how my own story as an onlooker looked at is enmeshed in such a reflection. When you see an object, you are not seeing the look.« (Ebd.: 163) Wenn die Überwachungsgesellschaft also ihre Macht aus einem allgegenwärtigen, aber unsichtbaren voyeuristischen Blick bezieht, muss die Kritik diesen Blick sichtbar machen und dekonstruieren.

Jedoch verfügt nicht nur der Dokumentarfilm über dieses kritische Potential. Gerade auch die Filmproduktionen Hollywoods können als die Begründer des Genres des reflexiven Voyeurfilms gelten, das den Voyeur und seine Praktiken thematisiert, weshalb diese Filme, diagnostisch analysiert, als Werkzeug der Kritik an der Überwachungsgesellschaft genutzt werden können. Mit dem postmodernen Voyeurfilm wird das Publikum offen in den Voyeurismus auf der Leinwand mit einbezogen. Damit stellt Denzin eine Verbindung zwischen den Diskursen des Voyeurfilms und den interpretativen Praktiken der Sozialwissenschaften, insbesondere denen der Ethnographie und der Cultural Studies, her. Denn die Logiken und Praktiken der kinematographischen Kultur sind die Gegenstände kritischer Cultural Studies, die an der Offenlegung der verborgenen machtvollen Praktiken kapitalistischer Überwachungsgesellschaften interessiert sind und auch den Voyeurfilm hierzu nutzen, indem sie ihn kritisch interpretieren. Kritische Cultural Studies, so Denzin, zielen darauf ab, den Voyeur hinter seinem Deckmantel hervorzuholen und durch diese Sichtbarmachung den Voyeur und seine Praktiken einer Kritik zu unterziehen (vgl. Denzin 1995: 5-9). Denzin benutzt, indem er die Sichtbarmachung der Diskurse an den Beginn jeglicher Kritik setzt, wobei er die Untrennbarkeit von beobachtendem Subjekt und beobachtetem Objekt betont, einen performativen Kritikbegriff. Dabei behält er parallel zur Entwicklung des Kinos auch für die Sozialwissenschaften den Weg vom Positivismus zur Performativität im Blick (vgl. ebd.: 15). So begünstigt der Voyeurfilm wegen seiner reflexiven Komponente, die den Film mit dem Alltag verbindet, die Problematisierung positivistischer Paradigmen: »By letting the audience into the newsroom they cracked the barrier that had traditionally separated storytelling from everyday life.« (Ebd.: 23) Hierdurch wird auch die Macht eines alles sehenden und allwissenden Beobachters relativiert und angreifbar: »The knowing, conscious subject now becomes someone who is looked at.« (Ebd.: 27) Hierdurch wird offengelegt, dass der Voyeur niemals ein ›objektiver‹ Beobachter sein kann, weil er stets nur das sieht, was er sehen will oder zu sehen glaubt (vgl. ebd.: 193).

Dieser ›Allmacht‹ des Visuellen in postmodernen Überwachungsgesellschaften wird eine Kritik des Visuellen entgegengesetzt, die den voyeuristischen Blick sichtbar werden lässt und damit seine Macht relativiert (vgl. Denzin 1995: 203). Somit bleibt das Visuelle zwar als mächtiger Diskurs bestehen, doch können durch seine Sichtbarmachung seine Machteffekte verschoben werden, wodurch andere Sphären der Öffentlichkeit und des Privaten erreicht werden können. Denn wie wir mit Foucault und Butler wissen, steht uns keine vordiskursive Subjektposition zur Verfügung. So hält auch Denzin die Verschiebung von Machteffekten für die einzig praktikable Form von Kritik, da es fraglich ist, ob das Private in postmodernen Überwachungsgesellschaften einfach durch das Abschalten der Überwachungskameras wieder hergestellt werden kann (vgl. ebd.: 207 f.). Denn die Überwachung durch den voyeuristischen Blick ist nicht nur eine Praxis der Mächtigen. Auch die Unterdrückten eignen sich in Form visueller Guerillataktiken die Macht des Visuellen an. Dies fasst Denzin unter dem Begriff der ›*new video justice*‹ (ebd.: 208) zusammen, der eine Form der Videoguerilla bezeichnet, die aufgrund immer erschwinglicher werdender Technologien weit verbreitet ist. Wie der zur Ikone gewordene Fall Rodney Kings demonstriert, wird hier das Visuelle auch innerhalb juridischer Diskurse zu einer Waffe im Kampf um die Macht. Zu einer Relativierung der Macht des Visuellen trägt die *new video justice* daher nicht bei. Aber sie demokratisiert die Macht des Visuellen, weil nun viele Menschen durch erschwinglich gewordene Technologie an ihr teilhaben können. Der Glaube an die Macht der Oberflächlichkeit der Bilder bleibt bestehen. Eine Kritik des Visuellen muss daher immer auch die Diskurse und Praktiken in den Blick nehmen, die diese Macht aufrechterhalten. Sie muss den Voyeur und seinen Blick selbst sichtbar machen und dabei gleichzeitig ihre eigenen Voraussetzungen reflektieren (vgl. ebd.: 218).

2.3.4 Henry A. Giroux: Die Erweiterung des pädagogischen Raums

Wie wir bis hierhin sehen können, ist es von zentraler Bedeutung, Cultural Studies auch als ein Projekt kritischer Pädagogik zu verstehen, da »die Medienkultur an sich eine potente Form der Pädagogik darstellt.« (Kellner 2005b: 73) Medien verfügen über weitreichende pädagogische Wirkungen, die, wenn sie uns auch nicht determinieren, doch einen machtvollen Einfluss auf unsere Identität haben, also auf die Art und Weise, wie wir uns wahrnehmen, wo wir uns zugehörig fühlen etc. Cultural Studies sollten daher im Sinne eines kritischen Ansatzes eine Pädagogik entwickeln, die das Funktionieren dominant-hegemonialer Medienkultur durch Analysen sichtbar werden lässt, die Möglichkeiten zur Intervention aufzeigt und dazu beiträgt, kritische Kompetenzen im Umgang mit Medien zu entwickeln, um so die Tricks der Medienmacht aufzuspüren. In dieser Hinsicht ist kritische Pädagogik eine Form von Politik in jeweils spezifischen Kontexten, die über das ›Klassenzimmer‹ hinausgehen (vgl. ebd.: 73 f.).

Eine Basis für dieses Verständnis von kritischer (Medien-)Pädagogik liefert Henry A. Giroux (2001) mit dem Konzept einer öffentlichen Pädagogik der Hoffnung und einer Politik des Widerstands, die auf eine Transformation herrschender Machtverhältnisse hinarbeitet, die ein Mehr an sozialer Gerechtigkeit und individueller Handlungsmacht ermöglicht. Diese Pädagogik muss die vielzähligen Wirkungen der Macht nicht nur verstehen, sondern sich in diese auch einmischen, um sie zu verändern. Was Hall bezüglich einer kritischen Politik der Repräsentation als eine Politik ohne Garantien beschreibt, zu der Denzin hinzufügt, dass dies zwar eine Politik ohne Garantien, aber wohl eine Politik der Hoffnung sei, greift auch Giroux mit Blick auf dieses pädagogische Konzept auf, das er immer innerhalb historischer Kontingenzen und spezifischer Kontexte verortet sieht. Diese Politik muss eine wirkungsvolle Sprache der Kritik mit einbeziehen, um selbstreflexiv und sozial verantwortungsvoll sein zu können. Verändern wir eine bestimmte historische Situation, verlassen wir dadurch nicht das Feld der Macht, sondern wir ändern Relationen der Macht. Das Verändern einer bestimmten historischen Situation stellt uns also vor neue Probleme und erfordert andere, neue Diskurse der Kritik (vgl. ebd.: xx). So denkt Giroux das Verhältnis von Macht und Kritik performativ und schließt damit vordiskursive pädagogische Ideale aus: »Any critical theory both defines and is defined by the problems posed by the contexts it attempts to address.« (Ebd.) Giroux verbindet auf diese Weise Fragen der Pädagogik mit Fragen gesellschaftlicher Veränderung, die die Dominanz einer technokratischen Rationalität, den Imperativ des »big business« (Giroux/Simon 1989b: 219), die zu einer Vielzahl an sozialen Ungerechtigkeiten führt, kritisieren. Im Sinne einer Politik der Hoffnung und eines konkreten Utopismus wird hier das menschliche Leben mehr als prägbar denn als determiniert verstanden, wobei es immer machtvolle Auseinandersetzungen darum gibt, wie das Leben geprägt wird. Daher ist Pädagogik immer unmittelbar mit Fragen der Macht und Politik verbunden und lässt sich deshalb nicht auf das ›Klassenzimmer‹, also auf traditionelle Bildungsinstitutionen beschränken, die Giroux zufolge eher auf den Erhalt eines bestimmten status quo als auf gesellschaftliche Veränderungen abzielen (vgl. Giroux 2001.: xx ff.).

Giroux sieht Bildungseinrichtungen unter Belagerung durch global agierende und neoliberal ausgerichtete Großkonzerne, die Schulen und Universitäten nach Kriterien der Profitmaximierung organisieren möchten. Dies bedeutet, dass die Lehrinhalte weniger kritische, als vielmehr solche Kompetenzen vermitteln, die wir benötigen, um im Sinne einer Gouvernementalität des unternehmerischen Subjekts effizient zu funktionieren: »What is good for Disney and Microsoft is now the protocol for how we define schooling, learning, and the goals of education.« (Giroux 2001: xxii) Damit werden Bildung und Pädagogik privatisiert und den Bedürfnissen eines Konsumerismus angepasst, der Kultur nicht mehr als einen gemeinschaftlichen öffentlichen Raum begreift, in dem in einem kritischen Dialog über das gesellschaftliche Zusammenleben reflektiert wird, sondern als einen Raum, der uns marktgängige Identitäten zuweist, von denen der Konsumerismus wiederum profitiert. Kultur wird hier zu einem Konsumobjekt (vgl. ebd.:

xxii f.). Dabei spielen die Medien eine tragende Rolle, denn sie sind es, die die Rhetorik des globalen Sieges eines freien Markts kommunizieren und damit zu einer dramatischen Veränderung des Begriffs der Öffentlichkeit beitragen, der nun nicht mehr die Öffentlichkeit als Ort der Kritik repräsentiert, sondern die Öffentlichkeit immer mehr zu einem Gegenstand des privaten Konsumverhaltens werden lässt. Wie wir sehen, verfügen die innerhalb der Strukturen eines global operierenden und neoliberal organisierten Kapitals verorteten Medien bereits über eine ihnen eigene Pädagogik des Konsumerismus, die nicht unkommentiert stehengelassen werden sollte, da sie eine Attacke auf demokratische Werte und auf eine kritische Öffentlichkeit bedeutet. Damit werden Fragen, die unmittelbar unsere Identität betreffen, aus dem öffentlich-politischen Diskurs in das Private verwiesen, wo sie entlang einer Logik des Kapitals, die sich hier in Einschaltquoten ausdrückt, in Talkshows verhandelt werden, die keinen Zusammenhang mehr zwischen dem Politischen und der Macht erkennen lassen (vgl. ebd.).

An dieser Stelle ist eine kritische Pädagogik gefordert, die gegen die diskursive Verengung auf Neoliberalismus, Konsumerismus und das Private wirkt. Eine kritische Pädagogik unterscheidet sich von einer Pädagogik des Konsumerismus dadurch, dass sie nicht-kommodifizierte Interessen und Orte jenseits des Marktes schützt, in denen sich diejenigen politischen, ökonomischen und gesellschaftlichen Grundlagen bilden können, die eine kritische Zivilgesellschaft und eine demokratische Öffentlichkeit überhaupt erst ermöglichen. Eine kritische Pädagogik stellt uns das Vokabular zur Verfügung, das notwendig ist, um politische und gesellschaftliche Veränderungen herbeizuführen und das uns eine kritische soziale Handlungsfähigkeit erlaubt (vgl. Giroux 2001: xxiii, xxviii). Eine solche kritische Pädagogik lässt sich aus Theorien des Widerstands gewinnen, die Werkzeuge zum Verstehen von und zum Intervenieren in diejenigen Machtstrukturen sind, die unsere Erfahrungswelt strukturieren. Dabei beschränken sich Theorien des Widerstands nicht nur darauf, Ungerechtigkeit und Unterdrückung zu registrieren, sondern sie weisen auch auf Möglichkeiten hin, produktiv in pädagogische Kontexte einzugreifen, um dort gegen die Konstruktion diskriminierender Strukturen und Praktiken zu arbeiten. Theorien des Widerstands sind dann nützlich, wenn es ihnen gelingt, die Brücke zur Praxis zu schlagen, in der theoretisches Wissen in politisches Handeln transformiert wird, dessen Ziel die Erweiterung einer kritischen Zivilgesellschaft ist (vgl. ebd.: xxiv). Pädagoginnen und Pädagogen sind immer für die Konsequenzen des Wissens, das sie vermitteln, mit verantwortlich und dadurch performativ mit ihrer Pädagogik verbunden. Pädagogik ist immer eine Form politischer Intervention, deren Gegenstand nicht das bloße Reproduzieren des Gelernten ist. Vielmehr soll das Gelernte einen dazu ermächtigen, aktiv in den politischen Kampf um individuelle Rechte und soziale Gerechtigkeit einzugreifen. Damit zeigt eine kritische Pädagogik auch auf, dass Wissen, Werte, Wünsche und gesellschaftliche Zusammenhänge immer machtvolle Artikulationen sind (vgl. ebd.: xxvi f.). In dieser Hinsicht geht eine kritische Pädagogik über das Klassenzimmer hinaus und verteidigt die Sphäre einer kritischen politischen Öffentlichkeit. Kritische Pädagogik »extends beyond the classroom as part of a broader struggle to challenge those forces of neoliberalism that currently wage war against all collective structures capable of defending vital social institutions as a public good.« (Ebd.: xxx) Eine kritische Pädagogik ist damit auch eine Pädagogik des Widerstands, die das Klassenzimmer mit konkreten sozialen Bewegungen verbindet und Bildung politisiert. Denn politisiert ist Bildung durch den Neoliberalismus ohnehin, nur merken wir es oft nicht. Eine kritische Pädagogik macht uns die Allgegenwärtigkeit von Politik und Macht bewusst. Dies allerdings erhalten wir nur um den Preis des Risikos, denn auch eine kritische Pädagogik ist eine Politik ohne Garantien – aber mit Hoffnung (vgl. ebd.: xxx f., 242).

Die Wichtigkeit des Einmündens einer Theorie des Widerstands in eine Praxis des Widerstands in Form einer kritischen Pädagogik ist Giroux deshalb ein zentrales Anliegen, weil seiner Ansicht nach viele Theorien des Widerstands sich darauf beschränken, Macht lediglich kritisch zu analysieren und in einen Pessimismus zu verfallen, statt positive Möglichkeiten der Veränderung zu formulieren. Doch sollte sich eine kritische Pädagogik gerade hierauf konzentrieren (vgl. Giroux 2001: 234 f.). Eine Möglichkeit, produktive Vorschläge zur ermächtigenden praktischen Umsetzung kritischer Machtanalysen zu machen, sieht Giroux mit dem Begriff der Zivilgesellschaft gegeben, der eine zwischen Öffentlichem und Privatem vermittelnde Sphäre beschreibt. Die Zivilgesellschaft ist für Giroux deshalb ein Instrument politischen Wandels. Sie ist eine politische Praxis, deren Hauptanliegen es ist, Individuen dazu zu befähigen, das Soziale kritisch und ermächtigend zu interpretieren (vgl. ebd.: 236). Somit ist die Zivilgesellschaft Ideal und Referent/-in der Kritik. Als Ideal weist sie uns auf die Notwendigkeit bestimmter politischer Grundbedingungen für eine aktive Bürgerinnenschaft hin, die nicht die Bedingungen des Neoliberalismus sind. Als Referent/-in weist sie auf das faktische Gefälle zwischen Anspruch und Realität hin. Daran lässt sich beispielsweise erkennen, inwiefern Kultur eine politische Funktion erfüllt oder sie die Logik des Marktes widerspiegelt (vgl. ebd.). In diesem Spannungsfeld zwischen Anspruch und Realität arbeiten kritische Pädagoginnen und Pädagogen daran, Zivilgesellschaften zu entwickeln, die einen Raum für eine kritische Politik zur Verfügung stellen, die ein Mehr an individueller Freiheit und sozialer Gerechtigkeit erreichen möchte. Indem kritische Pädagogik hierdurch eine direkte Verbindung zur Erschaffung alternativer Zivilgesellschaften bekommt, ist sie immer eine konkrete und eine erweiterte Pädagogik, die etablierte Institutionen überschreitet. Kritische Pädagogik ist also eine kritische Pädagogik des Alltäglichen, die, wo immer möglich, auch die Technologien der Wissenschaft und der Medien für sich nutzt, um gemeinschaftlich Dialog und demokratische Formen der Kommunikation in Gang zu setzen und zu halten, wozu auch die widerständige Aneignung bereits vorhandener Kommunikationsstrukturen und -praktiken zählt (vgl. ebd.: 238 f.). In dieser Hinsicht ist kritische Pädagogik mit den Cultural Studies eng verwandt. Hierzu resümiert Giroux:

> »[E]ducation [...] takes place outside of established institutions and spheres. Moreover, it represents a collectively produced set of experiences organized around issues and concerns that allow for a critical understanding of everyday oppression while at the same time providing the knowledge and social relations that become the foundation for struggling against such oppression. In effect, education represents the central category in the development of alternative public spheres. It refers to critique and the restructuring of social experiences based on new forms of communicative interaction and the reappropriation of cultural modes of communication.« (Ebd.: 239)

Kritische Pädagogik ist also notwendig zur Erschaffung alternativer Zivilgesellschaften, in denen kritische Artikulationen den ihnen angemessenen Raum finden. Ferner beschränkt sich kritische Pädagogik, wie wir gesehen haben, nicht nur auf das Klassenzimmer, sondern steht in unmittelbarer Verbindung zur politischen Öffentlichkeit. Zum Zwecke kritischer Artikulationen greift eine kritische Pädagogik auch auf die Medien zurück, wodurch die Übergänge zur kritischen Medienpädagogik fließend sind. Im Folgenden werden wir daher die Rolle der Populärkultur für eine kritische Pädagogik, wie Henry Giroux und Roger Simon (1989) sie darlegen, näher beleuchten, um anschließend auf die besondere Rolle des Films für eine kritische Medienpädagogik eingehen zu können (vgl. Giroux 2002).

Im Rahmen des hier vorgestellten Ansatzes einer kritischen Pädagogik, die von der Hoffnung geprägt ist, dass Veränderung möglich ist, bekommt die Populärkultur des Alltags eine besondere Relevanz, da sie entscheidend dabei helfen kann, die Beziehungen zwischen Wissen, Macht und Begehren so umzuschreiben, dass sie als Teil eines Projektes radikaler Demokratie auch unterprivilegierten Gesellschaftsgruppen zu selbstbestimmten Artikulationen ihrer Identität und Interessen verhelfen (vgl. Giroux/Freire 1989: vii f.). Hierbei sollen Henry Giroux und Paulo Freire zufolge die Bildungseinrichtungen ein kultureller Ort kritischer Pädagogik sein, die im Dienste der Erschaffung einer kritischen Zivilgesellschaft stehen, in der die Menschen Macht über ihr eigenes Leben ausüben.

Doch ist dieser Ort, wie bereits weiter oben beschrieben, nicht auf das Klassenzimmer limitiert, sondern er erfährt durch die Populärkultur, die sowohl eine Sprache der Kritik als auch der alternativen Möglichkeiten ist, eine Erweiterung, die unmittelbar in den Alltag als dem Ort, in dem Identität hergestellt wird, hineinwirkt. Wenn kritische Pädagogik mit dem Projekt einer radikalen Demokratie, das kritische anstelle von ›guten‹, folgsamen Bürgerinnen und Bürgern heranbilden will, verbunden ist, muss sie auch die Populärkultur des Alltags als einen ernst zu nehmenden Bildungsdiskurs anerkennen. Denn Wissen und Macht, die in ihrem Zusammenwirken sowohl er- als auch entmächtigend sein können, finden sich in allen Bildungsdiskursen. Daher muss dafür Sorge getragen werden, dass Bildung dafür sensibilisiert, dass Wissen immer auch eine Frage der Macht ist, damit wir einen kritischen Sinn für unseren Platz in der Gesellschaft, für unsere Identität und unseren Wert erlangen können (vgl. ebd.: viii f.). So geht es Giroux und Freire ähnlich wie Kellner um die Vermittlung kritischer Kompetenzen, die sich nicht nur darauf beschränken, etwas zu wissen, sondern die uns auch aktiv an den unterschiedlichen Prozessen der Erzeugung von Wissen teilhaben lassen, was eine Ermächtigung bedeutet. Bildungsinhalte sollten sich dementsprechend nach den Notwendigkeiten zur Erlangung kritischer Kompetenzen ausrichten. Populärkultur als pädagogisches Instrument zu nutzen, kann hierbei von großem Vorteil sein (vgl. ebd.: x ff.).

Wenn Bildungseinrichtungen als Ort kultureller Auseinandersetzungen angesehen werden, ist folglich Pädagogik eine Form kultureller Politik, die uns dazu ermächtigen soll, über unsere Identität aktiv mit zu verhandeln, statt sie nur passiv zugewiesen zu bekommen. Dies ist eine Politik der Differenz und Ermächtigung, in welcher Populärkultur einen bedeutsamen pädagogischen Ort markiert, der wichtige Fragen bezüglich der Rolle des Alltäglichen für unsere Identität stellt (vgl. Giroux/Simon 1989b: 220 f.). Dabei existiert eine grundlegende Ähnlichkeit zwischen kritischer Pädagogik und Populärkultur, denn beide sind untergeordnete Diskurse in einer technokratisch-instrumentell organisierten Welt, die nach ›funktionierenden‹ Bürgerinnen und Bürgern verlangt. In dieser Welt, in der Populärkultur als trivial und unbedeutend gilt, soll Pädagogik ideologisch korrekte Inhalte vermitteln, anstatt uns dazu zu bringen, diese Inhalte mit Blick auf ihre Machtimplikationen und deren Auswirkungen auf unsere Subjektpositionen kritisch zu hinterfragen. Weil aber Populärkultur ein Ort ist, an dem um Subjektpositionen gerungen wird, ist sie auch pädagogisch. Durch diese Verknüpfung wird das Pädagogische politisch und das Politische pädagogisch. Daher sind kritische Pädagogik und Populärkultur wichtige Arenen kultureller Auseinandersetzungen, die subversive Diskurse und wichtige Theoriebausteine bereitstellen, vor deren Hintergrund Bildung zu einer relevanten Form von kultureller Politik wird, die Möglichkeiten aufzeigt, wie Gesellschaft auch anders im Sinne einer größeren Freiheit sein kann (vgl. ebd.: 221 ff.). Kritische Pädagogik und Populärkultur zeigen uns eine Welt des ›Noch-Nicht‹, zu dessen Erreichen es sich lohnt, Risiken einzugehen. Dabei ist das potentiell Störende und Subversive der Populärkultur, das von den Mächtigen gefürchtet wird, weshalb sie es als trivial entwerten, ein zentrales Potential zum Erreichen sozialer Praktiken, die für durch Unterschiede geprägte Lebensformen eintreten (vgl. ebd.: 223 f.). So ist Populärkultur ein Set von Bildern, Wissen und Affekten, das in einem progressiven Sinne unterdrückte Stimmen hörbar machen kann. Allerdings kann Populärkultur auch repressiv sein und Vielfalt unterdrücken. Um die repressive Gefahr, die in der Populärkultur lauert, überschreiten zu können, müssen wir pädagogische Strategien erarbeiten, mittels derer wir uns diejenigen Aspekte der Populärkultur aneignen können, die sich der vereinheitlichenden Repression entgegenstellen (vgl. ebd.: 226 ff.). Es lässt sich also festhalten, dass jede Praxis, die Einfluss auf die Produktion von Bedeutung nehmen möchte, als eine pädagogische Praxis zu sehen ist, die auf Möglichkeiten hinweist: eine ›*pedagogy of possibility*‹ (vgl. ebd.: 230).

Eine Pädagogik des Möglichen muss nicht nur die Ambivalenzen und Widersprüche der Populärkultur begreifen, die sich nicht in einfach gegenüberzustellende Dichotomien auflösen lassen. Sie muss darüber hinaus auch sich selbst jenseits der Dichotomie von Reproduktion und Widerstand sehen, da kritische Pädagogik eine Auseinandersetzung mit verschiedenen Lebensformen bedeutet, die sich nicht einfach in zweiwertige Raster zwängen lassen. Kritische Pädagogik ist sich daher bewusst, ein Teil komplexer und oft widersprüchlicher Auseinandersetzungen um Macht zu sein (vgl. Giroux/Simon 1989a: 1). Eine kritische, auf die Populärkultur erweiterte Pädagogik, kann uns deshalb dahingehend sensibilisieren, uns selbst als Produkte machtvoller Diskurse der Identität, Politik und Kultur zu reflektieren. Wenn wir Populärkultur als kritische Pädagogik verstehen, hilft uns das dabei, zu begreifen, wie eine Politik des Vergnügens Individuen deren Subjektpositionen zuweist und so Macht über sie ausübt. Damit wird Populärkultur zu einer zentralen Kategorie für eine Theorie und Praxis einer kritischen Pädagogik (vgl. ebd.: 3 f.). Denn Populärkultur existiert niemals außerhalb eines von Bedeutung, Macht und Begehren konstituierten Feldes, wobei sich Bedeutung, Macht und Begehren in einem zirkulären Verhältnis wechselseitig konstituieren. Kulturelle Macht durchdringt das Alltägliche und verwandelt es in einen Platz der Auseinandersetzung um Macht. Innerhalb dieser Auseinandersetzung um Macht lässt sich die Produktion von Subjektivität als ein pädagogischer Prozess begreifen, dessen strukturierende Prinzipien zutiefst politisch sind und sowohl die Ermächtigung als auch die Unterdrückung verschiedener

Gesellschaftsgruppen bewirken. In dieser Hinsicht ist Populärkultur produktiv, denn sie konstruiert und organisiert soziale Praktiken, die es sowohl mächtigen als auch marginalisierten Gruppen erlauben, Räume zur Produktion und Legitimierung von Erfahrungen und sozialen Formen zu erschließen (vgl. ebd.: 10 f.).

Produktiv ist Populärkultur auch durch ihre Überzeugungskraft, die es ermöglicht, einen Konsens zwischen unterschiedlichen Gruppen herzustellen, der die Menschen innerhalb bestimmter Strukturen verortet (vgl. Giroux/Simon 1989a: 14 f.). Statt nun Populärkultur nur auf ihr dekonstruktives Potential hin zu lesen, das offenlegt, wie die Macht durch Konsensbildung dazu führt, dass Marginalisierte ihren Ort in der Gesellschaft nicht nur als adäquat empfinden, sondern auch dabei helfen, an diesem Ort festgeschrieben zu bleiben, verweisen Giroux und Simon auf die Wichtigkeit, die das Verstehen der Logik der Überzeugung für eine Populärkultur als kritische Pädagogik hat. Nur wenn anerkannt wird, dass Populärkultur nicht nur ermächtigend, sondern auch unterdrückend wirkt, kann sie als Pädagogik angemessen verstanden und kritisch genutzt werden. Dies bedeutet allerdings auch, kritische Pädagogik für das Unsichere zu öffnen. So kann auch Populärkultur als kritische Pädagogik keine Garantien geben. Das kritische Potential der Populärkultur, so Giroux und Simon weiter, lässt sich aber erhöhen, indem man die wichtige Rolle, die das Vergnügen für die Populärkultur spielt, mit in das Konzept einbezieht (vgl. ebd.: 15 f.). Das Vergnügen strukturiert die Beziehungen, die man zu bestimmten Formen von Populärkultur aufbaut, entscheidend. Es sind die ›affektiven Investitionen‹, die die faktische Wirkung von Kultur im Allgemeinen und Populärkultur im Besonderen prägen. So wird Populärkultur nicht nur durch textuelle Bedeutungen mächtig – und zwar in beiderlei Hinsicht mächtig, nämlich befreiend und unterdrückend –, sondern auch in nicht zu unterschätzendem Maße durch das Vergnügen, das sie uns bereitet (vgl. ebd.: 18). Populärkultur muss Vergnügen bereiten, um wirkungs- und machtvoll sein zu können. Dabei lässt sich Populärkultur allerdings nicht formal bestimmen, sondern nur innerhalb bestimmter Empfindungsweisen, in denen sie sich artikuliert (vgl. Grossberg 1999a: 227). Populärkultur ist somit eine in jeweils spezifischen Kontexten stattfindende, nicht nur unterdrückende, sondern auch produktive Auseinandersetzung um die machtvolle Artikulation von Identitäten, die stets auch die Ebene des Affektiven und damit des Begehrens adressiert. Dabei ist es wichtig, zu sehen, dass diese Auseinandersetzungen weder einen bestimmten Ausgang garantieren können, noch überhaupt jemals zu einem Ende kommen. Vielmehr ist eine Auseinandersetzung, die zu einem vorläufigen Ziel gelangt ist, wiederum der Anfangspunkt für weitere umkämpfte Artikulationen. Diesbezüglich formulieren Giroux und Simon: »This is a struggle that can never be won, or pedagogy stops.« (Giroux/Simon 1989a: 23) Kritische Pädagogik ist immer ein Werden.

Aufgabe einer kritischen Pädagogik ist es also, innerhalb der Auseinandersetzungen möglichst viele Diskurse zur Sprache kommen zu lassen, und eine Verengung auf einen einzigen dominanten Diskurs zu verhindern. Dadurch ist Populärkultur niemals frei von Macht und immer politisch. Populärkultur ist eine durch das unauflösbare Dreieck von Wissen, Macht und Vergnügen konstituierte soziale Praxis, in die eine kritische Pädagogik eingreift, um andere Räume, andere Identitäten möglich zu machen und uns so zu ermächtigen, über unseren Platz in der Gesellschaft mitzubestimmen. Eine kritische Pädagogik muss dabei achtsam gegenüber den Momenten der Populärkultur sein, die unser Potential eher einschränken, anstatt es zu stärken. Eine kritische Pädagogik der Populärkultur als Pädagogik der Möglichkeiten ist also eine utopische Praxis: Sie legt spezifische mächtige Artikulationen von Identität offen, die uns in Beziehung zur Gesellschaft setzen, indem sie uns bestimmte Subjektpositionen zuweisen, und erlaubt es uns durch dieses Offenlegen, in die Praxis der Artikulation verändernd einzugreifen, wodurch andere Identitäten und eine andere Verteilung der Macht möglich werden, so dass andere Räume entstehen können. Dies fassen Giroux und Simon wie folgt zusammen:

»This is what the pedagogical struggle is all about – opening up the material and discursive basis of particular ways of producing meaning and representing ourselves, our relations to others, and our relation to our environment so as to consider possibilities not yet realized. This is a utopian practice.« (Giroux/Simon 1989a: 25)

Wie diese utopische Praxis einer Populärkultur als kritische Pädagogik umgesetzt werden kann, werden wir nun anhand der Überlegungen Giroux' zum Film als Instrument kritischer Pädagogik (vgl. Giroux 2002) konkretisieren. Giroux konzipiert den Film als Instrument kritischer Pädagogik, da er nicht nur eine Form der Unterhaltung ist, sondern auch eine Wissensquelle darstellt. Der Funktion des Films als Wissensquelle steht seine unterhaltende Funktion jedoch nicht entgegen, vielmehr entfaltet der Film sein kritisches Potential erst dadurch, dass er zunächst unterhält, uns also auf der Ebene des Affektiven adressiert. In pädagogischer Hinsicht wird der Film also durch sein affektives Moment produktiv und verbindet so das Vergnügen mit Bedeutung. Filme tun also mehr, als nur zu unterhalten. Aber dieses Mehr-Tun setzt voraus, dass sie unterhalten. Dann können sie uns Subjektpositionen anbieten, unser Begehren ansprechen und uns in bewusster wie unbewusster Weise beeinflussen, womit sie zur Konstruktion von Kultur beitragen. Dies bedeutet, dass Filme tief in den materiellen und symbolischen Kreisläufen der Macht verankert sind, weshalb sie wiederum dazu genutzt werden können, Macht zu aktualisieren, oder Macht kritisch zu hinterfragen und zu verändern. Indem Filme Vergnügen und Bedeutung in sich vereinen, verfügen sie auch über eine pädagogische Dimension. Filme sind Medien der Unterhaltung und Bildung – kurz: sie sind mächtige ›Lehrmaschinen‹ (vgl. ebd.: 2 f.).

Damit verfügen Filme immer über eine politische Dimension. Durch den Gebrauch von Bild, Ton, Gesten, Dialog und Spektakeln entfalten sie eine Macht im pädagogischen Raum, die ihr Publikum in der Art zu handeln, zu sprechen, zu denken, zu fühlen etc. beeinflussen kann. Weil Filme damit auch dem für traditionelle Formen der Pädagogik zentralen Paradigma eines textzentrierten Curriculums entgegenstehen, werden sie als alternative pädagogische Form noch interessanter, da sie offizielle Weisen des Lehrens und Lernens herausfordern. Film ist eine performative soziale Praxis, da er entsprechend seiner Rezeptionskontexte unterschiedliche Bedeutungen erzeugt und danach verlangt, stets aufs Neue in anderen Kontexten aufgeführt zu werden, möchte man mit ihm lehren und von ihm lernen (vgl. Giroux 2002: 4). Dadurch ist sein Bedeutungspotential prinzipiell unerschöpflich und widersetzt sich herrschaftlichen Versuchen, eine determinierende Kontrolle über die Bedeutungsproduktion zu erlangen. Insbesondere für den Film gilt, dass er keine auf das Klassenzimmer beschränkte Pädagogik ist. So schreibt Giroux hinsichtlich seiner eigenen pädagogischen Praxis: »all films functioned pedagogically in and out of schools.« (Ebd.) Film als pädagogischer Praxis kann es gelingen, kritische Theorien als Ressource dafür zu nutzen, einen Film mit den weitergehenden Aspekten des öffentlichen Lebens – und das heißt immer auch des politischen Lebens – zu verknüpfen und so kritische Handlungsfähigkeit zu vermitteln. Es ist daher nicht ratsam, die Analyse auf rein formale textuelle und theoretische Ebenen zu beschränken, möchte man das kritisch-pädagogische Potential von Filmen nutzen. Denn dies isoliert Filme von ihren weitergehenden gesellschaftlichen Implikationen, die immer mit Machtfragen verbunden sind. Gerade in einer Zeit, in der insbesondere der Hollywoodfilm dazu beiträgt, dass Film zu einem allgegenwärtigen kommodifizierenden Medium wird, das sich zunehmend von kritischer Gesellschaftsanalyse entkoppelt, ist es umso wichtiger, einen kritisch-pädagogischen Blick auf den Film zu erhalten und zu schärfen (vgl. ebd.: 4 ff.). Film ist eine mächtige Lehrmaschine, deren Bilder, Ideen und Ideologien individuelle und nationale Identität beeinflussen, weshalb Film ein wichtiger Ort kultureller Auseinandersetzungen ist. Die im Film thematisierten Auseinandersetzungen sind daher keine bloße Metapher auf anderswo stattfindende ›wirkliche‹ Auseinandersetzungen, sondern ebenso real wie andere politisch kulturelle Auseinandersetzungen auch (vgl. ebd.: 6).

Was Alexander Kluge (2007) als das ›Prinzip Kino‹ beschreibt, das darauf beruht, »daß wir etwas, das uns ›innerlich bewegt‹, einander öffentlich mitteilen« (ebd.: 7), greift auch Giroux (2002) auf. Filme verbinden das Private mit dem Öffentlichen, das Vergnügen mit Politik. Filme machen persönliche Einstellungen und Werte zu einem Gegenstand öffentlicher Debatten und stellen damit einen pädagogischen Raum her, in dem das Private und das Öffentliche – in oft widersprüchlicher Weise – zueinander finden. Die kritische *Interpretation* von Filmen bietet daher die Möglichkeit zu kritischer *Intervention* (vgl. ebd.: 7). So wird die Dringlichkeit neuer medialer Kompetenzen, wie sie auch Kellner (2005g) hervorhebt, ersichtlich. Denn das kritische Interpretieren von Filmen, das es uns erlaubt, in die pädagogische und politische Produktion von Wissen einzugreifen, ist eine Kompetenz, die erlernt werden und kontextspezifisch angepasst werden muss. Filme sind soziale Praktiken, die unser alltägliches Leben beeinflussen und uns so in den sozialen, kulturellen und institutionellen Feldern der Macht verorten. Sie sind eine Form öffentlicher Pädagogik und kultureller Politik. Wir können jedoch lernen, durch kritische Interpretationen in diese Kreisläufe verändernd einzugreifen und den für die Herausbildung einer kritischen Zivilgesellschaft konstitutiven öffentlichen Raum gegen neoliberale Tendenzen der Kommerzialisierung und Privatisierung zu verteidigen. Im Zuge der Ausbreitung des Neoliberalismus sieht Giroux den Film als eine der wenigen noch verbleibenden Möglichkeiten, Politik, persönliche Erfahrungen und öffentliches Leben mit größeren sozialen Fragen zu verknüpfen (vgl. Giroux 2002: 7).

Deshalb betont Giroux die kritisch-pädagogischen Möglichkeiten des Films in Abgrenzung zu beispielsweise Popmusik oder Fernsehserien, die seiner Ansicht nach nicht über ein solch großes Potential verfügen, weil sie aufgrund ihrer geringeren zeitlichen Ausdehnung nicht in der Lage sind, ihre pädagogische Dimension so weit zu vertiefen wie der Film. Die Aufmerksamkeit, die die Filmrezeption verlangt und die anderen Unterhaltungsmedien nicht entgegengebracht wird, ermöglicht erst die Entfaltung seines kritisch-pädagogischen Potentials, argumentiert Giroux. Daher spricht er Medien wie dem Fernsehen, digitalen Spielen oder Popmusik ein ebenso großes kritisch-pädagogisches Potential ab und verweist sie in den Bereich der unterhaltend-zerstreuenden Medien (vgl. Giroux 2002: 7 f.). Diese Einteilung und Abwertung anderer Medien dem Film gegenüber ist jedoch problematisch. So zeigt nicht nur Kellner (1995, 2005c, 2005e, 2005f), dass populäre Medien generell einen wichtigen Einfluss auf die Konstruktion von Identität haben und daher immer über eine pädagogische Dimension verfügen. Auch Marcus S. Kleiner (2006) legt dar, dass sich effektive Medienkritik in Form einer alternative Medienwirklichkeiten generierenden Kommunikationsguerilla bei weitem nicht auf Film beschränkt. Wir teilen daher diese spezielle Position Giroux' nicht und halten es darüber hinaus für inadäquat, hierüber das kritisch-pädagogische Potential des Films begründen zu wollen. Davon abgesehen sind wir aber der Meinung, dass Giroux den Film als neue Form eines pädagogischen Textes, der Kultur nicht nur reflektiert, sondern auch aktiv zu ihrer Konstruktion beiträgt, angemessen einschätzt (vgl. Giroux 2002: 8).

Film als populärkulturelle Form spielt somit eine entscheidende Rolle bei der Gestaltung von Identitäten, Werten und sozialen Praktiken. Als Teil eines öffentlichen Diskurses und einer kulturellen Pädagogik strukturiert Film unsere Alltagserfahrungen entlang spezifischer Machtfelder. Dazu schreibt Giroux: »film as a form of civic engagement and public pedagogy creates a climate that helps to shape individual behavior and public attitudes in multiple ways.« (Giroux 2002: 11) Dies müssen wir begreifen, möchten wir Film als ein Werkzeug einer kritisch-ermächtigenden Pädagogik nutzen, die mittels Interpretation interveniert, indem sie bestimmte unterdrückende Machtkreisläufe kritisiert und verändert. Dabei müssen wir die Vielzahl an möglichen Bedeutungen, die ein Film bereitstellt, immer als kontextspezifisch verstehen. Filme sind daher nicht als isolierte, sich selbst genügende Texte zu betrachten. Dies gilt auch für die Filmrezeption, die immer performativ als kontextabhängige Praxis zu sehen ist. Dadurch sind auch die kritischen Interventionen durch Interpretationen immer kontextspezifisch. Sie sind partiell, unvollständig und ohne Garantien, jedoch nicht ohne Hoffnung, denn sie demonstrieren uns den pädagogischen Wert des Einnehmens einer Position, von der aus wir handeln können, ohne dabei stillzustehen (vgl. ebd.: 12 f.). Kritische Intervention durch kritische Interpretation ist eine niemals zu einem Ende kommende Performanz, die sowohl unsere eigenen individuellen Subjektpositionen als auch das Soziale kritisch hinterfragt und transformiert, wobei sie zur Bildung einer kritischen Zivilgesellschaft beiträgt, indem sie durch den Film das Private mit dem Öffentlichen verbindet. Im Rahmen einer so verstandenen kritischen (Medien-)Pädagogik erweist sich das Affektive und Unterhaltende des Films als äußerst produktiv.

2.3.5 Zwischenresümee Cultural Studies

In dem Gesamtgefüge dieser Arbeit ist der Zweck dieses Kapitels, aufzuzeigen, wie sich kritische mediale Interventionen aus der Perspektive der Cultural Studies gestalten, wobei immer wieder Begriffe und Konzepte aus den Kapiteln 2.1 und 2.2 aufgegriffen werden. Damit wird einerseits illustriert, wie die Konzepte von Performanz, Quasi-Subjekt und Resignifikation praktisch genutzt werden können, um alternative Artikulationen von Identität und machtkritische Politiken der Repräsentation zu ermöglichen. Andererseits wird damit auch der Forderung

Kellners Rechnung getragen, den Interventionsraum von Cultural Studies durch eine philosophisch-kritische Selbstreflexion des eigenen Theorieinstrumentariums zu erweitern (vgl. Kellner 2005b). Dies geschieht hier primär über den Austin'schen Begriff der Performanz und seiner Verwendung in den Kultur- und Medienwissenschaften. Damit wird deutlich, dass Kritik immer eine faktische *soziale Praxis* der Kritik meint, die in spezifischen Kontexten stattfindet und sich über diese Kontexte definiert. Andere Kontexte erfordern andere Formen der Kritik. Durch diese Reflexion rückt in den Mittelpunkt, dass wir machtkritische Politik, in welchem Medium sie auch immer artikuliert wird, stets als eine Politik *ohne Garantien* begreifen müssen, die, wenn sie fehlgeht, eine Überarbeitung ihrer Methoden der Kritik verlangt. Dass dies jedoch keine Sisyphusarbeit ist, unterstreichen Denzin (2003) sowie Giroux und Simon (vgl. Giroux 2001; Giroux/Simon 1989b) dadurch, dass eine Politik ohne Garantien dennoch eine Politik der Hoffnung ist. Auf diesen theoretischen Grundlagen zeigen sich verschiedene Möglichkeiten machtkritischer (medialer) Interventionen, die von einer kritischen Politik der Identitätsrepräsentation bei Hall (1989, 1994, 2000, 2004), über die diagnostische Kritik bei Kellner (1995, 2005a, 2005c, 2005d, 2005f, 2010) bis hin zu den Möglichkeiten der Nutzung des Films als ›Gesellschaftsseismograph‹ bei Denzin (1995, 2000) und dem Film als pädagogischem Instrument bei Giroux (2002) reichen.

Neben dem bei diesen Ansätzen ständig vorhandenen theoretischen Bezug auf die Arbeiten Foucaults, die zeigen, dass kein vordiskursives Subjekt denkbar ist, und Kritik folglich erstens immer in den Feldern der Macht erfolgen muss sowie zweitens die Felder der Macht niemals verlassen, aber drittens andere Felder der Macht erzeugen kann, in denen andere Identitäten möglich sind, wodurch Kritik das Spiel der Macht offen hält, gibt es auch noch eine Möglichkeit des Anknüpfens an die Arbeiten Butlers. Diese Möglichkeit bezieht sich auf das Potential kultureller Texte als Instrument einer diagnostischen Kritik. So sind nicht nur bei Denzin (1995, 2000) Filme ein gesellschaftlicher Seismograph im Sinne einer diagnostischen Kritik (vgl. Kellner 2005a), die aufgrund ihrer Nähe zu ihren sozialen Bedingungen einen Zugang zu den sozialen Realitäten ihrer Zeit gewähren (vgl. ebd.: 37) und dahingehend verstanden werden können, »dass sie Einsichten in das geben, was tatsächlich in einer bestimmten Gesellschaft zu einem gegebenen Zeitpunkt vor sich geht.« (Ebd.) Auch Butler lässt sich ähnlich verstehen. Wenn nämlich ein wesentliches Merkmal des Films die Fähigkeit ist, Affekte zu kommunizieren, dann bilden Filme »eine Art Netzwerk, über das sich eine emotionale und politische Allianz herzustellen vermag.« (Butler 2009a: 52) So gilt nicht nur für die von Butler untersuchten Gedichte, sondern auch für den Film, dass er ein Widerstandsakt ist, der kritische Interpretationen hervorbringt (vgl. ebd.). Eine kritische Interpretation kann verstanden werden als eine Interpretation, die nicht bloß konsumiert, indem sie sich mit den vorgegebenen Normen arrangiert. Mit einer kritischen Interpretation beobachten wir uns selbst bei der Rezeption des Gesehenen und wir erkennen den vorgegebenen Rahmen eines Films. Dadurch sind wir in der Lage, diesem Rahmen zu widersprechen, was Teil einer Intervention im politischen Kampf der Bilder ist und somit eine wichtige Aufgabe kritischer visueller Kultur, die die mächtigen hegemonialen Rahmen bloßlegen und hinterfragen muss (vgl. Butler 2009b: 66 f.). Im Sinne Foucaults geht es hierbei um das Sichtbarmachen der Macht als Grundlage der Veränderung von Macht. Daher formuliert Butler: »Denn was wir zu sehen bekommen, ist bestimmt durch einen Rahmen, eine Interpretation der Realität, die wir [...] zurückweisen müssen.« (Ebd.: 68) Dabei ist Kritik wiederum performativ, weil sie nur innerhalb eines konkreten Rahmens ansetzen kann und durch eine widerständige Interpretationspraxis Effekte der Macht verändern kann. Die kritische Aneignung von Filmen ist somit ein Akt der Selbstgestaltung (vgl. Winter/Nestler 2010: 102), der im Sinne einer Foucault'schen Lebenskunst als Sorge um sich (vgl. Foucault 2007) verstanden werden kann. Filminterpretationen können daher eine performative Kritik sein, weil sie Orte der Kritik herstellen. Darin sind sie interventionistisch, weil sie sich im Sinne Giroux' (2002) als Interpretationsangebote verstehen, die aufgenommen werden können und reale Folgen haben. Auf diese Weise konkretisiert sich der Begriff der Ermächtigung.

Eine Problematik jedoch, die bei der Darstellung der Positionen innerhalb der Cultural Studies aufgetreten ist, soll uns in Kapitel 4 als Teil der kritischen Diskussion der Arbeit noch ausführlicher beschäftigen. Hierbei handelt es sich um die Problematik der in den Cultural Studies oft verwendeten Dichotomien, wie sie beispielsweise bei Hall (1994c) durch die Gegenüberstellung einer globalen Sphäre der Macht und eines im Lokalen verorteten Widerstands zu finden sind. Wir werden an späterer Stelle zeigen, wie dies zu einer Nicht-Analysierbarkeit der Macht führen kann, wie sie sich beispielsweise bei Dick Hebdige (2008) konkret bemerkbar macht, der hinsichtlich der kommerziellen als auch der ideologischen Vereinnahmung widerständiger Subkulturen in Erklärungsnöte gerät (vgl. ebd.: 92-99). Dies thematisieren nicht nur Tom Holert und Mark Terkessidis (1996), Holert (2007) oder Stäheli (2004). Auch Kellner (2005a: 41 ff.) weist darauf hin, dass immanente Kritik die Dekonstruktion der dichotomen Trennung von Ideologie und Utopie erfordert. Machtkritik ist also weniger erfolgreich, wenn sie Macht und Widerstand als zwei verschiedene Dinge konstruiert, anstatt sie als Effekte ein und derselben Sache zu sehen, deren Bedeutung – also ob es sich um Macht oder Widerstand handelt – durch den jeweiligen Kontext bestimmt wird. Es ist daher wichtig, Begriffe nicht als Bestimmung einer Sache oder eines Wesens zu sehen, sondern als Verweis auf den Kontext einer Sache. Ein so verstandener Begriff benennt ein spezifisches Ereignis, kein allgemeines Wesen (vgl. Deleuze 1993b: 41 f.). Die kritische Reflexion der Arbeit in Kapitel 4 ist daher der adäquate Ort für eine ausführlichere Reflexion darüber, inwiefern auf einer theoretischen Ebene das Konzept des Rhizoms (vgl. Deleuze/Guattari 1997) eine Alternative zur Dichotomisierung darstellt. Auf dieser Ebene wird uns der Begriff einer ›kleinen Literatur‹ (vgl. Deleuze/Guattari 1976) bzw. einer ›minoritären Sprache‹ (vgl. Deleuze 1980) womöglich weiterhelfen.

3. Exemplarische Analysen

3.1 DIE DEZENTRIERUNG DES WESTE(R)NS. ZUM BEGRIFF FRAGMENTIERTER IDENTITÄTEN IN JIM JARMUSCHS Dead Man

Film als Teil der Populärkultur

Film ist ein zentraler Bestandteil der Populärkultur und entfaltet in der Rezeption sein Potential zur Dekonstruktion machtvoller Beziehungen im diskursiven Feld von Kultur, Medien und Macht. Dies gelingt ihm primär über das Vergnügen, welches nach Grossberg am Anfang jeder populärkulturellen Erfahrung steht (vgl. Grossberg 1999a). Der Begriff des Vergnügens fasst vielfältige Aspekte, die sich zusammenfassend charakterisieren lassen als »Genuß, tun zu können, was man will; den Spaß, Regeln zu brechen; die Erfüllung von Wünschen, wie vorübergehend und künstlich sie auch sein mögen [...]; den Reiz, die Gefühlswelt anderer zu teilen.« (Ebd.: 221) Populärkultur bietet Entspannung und Vergnügen, wodurch sich Räume des Wohlbefindens bilden können, die sich einer bloß ideologischen Dimension entziehen (vgl. ebd.: 226 ff.). Besonders zu betonen ist allerdings, dass die Populärkultur dieses Potential entfalten kann, aber nicht muss. Denn ihre formalen Charakteristika determinieren ihre Wirkungen, die immer erst in der Rezeptionspraxis real werden, nicht. Daher lässt sich Populärkultur »nicht durch formale Charakteristika bestimmen, sondern nur innerhalb der Formation und der Empfindungsweise, in denen sie sich artikuliert.« (Ebd.: 227) So ist die Rezeption von Populärkultur neben ihrer Produktion[1] ein Ort, an dem sich machtvolle Bedeutungen formieren können: »Populärkultur operiert mit einer affektiven Empfindungsweise und bildet die Grundlage, auf der Leute

---

1 In Anlehnung an Halls *Encoding/Decoding*-Modell sind sowohl Produktion als auch Rezeption bedeutungstragend. Keines der beiden Momente darf hierbei aus dem Blick der Analyse geraten (vgl. Hall 1999c).

anderen Leuten, kulturellen Praktiken oder sozialen Gruppen die Autorität zusprechen, ihre Identität zu formen und sie in die verschiedenen Machtkreisläufe einzubinden.« (Ebd.: 232) Film als Teil der Populärkultur kann somit Identitäten produzieren, die gegen die dominant-hegemonialen Machtkreisläufe widerständig sein können.[2] Im Sinne eines *empowerment* ermächtigt Film also sein Publikum, er »stellt Resourcen [sic!] zur Verfügung, die mobilisiert und in populäre Kampf-, Widerstands- und Oppositionsformen verwandelt werden können.« (Ebd.: 235)

Der Zusammenhang von Film und seinen möglichen Funktionen in Bezug auf Identitätsfragen soll im Folgenden an Jim Jarmuschs DEAD MAN (1995) erörtert werden. In dieser Westernparodie greift Jarmusch vielfältige Aspekte um die Konstruktion nationaler Mythen auf. Durch Stilmittel der Genreparodie thematisiert er, inwiefern Begriffe wie ›Nationalität‹, ›Kultur‹ oder ›Ethnie‹ einheitliche Identitäten bilden können – oder eben daran scheitern. Es wird dargestellt, welche Bruchstellen einheitlicher Identitätskonzepte dieser Film bietet und wie eine mögliche Rezeption im Kontext einer durch die Cultural Studies beeinflussten Auseinandersetzung um Identität diese Bruchstellen aufgreifen kann, um sie für eine identitätskritische Diskussion zu nutzen. Hierbei gilt es zunächst, eine Verbindung zwischen Film und Gesellschaft herzustellen, wozu die film- und mediensoziologischen Arbeiten Rainer Winters (1992, 1995) genutzt werden. Insbesondere dem in diesen Veröffentlichungen entwickelten Genrebegriff gelingt es, die soziale Dimension des Films zu erklären. Hieran anschließend werden exemplarisch einige zentrale Szenen aus Jarmuschs DEAD MAN in einem *close reading* mit den von Winter (1992: 46-49) dargestellten Wright'schen Westerntypen verglichen, um aufzuzeigen, auf welche Genremerkmale sich der Film bezieht, wie er sie bestätigt bzw. umkehrt und negiert. Abschließend wird Jarmuschs Film in engere Beziehung zu Stuart Halls Essays *Kulturelle Identität und Globalisierung* (vgl. Hall 1999a) sowie *Die Konstruktion von ›Rasse‹ in den Medien* (vgl. Hall 1989a) gesetzt, um die Diskussion um fragmentierte Identitäten und anti-essentialistische Kulturbegriffe am Beispiel von DEAD MAN aufzunehmen.

Der Analyserahmen: Genre(-parodie) und Gesellschaft

Auch wenn Jim Jarmuschs DEAD MAN in weiten Teilen eine Westernparodie ist, so kann Jarmusch die Genrekonventionen doch nur zum Teil brechen – zu einem anderen Teil bewegt er sich notwendigerweise innerhalb der Genrekonventionen,

---

2 Zu betonen ist jedoch, dass der Widerstand nur eine Möglichkeit neben der dominant-hegemonialen und der ausgehandelten Position ist (vgl. Hall 1999c).

da sich sein Film sonst nicht als Westernparodie verstehen ließe. Gerade als Parodie aber entfaltet der Film seine speziellen Bedeutungen, da die Parodie eines Genres dessen sonst unsichtbar bleibende Konventionen sichtbar macht. Max Horkheimer und Theodor W. Adorno bestreiten diese Möglichkeit für alle kulturindustriellen Produkte – und insbesondere für den Film – zwar, da sie im Film nur den permanenten »Zwang zu neuen Effekten, die doch ans alte Schema gebunden bleiben, […] die Gewalt des Hergebrachten« (Horkheimer/Adorno 1998: 136) erkennen. Mit Bezug auf Alexander Kluge meint Rainer Winter hierzu jedoch, »daß auch die […] geschmähten Genrefilme, bei denen der Zuschauer infolge seiner Seherfahrung ganz bestimmte Erwartungen hegt, auf plötzlichen Überraschungen und neuen Erfahrungen aufbauen.« (Winter 1995: 25)

Diese Ambivalenz zwischen bestimmten Erwartungen und neuen Erfahrungen ist konstitutiv für den Film als künstlerisches Medium im Allgemeinen und für die Parodie im Besonderen. Jurij Lotman führt hierzu aus:

»Die künstlerische Struktur unterdrückt die Redundanz. Außerdem erhält der Teilnehmer am Vorgang der künstlerischen Kommunikation eine Information nicht nur aus der Botschaft, sondern auch aus der Sprache, in welcher die Kunst mit ihm spricht. […] Daher ist in der künstlerischen Kommunikation die Sprache niemals ein unauffälliges, automatisiertes, voraussagbares System. Folglich müssen bei der künstlerischen Kommunikation sowohl die Sprache des ästhetischen Kontakts als auch der Text in dieser Sprache über seine ganze Länge hin das Moment des Überraschenden bewahren.« (Lotman 1977: 75)

Es ist für den Film konstitutiv, dass er weder der von Horkheimer und Adorno attestierten Gewalt des Hergebrachten vollständig unterliegt, noch dass seine künstlerische Struktur vollständig die Konventionen der Filmsprache ignoriert. So oszilliert jeder Film zwischen Gesetzmäßigkeit und Abweichung, zwischen Voraussagbarkeit und Überraschung. Indem der Film stets Elemente der Redundanz und der Varietät in sich kombiniert, schafft er durch das Aufeinanderprallen dieser beiden Bedeutungssysteme neue, überraschende, also künstlerische Bedeutungen, die die hergebrachten Bedeutungen verschieben, ohne sie jedoch vollständig aufzulösen. Welche Bedeutungen hierbei überwiegen, ist sowohl vom Film und seinen zur Verfügung gestellten Interpretationsangeboten als auch von den einzelnen Rezipientinnen und Rezipienten sowie ihren konkreten Erfahrungen abhängig und deshalb kaum vorhersagbar. Daher gilt auch für Jarmuschs DEAD MAN, dass er seinem Publikum die Möglichkeit zu neuen und widerständigen Lesarten von Identität gibt, wovon die hier entwickelte eine mögliche ist.

In der Regel erscheinen die Kodes eines Genres als naturgegeben, nicht als konstruiert. Denn sie sind bereits erlernt worden und funktionieren in der alltäglichen Praxis, ohne Fragen aufzuwerfen (vgl. Winter 1995: 85). Tatsächlich aber wirkt in dieser Naturalisierung der Kodes diskursive Macht, die deshalb normalisierend wirken kann, weil sie in alltäglichen Situationen unsichtbar bleibt. Michel Foucault (1977) beschreibt dies mit dem Wandel der Macht von der Souverän- zur panoptischen Disziplinarmacht, die bei ihm der Prototyp des modernen normalisierenden Machtmodells ist. Zeigte sich die Souveränmacht als »Abwehr eines außerordentlichen Übels« (ebd.: 263), so kann die panoptische Disziplinarmacht als ein »verallgemeinerungsfähiges Funktionsmodell [...], das die Beziehungen der Macht zum Alltagsleben der Menschen definiert« (ebd.) beschrieben werden. Die Macht entwickelt sich von der Ausnahmesituation zur Normalität, sie wird universell, alltäglich und kaum noch wahrnehmbar. Das widerständige Potential der Genreparodie liegt nun im Sichtbarmachen dieser ›natürlichen‹ Kodes als das, was sie sind: nämlich diskursiv konstruiert. Der Genreparodie kann es gelingen, die normalerweise unsichtbar bleibenden, und deshalb so machtvoll wirkenden, Beziehungen zwischen Macht, Wahrheit und Subjekt sichtbar zu machen, sie einer Dekonstruktion und Kritik zu unterziehen, um schließlich Machteffekte verschieben zu können.[3] So liegt im populärkulturellen Medium Film ein durchaus politisches Potential: »Wenn es sich bei der Regierungsintensivierung darum handelt, in einer sozialen Praxis die Individuen zu unterwerfen [...], dann [...] hätte die Kritik die Funktion der Entunterwerfung.« (Foucault 1992a: 15) Gerade Fragen der Identität haben machtvolle Dimensionen und die diskursive Dominanz bei der Deutung dieser Fragen ist hart umkämpft. Die Akteurinnen dieses Kampfes sind stets unmittelbar selbst in ihrer Identität von diesen Auseinandersetzungen betroffen, wenn sie scheinbar ›natürliche‹ Identitäten nicht akzeptieren. Jim Jarmusch greift in DEAD MAN diese Fragen auf und demontiert die ›Natürlichkeit‹ spezifischer Identitäten durch die Parodie auf spielerische Weise. Auch einem nicht-akademischen Publikum wird so die Möglichkeit zur Verschiebung und Entmachtung dominant-hegemonialer Deutungsstrategien von Identität gegeben.

Dieser allgemeine Zusammenhang von Genre und Gesellschaft und die sich daraus ergebenden Möglichkeiten zum Widerstand soll nun für das Westerngenre spezialisiert werden. Anhand der Westernfilmstudie von Will Wright und der Horrorfilmstudie von Andrew Tudor zeigt Rainer Winter die Zusammenhänge

---

3 Judith Butler nutzt diesen Parodiebegriff, um am Beispiel des Transvestiten die Konstruktion geschlechtlicher Identitäten offenzulegen (vgl. Butler 1991: 209-218).

von Genre und Gesellschaft auf (vgl. Winter 1992: 43-57).[4] Während Wrights Studie zum Western simplifizierend verfährt, weil sie die Funktionsweise des Westerns eindimensional als Mythenstiftung begreift und so einer vielfältig differenzierten sozialen Welt nicht Rechnung trägt, gelingt es Andrew Tudor in seiner Studie zum Horrorfilm, einen wichtigen Beitrag zur Soziologie des Filmgenres zu liefern, da Tudor sowohl die polyseme Struktur von Filmen als auch die durch spezifische Kontexte gerahmte Rezeption berücksichtigt. Für Tudor ist das Filmgenre »eine soziale Konstruktion, die in den Filmen und in den Vorstellungen der Rezipienten verankert ist. […] Erst im Akt der Rezeption wird ein Film als ein kulturelles Objekt mit einer je besonderen Bedeutung konstituiert.« (Ebd.: 51) Dennoch hat Wright mit seiner Analyse wichtige Strukturmerkmale des Westerngenres beschrieben, die bei der folgenden Analyse von Jarmuschs DEAD MAN als eine Art ›Vergleichsfolie‹ genutzt werden können. So lässt sich ablesen, welche Stilmerkmale Jarmusch nutzt und in welcher Weise – zitierend, parodierend etc. – er Bezug auf die Tradition des Westerns nimmt. Hierdurch wird deutlich, dass die Aktualisierung der genretypischen Strukturen in anderen Kontexten die ursprüngliche strukturelle Bedeutung verschieben und umdeuten kann.

Dass jedes Genre im Sinne Tudors eine soziale Konstruktion ist, zeigt sich in Bezug auf DEAD MAN daran, dass sich dieser Film mit den innerhalb der Globalisierungsdiskussion thematisierten Auswirkungen der Globalisierung auf Identitätskonzepte und -praktiken (vgl. Clifford 1999; Hall 1999a; Morley 1999) in Verbindung setzen lässt. Insbesondere Stuart Hall (1999a) stellt einen für die Analyse von DEAD MAN besonders geeigneten Bezugsrahmen her, da er die Konsequenzen der Globalisierung auf das moderne Subjekt als das einheitliche Subjekt fragmentierend beschreibt, wodurch es zum fragmentierten postmodernen Subjekt wird, das jede gesicherte und essentialistische Identitätskonzeption hinter sich lässt. Identität ist hier nicht biologisch, sondern historisch definiert, weshalb sie kontinuierlich gebildet und verändert wird, wobei widersprüchliche Identitäten zum Normalfall werden und eine kohärente Identität eine Illusion bleibt. Der weiße westliche Mann im Zentrum des Universums, vor dem die Welt zur Beherrschung ausgebreitet liegt, ist keine gültige Subjektkonzeption mehr. Das wissende, vernünftige, selbstbestimmte, in seiner Identität einheitliche Subjekt der Moderne wird aufgelöst. Hiernach ist das Subjekt nur noch als frag-

---

4 Ergänzend hierzu sei Sandra Rauschs (2004) Artikel »Männer darstellen/herstellen. Gendered Action in James Camerons TERMINATOR 2« erwähnt, in dem Rausch die gegenseitige Beeinflussung von Genre und Gender ins Zentrum ihrer Analyse stellt.

mentierte Identität in Abhängigkeit von vielfältigen Diskursen denkbar, was seine privilegierte Stellung entscheidend relativiert (vgl. ebd.: 393-402).

Besonders eng verknüpft die Moderne kulturelle mit nationaler Identität. Obwohl Nationalitäten erst durch Repräsentationen entstehen, »denken wir alle über sie, als wären sie Teil unserer wesenhaften Natur.« (Hall 1999a: 414) Nationen organisieren auf textueller Ebene imaginierte Gemeinschaften, die sowohl unsere Handlungen als auch unsere Identität organisieren. Darüber hinaus findet auch eine materielle Organisation nationaler Identität statt, die sich nicht ohne weiteres ›entmaterialisieren‹ lässt, denn sie »gibt unserer eintönigen Existenz Bedeutung und Sicherheit.« (Ebd.: 417) In der Nation finden sich essentialistische Ideen von Ursprung, Kontinuität, Tradition, Zeitlosigkeit, Gründungsmythos, einem reinen und ursprünglichen Volk. Gleichzeitig ist eine Nation eine Struktur kultureller Macht: Sie unterdrückt kulturelle Differenzen, indem sie Differenzen als Einheit repräsentiert und unterschlägt so, dass Nationen aus den verschiedensten sozialen Klassen, Geschlechtern, Ethnien etc. bestehen. Nach Hall wirkt die Globalisierung dekonstruierend auf diese imaginierte nationale Einheit, weshalb sich in der Folge traditionelle nationale Identitäten auflösen. Dies führt einerseits zum Erstarken lokaler Partikularismen als Widerstand gegen die Globalisierung. Andererseits füllen neue hybride Identitäten das Vakuum der vergangenen nationalen Identitäten (vgl. ebd.: 417-429). Diese Tendenzen verhalten sich ambivalent zueinander und lassen keine monokausalen Erklärungen der Wirkungen der Globalisierung zu.

Das Modell Halls lässt sich als anti-essentialistisch beschreiben, da es die Möglichkeit eindeutiger Ordnungen ablehnt und stattdessen die strukturelle Unbestimmtheit von Identitäten, Kulturen etc. betont. Bestimmen lassen sich Identitäten erst innerhalb bestimmter Identitätspraktiken, die für ihre Subjekte reale materielle Konsequenzen haben, jedoch nicht identisch reproduziert werden müssen, da es innerhalb dieser Praktiken Momente der Variation und der Bedeutungsverschiebung gibt. So betont der hier gebrauchte Begriff des Anti-Essentialismus einerseits die Unbestimmtheit und Offenheit von Identität, er löst aber andererseits Identität auch nicht in einem immateriellen Textbegriff auf. Mit Lawrence Grossberg lässt sich formulieren:

»Vom Blickwinkel des Essentialismus aus stehen die Antworten fest, und alles ist im vorhinein etikettiert. Die Identitäten sind festgelegt. […] Andererseits sagt der Anti-Essentialismus, daß es nicht notwendigerweise Beziehungen gibt. Beziehungen sind eine Illusion. Ihre Erscheinung wird durch Macht erzeugt, und daher ist die einzige Antwort auf eine Beziehung, sie zu dekonstruieren […]. Cultural Studies nehmen keine dieser Positionen ein […]. Für sie gilt, daß Beziehungen zwar immer real, jedoch niemals notwendig sind.« (Grossberg 1999b: 64)

Entsprechend lässt Jim Jarmusch in DEAD MAN seine Protagonisten kulturelle Beziehungen aufbrechen, zeigt jedoch gleichzeitig die materiellen und realen Komplikationen, die damit verbunden sind. Identität erscheint hier nicht als ein leichtfüßiger Akt des Jonglierens, sondern als eine im Sinne Foucaults machtvolle diskursive Beziehung (vgl. Foucault 1977; Butler 1991; Butler 1995).

Die Analyse: DEAD MAN

DEAD MAN als Genrefilm und -parodie

Um DEAD MAN als Genrefilm und -parodie zu verstehen, wird im Folgenden mit Bezug auf die vier Westerntypen nach Wright dargestellt, wie sich DEAD MAN in einzelnen Elementen zum Genre des Westerns verhält.[5] Dadurch wird verständlich, warum der Film das Thema der fragmentierten Identitäten nicht in einem klassischen Western, der auf einem binär kodierten essentialistischen Weltbild basiert, sondern nur im parodisierenden Auflösen dieses Weltbilds behandeln kann.

Die beiden Hauptfiguren in DEAD MAN sind der weiße Ostküsten-Amerikaner William Blake und sein im Westen der USA beheimateter indianischer Gefährte Nobody. Hier werden diese beiden Hauptfiguren auch als Helden im weiteren Sinne verstanden, da sich durch dieses Verständnis Parallelen zum und Abweichungen vom Westerngenre gut nachzeichnen lassen. Wird der Held im klassischen Western (vgl. Winter 1992: 46) als ein mit besonderen Fähigkeiten ausgestatteter Individualist vorgestellt, offenbart sich ziemlich bald, dass William Blake eher ein Antiheld ist. Er besitzt keine besonderen Fähigkeiten im Umgang mit dem Colt, sondern hat als einzige besondere Fähigkeit vorzuweisen, dass er lesen und schreiben kann. Allerdings gilt dies in der rauen Gesellschaft des Westens kaum als Vorteil. Ein ausgesprochener Individualist ist William Blake ebenfalls nicht, denn er sucht die Zugehörigkeit zu einer Gesellschaft. Zwar sieht man ihn zu Beginn des Films auf einer Zugreise, doch unternimmt er diese Reise zu dem Zweck, in einer neuen Stadt namens Machine, wo ihm ein Posten als Buchhalter in der Metallfabrik von John Dickinson versprochen wurde, ein neues Zuhause zu finden, weil er in seiner früheren Heimat in Cleveland keine Arbeit finden konnte. Abenteuerlust und Individualismus sind nicht die

---

5   Ergänzend zu den traditionellen Formen, Charakteren und Erzählweisen des Westerngenres siehe auch Seeßlen (1995).

Gründe seiner Reise. Doch erhält William Blake nicht den versprochenen Posten bei dem einzigen Arbeitgeber im Ort, da dieser bereits weitervergeben wurde – der Versuch, durch Arbeit ein Gesellschaftsmitglied zu werden, scheitert. Hierauf beginnt Blake eine kurze Romanze mit der Blumenverkäuferin und ehemaligen Prostituierten Thel Russell, die aber vor den Augen William Blakes von ihrem eifersüchtigen ehemaligen Verlobten Charlie Dickinson, dem Sohn des Industriellen John Dickinson, erschossen wird, worauf Blake Charlie Dickinson erschießt. William Blake, der von nun an als Mörder von Thel Russell und Charlie Dickinson gejagt wird, muss aus der Stadt fliehen, wodurch er im weiteren Verlauf des Films dem individualistischen Helden eines klassischen Western immer ähnlicher wird. Allerdings resultiert diese Ähnlichkeit aus einer Zwangslage, denn im Gegensatz zum Held des klassischen Westerns ist William Blake ein Individualist wider Willen.

Auch auf den Rache-Western (vgl. Winter 1992: 47 ff.) nimmt Jarmusch mit DEAD MAN Bezug, indem er den gesamten Film um eine Verfolgungsjagd durch den Westen organisiert, an deren Ende die Rache John Dickinsons für seinen getöteten Sohn Charlie steht. Jedoch ist dieser Plot eine Variation des Rache-Western, weil der Rache nehmende John Dickinson zu menschenverachtend erscheint, als dass man Sympathie für seine Rachepläne empfinden könnte. Auch geht es hier nicht um persönliche Rache ›Mann gegen Mann‹, da Dickinson professionelle Killer beauftragt, die diese ›schmutzige‹ Angelegenheit für ihn bereinigen sollen. Mit den Killern findet sich auch ein Hinweis auf Elemente des Profi-Plot-Westerns, die weiter unten noch thematisiert werden. Es bleibt festzuhalten, dass die Rache nur teilweise gelingt: Am Ende des Films erschießen sich der letzte verbleibende Killer, Cole Wilson, und Nobody gegenseitig, während der im Sterben liegende, aber noch lebende William Blake in einem indianischen Kanu aufs Meer hinausfährt. So findet die Rache John Dickinsons keinen Abschluss, denn er forderte von den Killern, ihm William Blake tot oder lebendig zu bringen. William Blake fährt zwar seinem Tod entgegen, doch Dickinson wird davon nichts erfahren und daher keine Genugtuung empfinden.

In Bezug auf den Übergangswestern (Winter 1992: 48 ff.) gibt es mehrere Übereinstimmungen. Wie der Held des Übergangswestern ist William Blake zu keinem Zeitpunkt Mitglied einer Gesellschaft. Nur Nobody – selbst ein Außenseiter – geht eine Verbindung mit ihm ein, eine Art Solidargemeinschaft gegen eine korrupte Gesellschaft, deren tyrannischer Herrscher der Industrielle John Dickinson ist. Ein Merkmal für den Zustand dieser korrupten Gesellschaft ist, dass nicht das Gesetz, vertreten durch einen Marshall, eingesetzt wird, um den Mord aufzuklären und die Schuldigen dingfest zu machen, sondern dass professionelle Killer beauftragt werden, die – korrupte – Ordnung wiederherzustellen.

Erst nachdem der Erfolg der Killer zu lange auf sich warten lässt, lässt John Dickinson Steckbriefe verteilen und zwei Marshalls nehmen sich in einer kurzen Episode, allerdings erfolglos, des Falles an.

Schließlich finden sich in DEAD MAN Elemente des Profi-Plot-Westerns (vgl. Winter 1992: 49-52), denn die Jagd auf William Blake und Nobody ist vollständig professionalisiert. Das auf den Steckbriefen angegebene Kopfgeld zur Ergreifung William Blakes steigt von zunächst 500 auf 1000, schließlich auf 2000 Dollar. Die Killer, insbesondere Cole Wilson, empfinden Lust am Töten und heißen es willkommen, mit etwas Geld zu verdienen, was ihnen ohnehin Spaß macht. Hier zeigt sich ebenfalls der für DEAD MAN typische parodisierende Umgang mit den Konventionen des Genres. Auch wenn die Helden des Profi-Plot-Western einen Auftrag annehmen, weil es sich primär in ökonomischer Hinsicht für sie lohnt, lassen sie sich meistens auf der Seite des Guten verorten. Durch ihren korrupten Auftraggeber John Dickinson stehen die Killer aber auf der Seite des Bösen.

Ohnehin sind die Killer an sich bereits parodistisch angelegt: Johnny ›The Kid‹ Pickett, ein Afroamerikaner, kleidet sich elegant und kann als einziger der drei Killer lesen, wodurch er im scharfen Gegensatz zur für Hollywoodfilme üblichen Kodierung von Schwarzen steht, die diese meist als einfältig und primitiv darstellen (vgl. Hall 1989a: 160 ff.). Auch die Befähigung lesen zu können ist für Killer des klassischen Western nicht unbedingt üblich, wird die Schrift im unzivilisierten Westen doch nicht sehr wertgeschätzt – außer auf Steckbriefen. Mit Béla Balász gesprochen ist der Westen eine visuelle Kultur, in der die begriffliche Kultur keinen hohen Stellenwert besitzt (vgl. Balász 1995: 228). Der Killer Conway Twill braucht einen Teddybären zum Einschlafen, was sein Image des harten Killers, das er tagsüber präsentiert, zum Einsturz bringt. Außerdem redet er für einen typischen Killer, der eher schweigsam ist, zuviel. Cole Wilson schließlich ist ein Killer ohne jegliche Moral. In vielen Westernfilmen haben selbst die Killer eine Art ›Berufsethos‹, das ihnen beispielsweise den Mord an Kindern verbietet. Cole Wilson allerdings tritt unter anderem als Leichenschänder, Vergewaltiger und Kannibale auf und neigt zu exzessivem Gewalteinsatz, einer ›schmutzigen‹ Form der Gewalt, die der im Western gemeinhin als ›sauber‹ dargestellten gegenübersteht.

Auch weitere Einstellungen widersprechen den üblichen Konventionen des Westerngenres. In regelmäßigen Abständen tauchen über den Film verteilt Aufnahmen von niedergebrannten und geplünderten Indianerdörfern auf. Die Indianer wohnen mittlerweile in einem notdürftig eingerichteten Reservat auf engstem Raum. Nichts deutet mehr auf ihren Ursprungsmythos vom freien Volk, dessen Heimat die Weiten der Prärie sind, hin. Schließlich ist der Showdown, ein beinahe konstitutives Element klassischer Westernfilme, in DEAD MAN eine Variation des finalen Duells. Ist es für die klassische Bildsprache des Westerngenres üblich, den Showdown in den Mittelpunkt des Geschehens zu setzen, kommt er bei Jarmusch nur am Rande vor: aufgenommen mit einer extremen Weitwinkelperspektive, die William Blakes Kanu mit seinen Grabbeigaben ins Zentrum setzt, während der Showdown – fast marginalisiert – am rechten äußeren Bildrand stattfindet.

DEAD MAN erschöpft sich jedoch nicht in der ausschließlichen Bezugnahme auf das Westerngenre, auch andere Genres werden aufgegriffen und funktionieren so als weitere Bezugsrahmen für mögliche Interpretationen des Films. Eine Szene, in der Cole Wilson die Hand des toten Conway Twill abnagt, ähnelt frappant einer Szene aus George A. Romeros Zombiefilm NIGHT OF THE LIVING DEAD (1968). Schließlich sind die zu Beginn des Films mehrmals gezeigten rollenden Räder eines Zuges, die Bewegung und einen Ortswechsel metaphorisch darstellen, typische Elemente des Roadmovies.

Fragmentierte Identitäten und die Dezentrierung des Weste(r)ns

Mit Bezug auf die Zusammenhänge von Genre und Gesellschaft hinterfragt Jarmusch mit DEAD MAN analog zu den von Hall beschriebenen Effekten der Globalisierung essentialistische und homogene Identitäten und bietet Gegenkonzepte an. Dies kann als Dezentrierung des Westens im Allgemeinen und des Westerns im Besonderen aufgefasst werden, da im Allgemeinen die Zentralität westlicher Weltbilder hinterfragt und im Besonderen genretypische Identitäten im Westernfilm aufgebrochen werden.

Während William Blake erst allmählich seine fragmentierte Identität offenbart, erfährt man über Nobody schon bald Details seiner Biographie, die sich im Sinne Halls als eine Identität zwischen den Kulturen begreifen lässt (vgl. Hall 1999a). Nobody erzählt, dass seine Eltern verschiedenen Indianerstämmen angehörten, weshalb er schon in der indianischen Gesellschaft als ›Bastard‹ galt und verstoßen wurde. Ferner wurde er als Kind von englischen Soldaten gefangen genommen und nach England verschleppt. Hier lernte er das Lesen und Schreiben, Kulturtechniken, die gemeinhin als ›weiß‹ gelten. Nobody, von den Engländern als Exot betrachtet, versuchte, sich ihnen anzunähern, indem er ihre Kultur nachahmte. Dies ließ ihn aber noch exotischer erscheinen, da er nach englischem Verständnis eben nur dann authentisch ist, wenn er sich als ›Wilder‹ darstellt. Er konnte der Wahrnehmung der Engländer nicht entrinnen, die ihn als jemanden einordneten, der »die weißen Manieren seines Herrn verspottet, selbst dann, wenn er sich bemüht, die weiße Kultiviertheit nachzuäffen.« (Hall 1989a: 160) So lebt Nobody zwischen den Kulturen, authentisch nur als Exot, was auch in einer Einstellung deutlich wird, in der sich Nobody William Blakes Hut und Brille aufsetzt. Nobody nimmt damit oberflächlich die Identität eines Weißen an, kann diese Identität allerdings nicht überzeugend darstellen, da seine traditionelle Stammeskleidung sowie seine Körperhaltung und Mimik diesen ›weißen‹ Attributen widersprechen. Unterhalb dieser oberflächlichen Wahrnehmung ist Nobody vielleicht aber ›weißer‹ als William Blake. Dieser kann zwar lesen und schreiben, jedoch erschöpft sich seine Bildung in Geschäftskorrespondenz und Werbebroschüren, wohingegen Nobody während seiner Zeit in England die Poesie des Dichters William Blake kennen und schätzen gelernt hat. Sein Gefährte William Blake kennt seinen Namensvetter nicht einmal.

In der Figur Nobodys wird deutlich, dass Kulturen nicht essentialistisch sind, dass sie keine homogene Einheit bilden. Vielmehr durchdringen sich Kulturen gegenseitig und produzieren hierbei unvorhersehbare Effekte. Diese kulturelle Hybridität erfährt auch William Blake im Verlauf des Films sowohl in Bezug auf Aspekte der eigenen ›weißen‹ Kultur, die ihm bisher unbekannt waren, als auch in Bezug auf die für ihn fremde indianische Kultur. Zunächst ein schüchterner gebildeter Buchhalter, dem das Leben in der Wildnis vollkommen fremd ist, adaptiert er nach und nach den ihm anfänglich noch fremden, aber seiner eigenen Kultur zugehörigen Habitus eines Revolverhelden, der sich durch den geschickten Gebrauch seiner Waffe gegen Gegner zu verteidigen weiß.

Darüber hinaus wird er durch Nobody mit indianischer Kultur vertraut gemacht, auch wenn es immer wieder fundamentale Missverständnisse gibt. Eines dieser Missverständnisse greift der Film immer wieder auf: Während für Nobody Tabak ein wichtiger symbolischer Bestandteil seiner Kultur ist, hat Tabak für William Blake nur den Gebrauchswert einer Rauchware. So quittiert William Blake jede Nachfrage Nobodys, ob er etwas Tabak hätte, mit dem Hinweis: ›I don't smoke.‹ Die Kulturen durchdringen sich zwar gegenseitig, doch bedeutet diese Hybridität kein vollständiges gegenseitiges Verstehen, da ein Individuum niemals alle Aspekte seiner eigenen Kultur in sich vereint und die eigene Kultur nicht einheitlich repräsentiert.[6] Ob und wie in diesem Zusammenhang noch von Authentizität gesprochen werden kann, bleibt offen. Doch auch Nobody, der bereits viele Aspekte ›weißer‹ Kultur kennengelernt hat, lernt noch dazu. Neu ist für ihn der Umgang mit Feuerwaffen, den Waffen des ›weißen Mannes‹. Feuert Nobody anfänglich eher unbeabsichtigt ein Gewehr ab und tötet dadurch einen Gegner, so lernt er im Verlauf des Films den gezielten Einsatz dieser Waffe. Ge-

---

6 Dieses Identitätskonzept findet sich in Bezug auf geschlechtliche Identität (*gender*) bei Judith Butler präzisiert (vgl. Butler 1991; Butler 1995).

gen Ende schultert er das Gewehr wie selbstverständlich und im Showdown legt er gekonnt an und erschießt seinen Gegner – aber dieser auch ihn.

Jarmusch thematisiert neben den Unterschieden auch die Parallelen zwischen beiden Kulturen und entkräftet die Vorstellung vom Anderen als exotisch und von Grund auf verschieden. Immer wieder zeigt der Film offensichtliche Gemeinsamkeiten weißer und indianischer Kultur: Sowohl im Stadtbild der Industriestadt Machine als auch im Indianerdorf dominiert eine schlammige, eher ›unzivilisierte‹ Hauptstraße mit vielen Schlaglöchern. In beiden Siedlungen sind Tod und Verfall gegenwärtig, man sieht Skelette und Särge, beide Kulturen sind schmutzig und depressiv. Auch die weißen Siedler/-innen verfügen nicht über das, was man als eine elaborierte Hochkultur oder zivilisierte Gesellschaft bezeichnen würde. Schließlich beauftragt John Dickinson die Killer auch, das Pferd, das William Blake ihm auf seiner Flucht gestohlen hat, zurückzubringen. Dies erstaunt, da es sich um einen Schecken, d.h. um kein reinrassiges Pferd handelt.

Mit DEAD MAN revidiert Jarmusch die Vorstellung vom Subjekt als weißem integerem Mann im Zentrum des Universums, vor dem die Welt zur Beherrschung ausgebreitet liegt (vgl. Hall 1999a: 402). William Blake ist männlich und weiß, jedoch kein Herrscher. Nobody ist Indianer und daher ›natürlicherweise‹ nicht zum Herrschen bestimmt. Der einzige weiße männliche Herrscher ist der Industrielle John Dickinson, der aber nicht integer, sondern korrupt ist und dem es an ethischen Werten jenseits der Steigerung seines Profits mangelt. Auf der Seite der Indianer demontiert Jarmusch den Mythos vom ›edlen Wilden‹. In einer Szene gegen Ende des Films, William Blake wurde bereits von Nobody in das Reservat gebracht, begaffen die Indianer William Blake als Fremden. Ein Habitus, den Nobody aus seiner Zeit in weißer Gefangenschaft selbst erfahren hat, als er von Engländern begafft wurde.

Jarmusch zeigt die amerikanische Nation heterogen und widersprüchlich – so, wie es Nationen in ihrer Selbstdarstellung zu vermeiden suchen. Denn Nationen unterdrücken kulturelle Differenzen, indem sie die Differenzen als Einheit repräsentieren (vgl. Hall 1999a: 421 ff.). So dekonstruiert Jarmusch mit DEAD MAN die nationale Einheit und die nationalen Mythen, indem er ihre diskursiven Bedeutungen verschiebt und verkehrt. Diese Dekonstruktion der Einheit geschieht nicht nur symbolisch, sondern auch materiell (vgl. ebd.: 424). Nach Hall verhalten sich die Tendenzen der Globalisierung ambivalent zueinander, niemals nur vereinheitlichend oder nur hybridisierend (vgl. ebd.: 439). Dieser Tatsache trägt auch DEAD MAN Rechnung: Westernmythen versagen im Angesicht hybrider Identitäten, obwohl versucht wird, die Mythen am Leben zu erhalten. Einerseits ist beispielsweise die Figur des John Dickinson sehr mächtig: ihm gehört die Stadt Machine, die ohne seine Industrie nicht existieren würde. Er wird als Präsident Roosevelt, den Mythen zum unerschrockenen Bärenjäger stilisieren, und Prototyp des tyrannischen Monopolkapitalisten inszeniert. Andererseits ist er sentimental und nicht so ›weiß‹, wie er sich darstellt, denn er hängt an seinem Schecken. Auch gelingt es ihm nicht, William Blake zu fassen oder seinen Schecken wiederzubekommen. Obwohl er durch seinen Reichtum eine Unzahl an Mitteln zur Verfügung hat, wird er durch einen erfahrenen Indianer überlistet, so dass die Strategien des Mächtigen vor den Taktiken des Marginalisierten versagen. Dennoch sind diese Westernmythen mächtige Mythen, denn sie haben die Hauptprotagonisten erst erzeugt: William Blake erlebt als Arbeitsloser die Kehrseite des amerikanischen Traums, Nobody wird durch Kolonialherren nach Europa verschleppt und in seiner Identität fragmentiert. So bestätigt Jarmusch Halls These über die Effekte der Globalisierung:

»Heute scheint die Globalisierung weder einfach den Triumph des Globalen zu erzeugen noch die Beharrung in älteren nationalistischen Formen des Lokalen. Die Verschiebungen und Zerstreuungen der Globalisierung erwiesen sich als verschiedenartiger und widersprüchlicher, als alle ihre Verteidiger oder Gegner erwartet hatten. Dies läßt auch erwarten, daß die Globalisierung sich als Teil der langsamen und ungleichen, doch andauernden Geschichte der Dezentrierung des Westens erweisen wird, obwohl sie auf vielfache Weise erst durch den Westen ihre Macht erlangte.« (Hall 1999a: 439)

Fazit

Die Voraussetzung für einen Film, populär zu sein, ist, seinen Rezipientinnen und Rezipienten zunächst Vergnügen zu bereiten, weshalb er auf der Ebene des Affektiven ansetzen muss (vgl. Grossberg 1999a). Nur so kann das eigensinnige und widerständige Potential der Populärkultur genutzt werden, um in kulturellen Formationen und Allianzen über das Wirken dominant-hegemonialer Macht zu reflektieren und deren Effekte möglicherweise in andere Sinnhorizonte zu verschieben und umzudeuten, was zur Ermächtigung der Rezipientinnen und Rezipienten führen kann (vgl. ebd.: 234). Da gerade die Gegenstände der Populärkultur äußerst polysem strukturiert sind, lassen sie niemals nur eine einzige gültige Interpretationsmöglichkeit zu – es konkurrieren dominante mit widerständigen Diskursen (vgl. Hall 1999c; Fiske 1999a).

Gerade der Genrefilm stellt diese affektiven Ressourcen zur Verfügung. Ein Genre funktioniert wesentlich aus dem Grund, dass seine Fans Vergnügen daran haben, einerseits ihre Erwartungen erfüllt zu sehen, andererseits aber auch Erweiterungen und Überschreitungen des bisher Bekannten implizit erwarten, weil ein Genre nur so dauerhaft Vergnügen bereiten kann. In diesem speziellen Spannungsverhältnis aus Bekanntem und Neuem nimmt die Genreparodie eine Sonderrolle ein, weil sie durch Überzeichnung bestimmter Genrestereotypen die Konstruiertheit der Strukturen eines Genres bewusst macht. Diese Einsichten in den Konstruktionscharakter bestimmter Figuren oder Erzählstrukturen eines Genres können auch auf die eigene soziale Situation übertragen werden, da zwischen Genre und Gesellschaft ein enger Zusammenhang besteht. Mit Blick auf kulturelle Identitäten stellt Jim Jarmuschs DEAD MAN diesen Zusammenhang zwischen Genre und Gesellschaft her und entlarvt den Konstruktions- und Erzählungscharakter kultureller Identitäten durch Mittel der Parodie. Die Figuren dieses Films entsprechen nur oberflächlich betrachtet den Konventionen klassischer Western, denn bei näherem Hinsehen offenbaren sie alsbald widersprüchliche Aspekte ihrer Identität.

Doch sind es nicht nur diese widersprüchlichen Aspekte einer jeden Identität, die in DEAD MAN verhandelt werden. Gerade der Western bietet sich durch seine Symbolsprache, die auf einer westlich und weiß geprägten hegemonialen Kultur beruht, an, in seiner Parodie die für die westliche Welt zentralen, weitgehend homogenen Identitätskonzepte der Moderne zu dekonstruieren. Insbesondere die Vorstellung einer Welt, die vor einem universalen männlichen, weißen und integerem Subjekt zur Eroberung ausgebreitet liegt, wird in kulturkritischer Hinsicht nicht nur bei Stuart Hall problematisiert (vgl. Hall 1999a). Auch Jim Jarmusch gelingt es, im Medium Film diese essentialistische Position zu widerlegen und nicht nur den Westen, sondern auch den Western zu dezentrieren.

Lawrence Grossberg fordert im Sinne Antonio Gramscis für die Cultural Studies »mehr zu wissen als die andere Seite« und »dieses Wissen zu teilen« (Grossberg 1999b: 78). Das Teilen des Wissens jedoch ist oft ein großes Problem, da, um mehr zu wissen als die andere Seite, ein akademisches Vokabular notwendig ist, dessen Beherrschung nicht allgemein vorausgesetzt werden kann. Jim Jarmusch transferiert mit DEAD MAN ein intellektuell hoch anspruchsvolles Thema durch das Element des Vergnügens aus akademischen Zirkeln in die Populärkultur, ohne jedoch an Komplexität einzubüßen oder gar simplifizierend zu verfahren. Vielleicht liegt gerade in der Ermangelung einer kleinsten semiotischen Einheit (vgl. Metz 1995; Lotman 1977) ein großer Vorteil der Filmsprache: Das Vermögen, durch Bilder und ihre Montage komplexe Sachverhalte verhältnismäßig leicht zugänglich zu machen, ohne sie jedoch ihrer Ambivalenzen und inneren Widersprüche zu berauben.

3.2 ERFINDERISCHE TAKTIKEN WIDER DIE STRATEGIEN DES STEREOTYPS: AUF DER JAGD NACH ALTERNATIVEN IDENTITÄTEN IN KEVIN SMITHS Chasing Amy

> »Wir müssen neue Formen der Subjektivität zustandebringen, indem wir die Art von Individualität, die man uns jahrhundertelang auferlegt hat, zurückweisen.«
>
> FOUCAULT 1997: 28

Filmanalyse als Medienkulturforschung

Blicken wir aus der Perspektive der Cultural Studies auf die Medienkulturforschung, so kommen wir nicht umhin, Medienkultur auch als Ort der Auseinandersetzung um Macht zu erforschen, da Kultur das Feld ist, »in dem Macht produziert und um sie gerungen wird« wobei Macht als »ungleiches Verhältnis von Kräften im Interesse bestimmter Fraktionen der Bevölkerung« (Grossberg 1999b: 48) verstanden wird. Dies berührt auch das Feld der Ideologie, in dem es insofern um Macht geht, als unter ungleichen Voraussetzungen um die Artikulation konkreter Bedeutungen gekämpft wird, die wiederum zur Festlegung spezifischer Identitäten führen. Medien spielen hierbei eine entscheidende Rolle, weil sie »überwiegend in der Sphäre der Produktion und Transformation von Ideologien operieren.« (Hall 1989a: 150) Medien liefern dabei niemals nur »schlichte Beschreibungen« (ebd.: 152) der Welt, sondern sind stets an der (Re-)Produktion von Ideologien beteiligt. Das kritische Potential der Medienkulturforschung liegt dann mit Michel Foucault (1992a) unter anderem darin, die Ideologien, die dann am mächtigsten sind, wenn sie sich nicht als solche zu erkennen geben, sondern ›naturalisiert‹ im Verborgenen wirken, zu enttarnen, d.h. die ›Natur‹ als ideologisch-diskursive Konstruktion zu thematisieren und die aus dieser Konstruktion resultierenden Machteffekte zu verschieben. Dabei können auch Medien die Medien kritisieren, was sich keineswegs nur auf ›ernste‹ Medienformate wie Dokumentationen oder politische Filme beschränkt. Vielmehr findet Medienkritik auch im Unterhaltungskino ihren Platz. So kann mit Norman Denzin (1995) das Unterhaltungskino als eine Art ›Diskursseismograph‹ begriffen werden, da die Postmoderne viele Dinge über sich erst durch das Auge der Kamera weiß: »it knows itself in part through the reflections that flow from the camera's eye.« (Ebd.: 1)

Auf dieser Basis soll daher im Folgenden Kevin Smiths Film CHASING AMY (1997) analysiert werden. In dieser Komödie lässt Smith seine Protagonistinnen und Protagonisten nämlich die ›schlichten Beschreibungen‹ der Medien in parodisierender Weise aufführen und entlarvt diese so als Ideologie. Smith zeigt, dass die durch die mediale ›Beschreibung‹ entstehenden stereotypen Muster – hier die stereotypen Muster geschlechtlicher Identität und sexueller Orientierung – nicht ›natürlich‹, ›normal‹ oder der ›Standard‹ sind. Sondern er enttarnt sie als diskursive Konstruktionen und führt vor, dass diese durchaus veränderbar sind. Um dies begrifflich fassen zu können, wird auf das Begriffspaar der Strategien und Taktiken bei Michel de Certeau (1988) zurückgegriffen. Entgegen der Behauptung Stuart Halls (1989a), der die Unterhaltung als einen Bereich beschreibt, in dem es verboten sei, »ernsthafte Fragen zu stellen« (ebd.: 163), zeigt Smith (1997), dass es sehr wohl möglich ist, ernsthafte Fragen zu stellen, auch wenn sie in Form einer Komödie gestellt werden. So wird sein Film zu einem Ort, an dem Ideologien nicht in gewohnter Weise produziert und reproduziert, sondern überraschend transformiert werden.

Bemerkenswert an CHASING AMY ist, dass Smith mit diesem Film bereits 1997 einen medialen Beitrag zu Themen des Queer-Diskurses geleistet hat – einige Zeit bevor dieses Thema für den Mainstream akzeptabel wurde.[1] Ferner beweist Smith, dass mittlerweile das möglich sein kann, was Hall (1989a: 164) noch bezweifelte: Nämlich dass jemand, der außerhalb der Gemeinschaft steht, die er thematisiert – Smith ist heterosexuell –, nicht zwangsläufig die thematisierte Gemeinschaft diskriminieren muss, sondern durchaus einen positiven Beitrag zu deren Selbstbewusstsein leisten kann.[2] Auch wenn es stimmt, dass diese Möglichkeit noch immer nicht häufig genutzt wird, zeigt Smith, dass er die offene Sprache seines Films und die hierin vorkommenden teils derben Witze nicht dazu einsetzt, den zwangsheterosexuellen Diskurs und dessen Vorstellungen von ›normaler‹ Sexualität zu stützen. Vielmehr nutzt Smith eine die Strategien des Patriarchats und der Zwangsheterosexualität unterlaufende Taktik. Smith ist zwar nicht qua sexueller Orientierung Mitglied der *gay community*, er versteht

---

1   Diese Akzeptanz zeigt sich beispielsweise in Fernsehserien wie QUEER AS FOLK (2000-2005) oder THE L WORD (2004-) oder auch in Kinofilmen wie BROKEBACK MOUNTAIN (2005).

2   Dass sich die Behauptung, dass ausschließlich die Mitglieder einer bestimmten Gemeinschaft für deren Emanzipation eintreten können, schnell als kontraproduktiv für deren eigene Absichten erweist, zeigt auch Ulrich Beck in Bezug auf Emanzipationsbewegungen von Frauen, Afroamerikanerinnen, Schwulen und Lesben (vgl. Beck 2002: 38 f.).

aber ihr Selbstbewusstsein und stellt es nicht unterlegen, sondern überlegen dar, weil die *gay culture* sich seiner Darstellung nach von vielen patriarchalen Fesseln befreit hat und in seinem Film selbstbestimmter wirkt als die heterosexuelle dominante Kultur. So sind viele Witze in CHASING AMY nur vordergründig sexistisch. Sie sind Teil von Smiths subversiver Taktik, durch direkte Sprache die mächtigen Strategien des alltäglichen Sexismus zu enttarnen und deren ungestörte Reproduktion zu verhindern.

Michel de Certeau – Strategien im Raum, Taktiken in der Zeit

Wenn es hier darum geht, die Potentiale erfinderischer Taktiken bezüglich der Entwicklung alternativer Identitäten – verstanden als Identitäten, die sich der Stereotypisierung entziehen – aufzuzeigen, sind die Arbeiten Michel de Certeaus (1988) zu Strategien und Taktiken sowie der Kunst des alltäglichen Handelns von zentralem Stellenwert. Auch de Certeau selbst entzieht sich mit seinen Arbeiten einer Kanonisierung bzw. Stereotypisierung, hat er doch »in mindestens einem dutzend von Disziplinen ›gewildert‹.« (Füssel 2007a: 7)

Wir werden sehen, dass das Stereotyp im Sinne de Certeaus als eine Strategie dominant-hegemonialer Diskurse verstanden werden kann, die die Räume definieren, innerhalb derer Identitäten gebildet werden können. Dabei stellt das Stereotyp nur eine begrenzte Zahl möglicher Identitäten zur Verfügung, die innerhalb seines eigenen Diskurses angenommen und aufgeführt werden können. Es wird also eine Grenze zwischen eigenen und anderen Orten markiert. Demgegenüber werden alternative Identitäten als taktische Verschiebung der Stereotyp-Diskurse begriffen, die in Ermangelung eines eigenen Raumes günstige Momente in der Zeit subversiv nutzt. Es ist deshalb von einer Verschiebung die Rede, weil sich alternative Identitäten stets innerhalb der Räume der Macht entwickeln. Sie müssen notwendigerweise auf die in den strategischen Räumen vorhandenen Identitätsdispositive zurückgreifen, können sich diese jedoch in einer widerständigen und subversiven Weise aneignen, so dass alternative Identitäten entstehen, die die Machteffekte der Strategie derart verschieben können, dass etwas Neues entsteht. Weiterhin zeigen die alternativen Identitäten, dass das Stereotyp keineswegs die einzig mögliche Form der Identität ist, auch wenn es sich selbst ›naturalisiert‹ hat, d.h. sich als alternativlos darstellt. Mit Judith Butler (1991) kann gesagt werden, dass das subversive Potential alternativer Identitäten darin liegt, in der parodistischen Wiederholung des ›Originals‹ das Original als ›Kopie‹, als diskursive Konstruktion zu entlarven. Dies knüpft an Foucault (1977, 1992a) an, der Kritik als Entnaturalisierung, d.h. Sichtbarmachung ›naturalisierter‹ Diskurse versteht. Durch die Sichtbarmachung wird der Diskurs als Diskurs sichtbar, er kann identifiziert, thematisiert und in einem weiteren Schritt verschoben werden.

Alternative Identitäten betreiben somit eine kritische Genealogie der Legitimationspraktiken stereotypisierender Diskurse.

Ähnlich der ›naturalisierten‹ Macht bei Foucault (1977, 1995), die unsichtbar bleibt und so nicht als Diskurs, sondern als ›Natur‹ erfahren wird, beschreibt de Certeau die Strategie »umso weniger sichtbar, je enger, anschmiegsamer und totalitärer die sie umfassenden Netze werden.« (de Certeau 1988: 80) Die Strategie ist

»die Berechnung […] von Kräfteverhältnissen, die in dem Moment möglich wird, wenn ein mit Willen und Macht versehenes Subjekt […] ausmachbar ist. Sie setzt einen Ort voraus, der als etwas Eigenes beschrieben werden kann […]. Wie beim Management ist jede ›strategische‹ Rationalisierung vor allem darauf gerichtet, das ›Umfeld‹ von dem ›eigenen Bereich‹, das heißt vom Ort der eigenen Macht und des eigenen Willens, abzugrenzen.« (Ebd.: 87 f.)

Die Strategie entfaltet sich also in den Dimensionen des Raumes. Indem sie mit der Macht ausgestattet ist, einen eigenen Raum zu bestimmen, weist sie anderen bestimmte Orte zu, die nicht zum machtvollen Raum der Strategie zählen, sondern die als »die minoritären Positionen der Marginalität« (Winter 2007: 205) beschrieben werden können. Auf diese Orte richtet sich das kritische Interesse de Certeaus, da sich in der Marginalität Alternativen zur und Widerstand gegen die Hegemonie entwickeln können. Von ihrem eigenen autonomen Ort ausgehend expandiert die Strategie, indem sie immer neue Orte durch das Sehen und Beobachten objektiviert und beherrscht. Sehen erzeugt Wissen, was wiederum Macht bedeutet, weshalb de Certeau auch von der »Macht des Wissens« (de Certeau 1988: 88) spricht. Macht »ermöglicht und bestimmt die Eigentümlichkeiten des Wissens. Sie stellt sich im Wissen her.« (Ebd.: 88 f.) So ist die Strategie stets mit Orten verbunden, sie ist die »Etablierung eines Ortes« (ebd.: 92).

In Opposition zu den Strategien entwickelt de Certeau mittels der Taktiken ein Handlungsmodell, das insofern als ermächtigend beschrieben werden kann, als es ein listenreiches, subversiv-taktisch handelndes Subjekt kennt, ohne darüber jedoch die strategischen Möglichkeiten der hegemonialen Macht, Orte zu entwerfen und die Subjekte innerhalb dieser Orte zu organisieren, außer Acht zu lassen. In Ermangelung eines eigenen Raumes eignet sich die Taktik den ihr von der Strategie zugewiesenen Raum an. Der Taktik bleibt die Objektivierung des Anderen und dessen Kontrolle verwehrt, weshalb sie in dem von der Strategie umrissenen Raum nach Fluchtmöglichkeiten suchen muss, d.h. nach Möglichkeiten, sich der strategischen Kontrolle – zumindest gelegentlich – zu entziehen. Diese Gelegenheiten sind stets flüchtig, sie können nicht angesammelt oder gar erweitert werden. Weil die Taktik keine eigene räumliche Basis hat, ist sie zur andauernden Bewegung, zu einem Handeln in der Zeit (vgl. de Certeau 1988: 89) gezwungen. Dabei ergeben sich Fluchtlinien, subversive Spielräume gegen die Strategie, denn die Taktik nutzt die »Lücken« (ebd.) in den von der Strategie entworfenen Räumen, sie »wildert darin und sorgt für Überraschungen. Sie kann dort auftreten, wo man sie nicht erwartet. Sie ist die List selber.« (Ebd.)

Das taktische Handeln ist daher die »Kunst des Schwachen« (de Certeau 1988: 89). Dennoch ist taktisches Handeln ermächtigendes Handeln, denn die Taktik kann im Verborgenen operieren. Dies ist ein Handlungsmodus, der der Strategie nicht zugänglich ist, da die Stärke der Strategie ihre Sichtbarkeit ist (vgl. ebd.: 90). Mit dem Gespür für die richtige Gelegenheit in der Zeit kann es der Taktik aber gelingen, »etwas anderes in der Sprache eines Ortes aufblitzen zu lassen.« (Ebd.) Dies ist nicht die Macht des Ortes, sondern die Macht der Zeit – eine Macht, die sich aus schnellen, überraschenden Bewegungen am Ort herleitet; eine Macht, deren Bewegungen Orte verändern können, indem die Strategie herausgefordert wird, auf diese Bewegungen zu reagieren. Die Taktik operiert so entlang einer »Logik der Erfindung« (Winter 2007: 206). Sie schafft »utopische Bezugspunkte« (ebd.: 211), die aber keine Utopie bleiben müssen, denn »[g]esellschaftliche Repräsentationen bleiben kein starrer, dominanter Rahmen, vielmehr werden sie zu Werkzeugen, die in ihrem Gebrauch auch verändert werden.« (Ebd.) Die Möglichkeiten der Taktik erschöpfen sich also nicht in der Utopie, sie erstrecken sich auch auf den Bereich, den Foucault (1992b) als ›Heterotopie‹ bezeichnet, nämlich als »tatsächlich realisierte Utopien« (ebd.: 39). So liegt das Potential der Taktik in der Schaffung von befreienden und neuen Handlungsalternativen, die die auf die Reproduktion und Festsetzung des Bestehenden abzielenden strategischen Stereotypen unterlaufen und überschreiten. Während die Strategie darauf zielt, das Wirkliche abschließend festzusetzen, erschließt die Taktik das Mögliche.

CHASING AMY – Let's go hunting!

Wie nun wird in CHASING AMY die durch die Strategie gesetzte Wirklichkeit thematisiert und taktisch in neue Möglichkeitsräume verschoben? Dies soll hier anhand einer auf diese Frage fokussierten Filmanalyse dargelegt werden. Zuvor ist jedoch noch anzumerken, dass hierbei die Dialoge des Films im Zentrum der Analyse stehen, was einerseits dem maximal möglichen Umfang dieses Beitrags Rechnung trägt. Andererseits können – obwohl Film ein in großem Maße visuelles Medium ist – die Filme Kevin Smiths als dialogzentriert gelten. Dies soll die visuelle Ebene keinesfalls abwerten oder zur Nebensache erklären. Doch werden in den Filmen Smiths die jeweils wichtigen Themen hauptsächlich in meist sehr witzigen und temporeichen Dialogen erörtert.

CHASING AMY ist die Geschichte um das Entstehen und Vergehen der Liebesbeziehung des Comiczeichners Holden McNeil zur Comiczeichnerin Alyssa Jones. Was Holden zu Beginn des Films noch nicht weiß, aber sehr bald herausfindet, ist, dass Alyssa in einer lesbischen Beziehung lebt. Trotzdem entwickelt sich mit der Zeit zwischen beiden zunächst eine enge Freundschaft, die dann auch in eine Liebesbeziehung übergeht. Dennoch gibt es zwischen Holden und Alyssa Differenzen, die sich darauf zurückführen lassen, dass Holden in seiner Identität eher ein ›Produkt‹ einer Stereotypen erzeugenden Strategie ist, und andererseits Alyssa eine Person, die durch taktieren Stereotypisierungen ihrer Identität unterläuft und sie jenseits der strategischen Festlegungen für sich selbst aushandelt. Schließlich führen diese Differenzen zum Auseinanderbrechen der Beziehung. Das fortwährende Aufeinanderprallen von Strategie und Taktik, von Stereotyp und Individualität wird in komischen, die Identitätsdiskurse oft überzeichnenden und parodisierenden Dialogen ausgehandelt. Auch wenn die Komik oft aus derberen Pointen besteht, geht es aber nie darum, einen ›billigen‹ Witz zu reißen, der bestehende Vorurteile aktualisiert und weiter festschreibt. Vielmehr zeigt dieses Vorgehen, wie lachhaft manche real existierenden Rollen, die wir spielen, sind.[3]

Es gibt in diesem Film kaum eine Rolle, die nicht parodisiert wird, um die hinter dieser Rolle wirkenden machtvollen Diskurse und Praktiken zu thematisieren. So entsprechen Holden McNeil und sein bester Freund Banky Edwards, die zusammen die Comicserie *Bluntman & Chronic* zeichnen, den Stereotypen ewig pubertierender Comicfreaks. Bezeichnenderweise findet die Eröffnungsszene des Films auf einer Comicmesse, der *3rd Annual Manhattan Comiccon*, statt, wo sich viele dieser Freaks, sei es als Fans oder Zeichner/-innen, tummeln. Bevor CHASING AMY Geschlechtsidentitäten und sexuelle Orientierungen thematisiert, wird dieser Eröffnungsrahmen benutzt, um ethnische Identitäten anhand des an einer Podiumsdiskussion teilnehmenden Zeichners Hooper-X, dessen Pseudonym eine Anspielung auf Malcolm X ist, anzusprechen und zu hinterfragen. Hooper spielt für das Publikum den harten Kämpfer der *black revolution*, er tritt in einem schweren Ledermantel und Camouflagehosen auf. Sein Comic heißt *White Hating Coon*, dessen Held er als »a strong role model that a young black reader can look up to« (CHASING AMY 1997) konzipiert hat. Doch wie wir bald sehen, ist Hooper alles andere als dieses harte Image, das er gezwungen ist zu spielen, um seine Comics zu verkaufen. Hooper sieht sich als eine Minderheit

---

3   Zur Funktion der parodistischen Wiederholung des Originals vgl. Butler (1991: 58).

in einer Minderheit, da er schwarz und schwul ist. Und mit diesem Image, so Hooper, verkaufe man halt keine Comics.

Es ist Hooper, durch den Holden und Banky dann Alyssa kennen lernen, die ebenfalls auf derselben Comicmesse ihre Arbeiten vorstellt. Schnell wird klar, dass stereotype Comicleser – bewusst: Leser! – weiß, männlich, heterosexuell und latent bis offen homophob sind. Banky, der den ganzen Film über diesem Stereotyp entspricht und unfähig ist, seine Rolle zu verlassen, kommentiert die Comics Alyssas mit den Worten: »I've read your book. It's cute. Chick stuff but cute.« (CHASING AMY 1997) Diese Rahmung ist wichtig für den Film, weil dadurch Alyssa und Hooper zu Außenseiter/-innen werden, die aber durch ihre Rolle ihre Identität umfassender reflektieren und ermächtigter gestalten können als diejenigen, die innerhalb des Rahmens liegen. Holden ist vor diesem Hintergrund eine Art Wanderer, der versucht, seinen Rahmen zu verlassen, doch immer wieder von ihm eingeholt wird.

Dieser eingangs gezogene Rahmen wird in einer späteren Szene, die in einem Club spielt, noch einmal bestätigt. Kurz nachdem der bereits von Alyssa schwer angetane Holden hier in direkter Weise erfahren hat, dass Alyssa zur Zeit eine Freundin hat, sitzen Holden, Banky, Alyssa und ihre Freundin Kim zusammen an einem Tisch, wo sich hauptsächlich Banky und Alyssa miteinander unterhalten. Dabei reproduziert Banky in einer sehr detaillierten Diskussion über heterosexuellen und lesbischen Sex zahlreiche Stereotypen, die ihn als ignorant entlarven und in seiner eigenen Beschränktheit vorführen. So stellt er Alyssa die Frage: »Since you like chicks, right, you just look at yourself naked in the mirror all the time?« (CHASING AMY 1997) Die eigentlich verletzend gemeinte Frage entlarvt den stereotypisierten heterosexuellen Diskurs in seinen Beschränkungen, sich Andersheit vorstellen zu können bzw. zu wollen, was ebenfalls in diesem Wortwechsel deutlich wird:

Alyssa: »Yes?«
Banky: »You said ›fuck‹. She said ›fuck‹. You said ›fuck‹ to that girl. You said that you'd fuck her.«
Alyssa: »And?«
Banky: »Well, how can a girl fuck another girl? Were you talking about strap-ons or something?«
Holden: »Jesus! Would you shut up?«
Banky: »What?«
Alyssa: »It's ok. [...] Can men fuck each other? [...] So for you to fuck is to penetrate. You're used to the more traditional definition. [...] Fucking is not limited to penetration,

Banky. For me it describes any sex when it's not totally about love. I don't love Kim but I fuck her.«
(CHASING AMY 1997)

Alyssa ergreift nach diesem für Holden sehr peinlichen Abend die Initiative und besucht ihn. Bei einem Spaziergang entsteht ein Dialog, der viel weniger oberflächlich ist als der mit Banky. Zwar sind auch hierbei Stereotypen das Thema, wenn es beispielsweise um die Frage geht, warum Alyssa sich für Frauen entschieden hat oder ob lesbischer Sex ›richtiger‹ Sex sei. Immer wieder verfängt sich Holden dabei in seiner Argumentation, da sein einziges Argument ist, dass Heterosexualität nun einmal der ›Standard‹ sei. Doch Alyssa geht humorvoll mit Holdens Fragen um. Sie ist von seinem Nichtwissen und Verhaftetsein in konventionellen Weltbildern nicht schockiert, weil er wirkliches Interesse an ihrer anderen Welt zeigt. So wird Holden langsam klar, dass seine Weltsicht nur eine neben vielen ist. Dies lässt dieser Dialog wiederum sehr klar erkennen:

Holden: »Why girls?«
Alyssa: »Why men?«
Holden: »Because that's the standard.«
Alyssa: »If that's the only reason why you're attracted to women because it's the standard…«
Holden: »No, it's more than that.«
Alyssa: »So, you've never been curious about men?«
Holden: »No.«
Alyssa: »Why not?«
Holden: »No interest.«
Alyssa: »Because?«
Holden: »Girls feel right.«
Alyssa: »Well, that's how I feel.«
(CHASING AMY 1997)

So entwickelt sich allmählich eine immer enger werdende Freundschaft zwischen Holden und Alyssa, worunter die Freundschaft von Holden und Banky anfängt zu leiden, da Banky Alyssa als Eindringling empfindet. Banky wird in seinen Kommentaren über Alyssa immer beleidigender und diskriminierender. Doch Holden hat sich bereits weiterentwickelt. So pariert er einen verbalen Angriff Bankys: »Try not to gay-bash it. You're not that kind of guy. And don't call her dyke, she's a lesbian, ok?« (CHASING AMY 1997) Für Holden wird die

Freundschaft zu Alyssa zu Liebe, was er ihr eines Abends gesteht. Zunächst ist Alyssa darüber schockiert:

Alyssa: »You fall in love with me and want a romantic relationship, nothing changes for you! [...] But what about me Holden?«
Holden: »Listen, that's every relationship. There's always gonna be a period of adjustment.«
Alyssa: »Period of adjustment? There's no period of adjustment, Holden, I'm fucking gay!«
(CHASING AMY 1997)

Doch auch Alyssa merkt, dass sie für Holden mehr als nur Freundschaft empfindet. Alyssa verhandelt, wenn auch zunächst unter großer emotionaler Zerrissenheit, ihre Identität mit sich selbst und entscheidet sich für Holden.

Am nächsten Morgen sieht Banky fassungslos Alyssa und Holden Arm in Arm schlafend auf seiner Couch. Banky kann es gerade noch akzeptieren, dass Holden und Alyssa nun ein Paar sind, ist aber überzeugt davon, dass alles in einem Desaster enden wird, weil er Holden für zu konservativ für diese Art von Beziehung hält: »I know you. You're way too conservative for that girl. She's been around and seeing things you only read about in books.« (CHASING AMY 1997) Dass Holden von Banky diese Ablehnung erfährt, verwundert nicht. Doch auch Alyssas lesbischer Freundeskreis reagiert nicht viel anders. So kommentiert eine ihrer Freundinnen Alyssas Verliebtheit mit den Worten: »Another one bites the dust.« (Ebd.) Diese Reaktion hebt hervor, dass Intoleranz überall vorkommen kann, nicht nur an den Orten, die Holden als den ›Standard‹ beschreibt. Auch abseits des ›Standards‹ gibt es keine Garantien für kritisches Denken.[4]

Doch Holdens und Alyssas Beziehung bekommt Risse, als Holden von Banky auf Alyssas Vergangenheit mittels eines alten Schuljahrbuchs hingewiesen wird. Ist Holden mittlerweile zwar nicht mehr von Alyssas lesbischem Leben irritiert, so irritiert es ihn nun, dass Alyssa zu Schulzeiten ein sowohl hetero- als auch homosexuell sehr promiskuitives Leben führte. Von Holden auf ihre Vergangenheit angesprochen wird an Alyssas Reaktion deutlich, dass sie ihrer Ver-

---

4   Es sollte nicht verwundern, dass Alyssas lesbische Freundinnen, denen in vielen öffentlichen Diskursen eine größere Toleranz als Heterosexuellen zugeschrieben wird, genauso intolerant sein können wie Heterosexuelle. Wenn Hall davon spricht, dass es »keine feststehende, gegebene und notwendige Form ideologischen Bewußtseins gibt, die ausschließlich durch die Klassenlage diktiert wird« (Hall 1989a: 154), so gilt dies nicht nur für die Klassenlage, sondern auch für die sexuelle Orientierung.

gangenheit längst nicht solch eine große Bedeutung zumisst wie Holden, weil es ihr weitgehend egal ist, was sozial erwünscht ist, und was nicht. Alyssa hat in diesem Sinne die Strategien des Stereotyps durch ihre eigenen subversiven Taktiken ersetzt und sich so andere Räume erschlossen. Sie erzählt Holden sogar noch weitere Geschichten, die er noch nicht kannte. Genau genommen beichtet Alyssa. Doch im Gegensatz zur unterwerfenden Funktion, die Foucault der Beichte im Diskurs der Pastoralmacht beimisst (vgl. Foucault 1995: 35 f., 1997: 25 f.), ist diese Beichte eine Befreiung, weil Alyssa Holden dadurch klar macht, dass sie ihr eigenes Wahrheitsdispositiv hat und seines ablehnt:

Alyssa: »But good or bad they're my choices and I am not making apologies for them now! Not to you! Or not to anyone!«
Holden: »How the fuck am I supposed to feel all about this?«
Alyssa: »How are you supposed to feel all about it? Feel whatever the fuck you wanna feel about it, alright? The only thing that matters is how you feel about me!«
(CHASING AMY 1997)

Doch Holden weiß nicht, wie er für Alyssa empfinden soll, weil er andere Moralvorstellungen hat als sie. Er ist nicht in der Lage, seine eigenen Gefühle zu befragen, weil er sich viel zu sehr um die Imperative und Meinungen, um die Strategien anderer kümmert. Holden versucht, Alyssa als das Opfer der Männer darzustellen, doch dieser Zuschreibung verweigert sie sich. Ihrer Sichtweise nach hat sie die Männer benutzt, um vieles auszuprobieren – bis sie Holden gefunden hat. Aber Holden kann dieses ehrliche Liebesgeständnis Alyssas nicht akzeptieren, denn er möchte mit ihr einfach nur ein ›normales‹, d.h. ein bestimmten hegemonialen Vorstellungen entsprechendes Paar sein – was sie seiner Vorstellung nach nun nicht (mehr) sein können. Holden ist hin- und hergerissen zwischen dem Bild, das er von Alyssa in ihrer Schulzeit hat und dem Bild, dem sie seinem Wunsch nach entsprechen soll: dem Bild als seine Frau und Mutter seiner Kinder. Auch hier ist Holden nicht in der Lage, sich jenseits zweier strategischer Räume, der Ikonographie der Hure und der Heiligen, taktisch seine eigenen, anderen Räume zu erschließen. Diese beiden Extreme sind für Holden sehr genaue strategische Festlegungen, die keinen bzw. kaum Spielraum für taktische Interpretationen und Aneignungen lassen.

Eine einzige taktische Aneignung versucht Holden trotzdem, auch wenn sie die ›günstigen Zeitpunkte‹ ignoriert und deshalb misslingt. Holden versammelt Alyssa und Banky und legt ihnen sein Problem und seinen Plan dar. Einerseits fühlt sich Holden Alyssa gegenüber inadäquat, auch wenn sie ihm immer wieder versichert, dass sie ihn so nimmt, wie er ist. Andererseits vermutet Holden den

Grund für Bankys starke Ablehnung seiner Beziehung zu Alyssa darin, dass Banky in Wahrheit in Holden verliebt ist, dass zwischen ihnen also ebenfalls mehr als nur eine Freundschaft besteht. Anstatt nun die Stereotypen hinter sich zu lassen, verfängt sich Holden in ihnen. Er erkennt die Umstände nicht richtig, weshalb er den richtigen Moment für sein Taktieren verpasst – mit dem Resultat, dass er alles zerstört. Denn sein Plan besteht darin, dass sie alle drei miteinander gleichzeitig ins Bett gehen, um alle Schwierigkeiten aufzulösen. Bezüglich Alyssa würde sich Holden dann nicht mehr unzureichend fühlen und Banky würde endlich zu seinen ›wahren‹ Gefühlen für Holden stehen, weshalb er nicht mehr gezwungen wäre, sich gegenüber Alyssa diskriminierend zu verhalten. Doch wie gesagt, missachtet Holden hier die Realität bzw. den realen strategischen Raum. Er erkennt nicht den richtigen Moment, so dass seine Taktik nicht funktionieren kann. Daher fordert er Alyssa auf, in seinen Plan einzuwilligen: »You've done stuff like this before. It should be no big deal for you.« (CHASING AMY 1997) Weil Holden dadurch Alyssa nicht mehr als die ganze Person, die sie ist, wahrnimmt, sondern sie auf rein sexuelle Aspekte reduziert, während Alyssa Holden immer noch in all seinen Facetten wahrnimmt, und weil sie erfahrener ist als er und weiß, dass dies nichts lösen, sondern alles verkomplizieren wird, lehnt sie seinen Plan ab:

»I've been down roads like this before. Many times. I know you feel doing this will broaden your horizons and your experience. But I've had those experiences on my own. And I can't accompany you on yours. I'm past that now. Or maybe I just love you too much. [...] Regardless, I can't be a part of this. [...] I love you. I always will. But I'm not your fucking whore.« (CHASING AMY 1997)

Dann verlässt sie Holden, während sie Banky zuruft: »He's yours again.« (Ebd.)
Der Film endet ein Jahr nach dieser Szene wiederum auf einer Comicmesse. Banky zeichnet nun seine eigene Serie *Baby Dave*; *Bluntman & Chronic* gibt es nicht mehr. In einem Gespräch mit einem alten Fan wird aber deutlich, dass Banky Holden und die alten – guten – Zeiten vermisst. Holden taucht auf der Messe auf und gratuliert Banky über den Raum hinweg mit Gesten zu seiner Comicserie. Banky deutet Holden an, dass auch Alyssa anwesend sei und gestikuliert weiter, dass Holden zu ihr gehen und herausfinden soll, ob sie ihre Beziehung wieder aufnehmen können. Banky und Holden gestikulieren, sie reden nicht miteinander, aber sind in der Geste sehr verbunden. Alyssa zeichnet nun die Serie *Idiosyncratic Routine*. Auf dem großen Titelbild, das hinter ihrem Signiertisch hängt, sieht man ein lesbisches Paar Hand in Hand eine Straße heruntergehen. Im Vordergrund sitzen zwei frustriert und allein wirkende Männer ne-

beneinander – eine mögliche Referenz an ihre Erfahrungen. Die Frau, die neben Alyssa am Tisch sitzt, scheint ihre neue Partnerin zu sein. Auch Holden hat einen neuen Comic gezeichnet: CHASING AMY. Er zeigt ihn Alyssa, sie erkennt darin ihre gemeinsame Geschichte. Die Kamera zeigt eine Nahaufnahme eines Bildes aus diesem Comic: Im Hintergrund Alyssa, im Vordergrund Holden, der sagt: »I'm sorry Alyssa... wherever you are.« (CHASING AMY 1997) Alyssa ist sehr gerührt, sie weiß kaum, was sie sagen soll. Schließlich antwortet sie: »Looks like a very personal story.« (Ebd.) Holden erwidert: »Finally I had something personal to say« (ebd.) – nämlich etwas *persönliches*, *eigenes*, nichts, was Holden von anderen einfach adaptiert hat. Alyssa versteht, was Holden damit sagen möchte. Sie verspricht, Holden anzurufen. Vielleicht ist der richtige taktische Zeitpunkt nun, ein Jahr später, gekommen...

Fazit
Die vorliegende Analyse des Films CHASING AMY zeigt uns, wie das Medium Film einerseits Instrument der Medienkultur*forschung* und andererseits Instrument einer Medienkultur*kritik* sein kann. So thematisiert dieser Film nicht nur verschiedenste Diskurse geschlechtlicher und sexueller Identität und fungiert so als Diskursseismograph, sondern es werden auch zahlreiche Selbstverständlichkeiten in ihrer Natürlichkeit dekonstruiert, wodurch ersichtlich wird, dass hinter einer ›Natur‹ immer ein verdeckter, und daher so machtvoll wirkender Diskurs mit seinen Alltagspraktiken steht. Die Dekonstruktion aber macht diesen Diskurs als Diskurs sichtbar und so der Kritik und Veränderung zugänglich.

Diese Möglichkeit der Kritik, die sich in weiten Teilen aus den Werken Foucaults (1992a, 1977, 1995) und deren Weiterentwicklungen durch Butler (1991, 1998) herleiten lässt, wurde hier am von de Certeau (1988) geprägten Begriffspaar der Strategien und Taktiken konkretisiert. Wir haben gesehen, dass, während die Strategie auf die abschließende Festlegung des Wirklichen im Raum hinarbeitet, die Taktik unter Nutzung günstiger Umstände in der Zeit sich das Wirkliche subversiv und widerständig aneignen kann und so in der Lage ist, neue, andere Räume – Heterotopien im Sinne Foucaults (1992b) – zu erzeugen. Die Taktik ist die produktive Gegenbewegung zur und eigenwillige Aneignung der Strategie. Dabei verlässt sie jedoch niemals ganz die Räume der Strategie, sondern Strategie und Taktik stehen in einem sich gegenseitig bedingenden Verhältnis zueinander. So bedeutet Kritik nicht, sich die Frage zu stellen, *ob* wir regiert werden, sondern *wie* wir regiert werden (vgl. Foucault 1992a: 12). In diesem Sinne können wir die Taktik auch als Resignifikation der Strategie begreifen.

Weiterhin wurden hier Stereotypen als strategische Formen verstanden, die subjektive Identitäten in einem klar umgrenzten Raum verorten, um sie so kontrollierbar zu machen. Subjektive Handlungen werden somit vorhersehbar und dienen dazu, die strategische Macht zu aktualisieren und zu erweitern. Gegenüber stehen alternative Identitäten, nach denen taktisch ›gejagt‹ werden muss. Es geht hierbei darum, günstige Gelegenheiten für eine abweichende Aktualisierung von Identität zu erkennen und zu verwirklichen. Dies wird im Film CHASING AMY durch Alyssa und Holden vorgeführt. Alyssa wird als Taktikerin vorgestellt, die ihre Identität weitgehend unabhängig von stereotypen Erwartungen aushandelt, wobei lediglich die eigene Zufriedenheit mit ihrer Identität für sie maßgeblich ist. Holden ist ein eher strategisch verortetes Subjekt, jedoch fähig, sich teilweise aus dieser Verortung zu lösen, auch wenn er zunächst daran scheitert, seine Identität neu zu formulieren, da er die äußeren Umstände fehlinterpretiert und dadurch wieder neue Stereotypen reproduziert bzw. Stereotypen rekontextualisiert. Allerdings lässt der Film die Möglichkeit offen, dass Holden ein Jahr nach seinem Scheitern andere Kontexte besser zu nutzen weiß. Gegen Ende des Films deutet jedenfalls einiges darauf hin, dass Holden nun fähig ist, »den Anderen als Anderen sprechen zu lassen und sein Wissen kennen zu lernen« (Winter 2007: 217) und so die eigene Identität zu hinterfragen und neu auszuhandeln. In diesem Kontext lässt sich Freiheit definieren als Freiheit, stereotype Zwänge hinter sich zu lassen, sich Neuem zu öffnen und zu einem anderen Subjekt zu werden, das insofern ermächtigt ist, als es einengende Konventionen hinter sich lässt.[5] Ein selbstgeführtes Subjekt, das die Form von Subjektivität ablehnt, die ihm auferlegt wurde.

Benötigen wir nun notwendigerweise eine stereotype Identität, ein vorgefertigtes Etikett? Sind wir ohne sie nicht freier, weil wir uns nicht von einer Strategie an einem überwachbaren Ort festschreiben lassen? Oder müssen Stereotypen nicht auch als produktiv verstanden werden, weil am »Ursprung jedes Dispositivs [...] ein allzumenschliches Glücksverlangen« (Agamben 2008: 31) steht? Eine Antwort hierauf kann nur im Kontext gefunden werden. Jedenfalls bleibt es

---

5 In diesem Zusammenhang erschließt CHASING AMY eine selbstreflexive Ebene der Kritik an den Stereotypisierungen des Unterhaltungskinos. So nutzt auch Smith hier teils hollywoodkonforme Stereotypen, die er allerdings anders kontextualisiert, wodurch sie eben als Stereotyp erkennbar werden und die Rezipientinnen und Rezipienten ihre Erwartungshaltungen hinterfragen lässt. Er stellt die Charaktere seines Films in andere Artikulationsketten, wodurch sie ihre Bedeutung verändern und die Stereotypen nicht reproduzieren, sondern neue Bedeutungsräume erschließen. Bedeutungskritik und -veränderung können so als Ideologiekritik verstanden werden.

utopisch, den Raum der Macht endgültig verlassen zu können. Wir haben es also immer mit Aushandlungen, Kämpfen und einer Jagd auf unsere Identität zu tun. Wir sind diskursiv dezentrierte Subjekte (vgl. Hall 1999a: 407-414), die dennoch handlungsmächtig sind: fremdgeführt und selbstgeführt. Wann immer wir aber meinen, zu festgelegt, zu kontrollierbar, zu stereotyp zu sein, sollten wir »offen für die Erschütterung unserer Welt durch den Anderen sein und uns verändern.« (Winter 2007: 217)

3.3 »GOING DOWN TO SOUTH PARK GONNA LEARN SOMETHING TODAY.« POPULÄRKULTUR ALS KRITISCHES VERGNÜGEN UND PÄDAGOGISCHER DISKURS

Populärkultur als kritisches Vergnügen...

Betrachten wir Populärkultur aus der Perspektive der Cultural Studies, so impliziert dies stets einen kritischen Blick, da seit der Entstehung der Cultural Studies im Großbritannien der fünfziger Jahre des 20. Jahrhunderts der Begriff der Ideologiekritik von zentralem Stellenwert ist. Dies liegt darin begründet, dass Kultur sowohl ein Ort der Kritik als auch ein Ort der Reproduktion hegemonialer Ideologien ist. Beide Orte überschneiden sich ständig, obwohl Cultural Studies dazu tendieren, Kultur eher als einen Ort kritischen Widerstands zu sehen. Dieses Phänomen wird durch die Cultural Studies zunächst innerhalb der Kultur der Arbeiterinnenklasse analysiert (vgl. Hoggart 1957; Williams 1967) und später auf Jugend- und Subkulturen ausgeweitet (vgl. Hebdige 2008). Hier wird Populärkultur als Möglichkeit zur Artikulation individueller Identität, die oft in Opposition zu dominant-hegemonialen Diskursen steht, zunehmend relevanter. So zielt (Populär-)Kultur als Ort gegenhegemonialen Widerstands darauf ab, Unterdrückung zu vermindern und Gleichheit sowie soziale Gerechtigkeit zu erhöhen (vgl. Kellner 2005b: 61-64).

Wie Lawrence Grossberg (1999a) herausstellt, steht das Vergnügen am Anfang einer jeden populärkulturellen Erfahrung. Durch Erholung und Wohlbefinden können sich Räume öffnen, die eine einfache ideologische Dimension übersteigen und dadurch das Artikulieren von Kritik mittels Populärkultur erlauben. Populärkultur operiert also über eine affektiv besetzte Struktur des Empfindens. Diese affektive Struktur ist im Sinne kultureller Praktiken Teil der Identität der Rezipientinnen und Rezipienten, die hierdurch wiederum in vielfältige Machtkreisläufe eingebunden werden.[1] Weil uns aber Populärkultur auch Ressourcen des Widerstands und der Opposition anbietet, muss diese Einbettung nicht notwendigerweise auf dominant-hegemoniale Weise erfolgen. Vielmehr bietet uns das Vergnügen einen direkten und affektiven Zugang zu komplexen Diskursen, ohne diese jedoch zu simplifizieren oder ihrer Ambivalenzen zu berauben (vgl. Nestler 2006: 304). In dieser Hinsicht ist das Vergnügen, das uns Populärkultur bietet, niemals nur eskapistisch, sondern immer auch potentiell kritisch. Populärkultur verleiht marginalisierten Positionen eine Stimme. Sie entzieht sich der Hegemonie und opponiert gegen sie, wodurch sie potentiell kreativ, widerständig, politisch und kollektiv ist. Daher ist es der Populärkultur möglich, Räume des kritischen Handelns zu erschließen.

... und pädagogischer Diskurs

Aufgrund des bisher Gesagten lässt sich Populärkultur als ein ernst zu nehmender (medien-)pädagogischer Diskurs auffassen. So sind Henry Giroux und Paulo Freire (1989: ix) der Ansicht, dass Populärkultur ein zentraler Bestandteil schulischer Curricula sein sollte, weil sich Erziehung und Bildung nicht ausschließlich auf Schulen und Universitäten beschränken lassen und von Populärkultur nicht zu trennen sind (vgl. Grossberg 1989: 91). Populärkultur ist also ein essentieller Teil einer kritischen Medienpädagogik, die darauf hinarbeitet, kritische statt ›gute‹ Bürgerinnen und Bürger heranzubilden und daher einer ›kulturellen Invasion‹ (vgl. Freire 2007: 47-66) entgegensteht.

Die weiter oben beschriebene Dialektik von Vereinnahmung und Kritik im Feld der Populärkultur ist besonders in Filmen ein ausschlaggebender Faktor (vgl. Giroux 2002), wo die Bedeutung des Affekts und seiner politischen Implikationen besonders auffällig ist. Filme – und selbstverständlich auch Fernsehserien – sind gemeinsames Vergnügen, Unterhaltung und auch Eskapismus. Sie haben einen enormen Einfluss auf unsere Vorstellung vom Populären sowie auf unser gesellschaftliches Bewusstsein. Ferner fördern Filme und Fernsehserien den Dialog, die Kritik und die Solidarität, weshalb sie von großer Bedeutung für die Subjektwerdung sind. Hier können Filme und Fernsehserien als ein pädagogisches Instrument genutzt werden, das uns in den Prozess der Subjektwerdung durch Interpretation eingreifen lässt. Kurz gesagt, ermöglichen Filme und Fernsehserien eine Intervention durch Interpretation. Für Giroux sind Filme und

---

1   Es ist somit entscheidend, über soziale Praktiken zu reflektieren, möchte man über Macht reflektieren. Es reicht bei weitem nicht aus, ausschließlich auf einer universellen philosophischen Metaebene über Populärkultur nachzudenken, wie es Robert Arp (2007) vorführt.

Fernsehserien deshalb nicht nur ein weiteres pädagogisches Hilfsmittel, sondern ein autonomer pädagogischer Text, der uns dabei helfen kann, kritische Fähigkeiten zu entwickeln und das Private mit dem Öffentlichen und Politischen in Beziehung zu setzen (vgl. ebd.: 2-10).

Folgen wir Michel Foucault, können wir diese kritischen Fähigkeiten als »die Kunst nicht dermaßen regiert zu werden« (Foucault 1992a: 12) verstehen. Kritik fragt nicht, *ob* wir regiert werden, sondern *wie*. Wie Foucault (1977) weiterhin darlegt, sind Subjekte als Produkte sowohl repressiver als auch produktiver Macht niemals in der Lage, das Feld der Macht zu verlassen. Innerhalb dieses Feldes aber können Subjekte die Macht in Frage stellen und ihre Effekte verschieben. Zunächst jedoch muss es ihnen hierzu gelingen, die Macht, die innerhalb des Unsichtbaren operiert und ihre Effekte als ›natürlich‹ darstellt, sichtbar zu machen, also zu entnaturalisieren. Erst nach ihrer Entnaturalisierung können die Effekte der Macht, hier beispielsweise bestimmte Strategien der Subjektivierung, umgelenkt werden. Diese Umlenkungen können uns zu dem führen, was Foucault eine verwirklichte Utopie oder ›Heterotopie‹ (vgl. Foucault 1992b) nennt: alternative Sphären der Macht, in denen alternative Subjektivitäten möglich sind.

Wie Judith Butler (1991) zeigt, liegt eine Möglichkeit des Verschiebens bestimmter Machteffekte zu heterotopischen Effekten darin, die Stilmittel der Parodie zu nutzen. Denn das kritische und subversive Potential der Parodie liegt in ihrer Fähigkeit, die ›Natur‹ als eine diskursive Konstruktion zu enttarnen und damit die die gesellschaftliche Ordnung stabilisierenden Diskurse zu kritisieren. Diese Form von Kritik, die Butler als ›performative Subversion‹ beschreibt (vgl. ebd.: 209-218), legt offen, dass Hegemonie ein Konstrukt machtvoller soziokultureller Praktiken, niemals aber ›natürlich‹ ist, weshalb sie prinzipiell verändert werden kann. Performative Subversionen legen offen, dass keine Identität a priori existiert, und dass die Grenzen der Identität die Grenzen des sozial Hegemonialen sind. Identitäten sind demnach nicht ›natürlich‹, sondern historisch kontextualisierte Normen und Fiktionen. Das Übertreiben ›natürlicher‹ Identitäten im Sinne einer Parodie kann in diesem Zusammenhang als ein Instrument der Kritik funktionieren. Die Parodie untergräbt die gesellschaftliche Normalität, indem sie zeigt, dass Identitäten nicht ›natürlicherweise‹ gegeben, sondern verhandelbar sind. In dieser Weise hinterfragt und verschiebt die Parodie die Bedeutung und Notwendigkeit bestehender sozialer Normen und kann hierzu Alternativen aufzeigen. Was Butler (2009e: 53) für Geschlechterparodien wie *drag* behauptet, nämlich dass diese uns hinterfragen lassen, was das Reale sein ›muss‹ und wie man seine Normen verändern kann, um neue Formen von Realität einzuführen, lässt sich auch auf andere Formen der Parodie übertragen. Denn prinzipiell geht es hierbei darum, aufzuzeigen, dass es Identitäten gibt, die außerhalb spezifischer Normen stehen, aber trotzdem erfahrbar sind, wodurch die Norm durch die Sichtbarmachung ihrer Grenzen kritisier- und veränderbar wird (vgl. Butler 2009g: 121). In diesem Sinne ist eine Parodie als performative Subversion prinzipiell in der Lage, die ›Natürlichkeit‹ jedweder Identitätskategorie zu hinterfragen und Alternativen aufzuzeigen. Performative Subversionen können somit für diejenigen, die nicht in bestehende gesellschaftliche Normen passen – und wer tut das schon gänzlich? –, als Entunterwerfung im Sinne Foucaults (1992a: 15) ermächtigend sein. Wenn Butler das Phänomen des *drag* als eine Parodie liest, die politisch werden kann, dann lässt sich auch für SOUTH PARK das festhalten, was Butler über *drag* sagt: »Der Witz an *drag* ist nicht bloß die Aufführung eines vergnüglichen und subversiven Schauspiels, sondern eine Allegorisierung der spektakulären und folgenschweren Art und Weise, in der Realität sowohl reproduziert als auch angefochten wird.« (Butler 2009m: 346, Herv. i.O.) Wir werden dies im Folgenden anhand einer Analyse einer Folge der Fernsehserie SOUTH PARK, die wir als parodistische Kritik am Rassismus lesen, näher erläutern.

Going down to South Park

Stuart Hall (1989a) beschreibt Rassismus als eine unmittelbare Form alltäglicher Diskriminierung, die sich nicht immer offensichtlich, oft aber implizit darstellt. Bei der Konstruktion von Rassismus spielen die Medien eine entscheidende Rolle, da sie auf der Ebene der Ideologie operieren. Medien konstruieren und definieren den Begriff der ›Rasse‹ und laden ihn mit rassistischen Ideologien auf. Diese Ideologien enthalten bestimmte Bilder, Konzepte und Vorannahmen. Sie bilden die Matrix für bestimmte Repräsentationen und Interpretationen des Sozialen, die sinnstiftende gesellschaftliche Normen organisieren.[2] Dabei organisieren sich Ideologien niemals in diskreten Elementen, sondern immer in einer Kette von Bedeutungen, wodurch die einzelnen Elemente nur in Beziehung zu anderen artikuliert werden können. Daher lassen sich Ideologien nur durch das Umschreiben der Bedeutungskette verändern (vgl. ebd.: 151). Das Umschreiben ist jedoch oft äußerst schwierig, da Ideologien dann am machtvollsten sind, wenn sie sicht nicht als solche identifizieren lassen, sondern unsichtbar bleiben und als scheinbare ›Natur‹ wirken. Indem sie ideologische ›Wahrheiten‹ als authentische ›Wahrheiten‹ präsentieren, produzieren die Medien impliziten Rassismus. Dies

---

2   Wie Erving Goffman (1975: 13) darlegt, definiert Rassismus durch die Konstruktion so genannter ›phylogenetischer Stigmata‹ dasjenige, was als ›unerwünscht anders‹ empfunden wird.

ist umso gefährlicher, als der historisch geprägte Begriff der ›Rasse‹ auf diese Weise als ein ›natürlicher‹ Begriff dargestellt wird, der anscheinend nicht umgedeutet werden kann. Indem Medien aber die Stilmittel der Parodie benutzen, können sie uns dennoch bei der Dekonstruktion ideologischer ›Wahrheiten‹ behilflich sein.

Zu diesem Zweck ist die Serie SOUTH PARK ein adäquates Beispiel. Denn SOUTH PARK irritiert die Macht, die solche ›Wahrheiten‹ konstruiert, explizit. Hierzu eignet sich das Medium des Zeichentricks in besonderer Weise, wie Jurij Lotman (2004) es beschreibt. Er weist darauf hin, dass, anders als für das Kino, kurze Filme für das Fernsehen einen zentralen Stellenwert haben, woraus eine Erhöhung der gesellschaftlichen Relevanz von Trickfilmen resultiert. Aufgrund der höheren Fiktivität der Filmbilder des Zeichentricks, die Zeichen über Zeichen sind, ist dieser »außerordentlich geeignet für die Übermittlung verschiedener Abstufungen der Ironie und die Erschaffung eines spielerischen Textes« (ebd.: 124), wobei sich seine Möglichkeiten aber nicht nur auf die Ironie beschränken. Wie wir sehen werden, erlaubt ein solcher spielerischer Text Aussagen, in unserem Beispiel in Bezug auf Rassismus, die in einem fotografischen Film vielleicht problematischer wären. So aber kann der Zeichentrickfilm in seiner Darstellung des Grotesken, das Stuart Hall einen »Ort alternativer Traditionen« (Hall 2000b: 103) nennt, neue Artikulationen erschließen. Der performativen Subversion bei Butler ähnlich, werden in einer ›karnevalesken Operation‹ kulturelle Regulierungen als diskursives Produkt der Macht enttarnt und ihres ›natürlichen‹ Status' enthoben (vgl. Hall 2000c: 132 f.). SOUTH PARK äußert in ironisch-parodistischer Weise ernst zu nehmende Kritik sowohl an offensichtlich diskriminierenden Mächten als auch an der scheinbar liberalen Macht der politischen Korrektheit. Diese wird in SOUTH PARK häufig durch radikale Gegenpositionen konterkariert, weshalb man die Inhalte von SOUTH PARK selbst zunächst als diskriminierend empfinden mag. Doch geht es der Serie darum, zu zeigen, was passieren kann, wenn das für den Liberalismus im Sinne Slavoj Žižeks[3]

---

3 Man muss Žižek hier sehr vorsichtig lesen, weil er dazu neigt, den Liberalismus mit der Postmoderne in stark simplifizierender Weise gleichzusetzen. Dabei sind bestimmte Positionen innerhalb des Diskurses der Postmoderne durchaus zu kritisieren. Jedoch ist der in den Augen Žižeks politisch unkritische Liberalismus mit der Postmoderne nicht gleichzusetzen! Postmoderne bedeutet nicht, dass Orte der Kritik allgemein aufgegeben werden. Man möchte Žižek hier die Lektüre Judith Butlers (2009m: 353-359) empfehlen, die eine eindeutige Position gegenüber dem, was unter kritischen Aspekten abzulehnen ist, bezieht. Butler sieht Toleranz dort untergraben, wo sie dazu missbraucht wird, die Gewalt des Ausschlusses zu verstärken, statt ihr

(2009) eigentümliche ›endlose Gleiten der Signifikanten‹ durch die ›Falschen‹ angehalten wird: Toleranz wird von ihren Feinden untergraben, weil sie ihnen gegenüber zu viel Toleranz zeigt. Dann kann Toleranz in ihr Gegenteil kippen, indem sie beispielsweise alle Menschen zur Toleranz zwingt[4], wodurch sie sich in ihrer Grundidee selbst widerspricht und ihre Handlungsfähigkeit zerstört. Denn nun können sich die Feinde der Toleranz innerhalb des Diskurses der Toleranz zu dessen Opfer stilisieren, wodurch der eigentliche Sinn der Toleranz, nämlich ein Mehr an lebbaren Lebensformen zu ermöglichen, noch weiter unterminiert wird.

Wie Žižek (2009: 31-90) bemerkt, resultiert dies daraus, dass es für den Liberalismus inakzeptabel sei, sich einer universellen ethischen Idee zu unterwerfen. Weil dies impliziert, dass ein »positives Gutes« (ebd.: 59) nicht direkt durchgesetzt werden kann, muss sich der Liberalismus darauf beschränken, eine Welt zu errichten, »die ›so wenig schlecht wie möglich‹ ist.« (Ebd.) Doch führt, so Žižek weiter, diese Art der Politik eher zum Gegenteil. Ohne eine universell bindende ethische Idee »wird aus dem Minimalprogramm der Rechtsprechung, die einzelne lediglich davon abhalten soll, einander in die Quere zu kommen, ein Wust rechtlicher und moralischer Regeln [...], den man dann als ›Kampf gegen jede Form der Diskriminierung‹ tituliert.« (Ebd.: 60) Wie SOUTH PARK zeigt, kommt dieser ›Kampf gegen Diskriminierung‹ niemals zu einem Ende, weil er sein Ende immer weiter aufschiebt. Ohne eine universelle ethische Idee bleibt es unentscheidbar, was ›so wenig schlecht wie möglich‹ in alltagsrelevanten Kontexten bedeutet, denn prinzipiell kann alles eine Diskriminierung sein. Entscheidbar wird dies nur, wenn der Liberalismus akzeptiert, dass auch er eine axiomatische Setzung einer universellen ethischen Idee vollziehen muss, die Žižek ein ›Gründungsverbrechen‹ (vgl. ebd.: 65) nennt. Geschieht dies nicht, vernichtet sich die liberale Idee der Toleranz selbst. Nur ein ›Gründungsverbrechen‹ kann Regeln der Höflichkeit, die nicht eine Frage des Rechts, sondern der Sitten sind, setzen, wodurch unsere Freiheit nicht eingeschränkt, sondern erst ermöglicht wird. Die Regeln der Höflichkeit sind eben deshalb für eine Basis der Ethik so zentral, weil sie kein Gegenstand des Rechts sind. Denn wären sie dies, könnten sie keine Basis der Ethik sein. Hierin liegt laut Žižek das Problem, das die politi-

---

entgegenzutreten (vgl. ebd.: 356). So lässt sich Butlers Philosophie der Freiheit beschreiben als »Fähigkeit [...], leben, atmen und sich bewegen zu können.« (Ebd.: 347)

4 Dies wird in der SOUTH PARK-Folge THE DEATH CAMP OF TOLERANCE (2002) drastisch illustriert. Hier werden intolerante Menschen in einem an die Konzentrationslager der Nationalsozialisten erinnernden Lager mit faschistoiden Methoden zu ›toleranten‹ Menschen umerzogen.

sche Korrektheit aufwirft, indem sie die Regeln der Höflichkeit zu einem Gegenstand des (Straf-)Rechts erhebt: Dann nämlich entsteht der eben zitierte ›Wust‹ an Regeln, der den Liberalismus nicht nur handlungsunfähig macht, sondern ihn dafür verwundbar werden lässt, von seinen Gegnerinnen und Gegnern untergraben zu werden. Žižek schreibt hierzu:

»Höflichkeit ist [...] deutlich weniger als eine moralische oder gesetzliche Verpflichtung. Hier liegt der Fehler politisch korrekter Versuche, Verhaltensweisen zu moralisieren oder sogar direkt zu bestrafen, welche die Höflichkeit betreffen [...]; sie bedeuten eine potentielle Schwächung der wertvollen ›Mittelstellung‹ der Höflichkeit. Wenn Unhöflichkeit unter Strafe gestellt wird, geht [...] die ›ethische Substanz‹ als solche verloren. Im Gegensatz zu Gesetzen und expliziten normativen Regeln ist die Höflichkeit per definitionem ›substantiell‹, sie wird als etwas immer schon Gegebenes erlebt.« (Ebd.: 85)

SOUTH PARK verweist oft auf die Wichtigkeit der Anerkennung der Regeln der Höflichkeit, indem sie zunächst verletzt und pervertiert, und hierdurch in eine Krise gestürzt werden. Doch erst die Krise lässt diese sonst unsichtbaren Grenzen sichtbar werden und macht uns klar, dass Höflichkeitsregeln diskursiv sind. Auch wenn sie als etwas immer schon Gegebenes erlebt werden, müssen sie erst durch ein ›Gründungsverbrechen‹ gesetzt werden. Höflichkeitsregeln sind nicht vordiskursiv, weshalb wir stets dazu aufgefordert sind, sie in sich wandelnden Kontexten neu zu verhandeln. So stürzt eine typische SOUTH PARK-Folge zu Beginn eine Höflichkeitsregel mit den Mitteln der Parodie in eine Krise und verhandelt sie danach neu. Dies ist ein produktiver Weg, da Zensur im Sinne eines (strafrechtlichen) Machtinstruments kein angemessenes Mittel zum Setzen von Höflichkeitsregeln sein kann. So schreibt Žižek: »Was wir bräuchten, wäre ein echter Akt: eine symbolische Intervention, die den großen Anderen (die hegemoniale soziale Verbindung) unterminiert und dessen Koordinaten neu bestimmt.« (Žižek 2009: 90)

Dieser Akt ist SOUTH PARK ein wichtiges Anliegen. Weil man aber, um diesen Akt vollziehen zu können, den ›großen Anderen‹ zunächst sichtbar werden lassen muss, versucht SOUTH PARK dies durch die Stilmittel der Parodie zu erreichen, die die Regeln der Höflichkeit zunächst verletzen. Die Höflichkeitsregeln werden dadurch an ihren Grenzen verhandelbar und ihre Notwendigkeit wird aufgezeigt. Tatsächlich kann die Art der Parodie in SOUTH PARK eine effektive Ideologiekritik sein, weil sie authentische ›Wahrheiten‹ dekonstruiert, indem sie sie als das demaskiert, was sie sind: nämlich Produkte bestimmter historischer Diskurse und Praktiken, die hinterfragt und verändert werden können. Eine gute, d.h. eine kritische Parodie muss das bloßlegen, was sie auseinandernehmen will (vgl. Hall 1989a: 168). Danach können unterdrückende Machteffekte zu ermächtigenden transformiert werden. Eine Reartikulation ideologischer ›Wahrheiten‹ kann neue, ermächtigende Bedeutungen produzieren und die oben beschriebene ideologische Kette rassistischer, aber auch anderer Bedeutungen sprengen.

Vor diesem Hintergrund werden wir nun einen näheren Blick auf die Reartikulation des ›N-Wortes‹ in der SOUTH PARK-Folge WITH APOLOGIES TO JESSE JACKSON (2007) werfen. Zu Beginn dieser Episode sehen wir Randy Marsh wie er versucht, die $ 10.000-Frage in der Quizsendung WHEEL OF FORTUNE zu lösen. Die Lösung der Frage, wie Leute heißen, die einen nerven, liegt zum Greifen nah: N _ G G E R S. Randy zögert für einen Moment, aber da er hier leicht viel Geld gewinnen kann, gibt er schließlich doch die Antwort: »*niggers*«. Leider hätte die Antwort aber ›*naggers*‹ [Nörgler] lauten müssen und so hat Randy wohl am Unglücksrad gedreht. Nach dem für SOUTH PARK typischen Tabubruch gleich zu Beginn einer Episode entwickeln sich drei Handlungsstränge: Der erste erzählt davon, wie Randys Sohn Stan versucht, den Vorfall bei seinem afroamerikanischen Freund Token zu entschuldigen, indem er am liebsten ›keine große Sache‹ daraus machen möchte. Doch Token lehnt dies ab, weil er der Ansicht ist, dass dies sehr wohl eine große Sache ist, da die Beschimpfung mit dem Wort ›*nigger*‹ immer eine schmerzhafte Verletzung ist, ganz gleich, ob es nun vorsätzlich oder irrtümlich passiert. Auch mit Stans zweitem Versuch sich zu entschuldigen, indem er erklärt, er könne verstehen, wie man sich fühlt, wenn man solcherart beschimpft wird, ist Token nicht einverstanden. Schließlich nimmt Token Stans Entschuldigung an, als dieser zugibt, dass er es nicht versteht. Denn nun versteht Stan es.

Im zweiten Handlungsstrang versucht sich Randy zu entschuldigen, indem er – wörtlich genommen – Reverend Jesse Jacksons Hintern küsst. Weil aber Jesse Jackson, entgegen seiner Behauptung, nicht der ›Kaiser der Schwarzen‹ ist, führt dieser symbolische Versuch einer Entschuldigung nicht zu dem gewünschten Ergebnis, nämlich einer generellen Entschuldigung bei der afroamerikanischen *community*. Nachdem Randy von einem Stand-Up-Comedian als ›*nigger guy*‹ öffentlich verspottet wurde, spürt Randy den Schmerz, den rassistische Diskriminierung verursachen kann. Randy möchte nun auf sich aufmerksam machen, indem er selbst auf einem Poetryslam auftritt und eine Stiftung für afroamerikanische Kultur gründet, um so seine Solidarität mit Afroamerikanerinnen zu demonstrieren. Doch auch dies nützt nichts. Zu allem Überfluss wird Randy noch von einer Gruppe anti-rassistischer (!) Rednecks attackiert, weshalb er schließlich mit Erfolg eine Petition im Kongress einreicht, die das Wort ›*nigger guy*‹ verbieten soll.

In dem dritten Handlungsstrang sehen wir, wie Mr. Nelson, ein kleinwüchsiger Anti-Diskriminierungs-Pädagoge, versucht, den Schülerinnen der Grundschule South Park die schmerzvollen Aspekte von Diskriminierung zu erklären. Während die meisten Schülerinnen dies begreifen, kann Eric Cartman nicht damit aufhören, Mr. Nelson aufgrund seiner Körpergröße auszulachen und diskriminierende Witze zu erzählen. Die Situation eskaliert schließlich in einer Schulhofprügelei zwischen Cartman und Mr. Nelson, die Cartman jedoch nicht ›überzeugen‹ kann.

Wir haben heute was gelernt
Wie lässt sich nun diese Folge als kritische Reartikulation diskriminierender Praxis verstehen und wie kann Populärkultur ein kritisches Vergnügen und ein pädagogischer Diskurs sein? Zunächst einmal macht diese Episode Rassismus explizit. Sie führt vor, welche Verletzungen das rassistisch konnotierte Wort ›nigger‹ hervorruft. Statt dieses Wort mit dem berüchtigten ›Beep‹-Ton zu zensieren, wird es ständig in verschiedenen Kontexten wiederholt, was zu seiner Entnaturalisierung beiträgt, indem wir beginnen, näher über ansonsten unhinterfragte kulturelle Vorstellungen über den Anderen und das Fremde nachzudenken. Somit fungiert die hier analysierte Episode als performative Subversion im eingangs beschriebenen Sinne. Als performative Subversion zeigt sie, dass Rassismus kein ›natürliches‹ Phänomen ist, sondern ein performatives, das in machtvollen kulturellen Alltagspraktiken aktualisiert wird. Doch können wir diese Praktiken auch dazu nutzen, Rassismus zu dekonstruieren und zu kritisieren. Der springende Punkt hierbei ist, in welcher *Weise* rassistische Praktiken artikuliert werden, und vom *wem*. Wird Rassismus hergestellt, oder werden rassistische Praktiken in parodisierender Weise zitiert, um ihre Effekte zu verschieben? SOUTH PARK gelingt es, die ungestörte Aktualisierung rassistischer Praktiken zu unterbrechen, indem sie als solche sichtbar gemacht werden, wodurch diskriminierende Effekte in ermächtigende umgelenkt werden. Wir lernen viel über die schmerzvollen Effekte diskriminierender Rede, aber wir lernen auch, dass Zensur nicht die Lösung dieses Problems ist (vgl. Butler 1998; Žižek 2009). Randy Marsh, der das Wort ›nigger‹ zuerst gebraucht hat, bloß um Geld zu gewinnen, und folglich von Leuten, die dies als Diskriminierung empfinden, als ›nigger guy‹ beschimpft wird, erwirkt vor dem Kongress ein gesetzliches Verbot des Wortes ›nigger guy‹. Hier wird ein sittliches Problem der Höflichkeit im oben skizzierten Sinne Žižeks zu einem strafrechtlichen erhoben, wodurch die Idee der Freiheit und Toleranz ad absurdum geführt wird, was in der Episode ebenfalls thematisiert wird: Ein Nachrichtensprecher, der über die Entscheidung des

Kongresses berichtet und dabei zitierend das Wort ›nigger guy‹ gebraucht, wird verhaftet.

Kommen wir noch einmal auf Hall zurück: »Man muß bloßlegen, was man auseinandernehmen will.« (Hall 1989a: 168) Dementsprechend wird hier der intensive Gebrauch des Wortes ›nigger‹ nicht dazu missbraucht, billig um Aufmerksamkeit zu heischen. Stattdessen beginnen wir, über Rassismus nachzudenken und lernen etwas über die Konstruktion von ›Rasse‹ und die Grenzen des sozial Hegemonialen, das uns üblicherweise die Vorstellung einer ›natürlich‹ gegebenen Identität unhinterfragt übernehmen lässt. Identitäten gleich welcher Art werden in jeweils spezifischen historischen Kontexten kulturell und sozial konstruiert, und sind daher verhandelbar. Oft – wenn auch nicht immer, wie uns der unbelehrbare Cartman vor Augen führt – existieren Alternativen. Populärkultur entfaltet ihr ideologiekritisches Potential primär durch Vergnügen und ist Teil eines pädagogischen Diskurses, weil sie nicht nur unterhält, sondern uns darüber hinaus auch wichtige Einsichten vermitteln kann, die uns dazu ermächtigen können, unterdrückten Positionen eine Stimme zu verleihen. So schließt uns Populärkultur nicht nur in hegemoniale Machtkreisläufe ein. Ihre Aneignung und Interpretation ermöglicht uns auch kritische Interventionen.

3.4 KLEINE FILME?
ZUR KINEMATOGRAPHISCHEN SPRACHE
WONG KAR-WAIS

Werden wider Wesen
Die fortdauernde Popularität des philosophischen Werks Gilles Deleuzes und Félix Guattaris ist bemerkenswert. Ein Grund hierfür lässt sich in der konzeptuellen Offenheit ihrer Arbeiten vermuten, die sich nicht nur innerhalb primär philosophischer Disziplinen rekontextualisieren lassen, sondern auch über diese Grenzen hinweg. Von besonderem Interesse sind die Konzepte Deleuzes und Guattaris für Arbeiten, die interventionistische und ermächtigende Anliegen verfolgen. Für Arbeiten also, die bestehende Machtverhältnisse und deren hierarchische Strukturen anzweifeln und stattdessen einen Blick auf die Peripherien werfen, die sie als die eigentlichen ›Zentren‹ produktiver gesellschaftlich-kultureller Prozesse begreifen (vgl. http://www.hyperrhiz.net; http://www.rhizomes.net). Auch Disziplinen wie die Cultural Studies erkennen zunehmend den Wert dieser Philosophie, deren Potential im Erschließen von Fluchtlinien liegt, und damit den Cultural Studies als ermächtigend-interventionistischem Ansatz sehr nahe steht (vgl. Seigworth 2006). Leitend hierbei ist der Begriff des Rhizoms (vgl.

Deleuze/Guattari 1997), der sich der Idee entgegenstellt, dass neues Wissen nur auf der Basis bereits akzeptierter Ideen entstehen kann. Das Rhizom impliziert, dass neue Denkweisen eben nicht bereits etablierten Mustern folgen müssen und favorisiert experimentelle Arbeiten, die traditionelle Disziplingrenzen herausfordern und überschreiten, statt sie zu bestätigen. Solche Arbeiten verfügen über kein angestammtes Territorium und sind deshalb im Sinne Deleuzes und Guattaris als deterritorialisierend zu verstehen (vgl. Deleuze/Guattari 1997: 267-271). Deterritorialisierende Arbeiten hinterfragen Denktraditionen, überwinden diese und erschaffen neue, andere Räume, die mit Foucault (1992b) als Heterotopie verstanden werden können. Dies setzt jedoch voraus, dass tradierte Wege verlassen werden und das, was sich abseits dieser Wege befindet, erschlossen wird. Dahingehend versteht beispielsweise das Onlinejournal *rhizomes* seine Veröffentlichungspolitik: »We are not interested in publishing texts that establish their authority merely by affirming what is already believed. Instead, we encourage migrations into new conceptual territories resulting from unpredictable juxtapositions.« (http://www.rhizomes.net/files/manifesto.html)

Vor diesem Hintergrund scheint eine Untersuchung des filmischen Werks Wong Kar-wais, der als einer der innovativsten Regisseure des Hongkong-Kinos gelten kann, mit den Methoden Deleuzes und Guattaris vielversprechend zu sein, weil seine Filme sowohl in ästhetischer wie erzählerischer Hinsicht filmische Traditionen, vor allem jene des Hong Konger Mainstreamkinos, hinterfragen und aufbrechen, also deterritorialisieren. Dadurch lassen sich seine Filme als kritisch-ermächtigend begreifen, denn sie konfrontieren uns mit neuen Arten, die Welt zu sehen und lassen uns über unsere Erwartungshaltungen reflektieren. Wong Kar-wai rückt neue, ungewohnte Erzählungen in den Mittelpunkt, oder er erzählt gängige Motive so überraschend, dass Genrekonventionen gebrochen werden. Wong Kar-wais Filme ordnen das Territorium des Hongkong-Kinos wesentlich neu und erlauben es im Sinne einer kritischen Medienpädagogik dem Publikum, seine Umwelt ebenfalls neu zu strukturieren und möglicherweise vorhandene unterdrückende Strukturen kritisch zu begreifen, herauszufordern und zu verändern. Mit Henry Giroux (2002) gesprochen sind Wong Kar-wais Filme ein kritisches medienpädagogisches Werkzeug. Um diese Beobachtungen in eine begriffliche Form zu bringen, scheint das von Deleuze und Guattari (1976) entwickelte Konzept einer ›kleinen Literatur‹ ein produktiver Zugang zu sein, der uns gestattet, Wong Kar-wai als einen Regisseur ›kleiner Filme‹ und seine Filmsprache als ›kleine Sprache‹ zu verstehen. Dabei dient uns die von Deleuze und Guattari mit Blick auf das literarische Werk Franz Kafkas entwickelte Analyse als eine Matrix, die wir im Sinne des weiter oben skizzierten Rhizoms verwenden möchten. So ist zu erörtern, inwiefern die Filme Wong Kar-wais Fluchtlinien sein können, die feste homogene Idiome der Filmsprache durch eine bewegliche Heterogenität aufbrechen und auf neue Horizonte verweisen, die abseits traditioneller, dichotom kodierter Sprachen liegen.

Nähern wir uns Wong Kar-wai also, indem wir uns das Konzept einer kleinen Literatur im Rahmen des Rhizoms aneignen, so richten wir unsere Aufmerksamkeit auf die Stellen, an denen Deleuze und Guattari (1976) den Begriff einer kleinen Literatur so fassen, dass er in andere Kontexte übertragbar wird. Denn das Konzept der kleinen Literatur ist nicht ausschließlich an Kafkas Werk gebunden. Deleuze und Guattari zeigen die Struktur dieses Konzepts zwar am Werk Kafkas auf, doch deuten sie auch öfter selbst an, dass es sich in andere Kontexte übertragen lässt.[1] Wie ein Rhizom, so verfügt auch das filmische Werk Wong Kar-wais über eine Vielzahl an Eingängen, die dazu einladen, irgendwo einzusteigen, da kein Eingang besser oder schlechter ist als ein anderer. Dennoch sind die Eingänge *anders*, d.h. die Karte, die wir über das Werk erstellen, verändert sich in Abhängigkeit zu unserem Einstiegspunkt (vgl. ebd.: 7). Es ist diese Rückkopplung zwischen Einstieg und Kartographie, die es verhindert, dass eine ›Meisterkarte‹ entsteht, die als große Karte kleine, minderheitliche Karten verbietet und der Polysemie des Werks nicht gerecht wird. So verhindert das Konzept des Rhizoms »das Eindringen des Feindes, des Signifikanten« (ebd.), der die Bedeutung kontrolliert, indem er sie festschreibt. Deutungen, die versuchen, ein bestimmtes Wesen eines Textes festzuschreiben, wird hier das Experiment entgegengesetzt. Dementsprechend soll untersucht werden, ob und inwiefern sich das Werk Wong Kar-wais der Kontrolle durch Festschreibung entzieht, ob und inwiefern es ihm gelingt, Fluchtlinien zu finden, die sich einer hegemonialen Festschreibung entziehen. Denn dann würde das Werk Wong Kar-wais die Territorien der hegemonialen Filmsprache im Sinne Deleuzes und Guattaris deterritorialisieren und eine idiosynkratische Filmsprache abseits des Mainstreams erschaffen. Dies wiederum kann aber nur mit Rückgriff auf bereits vorhandene hegemoniale Filmsprachen, die wir auch als ›molare Linien‹ begreifen können, erreicht werden, weil eine ›kleine Sprache‹ nicht abgekoppelt von einer ›großen‹ denkbar ist. Allerdings reproduziert eine kleine Sprache die molaren Linien nicht, sondern eignet sie sich auf eine eigene Weise an, die die molaren Linien zunächst zu durchlässigeren, molekularen Linien umformt, bevor sie schließlich implodieren und hieraus Fluchtlinien entstehen (vgl. Deleuze/Guattari 1997: 267-271). Wir stellen also die Frage, ob Wong Kar-wais Filme kleinsprachige

---

1   In seinem Aufsatz »Philosophie und Minderheit« stellt Deleuze (1980) dieses Konzept als eine *Philosophie* des Minoritären vor. Das Konzept des Kleinen und Minoritären ist also nicht auf die Literatur festgelegt.

Filme sind, die die große Sprache so intensiv benutzen, dass »sie auf kreativen Fluchtlinien abfährt, um schließlich, sei's auch nach langem Zögern, eine nun wahrhaft absolute Deterritorialisieng [sic!] zu erreichen.« (Deleuze/Guattari 1976: 38) Insofern ist eine kleine Sprache niemals frei von einer Staatssprache, sondern sucht durch deren Aneignung nach Auswegen aus der Sprache der Hegemonie.

Als kleine Literatur verstanden, wäre das Werk Wong Kar-wais ein ständiges Werden, das sich dem festschreibenden wesenhaften Sein entziehen muss, um klein zu bleiben. Verließe es das Werden und wechselte zum Sein, würde es selbst ein Teil der »Staatssprache« (Deleuze/Guattari 1976: 38), ein Teil der durch molare Linien segmentierten hegemonialen Sprache, wodurch es überschau- und kontrollierbar würde. Eine kleine Literatur bzw. Sprache verweigert sich dem. Ihr geht es darum, Experimente zu protokollieren und von Erfahrungen zu berichten (vgl. ebd.: 12 f.), statt gemäß der Gesetze von Kausalität und Finalität zu erzählen. Sie verweigert sich den Festschreibungen des Seins, indem sie im Werden agiert, wodurch Neues entstehen kann.

Zum Begriff der ›kleinen Literatur‹

Eine kleine – oder auch minoritäre – Literatur, d.h. eine Literatur, die im Gegensatz zur ›großen‹ anerkannten Literatur steht, entzieht sich solcher Festschreibungen. Indem sie protokolliert und experimentiert wirkt sie deterritorialisierend, weil sie sich territorialisierenden Festschreibungen und Kontrollversuchen auf einer Fluchtlinie entzieht. Gleichzeitig muss sie sich hierzu aber der großen Sprache bedienen. Eine kleine Literatur spricht somit nie von außen gegen die große Sprache, sondern stets von innen mit ihr und gegen sie. Eine kleine Literatur lässt sich daher als die Sprache »einer Minderheit, die sich einer großen Sprache bedient« (Deleuze/Guattari 1976: 24) beschreiben. Auch wenn Deleuze und Guattari diesen Begriff zunächst mit Blick auf das, was Kafka die kleinen Literaturen nannte – als Beispiel sei das Pragerdeutsch gegeben –, entwickeln, legen sie diesen Begriff darüber hinaus auch als ein in andere Kontexte übertragbares Konzept an. So weisen sie darauf hin, dass eine kleine Literatur eine deterritorialisierende Sprache ist, die dazu einlädt, sie anders als eine große Sprache zu verwenden, worin sie eine große Nähe zu dem erkennen, »was die Schwarzen heute mit dem Amerikanischen machen können.« (Ebd.: 25) Es geht Deleuze und Guattari also allgemeiner um regionale Eigenheiten von Dialekten und die sich daraus ergebenden Möglichkeiten einer Deterritorialisierung großer Sprachen. Dies betrifft nicht nur die Sprache im engeren Sinne, auch auf den Film – Deleuze und Guattari verweisen auf Jean-Luc Godard – lässt sich das Konzept einer kleinen Literatur ausweiten (vgl. ebd.: 33 ff.). Dieses Konzept verweist wesentlich auf den Gegensatz von Mehrheit und Minderheit, wobei die Mehrheit immer eine bestimmte Größe ist, nämlich »Mensch – weiß – westlich – männlich – erwachsen – vernünftig – heterosexuell – Stadtbewohner – Sprecher einer Standardsprache« (Deleuze 1980: 27), an der alles gemessen wird. Die Mehrheit fungiert als Konstante, zu der jede Abweichung als minderheitlich[2], d.h. als Subsystem oder als außerhalb des hegemonialen Systems, gesehen wird. Wenn nun die Mehrheit mit dem Sein und dem Besitz korrespondiert, so ist die Minderheit besitzlos und im Werden begriffen. Dies muss aber nicht notwendigerweise ausschließlich marginalisierend wirken, sondern kann über Fluchtlinien die Mehrheit in eine Minderheit überführen (vgl. ebd.: 27 ff.). Allgemeiner gesprochen, kann die Minderheit als ein kritisches Potential gesehen werden, mit dem die Mehrheit dekonstruiert und deren Macht verändert werden kann.

In diesem Zusammenhang transferiert Tom Holert (2007) den Begriff der kleinen Literatur in den Bereich des Pop, um aufzuzeigen, wie eine Politik des Populären möglich ist, die auf die dominant-hegemonialen, sowohl ideologischen als auch kommerziellen Vereinnahmungsversuche taktisch reagiert, indem sie dichotom kodierten molaren Territorialisierungen durch deren rhizomatische Deterritorialisierung entgeht. Durch das Verwenden einer solchen kleinen Sprache kann das Populäre eine Form subversiven Konsums betreiben, anstatt Teil eines Konsums des Subversiven zu werden. Hierbei geht es darum, dass eine Minderheit mit all ihrem subversiven oder auch deterritorialisierendem Potential eine Minderheit bleibt, statt durch den Mainstream vereinnahmt und ›entwaffnet‹ zu werden, wie es Tom Holert und Mark Terkessidis (1996a) als ›Mainstream der Minderheiten‹ beschreiben. Auch neuere Veröffentlichungen knüpfen in produktiver Weise an das Konzept der kleinen Literatur an. Ramzy Alwakeel (2009) wendet es beispielsweise auf Musik an, wenn er den Begriff der minoritären Sprache bzw. Literatur mit der Intelligent Dance Music verbindet, die dominant-hegemoniale kulturelle und musikalische Standards des Techno hinterfragt und dessen scheinbare Konstanten als Potentiale der Veränderung begreift. Hierbei ist es wichtig festzuhalten, dass es bei dem Transfer des Konzepts nicht darum geht, zu behaupten, Populärkultur oder Musik sei Literatur, sondern darum, zu verstehen, wie durch einen solchen Transfer bestimmte Dialektiken eines spezifischen Feldes angesprochen werden können, die nur durch die dem Feld immanente Sprache begrifflich kaum fassbar sind. Da jedes Feld dazu neigt, seine Macht zu intensivieren, indem es die das Feld konstituierenden Diskurse unsichtbar macht (vgl. Foucault 1977), kann durch das Konzept der kleinen Litera-

---

2   Das im Französischen verwendete Adjektiv ›*mineur*‹ kann im Deutschen mit ›klein‹, ›minder‹, ›gering‹, ›niedrig‹, ›minoritär‹, ›minderwertig‹ etc. übersetzt werden.

tur veranschaulicht werden, dass konstitutive Merkmale eines bestimmten Feldes arbiträr und veränderbar sind. Es kann gezeigt werden, dass konstitutive Merkmale nicht nur autoritär-territorialisierend wirken, sondern auch kritisch-deterritorialisierend angeeignet werden können, um Normativität in Frage zu stellen. Dabei gilt, dass je normativer – oder majoritärer bzw. ›größer‹ – eine Literatur bzw. Sprache ist, sie umso stärker Gegenstand minoritärer Aneignungen sein kann. In einem noch abstrakteren Sinne *verhandelt* eine kleine Literatur Autoritäten anstatt sie zu *festigen*. Eine kleine Literatur bedeutet die Inklusion durch die »Logik des UND« (Deleuze/Guattari 1997: 41) gegenüber der Exklusion durch das großsprachige Entweder-Oder.

Eine kleine Literatur ist also immer an eine große – oder auch legitime, dominant-hegemoniale, hohe etc. – Sprache gebunden und nur die Möglichkeit eines kleinen Erzählens eröffnet eine populäre, illegitime etc. Literatur, die das Individuelle stets mit dem Politischen verknüpft. Eine kleine Literatur, die immer politisch und kollektiv ist, ist die ständige Begleiterin der großen Sprachen, da jede Sprache ihre eigene Deterritorialisierung impliziert und betreibt. Die Deterritorialisierung nimmt der großen Sprache ihren Sinn und führt über eine Fluchtlinie in eine andere, kleine Sprache, die kein Sein, sondern ein Werden ist. In diesem Sinne ist die kleine Literatur eine intensive Benutzung der großen Sprache, die die große Sprache asignifikant werden lässt (vgl. Deleuze/Guattari 1976: 25-32). Eine große Sprache verliert durch ihre intensive Benutzung ihre ursprüngliche Bedeutung. Metaphern durchlaufen eine Metamorphose, bewegen sich weg von Ist-Zuständen hin zu Prozessen des Umschreibens. Eine bestimmte Einstellung im Film bedeutet dann beispielsweise in einer kleinen Filmsprache nicht dasselbe wie in einer großen. Die Metapher bzw. Einstellung wird der großen Sprache entrissen und durchläuft in der kleinen Sprache deterritorialisierende Prozesse der A- bzw. Re-Signifizierung. Eine kleine (Film-)Sprache bewegt sich auf die Grenzen bereits vorhandener Signifikanten zu und versucht, diese zu überschreiten: »Die Sprache gibt ihr repräsentatives Dasein auf, um sich bis an ihre Extreme, ihre äußersten Grenzen zu spannen.« (Ebd.: 33) Durch das Überschreiten oder Sprengen dieser Grenzen wird auch der Sinn entleert. Die große Sprache bedeutet nun nichts mehr, sondern gibt der Fluchtlinie, die an dieser Stelle entsteht, nur noch die Richtung vor, in der sie läuft. Eine kleine Literatur, die die große Sprache intensiv benutzt, entsteht an Orten der Unterentwicklung, also dort, wo man zunächst keine eigenen angemessenen Worte findet, um das zu sagen, was man sagen möchte. Anders als große Sprachen, die sich vom Inhalt zum Ausdruck bewegen, also für einen gegebenen Inhalt den adäquaten Ausdruck finden müssen, beginnt eine kleine Sprache mit dem Ausdruck, der die Form zerbrechen muss, um den Inhalt so zu rekonstruieren, dass er sich im permanenten Bruch mit der Ordnung der Dinge befindet (vgl. ebd.: 40). Die kleine Sprache »beginnt mit dem Sagen und sieht oder begreift erst später« (ebd.), sie »ist eine *vorgehende Uhr*.« (Ebd.: 116, Herv. i.O.) Wie wir sehen werden ist das Konzept der kleinen Literatur bzw. Sprache mit Blick auf die Filme Wong Karwais hilfreich, um zu klären, wie beispielsweise von unglücklichen Liebesbeziehungen ohne bestimmten Anfang und ohne bestimmtes Ende als intensive Momentaufnahme und Experiment erzählt werden kann, wenn einem dazu die große Filmsprache keine Ausdrucksmittel geben kann.

Im besonderen Interesse liegt deshalb die Sprache derjenigen, die nicht über die Macht verfügen, sich in einer großen Sprache ihrer Situation entsprechend auszudrücken. Es ist nicht die Sprache der Herren, sondern die der Diener, die Sprache der Minoritären, der Minderen, die in der kleinen Literatur groß und revolutionär ist. Daher ist es das Ziel, in der eigenen Sprache wie eine Fremde zu schreiben, um die Machtzentren, die über eine große Sprache verfügen und diese bestimmen, herauszufordern und gegeneinander auszuspielen und so schließlich zu einem Mehr an Ausdrucksmöglichkeiten zu gelangen, die auch das Mindere repräsentieren. Dies nennen Deleuze und Guattari eine ›Wörterflucht‹, die die große Sprache in kleiner und minderer Weise gebraucht, um das durch die große Sprache Unterdrückte dem Unterdrückenden entgegenzusetzen (vgl. Deleuze/Guattari 1976: 37 ff.). Dennoch gilt hierbei besonders auch das, was für die Fluchtlinie allgemein gilt: Sie hat »nur den einen Traum, eine sprachliche Großfunktion zu erfüllen« (ebd.: 39), d.h. selbst zu einer machtvollen, kontrollierenden Sprache der Bedeutung zu werden. Daher ist eine kleine Sprache kein konservierbarer Endzustand, sondern ein immer wieder neu zu gestaltendes Werden.

Hong Kong: Zur großen Sprache eines kleinen Kinos

Möchten wir im Weiteren herausarbeiten, ob und inwiefern Wong Kar-wai im Sinne einer kleinen Literatur als ein Regisseur minoritärer Filme gelten kann, so müssen wir ihn und seine Filme zunächst in einem größeren Rahmen, nämlich dem des Hongkong-Kinos situieren, da kleine Sprachen nur aus einer großen Sprache heraus entstehen können. David Bordwell (2000: 82-97) beschreibt das Hongkong-Kino in Abgrenzung zum globalen Kino Hollywoods als ein lokales Kino, da sich ein globales Kino durch ein großes Exportvolumen und daher durch eine weltweite signifikante Präsenz auf den Kinoleinwänden auszeichnet. Dies sind Merkmale, die auf das Kino Hong Kongs, das global gesehen hinter Hollywood zwar den zweiten, aber einen weit abgeschlagenen zweiten Platz einnimmt, zunächst nicht zutreffen. Selbst auf Asien bezogen schafft es das Hongkong-Kino nicht, an der Vormachtstellung Hollywoods zu rütteln: »The Hollywood of the East is Hollywood.« (Ebd.: 83) In einem kleineren Rahmen jedoch gelingt es dem Hongkong-Kino, sich mittels des spezifischen Genres des Kung-Fu-Films, der mit Stars wie Bruce Lee oder Jackie Chan eine für Hong Kong spezifische Variante des Actionfilms ist, in den siebziger Jahren des 20. Jahrhunderts zunehmend in das Zentrum eines versierten westlichen Filmpublikums zu rücken und bis in die Gegenwart dort erfolgreich zu sein: »kung-fu cracked the [...] American market.« (Ebd.) So identifizieren wir das Hongkong-Kino bis heute hauptsächlich über dieses Genre und beispielsweise nicht über das sozialkritische Hongkong-Kino der fünfziger Jahre oder über die New Wave der Achtziger. Der Export des Hongkong-Kinos funktioniert bis in die Gegenwart hauptsächlich über dessen Stars und seine Regisseure, allen voran John Woo, dem 1997 mit FACE/OFF ein großer globaler Erfolg gelingt. Die Kooperation mit der Filmindustrie Hollywoods verhilft dem Hongkong-Kino zum globalen Durchbruch (vgl. Bordwell 2000: 86).

Auch wenn in diesem Kontext das Genre des Kung-Fu-Films als eine ›große‹ Sprache des Hongkong-Kinos gesehen werden kann, so bleibt das Hongkong-Kino im Westen dennoch vorerst ein kleines Kino, weil es ihm nicht gelingt, die zentralen Instanzen der Filmkritik, die als eine Art ›Wächter des guten Geschmacks‹ agieren, zu überzeugen. Denn hier wird das asiatische Kino vornehmlich mit den elaborierten Filmen eines Akira Kurosawas identifiziert. Das Hongkong-Kino bleibt deshalb zunächst noch ein Phänomen des Untergrunds und der Fankultur, das seine Bühne hauptsächlich in kleinen Programmkinos und im Spätprogramm des Fernsehens findet. Erst allmählich entwickelt sich das Hongkong-Kino über die Distribution in den unzähligen Chinatowns im Westen aus seinem Nischendasein heraus und wird in den frühen achtziger Jahren des 20. Jahrhunderts zum Thema spezialisierter Filmfestivals, bevor es 1984 zum ersten Mal Erwähnung in den *Cahiers du cinéma* findet, die maßgeblich den Begriff eines ›neuen Actionkinos‹ mitprägen. Auch hier wird das Kino Hong Kongs fast ausschließlich mit dem Genre des Actionfilms identifiziert (vgl. Bordwell 2000: 87 ff.). Der Actionfilm kann somit als die große Sprache des Hongkong-Kinos gelten, mit dem verglichen andere Genres als eher marginal erscheinen.

Das Actiongenre ist das große Hongkong-Kino im Westen. Über dessen Erfolg darf jedoch nicht vergessen werden, dass auch der Hong Konger Actionfilm im Vergleich zu den Filmen Hollywoods eher klein bleibt. Darüber hinaus sind Filme aus Hong Kong noch einmal mehr marginalisiert, wenn man bedenkt, dass viele Filme aus Hong Kong im Westen kein autonomes Werk bzw. Produkt sind, sondern vielmehr eine Art aus Asien angeliefertes Rohmaterial, das im Westen für den dortigen Markt optimiert, d.h. neu geschnitten wird. Dem Hongkong-Film fehlt der autonome Status westlicher Filme (vgl. Bordwell 2000: 90), wodurch die große Sprache eines kleinen Kinos zusätzlich durch westliche Hegemonie kolonisiert wird. Um diese kolonisierten Produkte herum entsteht jedoch eine Kultur, die sich der westlichen Hegemonie mit ihren kommerziellen Vertriebssystemen entzieht, da die Zirkulation dieser Filme nicht hauptsächlich in den von Hollywood kontrollierten Kinos stattfindet, sondern in einer eigentümlichen Verquickung von Fanzines und Videomarkt. Im Westen sind Hongkong-Filme von Beginn an oft mit englischen Untertiteln versehen und meist zeitgleich mit dem Kinostart auch als Video in Videotheken und asiatischen Supermärkten oder Restaurants erhältlich (vgl. ebd.: 89 f.). Hier entsteht im Sinne Rainer Winters (1995) eine äußerst produktive Fankultur, die maßgeblich die Popularität des actionlastigen Hongkong-Kinos begründet, während das große Publikum des Mainstreams im Westen für diese Art Kino nicht empfänglich ist: »[...] the broad American public was not (and probably never will be) ready for the shocks and peculiarities on display in these films. Hong Kong's Western audience is composed largely of subcultures.« (Bordwell 2000: 91) Dies zeigt sich u.a. darin, dass viele westliche Kinogeherinnen und -geher den Hong Konger Actionfilm häufig komödiantisch sehen, während sich dessen Fans seiner, auch in Asien so gesehenen, Ernsthaftigkeit bewusst sind: »hardcore Hong Kong fans do not come to mock.« (Ebd.: 92) Zwar ist das Actionkino Hong Kongs das große Hongkong-Kino, doch bleibt es im Westen aufgrund seiner Verwurzelung in speziellen Fankulturen ein kleines Kino.

Dass das Kino Hong Kongs, und hiermit ist an dieser Stelle der Actionfilm gemeint, im Westen seine wichtigste Basis in einer subkulturellen Fangemeinschaft hat, bedeutet jedoch nicht, dass es sich vollständig von dem dominanthegemonialen Diskurs Hollywoods abkoppelt. Dies entspricht den Beobachtungen Deleuzes und Guattaris, die eine kleine Literatur immer in Beziehung zu einer großen Sprache sehen. Dementsprechend sehen die Fans im Hongkong-Kino die Potentiale des Hollywoodkinos am konsequentesten verwirklicht: »What the fan wants is Hollywood done right.« (Bordwell 2000: 93) Da die Fans aber nicht der Mainstream sind, bleibt das Hongkong-Kino ein kleines Phänomen, auch wenn es für die Fans in enger Beziehung zur großen Sprache Hollywoods steht. Das Hongkong-Kino ist vor allem durch die subkulturelle Rezeption seiner Actionfilme im Westen populär geworden, doch bleibt es im Westen ein kleines Kino, weil es den Mainstream nur selten erreicht. Demgegenüber steht allerdings die Sicht der asiatischen Filmkritik, die das Kino Hong Kongs nur sehr selten über das Actiongenre definiert, während ihr Augenmerk hauptsächlich auf das Arthaus-Kino gerichtet ist, in dem Wong Kar-wai einen wesentlichen Platz einnimmt (vgl. ebd.). Dieses Kino aber ist, wie wir im Folgenden sehen werden, im Westen eine Subkultur innerhalb einer Subkultur, also ein kleines Kino im kleinen Kino.

Wong Kar-wai: Zur kleinen Sprache eines kleinen Kinos

Das Hongkong-Kino ist im Westen ein minderheitliches, kleines Kino, das hauptsächlich über den Actionfilm wahrgenommen wird, weshalb der Actionfilm als der Mainstream, als die große Sprache dieses kleinen Kinos gelten kann. Vor diesem Hintergrund erscheint das, was Bordwell als das ›*avant-pop cinema*‹ (vgl. Bordwell 2000: 261-281) beschreibt, als durchgängig klein. Das *avant-pop cinema* grenzt sich durch seine Präferenz für das Experimentelle deutlich vom Mainstream des Hongkong-Kinos ab, wobei es sich aber niemals komplett von letzterem löst. Auch hier funktioniert die kleine Sprache innerhalb der durch die große Sprache gesetzten Kontexte. Allerdings hat in diesem speziellen Fall die kleine Sprache des *avant-pop cinema* in seiner Entstehungsphase zunächst selten die Tendenz, sich die große Kinosprache kreativ anzueignen und deren Grenzen zu überschreiten. Zu mächtig ist die Sprache des großen Hongkong-Kinos, das nur selten Raum für Independent- oder gar Experimentalfilme lässt. Aus Mangel an einem Schutzraum für das, was abseits des Mainstreams geschieht, muss sich das kleine Kino Hong Kongs diesen Raum selbst erarbeiten, worin auch ein komplexes, kaum in Dichotomien auflösbares Verhältnis zwischen ›groß‹ und ›klein‹ begründet liegt. Erst die kleinen Produktionen des Hongkong-Kinos der siebziger und frühen achtziger Jahre des 20. Jahrhunderts – zu nennen sind beispielsweise Shu Shuens THE ARCH von 1969 oder CHINA BEHIND von 1974, der aber erst 1987 in die Kinos kommt – schaffen Raum für eine kleine Kinosprache. Nichtsdestoweniger ist auch dieser Raum tief in den Erzähltraditionen des Hong Konger Unterhaltungskinos verwurzelt. Großes Unterhaltungskino und kleiner Independentfilm sind stets miteinander verflochten, weil sich beide aufeinander beziehen. Dabei gelingt es erst den jüngeren Filmen, die Grenzen des Mainstreams zu überschreiten und sich durch dessen subversive Aneignung einen eigenen Raum zu erschaffen. Hierzu meint Bordwell: »While festival filmmaking keeps in touch with entertainment, the mainstream gives some room to play.« (Bordwell 2000: 265) So wurzelt der kleine Independentfilm im großen Unterhaltungskino während das Unterhaltungskino Raum für das Experiment schafft. Statt in widersprüchlicher Opposition stehen beide Pole so in einem produktiven Dialog zueinander.

Aus diesem Feld des *avant-pop cinema* ragt Wong Kar-wai besonders heraus. Wong Kar-wai ist nicht nur der international wohl berühmteste Vertreter dieses Kinos, sondern auch der erfolgreichste, der das Feld zwischen Mainstream- und Independentkino geschickt für seine Vorhaben zu nutzen weiß (vgl. Bordwell 2000: 266-281). Dies spiegelt sich bereits in seinem ersten experimentellerem Film, DAYS OF BEING WILD von 1990, wider, den er durch den vor allem in Taiwan erzielten kommerziellen Erfolg des Vorgängerfilms AS TEARS GO

BY von 1988 produzieren kann. DAYS OF BEING WILD ist mit seinen Produktionskosten von ca. fünf Millionen Euro zwar ein finanzielles Desaster, kann aber bei der Kritik reüssieren, was typisch für Wong Kar-wais Werk ist. Bis in die Gegenwart ist Wong Kar-wai ein Regisseur des Arthaus-Kinos. Denn obwohl er sich mit Blick auf die Filmästhetik oft von Modefotografie, Werbung und der MTV-typischen Synthese von Bild und Ton inspirieren lässt, sperren sich Wong Kar-wais Filme gegen ein großes Publikum. Doch nicht nur in ästhetischer Hinsicht formuliert Wong Kar-wai eine neue kleine Sprache des Hongkong-Kinos. Auch im Hinblick auf die Narration findet er neue Möglichkeiten, seine Geschichten zu erzählen, indem er erstmals in CHUNGKING EXPRESS (1994) den so genannten ›spliced plot‹ einführt, der zwei oder mehrere Geschichten zunächst getrennt voneinander seriell erzählt, um sie dann durch einen bestimmten Charakter oder ein bestimmtes Erzählmotiv miteinander zu verbinden und parallel zu führen. Mit »Hong Kong's best-known spliced plot« (Bordwell 2000: 282), schafft Wong Kar-wai eine neue Form des filmischen Erzählens, die nicht nur einen entscheidenden Durchbruch des Hongkong-Kinos im internationalen Arthausdiskurs markiert (vgl. Chan 2000: 298), sondern auch eine breite Resonanz in der Erzählweise von Horrorfilmen findet (vgl. Bordwell 2000: 268).

Wong Kar-wai ist als einer der herausragenden Regisseure des Hong Konger *avant-pop cinema* tief in der Dialektik von Mainstream und Independentfilm verwurzelt. Denn ursprünglich kommt er aus der Massenunterhaltung, wo er u.a. Autor von Seifenopern war. Es besteht also eine unauflösbare Beziehung zwischen Unterhaltung und Experiment, was auch in seinem späteren filmischen Schaffen erkennbar ist. Häufig wurzeln seine Filme in populären Genres, beispielsweise in den *martial arts*, dem *film noir* oder Beziehungsdramen. Wong Kar-wai erfindet diese Genres nicht neu, doch verleiht er ihnen durch seine eigentümliche Art der Aneignung seine eigene Handschrift (vgl. Bordwell 2000: 270 f.). Auch CHUNGKING EXPRESS, im Kern eine weitere Variation des »boys meeting, losing, and getting, or not quite getting girls«-Themas (ebd.: 289), ist aufgrund seiner eigenwilligen Aneignung großsprachiger Elemente weit mehr als nur das. Es lässt sich daher festhalten: »However idiosyncratic Wong's films are, they take popular norms as points of departure.« (Ebd.: 271) Doch nutzen seine experimentellen Filme nicht nur die große Sprache als Ressource, sondern liefern sie auch ihrerseits Material für Großsprachiges: Durch seinen Status als Kultregisseur des Arthauskinos ist Wong Kar-wai mittlerweile für die Werbewirtschaft interessant geworden, wovon Spots für Motorola und BMW zeugen. Dies führt uns einmal mehr vor Augen, dass die Beziehungen zwischen großen und kleinen Sprachen niemals nur einseitig sind, sondern dass Fluchtlinien auch wieder zu molaren Linien gerinnen können.

Kommerziell bisweilen großsprachig, bleibt Wong Kar-wai mit Blick auf seine Produktionsmethoden auf der Seite des Kleinen, auch wenn er mit großem Budget filmt. Wong Kar-wai ist bekannt dafür, ohne fertiges Drehbuch oder vorherige Proben zu filmen. Die hierbei anfallenden unzähligen Takes ein- und derselben Szene kosten nicht nur Zeit, sondern aufgrund vieler ungenutzter Filmmeter auch Geld. Die explodierenden Kosten werden durch Stilmittel wie fragmentierte Plots, die Bearbeitung optischer Effekte in der Postproduktion sowie Monologe aus dem Off oder Soundmontagen kompensiert. Nach eigener Aussage stellt sich Wong Kar-wai damit gegen die in seinen Augen schlechte Angewohnheit des Mainstreams, Filme schnell und effizient abzudrehen. So ist Wong Karwais kleine Filmsprache nicht nur künstlerisch, sondern auch ökonomisch motiviert (vgl. Bordwell 2000: 271 f.). Wie beim Dreh, so ist auch für die im Film erzählten Geschichten, die häufig einen nostalgischen Blick zurück werfen, die Verlangsamung prägend. Zeit ist ein zentraler Referenzpunkt in seinen Filmen. Nahaufnahmen von Uhren prägen Wong Kar-wais Filme genauso wie Charaktere, die ständig irgendwelchen Terminen hinterher hasten oder verpassten Gelegenheiten nachtrauern. Diese in die Länge gezogene Zeit kulminiert oft in Ausbrüchen physischer Aktivität und epiphanischen Momenten, die zu einer wichtige Erinnerung für die Charaktere werden. Oft wird die Handlung mit Veränderung symbolisierenden Bildern wie beispielsweise Wolken, Zigarettenrauch oder durch bis ins Abstrakte vergrößerte Aufnahmen von Gegenständen unterbrochen, was jedem seiner Filme einen sehr eigenwilligen Rhythmus verleiht. Zyklische Zeitabläufe tragen dazu bei, die oberflächlich so frei wirkenden Charaktere in ihren äußeren Zwängen von Arbeit und vergeblichen Liebesbeziehungen zu zeigen. Diese zyklische, repetitive und assoziative Erzählweise, die im Hongkong-Kino Tradition hat, stellt sich gegen die auf Stringenz ausgerichtete lineare Erzählung Hollywoods. Ein weiteres prägendes Motiv sind unglückliche Beziehungen, deren Scheitern unabwendbar scheint. Ein Happy End ist in Wong Karwais Filmen sehr unüblich[3] (vgl. ebd.: 272-276). In Ermangelung einer eigenen großen Sprache, collagiert Wong Kar-wai seinen eigenen und eigentümlichen Stil selbstbewusst aus bereits Vorhandenem: »Wong is proudly polystylistic.« (Ebd.: 276) So scheut sich Wong Kar-wai auch nicht, sich des Starsystems zu bedienen. Bereits in DAYS OF BEING WILD spielen die drei Stars des kantonesischen Films, Leslie Cheung, Andy Lau und Jacky Cheung, mit. Aber Wong Karwai kodiert sie auf seine Weise um, indem er eine Travestie der Starimages betreibt. Auch den bereits durch andere Starregisseure Hong Kongs, wie beispielsweise John Woo, etablierten Umgang mit Zeit im Film schreibt Wong Kar-wai

---

3 MY BLUEBERRY NIGHTS von 2007 scheint hier eine Ausnahme zu sein.

für seine Belange um, indem er oft von Einstellung zu Einstellung wechselnde Tempi benutzt oder verschiedene Tempi in einer Einstellung miteinander kombiniert. Ähnliches vollzieht er im Umgang mit Musik im Film, der zwar oberflächlich einer MTV-Ästhetik ähnelt, aber eine Präzision und einen Rhythmus offenbart, die untypisch für den kommerziellen Mainstream des Musikfernsehens sind. Hierbei hält Wong Kar-wai jedes einzelne Bild so lange, dass es eine dem Film dienliche Intensität entwickeln kann (vgl. ebd.: 277 ff.). Das Prinzip der Verlangsamung, das den Prinzipien des westlichen Mainstreams widerspricht, ist ein entscheidendes Element des Stils Wong Kar-wais.

Das Rekontextualisieren westlicher Ikonographien ist eine weitere Ressource für Wong Kar-wais Filmsprache. Evans Chan (2000) beschreibt, wie Wong Kar-wai in CHUNGKING EXPRESS Brigitte Lin in ihrer Rolle als Drogendealerin und Mörderin als eine fernöstliche Version Marilyn Monroes oder auch Madonnas auftreten lässt. Damit eignet sich Wong Kar-wai das einstmalig westliche Vorrecht der Repräsentation weißer Popikonen an, um bestimmte Formen der Stereotypisierung aufzubrechen. Auch in Bezug auf minderheitliche Themen wie beispielsweise Homosexualität ist dies übertragbar. So stellt er 1997, einige Zeit bevor diese Themen im westlichen Mainstreamkino angekommen waren, in HAPPY TOGETHER die Beziehung eines homosexuellen Paares in den Mittelpunkt. Im asiatischen Film ist dies zu dieser Zeit keine Ausnahme, was Chan durch eine stark durch das Lustprinzip geprägte Postmoderne erklärt, die der Repräsentation von minderheitlichen Themen einen Platz bietet, sofern diese sich in einen von Konsum geprägten Diskurs eines urbanen Lebensstils einbinden lassen. Dieses Feiern der Populärkultur in einem multiethnischen Kontext bietet dem Hongkong-Kino eine zeitlang eine über das Lokale hinausgehende globale Nische (vgl. ebd.: 300), worin wiederum die Spannung zwischen dem dominanten Diskurs des Konsums und dem minoritären Diskurs der Repräsentation von Minderheiten beobachtbar ist. Schließlich beschreibt Chan aber mit der ›Kannibalisierung‹ des Hongkong-Kinos durch die Filmindustrie Hollywoods, wie diese Spannung, die zunächst Fluchtlinien in einem dominant-hegemonialen Diskurs findet, in eine dominant-hegemoniale Vereinnahmung kippen kann, die den kleinen Sprachen keinen Raum mehr lässt (vgl. ebd.: 301 ff.).

Es bleibt festzuhalten, dass, auch wenn Wong Kar-wai sich nicht nur außerhalb bereits etablierter großer Sprachen bewegt bzw. bewegen kann, er sich diese doch in einer sehr eigentümlichen Weise aneignet. Dadurch gelingt es ihm, eine eigene kleine Sprache zu entwickeln, mit der er die Themen, die ihm wichtig sind, präzise ausdrücken kann. Selbst wenn er Anleihen bei bereits etablierten Genres macht, so verlässt er diese zugunsten einer flüchtigen Erzählweise, die im Werden begriffen ist, anstatt bereits festgeschrieben und etabliert zu sein.

Wenn kleine Sprachen immer auch politisch sind, so ist Wong Kar-wais kleine Sprache dies deshalb, weil es ihr um eine eigenständige, von möglichst vielen Konventionen und Zwängen des Mainstreams befreite Sprache geht, die einen autonomen Ausdruck ermöglicht. Nichtsdestoweniger kann auch eine kleine Sprache das machtvolle Feld einer großen Sprache nicht verlassen, sondern muss sich dieses immer wieder aneignen, um die Staatssprache herausfordern zu können. Die Tendenz der kleinen Sprachen, großsprachig zu werden, ist dabei stets vorhanden.

Happy Together?
»Let's start over.« – das sagt Ho Po-Wing jedes Mal. Lai Yiu-Fai und Ho Po-Wing haben Hong Kong verlassen, um in Argentinien mit ihrer Beziehung von vorne zu beginnen. In grünstichiges Schwarzweiß getaucht sehen wir, wie sie miteinander schlafen, wie sie, als eine Art Flitterwochen zur Neubestimmung ihrer Liebe, zum großen Wasserfall nach Iguazu aufbrechen, wobei die extreme Weitwinkelperspektive stark an ein Roadmovie erinnert. Doch so wie das Auto, mit dem sie unterwegs sind, so bleibt auch ihre Liebe auf der Strecke. Sie trennen sich – wieder einmal.

Zurück in Buenos Aires nimmt Lai Yiu-Fai einen Job als Türsteher in der Bar Sur an, um sich das Geld für die Rückreise nach Hong Kong zu verdienen. Denn nach dem Ende seiner Beziehung zu Ho Po-Wing hält ihn hier nichts mehr. Unterdessen verdingt sich Ho Po-Wing als Callboy, bis er eines Abends übel zugerichtet vor Lai Yiu-Fais Wohnungstür steht. Von nun an in einer Farbigkeit gehalten, in der Rot- und Blautöne dominieren, erzählt uns der Film, wie Lai Yiu-Fai Ho Po-Wing gesund pflegt. Diese Zeit wird, wie wir später durch einen inneren Monolog Lai Yiu-Fais erfahren, seine glücklichste Zeit mit Ho Po-Wing, und obwohl es weiterhin Streitigkeiten und Übergriffe gibt, flammt die alte Leidenschaft zwischen ihnen wieder auf, als sie eines Abends, als Ho Po-Wing wieder gesund ist, in der Küche Tango tanzen. Leider bedeutet Ho Po-Wings Gesundung auch, dass er wieder beginnt, mit der halbseidenen Welt Kontakt aufzunehmen, die sich in der Bar Sur trifft. Weil ihn dies so sehr anwidert, kündigt Lai Yiu-Fai dort seinen Job und nimmt einen neuen Job als Küchenhilfe an, wo er den Chinesen Chang kennen lernt, der sich ebenfalls das Geld für die Rückreise nach Hong Kong verdient. Währenddessen wohnt Ho Po-Wing immer noch bei Lai Yiu-Fai, wo er dessen Abwesenheit regelmäßig ausnutzt, um aus Eifersucht auf einen möglichen anderen Partner Lai Yiu-Fais Sachen nach Hinweisen zu durchsuchen. Die Treue klagt Ho Po-Wing jedoch nur einseitig ein: Er selbst geht und kommt wann er will. Schnell entsteht neues Misstrauen. Vielleicht um sich an Ho Po-Wing zu rächen, versteckt Lai Yiu-Fai dessen Pass, wodurch Ho Po-Wing das Land nicht verlassen kann. Als Kontrapunkt zu diesem Misstrauen entsteht zwischen Lai Yiu-Fai und Chang eine Freundschaft, die auch nach Changs Abreise aus Buenos Aires bestehen bleibt. Ohne Freund oder Partner irrt Lai Yiu-Fai durch öffentliche Toiletten und Pornokinos, um, wenn schon nicht Liebe, so doch wenigstens Sex zu bekommen. Denn einsame Leute sind alle gleich, so lautet Lai Yiu-Fais Rechtfertigung seines Tuns. Doch so einsam ist er nicht, denn die Freundschaft zu Chang ist mittlerweile so stark, dass er beschließt, nun wirklich von vorne zu beginnen. Lai Yiu-Fai überwindet sich dazu, seinem Vater einen langen Brief zu schreiben, um sich, wofür auch immer, zu entschuldigen und seine Hoffnung zum Ausdruck zu bringen, dass sie ihre Vater-Sohn-Beziehung von Neuem beginnen können.

Nachdem er diese wegweisende Entscheidung getroffen hat, nimmt Lai Yiu-Fai eine Arbeit in einem Schlachthof an, um möglichst bald nach Hong Kong zurückkehren zu können. Diese Arbeit ist erstens besser bezahlt und zweitens schläft Lai Yiu-Fai auf diese Weise tags, während er nachts arbeitet, wodurch er sich bereits auf die Hong Konger Ortszeit vorbereitet. Schließlich bricht Lai Yiu-Fai ohne Ho Po-Wing zurück nach Hong Kong auf, jedoch nicht ohne vorher den Wasserfall zu besuchen, den er zu Beginn mit Ho Po-Wing gemeinsam ansehen wollte. Während Lai Yiu-Fai weinend vor dem Wasserfall steht, sitzt Ho Po-Wing, der nun in der ehemaligen Wohnung Lai Yiu-Fais wohnt, vor einer Lampe mit dem Motiv des Wasserfalls und weint ebenfalls. Aus der Ferne ist ihre Verbundenheit am größten, während sie in der Nähe nicht herstellbar oder nicht zu ertragen ist – ein immer wiederkehrendes Motiv in Wong Kar-wais Filmen. Bei seinem Zwischenstopp auf dem Weg nach Hong Kong in Taipeh isst Lai Yiu-Fai an dem Stand der Eltern Changs auf einem Nachtmarkt. Hier sieht er ein Foto, das Chang am Leuchtturm in Ushuaia zeigt, und Lai Yiu-Fai begreift, warum Chang die Welt bereisen kann: Chang hat, im Gegensatz zu Lai Yiu-Fai, einen Platz, an den er immer zurückkehren kann. Lai Yiu-Fai nimmt das Foto mit, weil er nicht weiß, wann er Chang das nächste Mal sehen wird. Aber er weiß nun, wo er ihn finden kann. Für Lai Yiu-Fai ist dieser Imbissstand vielleicht die erste Konstante in seinem Leben. HAPPY TOGETHER endet mit dem gleichnamigen Song und einer in der Zeitrafferästhetik aus CHUNGKING EXPRESS gehaltenen S-Bahnfahrt.

Es ist diese Erzählweise im Stil fragmentarischer Momentaufnahmen, die typisch ist für Wong Kar-wais Filme. Diese Erzählweise erschwert es nicht nur, den Film hier zusammenzufassen, sondern sie legt auch nahe, Wong Kar-wais Filmerzählungen im Sinne einer kleinen Sprache zu begreifen. Was dies genauer bedeutet, soll nun mit Hilfe einer exemplarischen Analyse dargelegt werden, die ihre Aufmerksamkeit auf die kleinen wie großen Sprachelemente legt. Denn wie bereits herausgestellt wurde, oszilliert das *avant-pop cinema* Hong Kongs ständig zwischen den Stilmitteln des großen Mainstreamkinos und den kleinen Erzählungen und Stilbrüchen. Dieses Oszillieren zeichnet das *avant-pop cinema* besonders aus und positioniert es als ein hybrides Kino zwischen populärer Unterhaltung und Independentfilm, wobei die Filme Wong Kar-wais in diesem Diskurs eine besonders exponierte Stellung einnehmen. Das *avant-pop cinema* im Allgemeinen und die Filme Wong Kar-wais im Besonderen kombinieren sowohl große als auch kleine Sprachen, wodurch sie einerseits machtvolle Staatssprachen im Sinne Deleuzes und Guattaris bestätigen, aber diese durch ihre minoritären Elemente auch brechen, anzweifeln, ihre Konstruiertheit aufzeigen und damit in der Lage sind, die Staatssprache zu verändern. So lässt sich über diese kleinen, minoritären Elemente sagen, dass sie in der Hinsicht kritisch sind, als sie sich der Hegemonie entziehen und darüber hinaus die Hegemonie in ihrer Diskursivität thematisieren können. Hierdurch wird die Hegemonie entnaturalisiert, wodurch wiederum eine Veränderung der Machtverhältnisse – in diesem Fall das Einbringen neuer Sprachen in den kinematographischen Diskurs – möglich wird. In diesem Zusammenhang ist HAPPY TOGETHER Wong Kar-wais vielleicht minoritärster Film. Denn im Gegensatz zu Filmen mit einem vergleichbaren Thema wie beispielsweise DAYS OF BEING WILD, CHUNGKING EXPRESS, FALLEN ANGELS, IN THE MOOD FOR LOVE oder 2046 geht es hier nicht nur um die verhinderte Liebe junger Menschen. Obwohl dies zunächst das Hauptthema in HAPPY TOGETHER zu sein scheint, erzählt dieser Film am Rande, also minoritär inszeniert, noch weitere Geschichten wie Lai Yiu-Fais problematische Beziehung zu seinem Vater, mit dem er nach seiner Rückkehr nach Hong Kong wieder von vorne beginnen möchte. Auch seine Freundschaft zu Chang, seinem scheinbar einzigen wirklichen Freund, ist ein bedeutendes Thema. Dass Homosexualität in HAPPY TOGETHER so explizit in den Mittelpunkt gestellt wird – es sei erinnert an die Sexszene zu Beginn, die Stricherszene auf der Bahnhofstoilette oder Lai Yiu-Fai im Pornokino – ist auch ein Indiz für eine kleine Literatur, wenn auch im Kontext des chinesischen Films der neunziger Jahre des 20. Jahrhunderts kein außergewöhnliches (vgl. Chan 2000: 300).

Zunächst ist HAPPY TOGETHER ein Film über das ewige Von-vorne-Beginnen, nicht über *happy endings*, wie sie das Mainstreamkino bevorzugt. Auch die Art und Weise, wie Beziehungen thematisiert werden, ist eher eine dialektische, und von daher nicht unbedingt mainstreamtauglich. Denn je zwanghafter und verzweifelter die Charaktere versuchen, Nähe herzustellen, umso größer wird die Distanz zwischen ihnen. Ein romantischer Liebesfilm ist anders gestrickt. Ebenso wenig begründet Wong Kar-wai in seinen Filmen, wie die Charaktere in diese Situationen gekommen sind. Sie erscheinen als ›in die Welt geworfen‹. Das im

Mainstream oft befriedigte Verlangen des Publikums nach linearen Erklärungen im Ursache-Wirkungs-Schema wird hier enttäuscht. Stattdessen führt uns Wong Kar-wai Momentaufnahmen vor, ohne deren Ursprünge oder Zukunft näher zu thematisieren. Ursprung und Finalität, beides konstitutive Elemente von Begründungen, interessieren ihn nicht näher, weshalb sie stets spekulative Angelegenheiten bleiben, die das Publikum zu eigenen Interpretationen einladen. Was Wong Kar-wai gelingt, indem er die Schemata von Ursache und Wirkung überwindet, ist, uns den Erfahrungsraum seiner Charaktere zugänglich und für uns affektiv erlebbar zu machen. Erinnern wir uns an die Ausführungen Deleuzes und Guattaris zur kleinen Literatur Kafkas, die ebenso mit den Prinzipien der Vernunft bricht, wird es verständlich, warum Wong Kar-wais Filme in diesem Rahmen interpretierbar sind. Ferner stellen, wie weiter oben beschrieben, Deleuze und Guattari heraus, dass eine kleine Literatur nur in ständiger Auseinandersetzung mit der mächtigen Staatssprache schreibbar ist. Zur Erinnerung: In welcher Sprache soll Kafka, ein deutscher Jude in Prag, schreiben? In welcher Sprache soll Wong Kar-wai filmen, wenn in Hong Kong zu leben und zu filmen bedeutet, dass man in einer (Film-)Kultur sozialisiert wurde, die vielleicht wie keine andere die postmodernen Prinzipien von Collage, Pastiche und Hybridität verkörpert (vgl. Chan 2000)?

Wong Kar-wai filmt also in der ständigen Auseinandersetzung mit den großen Sprachen des Mainstreams, zumeist des westlichen Mainstreams Hollywoods, denen er kleine Erzählungen entgegensetzt, um so andere Räume zu erschließen. Die Rollenverteilung in HAPPY TOGETHER ist beispielsweise so klassisch dichotom, dass auch Hollywood es nicht eindeutiger hätte inszenieren können. Ho Po-Wing ist das egoistische Kind, das alles nimmt, was es bekommen kann, und das es nicht kümmert, was andere von ihm erwarten, während Lai Yiu-Fai der Erwachsene ist, der mit Ho Po-Wing fast bis zur Selbstaufgabe nachsichtig ist. Doch was diese Dichotomie bricht, ist die explizit dargestellte Aggressivität, mit der sich Ho Po-Wing und Lai Yiu-Fai bekämpfen. Hinsichtlich dieser Aggressivität unterscheiden sich die beiden deutlich von den Paaren in Wong Kar-wais übrigen Filmen, die eher passiv an der objektiven Unmöglichkeit ihrer Liebe zueinander leiden, statt sich aktiv zu bekämpfen. Ein weiteres typisches Element einer großsprachigen Erzählung ist die Dichotomie des Reisens und der Heimat, das wir mit Chang wiederfinden. Chang kann durch die Welt reisen, weil er einen Platz hat, an den er immer zurückkehren kann, während Lai Yiu-Fai keinen solchen Ort hat. Lai Yiu-Fai bereist die Welt, um sich schließlich dazu durchringen zu können, seinen Vater per Brief um Verzeihung zu bitten und zu fragen, ob es für sie beide eine Chance gibt, von vorne zu beginnen. Es bleibt offen, ob es diese Chance gibt, oder ob Lai Yiu-Fai und Chang sich wiedersehen. Indem er keine Geschichte abschließt, sondern immer wieder neue beginnt, entzieht sich der Film großsprachigen Festlegungen und eröffnet kleinsprachige Fluchtlinien: »*let's start over.*«

Doch eine kleine Erzählung ist HAPPY TOGETHER nicht nur hinsichtlich der offenen Enden und Neuanfänge, sondern auch bezüglich des allgegenwärtigen Scheiterns und dessen Visualisierung, wie es in einem Hauptmotiv des Films, der geplanten gemeinsamen Reise zum Wasserfall nach Iguazu, zum Ausdruck kommt. Lai Yiu-Fai fährt schließlich alleine dorthin, während Ho Po-Wing alleine in Lai Yiu-Fais ehemaliger Wohnung vor der Lampe mit dem Wasserfallmotiv sitzt. Gemeinsam ist ihnen nur noch, dass sie beim Anblick des Wasserfalls weinen, weil ihre Hoffnungen in Bezug auf die Rettung ihrer Beziehung nun metaphorisch unter den Wassermassen begraben liegen. Diese Wassermassen werden übrigens in einer für einen standardisierten Mainstream eher unüblichen Weise mit aufwendigen Helikopteraufnahmen und in Zeitlupe in Szene gesetzt, wodurch sie eine meditative Ruhe gewinnen, die einen Kontrast zur sonst vorherrschenden Aggressivität darstellt. Christopher Doyle, Wong Kar-wais Kameramann, versteht sich auf die Verwendung künstlerischer Bilder und die thematische Verwendung von Farbe, was dem Film zusätzliche Bedeutungsebenen verleiht, seine Komplexität erhöht und ihn dadurch einer allzu einfachen Dichotomisierung und Stereotypisierung entzieht. So wählt Doyle zu Beginn des Films ein grünstichiges Schwarzweiß und setzt ab dem Moment, in dem Ho Po-Wing verletzt in Lai Yiu-Fais Wohnung einzieht und die Erzählung in der Gegenwart spielt, eine Farbigkeit ein, in der Rot- und Blautöne dominieren. Immer wieder wird der Erzählfluss der Bilder unterbrochen, indem er mit scheinbar ›sinnentleerten‹ Bildern kontrastiert wird, die abstrakten Gemälden ähneln. So zeigt eine Szene, wie Lai Yiu-Fai die Blutlachen im Schlachthof mit einem Wasserschlauch wegspült. Diese Totale wird von einer Nahaufnahme abgelöst, die in Zeitlupe zeigt, wie sich auf dem weiß gekachelten Fußboden das tiefrote Blut mit dem Wasser vermischt und allmählich an Farbintensität verliert. Eine weitere Unterbrechung ähnlicher Art sehen wir, wenn Lai Yiu-Fai darüber sinniert, dass sich Buenos Aires und Hong Kong auf dem Globus gegenüber liegen. Eine kurze Sequenz mit auf dem Kopf stehenden Bildern Hong Kongs, die einem *stream of consciousness* ähnelt, führt uns vor, wie dies aus Lai Yiu-Fais Sicht aussieht. Diese Bilder thematisieren auch, dass die Konstruktion der Welt maßgeblich von der Perspektive beeinflusst ist, aus der wir sie sehen. Sie relativieren damit dominant-hegemoniale, auf Allgemeingültigkeit insistierende Erzählungen über die Welt und verhindern das Eindringen des Herrensignifikanten.

In diesem Zusammenhang sind auch die häufig vorkommenden beiläufig erzählten kurzen Geschichten zu sehen, die uns sehr persönlich gefärbte Sichten auf die Welt vermitteln und die für Wong Kar-wais Filme von zentraler Bedeutung sind. Da ist beispielsweise Changs Geschichte, der als Kind Augenprobleme hatte, weshalb er sehr gut hört. In seinen Worten ›sieht‹ er mit den Ohren besser, weil die Stimme angeblich immer die Wahrheit sagt. Chang spürt, dass Lai Yiu-Fai unglücklich ist und interessiert sich daher für dessen Geschichte, woraus sich die Freundschaft entwickelt. Aufgrund seiner Präferenz für das Ohr mag Chang keine Fotos. Deshalb bittet er Lai Yiu-Fai eines Abends in einer Bar, für ihn zur Erinnerung etwas auf ein Tonband zu sprechen. Weil Chang weiß, wie unglücklich Lai Yiu-Fai ist, verspricht er ihm, dieses Tonband mit nach Ushuaia, dem ›Ende der Welt‹, zu nehmen, um es dort abzuspielen. Denn eine weitere Geschichte erzählt, dass man seine Sorgen hinter sich lassen kann, wenn man sie in Ushuaia dem Wind anvertraut.[4] Auf den ersten Blick mögen dies nebensächliche Erzählungen sein. Jedoch werden sie mit solch einer Sorgfalt ausgeführt, dass die – im Mainstreamkino häufig unterbelichtete – Peripherie unausweichlich ins Zentrum rückt.

Fazit

Wie lässt sich nun die eingangs aufgeworfene Frage, ob Wong Kar-wai ein Regisseur kleiner Filme ist, beantworten? Rekapitulieren wir hierzu zunächst den Begriff einer kleinen Literatur bei Deleuze und Guattari (1976, 1997), die, indem sie experimentell ist, deterritorialisierend wirkt und sich so eindeutigen Festschreibungen und kontrollierenden Übergriffen auf einer Fluchtlinie, die den dichotomisierenden molaren Segmenten entgegensteht, entzieht. Hierzu muss sich eine kleine Literatur immer großsprachiger Elemente bedienen. Die Kritik und der Widerstand gegen eine große Sprache der Hegemonie ist nur von Innen her möglich, niemals aber von einem Ort außerhalb. Über den Kritikbegriff Foucaults (1992a) referierend stellt Judith Butler (2001b) ergänzend fest: »Kritik hängt von ihren Gegenständen ab, die ihrerseits jedoch die genau [sic!] Bedeutung von Kritik definieren.« (Ebd.) Kleinsprachig und kritisch sind beispielsweise Dialekte, die sich die große Sprache deterritorialisierend aneignen. Dies bedeutet auch, dass die kleine Sprache einer Minderheit über keine eigene Sprache verfügt, sondern sich die Sprache der Mehrheit und der Mächtigen subversiv aneignen und für ihre Belange umschreiben muss. Darin liegt das Schöpferische einer kleinen Literatur bzw. Sprache. Eine kleine Literatur bestätigt keine Autoritäten, sondern verhandelt über deren Sinn und Zweck und entmachtet sie bis-

---

4 In IN THE MOOD FOR LOVE (2000) gibt es eine ähnliche Erzählung: Dort spricht man sein Geheimnis in ein Loch in einen Baum und verschließt das Loch, damit das Geheimnis dort bleibt.

weilen. Dabei ist sie aber stets an die große Sprache der Autoritäten, an die Staatssprache, gebunden und muss sich in Ermangelung einer eigenen Sprache dieser bedienen. Weil eine kleine Literatur die großen Sprachen ständig begleitet und diese über Fluchtlinien in andere Sprachen führt, also deterritorialisierend wirkt, ist sie immer politisch. Dort, wo einem eine eigene Sprache fehlt, eignet sich die kleine Sprache die große an, um so zu einer eigenen Sprache zu werden und die Macht der großen Sprache herauszufordern und womöglich zu überwinden. Diese Herausforderung kann einen Zugewinn an eigenen Ausdrucksmöglichkeiten bewirken und damit zu mehr Autonomie, also zu einer Ermächtigung minoritärer Positionen führen.

Die intensive Benutzung einer großen Sprache bringt also eine kleine Sprache als permanenten Bruch mit der dominant-hegemonialen Ordnung hervor. Dies geschieht vorzugsweise an sprachlich unterentwickelten Orten, die über keine eigenen angemessenen Worte verfügen. Mit Bordwell (2000) gesprochen, verfügt das Hongkong-Kino kaum über eine eigene Sprache und kann in dieser Hinsicht in einem durch den Westen, hier vor allem durch Hollywood, dominierten kinematographischen Diskurs als teils ›unterentwickelt‹ gelten. Doch Unterentwicklung bedeutet nicht zwangsläufig Machtlosigkeit, wie Bordwell es weiterhin an der Entwicklung des Actionkinos Hong Kongs, das den Mainstream der Hong Konger Filmproduktion ausmacht, beschreibt. Dieses Kino ist einerseits eine große Sprache, weil es das Mainstreamkinos Hong Kongs ist. Im Vergleich zum Diskurs Hollywoods ist es andererseits eine kleine Sprache, der es aber gelingt, durch seine Einflüsse auf das Kino Hollywoods dieses zu deterritorialisieren und um neue Elemente zu bereichern. Darüber hinaus beschreibt Bordwell mit dem Begriff des *avant-pop cinema* eine kleine Sprache eines kleinen Kinos. Das *avant-pop cinema* ist nicht der Mainstream und findet auch im Westen auf dieser Ebene keine Resonanz. Es ist im Westen hauptsächlich eine Angelegenheit von spezialisierten produktiven Fankulturen. Wie gezeigt, nimmt Wong Kar-wai in dem nochmals spezielleren Diskurs des Arthauskinos eine besondere Position ein.

Es lässt sich daher sagen, dass das Kino Hong Kongs im Vergleich zur Dominanz und ›Staatssprachigkeit‹ Hollywoods als ein kleines Kino gelten kann, dessen große Sprache das Action- und das Martial-Arts-Genre sind. Gegen diese große Sprache eines kleinen Kinos positioniert sich das *avant-pop cinema* als eine kleine Sprache eines kleinen Kinos, worin Wong Kar-wai nochmals eine kleinsprachige Sonderrolle einnimmt, die stets zwischen den Elementen kleiner wie großer Sprachen oszilliert. So beginnt Wong Kar-wai seine Karriere als Regisseur von Seifenopern und immer noch wurzeln seine Filme in populären Genres, die jedoch auf eine sehr eigentümliche Art interpretiert werden. Oft geht es in Wong Kar-wais Filmen um Beziehungs- und Liebesdramen, deren Protagonistinnen und Protagonisten häufig von den großen Stars des Hongkong-Kinos – beispielsweise Leslie Cheung, Andy Lau oder die ›kantonesische Madonna‹ Faye Wong, die gelegentlich auch zur Filmmusik beiträgt – dargestellt werden. Dennoch werden diese großsprachigen Elemente immer wieder unterlaufen, weil Wong Kar-wais experimentelle Erzählungen eher spontanen Momentaufnahmen gleichen, als dass sie die erzählerischen Konventionen von Kausalität und Finalität erfüllen. So befinden sich in HAPPY TOGETHER Lai Yiu-Fai und Ho Po-Wing, weil sie ihre bereits zerrüttete Beziehung retten wollten, in einem ihnen wenig freundschaftlich gesinnten Argentinien, aus dem Lai Yiu-Fai nach Hong Kong zurückkehren möchte. Wie genau es dazu kam, wissen wir nicht. Wie genau sich Lai Yiu-Fais Leben nach seiner Rückkehr, die hier nur angedeutet, aber nicht vollendet ist, entwickeln wird, auch nicht. Was mit Ho Po-Wing nach der Trennung von Lai Yiu-Fai geschieht, bleibt völlig im Dunkeln: Ein glückliches Ende sieht anders aus.

Wong Kar-wais Filmsprache pendelt zwischen Staatssprache und Dialekt, in ihr finden wir sowohl die Wörterflucht als auch das Bestreben, großsprachig zu sein. Diese unauflösbare Dialektik ist nach Deleuze und Guattari ein konstitutives Merkmal kleiner Literaturen bzw. Sprachen, die aus der subversiv-kreativen Aneignung derjenigen Ressourcen resultieren, die die großen Sprachen zur Verfügung stellen. Gleichzeitig aber bedrohen sowohl die ›Kannibalisierung‹ kleiner Sprachen, also deren Vereinnahmung und Ausbeutung durch die Interessen großer Sprachen, als auch das Streben der kleinen Sprachen zur Staatssprache deren Existenz. Einerseits zeigt uns Wong Kar-wai aus der minoritären Perspektive seiner Filme mögliche Fluchtlinien auf. Andererseits ist auch das Streben nach Staatssprachigkeit ein Element seiner Filmsprache. Es lässt sich beispielsweise darüber streiten, ob Wong Kar-wai mit MY BLUEBERRY NIGHTS (2007) in der Staatssprache angekommen ist. Schließlich ist dies sein erster Film, den er mit US-amerikanischen Stars wie Jude Law und Norah Jones dreht. Nun lässt sich an dieser Stelle entgegnen, dass Leslie Cheung und Faye Wong im Kino Hong Kongs durchaus einen ähnlichen Status besitzen wie Jude Law und Norah Jones im Kino Hollywoods. Aber ist dieser Film nicht doch linearer und geschlossener als andere Filme Wong Kar-wais? Schließlich gibt es hier ein Happy End, in dem sich Jeremy (Jude Law) und Elizabeth (Norah Jones) finden. Ebenso lässt sich bald erahnen, dass der Film auf dieses Ende hinauslaufen wird. Doch auch in MY BLUEBERRY NIGHTS gibt es neben meditativ-abstrakten Großaufnahmen von Vanillesauce, die sich über einen Blaubeerkuchen verteilt, noch weitere Bilder, die mit der Bildtradition Hollywoods brechen. Auch die typischen kleinen Nebengeschichten prägen diesen Film. Es ist diese Unentscheidbarkeit, die

Wong Kar-wais Filmsprache zu einer kleinen Sprache macht, die sich mit Deleuze und Guattari gesprochen im Werden, nicht im Sein befindet.

Über Quentin Tarantinos Film INGLOURIOUS BASTERDS bemerkt Georg Seeßlen: »Kaum ist sie entstanden, so wird auch die Erzählung eine Form von Macht. Tarantino gehört zu den Leuten, die dieser Konstruktion des Erzählens widersprechen. Jemand erzählt etwas – oder etwas anderes. Oder jemand anderes erzählt. Oder etwas anderes.« (Seeßlen 2009: 150) Auch Wong Kar-wai gehört zu diesen Leuten. Indem er mit seinen kleinsprachigen Erzählungen die Staatssprache Hollywoods herausfordert, weil er uns zeigt, dass es nicht nur *eine* mögliche Art des Erzählens gibt, sondern viele, legt er offen, dass dominierende Erzählungen eine Form von Macht sind, die dazu tendieren, konkurrierende Erzählungen verstummen zu lassen. Das Offenlegen der Macht ist der erste Schritt der Kritik an der Macht, die mit Foucault gesprochen »die Kunst nicht dermaßen regiert zu werden« (Foucault 1992a: 12) ist. *Dass* erzählt wird, steht nicht zur Debatte. *Wie* erzählt wird, *wer* erzählt, *für wen* erzählt wird und mit *welcher Absicht*, aber schon. Mit Yvonna Lincoln (2001: 115) lassen sich Erzählungen als Widerstand gegen Stillschweigen, Entfremdung und Marginalisierung begreifen. In diesem Zusammenhang laden uns die Filme Wong Kar-wais im Sinne einer kleinen Literatur dazu ein, eben diese Fragen zu stellen und nach möglichen Antworten zu suchen, um so das Unisono der Macht, das minoritäre Stimmen zum Verstummen bringt, herauszufordern und einer widerständigen Mehrstimmigkeit einen Raum zu geben.

4. Kritische Diskussion

Den Ausgangspunkt dieser Arbeit bilden der Begriff der performativen Äußerungen bei John L. Austin (1986, 2002) und der *performative turn*, die Transformation dieses Begriffs von einem Begriff der Sprachphilosophie hin zu einem Begriff, der in den Kultur- und Medienwissenschaften auf eine breite Rezeption stößt und zu tief greifenden Veränderungen der wissenschaftlichen Praxis führt (vgl. Krämer 2001; Wirth 2002). Hierauf beruht unser Vorhaben, die Performativität als konstitutiven Bestandteil sozialkritischer Praxis zu verstehen und diese als ›performative Kritik‹ zu beschreiben. Dies basiert auf der Annahme, dass die Iteration einen zentralen Stellenwert innerhalb des Performanzbegriffs einnimmt. Performanzen können ermächtigend wirken, weil sie Bedeutungen nicht nur aktualisieren, sondern immer auch variieren: So setzt »die Aktualisierung die Regel außer Kraft« (Krämer 2001a: 148). Dieses Prinzip greifen Foucault und – noch konkreter – Butler in ihren Arbeiten auf, weshalb wir Kritik mit Foucault und Butler als performativen Akt begreifen, der in der Lage ist, machtvolle Strukturen und Praktiken offenzulegen und zu verändern.

Sprechen und handeln verschmelzen hier zu einem ›Sprechhandeln‹, ein Handeln mit Sprache, dessen Sinn durch seine Kontextualisierung in einem spezifischen Kontext entsteht. Nur durch eine adäquate Kontextualisierung, d.h. als *soziale* Handlung, kann eine performative Äußerung gelingen. Die Kriterien, nach denen eine performative Äußerung bewertet werden kann, sind daher nicht die Kriterien ›wahr‹ oder ›falsch‹, sondern ›geglückt‹ oder ›misslungen‹. Diese Einbettung performativer Äußerungen in spezifische Kontexte, die Ersetzung des Wahrheitsbegriffs durch den Begriff des Gelingens sowie die daraus resultierende Untrennbarkeit von Subjekt und Objekt lassen erkennen, dass sich Austins Interesse immer auf den *wirklichen*, und nicht auf den *möglichen* Sprachgebrauch richtet. Diese Verbindung von sprachlicher Bedeutung mit dem »wirklichen Leben« (Krämer 2001a: 153) führt zu vielfältigen Ambiguitäten, die das Gelingen von Kommunikation oft zum Glücksfall machen. So ist das potentielle Scheitern von Kommunikation ein konstitutives Merkmal performativer Äußerungen, was die Cultural Studies mit dem Begriff einer ›Politik ohne Garantien‹, die eine kritische Politik immer ist, aufgreifen.

Dies heißt auch, dass es keine Sprachregeln hinter dem Sprachgebrauch gibt. Diese so genannte ›flache Ontologie‹ bedeutet, dass es nichts außerhalb der die Sprache konstituierenden Diskurse gibt, die ihrerseits wiederum ein Produkt der Sprache sind. Diese Zirkularität überträgt Foucault (1995) auf das Verhältnis von Macht und Widerstand oder Butler (1991) auf den Identitätsbegriff, demzufolge keine vordiskursive Identität möglich ist. Dieser Ausschluss des Vordiskursiven ist ebenfalls konstitutiv für den innerhalb der Cultural Studies verwendeten Identitätsbegriff. Ferner liegt hierin die prinzipielle Möglichkeit des Widerstands begründet. Weil es keine Sprache außerhalb spezifischer Kontexte gibt, weil Sprache also immer ein Phänomen des ›wirklichen Lebens‹, und nicht idealer Regelhaftigkeiten ist, ist sie immer mit einer Eigensinnigkeit des Tatsächlichen behaftet. Dabei ist der tatsächliche Vollzug von Sprache immer an handelnde Subjekte gekoppelt, die über ein Wissen-Wie im Umgang mit Sprache verfügen, also über ein subjektives Können im Umgang mit Sprache. Daher sehen wir die Funktion einer kritischen (Medien-)Pädagogik darin, dieses Können zu fördern, also Medienkompetenzen zu entwickeln. Die Medien interessieren uns deshalb, weil sich, wenn wir Austins Überlegungen für die Kultur- und Medienwissenschaften konsequent weiterdenken, Sprache nur innerhalb spezifischer Medien materialisiert. Somit sind nur in bestimmten Formen medialisierte, an handelnde Subjekte gebundene, räumlich-zeitlich kontextualisierte Performanzen erfahrbar. Damit ist die Materialität konstitutiv für die Aussage selbst. Weil auch Kritik an Aussagen gebunden ist, gelten die hier genannten Punkte auch für eine kritische Praxis: Kritik ist im hier beschriebenen Sinne performativ, weil sie nicht außerhalb diskursiver Praktiken stattfindet.

Um dies ausführlicher darzulegen, ist zunächst ein Rückgriff auf den Begriff der Disziplinarmacht bei Foucault (1977) notwendig, der eine Performativität erkennen lässt, indem er die Macht untrennbar an das Subjekt bindet. So findet sich nicht nur bezüglich der performativen Äußerungen bei Austin eine flache Ontologie, sondern auch bezüglich des Macht- und Kritikbegriffs bei Foucault: Durch die Anbindung der Macht an spezifische Subjekte und ihre Verortung innerhalb spezifischer Handlungskontexte – wenn von Macht die Rede ist, geht Foucault immer von konkreten Macht*praktiken* aus – existiert kein abstrakter Machtbegriff hinter einer konkreten Machtpraxis. Weil Macht und Kritik sich gegenseitig konstituieren, kann sich Kritik nur im Inneren der Macht ereignen. Somit ist auch Kritik performativ, denn sie ist keine abstrakte Idee, sondern ein konkretes Handeln innerhalb spezifischer Kontexte. Performative Kritik interveniert in die Artikulationen der Macht und verändert sie, ohne aber das Feld der Macht verlassen zu können. Insofern schafft Kritik die Macht nicht ab, führt aber zu Veränderungen in den Artikulationen der Macht, wodurch andere Machtfelder und Subjektpositionen entstehen. Einer erfolgreichen Kritik gelingt es dabei, Machtfelder und Subjektpositionen zu erschließen, die unsere Handlungsoptionen vergrößern, weshalb sich von einem *empowerment*, einer Ermächtigung sprechen lässt, die uns eine aktive Teilnahme am Spiel der Macht erlaubt, anstatt dass wir in der Passivität marginalisierter Positionen verharren müssen. So wie Macht Subjekte hervorbringt und es deshalb keine vordiskursiven, also a priori existierenden Subjekte gibt, können Subjekte die Macht verändern, ohne aber dadurch ›machtfreie‹ Subjekte zu werden. Dabei ist Macht dann am wirkungsvollsten, wenn sie selbst unsichtbar bleibt, während sie Subjekte durch Techniken der Überwachung sichtbar macht, hierdurch Wissen über sie gewinnt und ihnen aufgrund dieses Wissens spezifische Subjektpositionen zuweist, wie es Foucault (1977) mit dem Modell der Disziplinarmacht darlegt. Dies beschreibt Foucault auch als ›Naturalisierung‹ der Macht, die als solche für kritische Analysen zunächst nicht zugänglich ist. Macht führt zu einer Steigerung der Ökonomie im Sinne einer Steigerung der Nützlichkeit der Individuen bei gleichzeitiger Geringhaltung abweichenden Verhaltens.

Damit setzt sich mit dem Beginn der Moderne der ökonomische Diskurs zunehmend als alleiniger Machtdiskurs durch, womit das moderne Subjekt ins Leben gerufen wird. Macht schreibt sich hier immer tiefer bis in die kleinsten Elemente einer Gesellschaft hinein und ordnet menschliche Vielfältigkeit entlang der Nützlichkeitsdiskurse. Die Menschen werden also zunehmend zu nützlichen modernen Subjekten diszipliniert und ihre Widerständigkeit verringert. Unter diesem Aspekt besitzt das Leben keinen anderen Wert mehr als den ökonomischen, woran sich eine diskursive Verengung oder auch diskursive ›Monokultur‹ erkennen lässt. So sperrt die moderne Macht das Leben in der Ökonomie ein, während sich der Widerstand darauf richtet, das Leben zu befreien. Als eine weitere Konsequenz ist nun die Macht noch schwieriger zu entnaturalisieren, weil die Gouvernementalität im Vergleich zur Disziplinar- und Bio-Macht im Selbst verortet ist. Es gibt hier kein Außen, von dem die Macht auf das Innere des Subjekts einwirkt. Fremd- und Selbstführung lassen sich immer schwerer auseinanderhalten, die Ontologie der Macht wird zunehmend flacher (vgl. Foucault 1995, 2000). Wichtig hierbei ist, dass die Macht im Sinne der flachen Ontologie immer nur innerhalb bestimmter Kontexte durch spezifische Praktiken der Macht hergestellt werden kann, was Konsequenzen für den Kritikbegriff hat. Weil Macht untrennbar von den Subjekten ist, auf die sie einwirkt, ist sie schwer analysier- und kritisierbar.

So liegt die erste Aufgabe der Kritik darin, Macht zu entnaturalisieren, also sie sichtbar und damit angreifbar zu machen. Kritik muss die normalerweise unsichtbaren Beziehungen zwischen Macht, Wahrheit und Subjekt sichtbar machen. Damit richtet sich Kritik auch niemals gegen eine abstrakte Macht, sondern immer gegen konkrete Formen und Praktiken der Macht. In dieser Hinsicht ist Kritik performativ. Ferner sind Macht und Kritik nicht voneinander getrennt denkbar. Kritik ist das konstitutive Gegenteil der Macht und umgekehrt, weshalb Kritik nicht die Frage stellen kann, ob wir regiert werden, sondern die Frage stellen muss, *wie* wir regiert werden. So ist Kritik »die Kunst nicht dermaßen regiert zu werden« (Foucault 1992a: 12), die nach *anderen* Formen der Regierung sucht. Kritik versucht also, ›andere Räume‹ der Macht zu erschließen, Heterotopien (vgl. Foucault 1992b), die uns als verwirklichte Utopien andere, weniger marginalisierende und ausbeuterische Subjektpositionen ermöglichen. Denn Heterotopien sind immer *andere* Machträume. So lässt sich Kritik mit Foucault als ein Mit-der-Macht-gegen-die-Macht begreifen. Kritik hat eine Funktion der Entunterwerfung, die aber unausweichlich neue Machträume produziert. Denn andere Räume sind noch immer Räume der Macht, auch wenn in ihnen Subjektpositionen lebbar sind, die in den ursprünglichen Räumen der Macht als nicht intelligibel galten. Das Besetzen dieser Positionen lässt sich deshalb als eine kritische Performanz begreifen, weil durch ihr Besetzen die Grenzen der Macht sichtbar werden. Durch das Sichtbarwerden der Grenzen der Macht wird auch die Macht als solche erkennbar und kann zum Gegenstand von Kritik werden. Kritik beschreitet damit den schmalen Grat zwischen dem Innerhalb-der-Normen-Sein und dem Scheitern an den Normen. Kritik ist zu verstehen als ein permanentes Dazwischen-Sein, das die Macht daran hindert, uns eindeutige Subjektpositionen zuzuweisen. So kann Kritik auch als ein Umorganisieren von Machtbeziehungen verstanden werden.

Das Umorganisieren von Machtbeziehungen bedeutet auch das Umorganisieren von Subjektivität. Definiert der Humanismus Foucault zufolge Individualität als unterworfene Subjektivität, geht es der Kritik darum, diese Subjektivität zu dekonstruieren, indem sie dem unter die Ökonomie unterworfenen modernen Subjekt das so genannte Quasi-Subjekt entgegensetzt (vgl. Foucault 2007). Dies bedeutet jedoch nicht den Tod des Subjekts oder die Möglichkeit eines machtfreien Subjekts. Vielmehr verweist das Quasi-Subjekt auf die Möglichkeiten einer kritischen und selbstbestimmten Subjektivation, die nicht auf wenige dominante Diskurse, oder gar auf einen einzigen festgeschrieben ist, sondern so dynamisch und offen wie möglich verläuft, während das moderne Subjekt des Humanismus gefährdet ist, auf wenige mögliche Positionen festgelegt zu sein. Damit vermeidet das Quasi-Subjekt *Herrschaft*seffekte, die Foucault den *Macht*effekten gegenübertellt. Denn das Quasi-Subjekt ist ein Produkt der Macht, kein Produkt der Herrschaft, wie es das moderne Subjekt ist. Machtbeziehungen sind nämlich durch relativ flexible und damit veränderbare Verbindungen charakterisiert, während Herrschaftseffekte dazu tendieren, die relativ freien Spiele der Macht festzusetzen. Letztere dürfen nicht mit einem postmodernen *anything goes* verwechselt werden. Denn Foucault schreibt auch der Macht eine Materialität zu, da Machteffekte reale Konsequenzen in der Artikulation von Identität haben, auch wenn sie prinzipiell veränderbar sind. Doch bedeutet Veränderung kritische Arbeit, die ablehnt, was wir sind – diese Arbeit ist ein in spezifischen historischen Kontexten stattfindender performativer Akt.

Judith Butler (1998) konkretisiert diese performativen Akte der Kritik. Während Foucault die Theorie des Quasi-Subjekts liefert, überführt Butler diese Theorie in die kritische Methode der Resignifikation. Sowohl der Theorie als auch der Methode geht es mit Blick auf die Ziele der Kritik um eine Erweiterung der Intelligibilität menschlicher Existenz, die sich nicht auf das beschränken lässt, was bestimmte Felder der Macht als erfahrbar zulassen. Mit Blick auf die Cultural Studies bedeutet das, dass eine rein durch die Prinzipien der Ökonomie bestimmte Existenz abgelehnt wird. Der Raum, in dem sich für die Cultural Studies diese Existenz artikulieren kann, ist die Kultur. Kultur darf sich hier nicht zu einem Raum entwickeln, der die Herrschaft der Ökonomie reproduziert, sondern Kultur muss ein Ort kritischer Distanz und Reflexion zu den Imperativen der Ökonomie sein, der widerständige Vielfalt produziert. In diesem Zusammenhang betont Butler, dass sowohl Identität als auch Kritik an Identität immer performativ sind. Diese Kritik, die in spezifischen Kontexten artikuliert werden muss, interessiert sich nicht für einen Begriff der Kritik hinter ihrer Praxis. Kritik muss im Kontext menschlichen Lebens verortet sein. Dies bedeutet, dass bei Butler die Ontologie des Körpers nur als soziale Ontologie, also in spezifischen historischen Situationen kontextualisiert, denkbar ist. Wenn Kritik die Frage nach den Lebensbedingungen enthält, zielt diese Frage immer auf die konkreten sozialen Lebensbedingungen.

Dies gilt bei Butler (1991) nicht nur für die Herstellung von Geschlechtsidentität als *doing gender*, sondern für die Herstellung von menschlicher Identität allgemein (vgl. Butler 2009c). Wenn das *doing* von Normen geleitet ist, so setzt sich Kritik als ein *undoing* mit den Grenzen dieser Normen auseinander. Indem das *doing* die Grenzen der Normen thematisiert, werden auch die Normen sichtbar. Sie werden im Sinne Foucaults entnaturalisiert und zugänglich für Kritik und Veränderung. Dabei ist Kritik immer – und hier liegt ein interessanter Anknüpfungspunkt zum Begriff der ›Politik ohne Garantien‹, wie die Cultural Studies ihn verwenden – ein riskantes Unternehmen, bei dem das Kritik ausübende Subjekt immer auch seine eigene Existenz aufs Spiel setzt. So kann ein bestimmtes Feld der Macht dahingehend verändert werden, bestimmte Identitäten, die vorher nicht intelligibel waren, lebbar zu machen. Aufgrund der Performativität und der darin implizierten Kontingenz von Macht und Kritik kann das Subjekt allerdings auch seinen – nicht nur sozialen – Tod erleiden. Dennoch ist es die Absicht von Kritik, stets ein Mehr an Gestaltungs- und Lebensmöglichkeiten zu erreichen. Das Mehr an Freiheiten, das durch Kritik verwirklicht werden soll, ist mit Butler immer als ein Überschreiten einengender Dichotomien zu sehen, die alles, was zwischen ihnen liegt, ausschließen und der Existenzmöglichkeit berauben. Dichotomien lassen sich daher mit Foucault als ein relativ starres Herrschaftsregime begreifen. Dabei neigen Dichotomien dazu, sich durch entsprechende Politiken der Repräsentation zu ›naturalisieren‹, wie es Butler am Begriff der Heteronormativität beschreibt. Dies führt dazu, dass Dichotomien im Normalfall in ihrer Genese und Wirkung nicht beschreibbar sind.

Hieran hat auch für Butler Kritik anzusetzen, indem sie das so konstruierte Macht- bzw. Herrschaftsfeld entnaturalisiert. Eine kritische Strategie, die die Grenzen der Macht und damit auch die Macht selbst sichtbar macht, sieht Butler in der Parodie bzw. im *drag*. Hier wird das ›Natürliche‹ in einer überaffirmativen Weise dargestellt, so dass klar wird, dass es das ›Natürliche‹ nicht gibt: die Parodie entlarvt das ›Original‹ als Kopie. Weil Macht ein Diskurs des Benennens ist, stellt sich kritische Identitätspolitik bei Butler als Strategie des Umbenennens dar. Diese Strategie des Umbenennens nennt Butler (1998) ›Resignifikation‹. In der Resignifikation werden die Normen durch das aus einer subversiven Aneignung resultierende Umbenennen unwirksam. In der Verdoppelung der Anrufungen der Macht liegt ein subversiv-kritisches Potential, weil durch die Verdoppelung jederzeit eine Umwertung geschehen kann. Auch die Resignifikation ist eine Strategie einer performativen Kritik, da sie sich nicht verallgemeinern lässt, sondern nur kontextuell praktiziert Erfolg haben kann. Denn wenn sich mit Austin die Bedeutung der Sprache nur durch ihren Sprachgebrauch herstellt, so hat dies auch Auswirkungen auf die Resignifikation als Strategie, die die Macht durch einen umgewerteten Sprachgebrauch angreift.

Die Cultural Studies weisen große Nähe zu dieser Theorie eines Begriffs performativer Macht, Kritik und Identität auf. So besitzt hier das Thema der Machtkritik und des *empowerment* einen zentralen Stellenwert. Die Cultural Studies fragen nach konkreten Möglichkeiten zur kritischen Veränderung der Gesellschaft durch die Kultur. Hierzu gehören kritische Artikulationen von Identität und kritische Politiken der Repräsentation, die medial vermittelte kulturelle Formen sind, von denen eine, nämlich der Film, für diese Arbeit eine besondere Rolle spielt. Weil Kultur von den Cultural Studies immer politisch verstanden wird, stellt sich die Frage, wie wir lernen können, Kultur ermächtigend zu gebrauchen. Damit berühren wir das Feld kritischer (Medien-)Pädagogik. Für dieses machtkritische Projekt sind zunächst die Arbeiten Raymond Williams' (1967) zum Kulturbegriff von besonderer Bedeutung, da Williams Kultur als einen *whole way of life* konzipiert. Kultur betrifft das alltägliche Leben als Ganzes, und nicht bloß elaborierte Formen der Hochkultur, wobei Kultur sich ferner nicht nur auf ästhetische Erfahrungen beschränkt, sondern auch ein Ort ist, an dem permanent Wissen, Bedeutung und Macht erzeugt werden. Dabei spielen kontextuelle individuelle Aneignungspraktiken kultureller Texte eine konstitutive Rolle für Kultur. Williams denkt Kultur performativ, weil er sich, ähnlich Austins Interesse an Sprache, für Kultur nur als kontextspezifische konkrete Form interessiert. Dieses Verständnis von Kultur als Ort kritischer Auseinandersetzung zur Herstellung einer funktionierenden Zivilgesellschaft als Basis für die Demokratie findet sich immer wieder in den Cultural Studies.

Um dies zu verdeutlichen, werden hier zentrale Positionen der Cultural Studies in dem für diese Arbeit relevanten Kontext rekonstruiert. So kreisen die Arbeiten Stuart Halls (1989, 1994, 2000, 2004) stets um die Frage der Identität, wobei sie einen Schwerpunkt auf die mediale Artikulation von Identität und kritischen Politiken der Repräsentation als Formen kritischer Identitätspolitik legen. Wir benötigen Identität, um politisch handeln zu können. So hat Identität einerseits eine ermächtigende Funktion, die im Sinne eines Quasi-Subjekts darin liegt, in einem anderen Machtfeld andere Subjektpositionen annehmen zu können, die unsere Handlungsoptionen vergrößern. Andererseits kann sich diese ermächtigende Funktion von Identität auch in ihr Gegenteil verkehren, wenn wir davon ausgehen, Identität könnte uns essentielle Garantien geben. Hall denkt Identität ebenfalls performativ, so dass eine in einem bestimmten Kontext ermächtigende Form von Identität nicht per se auch in einem anderen Kontext in gleicher Weise funktionieren muss. Daher ist Identitätspolitik immer eine Politik ohne Garantien. Die grundsätzliche Umkehrbarkeit der Artikulation von Identität ist zugleich ihr Potential und ihre Herausforderung an uns. Dies demonstriert Hall in praktischen Medienanalysen, die thematisieren, wie anhand kritischer Aneignungen die Medien dazu genutzt werden können, darauf hinzuweisen, dass Identität zwar eine reale Positionierung von Subjekten bedeutet, also kein beliebiges Spiel ist, dass dies aber keine vordiskursive Positionierung mit einem fixen Ursprung impliziert. Damit oszilliert das Projekt einer kritischen Repräsentationspolitik immer zwischen Öffnung und Schließung. Außerdem operieren die Medien immer innerhalb der Sphären der Macht und wirken entscheidend an deren Produktion und Transformation mit. Daher ist eine kritische Intervention in die Diskurse der Medien immer auch eine kritische Intervention in die Diskurse der

Macht. Dies wird an der Dekonstruktion des ›Auges des Westens‹ (vgl. Hall 1994c) sichtbar, die uns die diskriminierende Macht dichotomer und spektakularisierter Stereotype mit Blick auf den ›Anderen‹ vor Augen führt und auseinandernimmt.

In ähnlicher Weise entwickelt Douglas Kellner (1995, 2010) weitere kritische Perspektiven auf Medienkulturen. Dabei betrachtet Kellner die hierzu notwendige Theorie immer als ein Werkzeug für eine kritisch-interventionistische Alltagspraxis, in der die so genannte diagnostische Kritik und kritische Medienkompetenzen von zentralem Stellenwert sind. Für Kellner sind Medienkulturen der Ort, an dem um Macht gerungen wird, weshalb Medien, auch wenn sie vordergründig unterhalten, niemals ›unschuldig‹ sind, sondern immer auch machtpolitische Dimensionen haben. Medien sind in dieser Hinsicht immer pädagogisch, da sie uns – in welche Richtung auch immer – bilden. Daher kann uns ihre kritische Analyse als kritisch-sozialwissenschaftliches Instrument dienen und uns wichtige Aufschlüsse über die dominanten Diskurse einer Gesellschaft geben. Medientexte sind ein sozialer Indikator für gesellschaftliche Realitäten zu einem bestimmten Punkt in der Geschichte, in denen sich unsere Ängste, aber auch Hoffnungen artikulieren. Dabei dürfen Cultural Studies jedoch nicht bei der Kritik der Macht stehenbleiben. Als interventionistisches Projekt müssen sie auch konkrete Optionen auf Widerstand und Ermächtigung aufzeigen können. Dies kann eine diagnostische Kritik als konkrete Interpretation kultureller Texte, beispielsweise von Filmen, leisten. Jedoch ist dies auch für Kellner eine Politik ohne Garantien, die sich bezüglich der von ihr verwendeten Identitäten immer wieder kritisch reflektieren muss. So betreibt auch Kellner eine performative (Medien-)Kritik, die als kritische Medienpädagogik dahingehend wirken muss, kritische Medienkompetenzen zu vermitteln, mit denen wir uns ein breites Spektrum möglicher Subjektpositionen erschließen können. Denn nur das kann nach Kellner eine funktionierende Demokratie ermöglichen, in der die Kultur der reproduktive Raum ist, in dem verschiedene Machtdiskurse in einer relativ offenen Auseinandersetzung miteinander konkurrieren. Kultur darf nicht der Raum sein, in dem sich Macht ungestört fortschreibt, sondern Kultur muss der Raum sein, in dem Macht gestört, verschoben und um vielfältige Subjektpositionen erweitert wird. Eine kritische Medienpädagogik resignifiziert die Diskurse der Macht und fügt ihnen andere Räume hinzu, in denen eine Quasi-Subjektivität eine lebbare Option ist.

In diesem interventionistischen Rahmen betreibt auch Norman K. Denzin (1999, 2003) Cultural Studies als eine performative, progressive und politische Praxis, in der eine kritische Pädagogik uns dazu ermächtigen soll, andere Versionen von Kultur aufzuführen. Auch hier ist Kultur ein Ort der Kritik am ökonomisierten Subjekt der Moderne. Denzin sieht dieses Projekt sowohl bezüglich der Identitätspraktiken – Identitäten, die für diesen politischen Kampf notwendig sind, müssen immerfort in spezifischen Kontexten gebildet werden – als auch auf der Reflexionsebene der Identitätspraktiken performativ und ohne Garantien. Hier muss auch der eigene Standpunkt, von dem aus eine bestimmte Identität gebildet wird, diskursiviert und einer Kritik unterzogen werden. Nur auf diese Weise sind Optionen auf Verschiebungen im Machtgefüge möglich. Denzin versteht Kultur und Kritik somit als ein ›Verb‹, d.h. für beide ist die Performanz konstitutiv. Hierfür ist auch das Kino von zentraler Bedeutung. Innerhalb der von Denzin (1995) beschriebenen ›kinematographischen Gesellschaft‹, oder auch Gesellschaft des Kinos, kommt dem Film die Funktion eines pädagogischen und kritisch-interventionistischen Werkzeuges zu. Filme artikulieren als kulturelle Texte Identitäten und geben die Möglichkeit zur kritischen Auseinandersetzung mit Identitäten. Filme sind somit ein Instrument kritischer Kulturanalysen, das Einsichten erlaubt, die mit anderen sozialwissenschaftlichen Methoden nicht zu erreichen sind (vgl. Denzin 2000). Denn die Erzählungen des Kinos versteht Denzin als flüchtige Performanzen, die unserer Welt Bedeutung verleihen und somit einen wesentlichen Beitrag zur Konstruktion, aber auch Veränderung von Kultur leisten. Das Kino ist daher ein Instrument machtkritischer Kulturanalyse, weil es ihm gelingt, Macht auch dort sichtbar zu machen, wo sie sich anderen Analysemethoden entzieht. Kritische Filmanalysen machen die Macht an ihren Grenzen sichtbar. Sie thematisieren nicht so sehr die mächtigen Stereotypisierungen an sich, sondern vielmehr die machtvollen Praktiken des stereotypisierenden Blicks, die ihre Macht aus der vermeintlichen ›Natürlichkeit‹ des Blicks gewinnen.[1] Kritische Cultural Studies, die den Kinofilm als Methode kritischer Kulturanalyse nutzen, müssen daher die voyeuristischen Blicke des Kinos thematisieren und sie darüber zugänglich für kritische Interventionen machen. Dies impliziert auch eine Kritik an der Hegemonie des Visuellen, die den Blick erst so mächtig hat werden lassen.

Cultural Studies lassen sich als ermächtigend-kritische (Medien-)Pädagogik betreiben, indem die Implikationen der Macht in kulturellen Texten im Analysefokus stehen, und darauf hingearbeitet wird, die Artikulationen der Macht dahingehend zu verändern, ein Mehr an möglichen Formen lebbarer Identitäten zu realisieren. Dazu ist es notwendig, kritische Medienkompetenzen zu entwickeln, die sich nicht nur auf die Kontexte traditioneller Bildungsinstitutionen beschrän-

---

1 So weisen auch Ella Shohat und Robert Stam darauf hin, dass es oft enthüllender ist, diejenige, die stereotypisiert anstelle der Stereotypisierungen zu analysieren (vgl. Shohat/Stam 1994: 21).

ken, sondern, um mit Henry Giroux (2001) zu sprechen, über das Klassenzimmer hinausgehen. Dies meint Giroux mit dem Begriff einer öffentlichen Pädagogik der Hoffnung, die auch eine Politik des Widerstands ist. Giroux sieht in diesem Zusammenhang Bildung als kritischen Diskurs von technischer Rationalität bedroht, die ›nützliche‹ moderne Subjekte heranbildet und Kultur als Ort kritischer Reflexion unterminiert. Eine kritische Medienpädagogik bezieht sich deshalb immer auf Theorien des Widerstands, aus denen sie Werkzeuge der Intervention herstellt. Dabei ist die Populärkultur von hervorzuhebender Bedeutung (vgl. Giroux/Simon 1989). Weil Populärkultur ein Produkt der Beziehungen zwischen Wissen, Macht und Begehren ist, kann sie auch dazu genutzt werden, diese Beziehungen umzuschreiben, zu resignifizieren, und dadurch die Artikulationen der Macht in der Hinsicht zu verändern, dass auch die Stimmen marginalisierter Gruppen hörbar und machtvoll werden. Im Rahmen einer kritischen Medienpädagogik hat die Populärkultur neben ihrer subversiven Kraft, die die Mächtigen irritiert und herausfordert, auch eine utopische Dimension, weil sie uns die Welt so zeigen kann, wie sie noch nicht ist. Populärkultur kann deshalb eine Pädagogik der Möglichkeiten sein, die aufgrund der vielen Ambivalenzen und Widersprüche innerhalb der Populärkultur das Verhältnis von Macht und Widerstand nicht dichotomisiert begreifen sollte. Denn Dichotomien würden die Welt wieder in zweiwertige Raster zwängen. Für Giroux (2002) ist daher der Film ein besonders wirkungsvolles Instrument einer kritischen Medienpädagogik, der sein Potential darüber entfalten kann, dass er uns unterhält. Da Filme ferner in den symbolischen und materiellen Zirkeln der Macht verortet sind und diese auch reproduzieren, können sie dazu genutzt werden, diese Kreisläufe zu durchbrechen und zu verändern: also mit der Macht gegen die Macht. Diesbezüglich sieht Giroux Filme als mächtige ›Lehrmaschinen‹, die traditionell logozentristische pädagogische Curricula produktiv erweitern. Dem Film kann es gelingen, das Private mit dem Öffentlichen, das Vergnügen mit der Politik zu verknüpfen, und so die kritische Handlungsfähigkeit zu erweitern.

Vor diesem Hintergrund sind die hier in Kapitel 3 vorgestellten Filmanalysen als eine kritisch-pädagogische Intervention zu verstehen. Sie stellen Interpretationsangebote dar, die alternative Subjektpositionen sichtbar und vielleicht auch erfahrbar machen. Indem die Filmanalysen dominant-hegemoniale Bedeutungen resignifizieren, besteht auch eine Option auf die Umlenkung dieser Bedeutungen und ihrer subjektivierenden Machteffekte, so dass andere Felder der Macht entstehen können, in denen Quasi-Subjektivitäten möglich sind. Mit Foucault gesprochen fordern die Cultural Studies, dass wir »neue Formen der Subjektivität zustandezubringen, indem wir die Art von Individualität, die man uns jahrhundertelang auferlegt hat, zurückweisen.« (Foucault 1997: 28) Eine Möglichkeit dies zu tun, ist die Strategie, die dominanten Formen der Repräsentation von innen heraus zu dekonstruieren. Durch das Zitieren von Stereotypisierungen können diese resignifiziert werden: die Wiederholung von Stereotypisierungen kann die Stereotypisierungen gegen sich selbst wirken lassen. So lässt sich die Wiederholung auch als Widerholung verstehen. Die Wiederholung einer diskriminierenden Äußerung kann deren konstituierende Diskurse und Praktiken thematisieren und kritische Interventionen ermöglichen. Wie Hall (2004d: 164) darlegt, ist hierfür oft Humor wichtig, was auch die Analysen zu DEAD MAN, CHASING AMY, und SOUTH PARK in Kapitel 3 demonstrieren. Auf der Suche nach neuen Formen der Subjektivität interessiert sich eine diagnostische Kritik immer für Momente der Utopie und des Widerstands innerhalb der Macht. Dabei sind oft diejenigen Stellen kultureller Texte von besonderer Wichtigkeit, die die offizielle Erzählung auslässt. Eine diagnostische Kritik fokussiert deshalb oft die kleinen Erzählungen im Sinne einer ›deterritorialisierten Literatur‹ (vgl. Deleuze/Guattari 1976), was wir in Kapitel 3 anhand der Analyse des Werkes von Wong Kar-wai als ›kleiner Filmsprache‹ darlegen. In dieser Hinsicht unterstützt uns die diagnostische Kritik dabei, progressive politische Praktiken zu erarbeiten, durch die wir andere Machtfelder erschließen können, in denen wiederum die Artikulation alternativer Subjektpositionen im Sinne eines Quasi-Subjekts möglich sein kann. Die Filmanalysen in Kapitel 3 stellen somit heraus, dass das Kino eine zentrale Position für unsere Welterfahrung einnimmt, weil sich in seinen Filmen sowohl konventionelle Erfahrungen als auch tiefer reichende, kritische Einblicke artikulieren. Filme sind prinzipiell in der Lage, einer Ist-Situation ein sie transzendierendes utopisches Moment hinzuzufügen, indem wir Filme kontextualisierend interpretieren. So können uns Filme dialektische Bilder liefern, die die Machtkreisläufe nicht bloß aktualisieren, sondern auch empfindlich stören können.

Wir sehen also, dass die von Kellner (2005b) geforderte kritisch-philosophische Reflexion des Begriffsapparates der Cultural Studies ein wichtiges Unternehmen im Rahmen eines performativ angelegten Projektes ermächtigender Kritik ist. Die Implementierung des Begriffs der Performanz hilft uns dabei, zu verstehen, dass sich Kritik immer auf spezifische Kontexte bezieht, in denen sie erst bedeutungsvoll wird. Dabei müssen wir unsere Identität, die eine notwendige Voraussetzung für kritisches Handeln ist, immer wieder neu definieren, weil keine Identität vordiskursiv ist. Insofern ist Identität ein nicht abschließbares Projekt innerhalb des diskursiven Raumes der Macht, das uns keinerlei Garantien, wohl aber Hoffnung geben kann. Dies wird an den hier rekonstruierten Ansätzen der Cultural Studies deutlich. Sie alle verstehen Kritik und Ermächtigung als das Erschließen anderer Formen von Identität, die eine rein auf das Ökonomische verengte Subjektivität ablehnen und diese als Bedrohung für eine intakte demokratische Kultur sehen, in der Kultur der Ort kritischer Reflexion und nicht der Ort der ungestörten Reproduktion von Macht ist. Dies wird auf begrifflicher Ebene bei Foucault durch das Quasi-Subjekt hervorgehoben, das eine Vielzahl von Subjektpositionen ermöglichen soll, so dass Macht ein relativ offener Prozess der Auseinandersetzung bleibt, anstatt sich zur Herrschaft zu verfestigen, die keine Subjektpositionen außerhalb ihres Diskurses zulässt. Dieses Mehr an Möglichkeiten wird hier als *empowerment* verstanden. Dabei hebt der Begriff der Resignifikation, wie ihn Butler gebraucht, hervor, dass Macht immer auch Widerstand produziert. Indem wir die Artikulationen der Macht wiederholen, können wir sie dahingehend umschreiben, dass sie andere Subjektivitäten lebbar werden lassen. So stellt Kritik heraus, dass die entlang von sich gegenseitig ausschließenden Dichotomien organisierten Strukturen unserer Welt alles andere als ›natürlich‹ sind, sondern diskursive Konstruktionen der Macht, die darauf zielen, alles, was sich außerhalb dieser Strukturen befindet, auszuschließen. Hieran anschließend muss Kritik aber auch in der Lage sein, andere Räume der Macht positiv formulieren zu können. Hierzu ist Identität notwendig, die immer ein Produkt diskursiver Praktiken ist. Wir müssen unseren eigenen Standpunkt deshalb für Kritik offen halten, um uns nicht selber zu behindern. Eine kritische Position sollte es daher vermeiden, neue Identitäten und andere Räume der Macht dichotom zu strukturieren, weil sich das Projekt der Kritik und der Ermächtigung sonst schnell ad absurdum führen kann: Es würde dann ebenfalls die Positionen des Dazwischen ausschließen. Diesen relevanten Punkt möchten wir nun in einer kritischen Diskussion vertiefen.

Subjektivitäten des ›Dazwischen‹ sind in Machträumen, die entlang einer Matrix von sich gegenseitig ausschließenden binären Kodierungen strukturiert sind, nicht lebbar. Hiergegen arbeiten die Cultural Studies, indem sie versuchen, dichotome Strukturen zu überwinden und ein Mehr an Subjektivitäten lebbar zu machen. Ein kritisch-ermächtigendes Projekt nimmt an der Dynamik der Macht teil und versucht, Herrschaftseffekte zu vermeiden. Daher muss es auch seinen eigenen Begriffsapparat der Kritik daraufhin untersuchen, ob dieser zur Bildung handlungsfähiger Identitäten nicht auch dichotome Strukturen benutzt. Die Frage muss also lauten, ob nicht auch kritische Projekte gefährdet sind, ›in die Dichotomienfalle zu gehen‹.

Hall (2000b) steht Dichotomisierungen skeptisch gegenüber. Er sucht daher nach alternativen Begriffen, weil ein Verharren innerhalb eines Feldes zweier sich gegenseitig ausschließender Positionen keine Erweiterung, sondern eine Einschränkung des Handlungsspielraumes bedeutet. Es bedeutet, »gefangen zu sein in diesem endlosen Entweder-Oder; entweder totaler Sieg oder totale Einverleibung« (ebd.: 101) – entweder Subkultur oder deren ideologische und kommerzielle Vereinnahmung (vgl. Hebdige 2008). Dabei haben wir es nie mit einem totalen Sieg oder der totalen Einverleibung zu tun, weil wir uns, wenn wir eine kritische Politik der Repräsentation betreiben, in einem Kampf um Positionierungen befinden, in einem ›Stellungskrieg‹, der die Machtverhältnisse verschiebt, aber niemals auflöst. Insofern ist ein totaler Sieg unerreichbar, eine totale Einverleibung aber genauso wenig möglich. Wir müssen uns bewusst machen, dass Kritik stets in Gefahr ist, durch ihre Spektakularisierung sichtbar und damit kontrollier- und vereinnahmbar zu werden (vgl. Hall 2000b: 101 f.). Eine Spektakularisierung baut hierbei auf Stereotypisierungen auf, die sich wiederum entlang einer Matrix aus Dichotomien organisieren. Manchmal macht es dabei die Kritik ihrer eigenen Spektakularisierung ziemlich einfach, wenn sie sich selbst entlang von Dichotomien strukturiert. In diesem Zusammenhang ist Populärkultur ein äußerst widersprüchliches und niemals abschließbares Terrain, auf dem sich alternative Identitäten und *empowerment* mit Stereotypisierung, Macht und Kontrolle ständig überkreuzen.

Deshalb ist es wenig sinnvoll, Macht und Widerstand, Vereinnahmung und Befreiung als einander ausschließend zu betrachten, weil die Dialektik der Populärkultur »niemals simplifiziert oder mit den Begriffen einfacher dualer Gegenüberstellungen verstanden werden« (Hall 2000b: 104) kann. Stattdessen müssen wir uns die Frage stellen, mittels welcher alternativer Metaphern eine Politik vorstellbar ist, die in kritischer Weise die Verflechtungen von Macht und Kultur reflektieren kann (vgl. Hall 2000c: 114). Eine solche Politik muss diese dualen Gegenüberstellungen vermeiden, um uns »in eine neue kulturelle Positionierung […], in eine andere Logik der Differenz« (Hall 2000b: 107) zu bringen, die als eine ›Logik der Koppelung‹ (vgl. ebd.) zu verstehen ist. Eine Logik der Koppelung reißt die festen begrifflichen Grenzen ein und zeigt, dass die ›Reinheit der dualen Unterscheidung‹ (vgl. Hall 2000c: 119) eine Fiktion ist, die nicht aufrechterhalten werden kann. In diesem Sinne ähnelt eine Logik der Koppelung stark der von Deleuze und Guattari (1997: 41) beschriebenen ›Logik des UND‹, die sich zwischen den Dingen bewegt und so die Dichotomie als Grundlage einer Ontologie außer Kraft setzt. Damit stehen sich analytische Dichotomien eben nicht sauber voneinander getrennt gegenüber, sondern finden sich in ihrem jeweiligen Gegenteil wieder, da sie über keine festen Eigenschaften verfügen, sondern in einer wechselseitigen performativen Beziehung zueinander stehen, die durch das Aufführen konkreter Praktiken erst hergestellt wird (vgl. Hall 2000c: 121). Hall bezeichnet diese Form der Beziehung, in der sich das Eine im Anderen wiederfindet, als dialogisch (vgl. ebd.: 127). Butler (2009e) würde sie ein ›Außer-sich‹ nennen. Ferner impliziert das Prinzip des Dialogischen, »dass es in jedem Augenblick der Umkehrung immer die heimliche Rückkehr der Spuren der Vergangenheit gibt.« (Hall 2000c: 129) Somit mögen bestimmte Begrifflichkeiten zwar ihre einstige Macht verlieren, aber dennoch weiterhin über so viel Macht verfügen, auch neue kulturelle Praktiken zu regulieren, wenn auch in veränderter Form. Diese Perspektive auf ›unumstößliche‹ Dichotomien schärft unseren Blick dafür, die diskursive Konstruiertheit und Veränderbarkeit dieser ›natürlichen‹ Grenzen zu erkennen. Die Dekonstruktion von Dichotomien zeigt uns, dass kulturelle Praktiken »niemals außerhalb des Machtspiels« (ebd.: 133) vorhanden sind, und dass dieses Machtspiel daraufhin zielt, kulturelle Praktiken, zu denen auch die Praktiken des Widerstands gehören, zu regulieren, indem es sie »in die normative Struktur und Logik eines dualen Kanons einzwängt.« (Ebd.) Damit stehen wir vor der Aufgabe, neue Metaphern der kulturkritischen Reflexion zu finden, die diesen dualen Kanon, diese Dichotomien überschreiten und in der Überschreitung dekonstruieren. Es geht also um die Reartikulation der Kritik in neuen Begriffen und Metaphern.

Dabei ist nicht nur die Dichotomie von global und lokal problematisch (vgl. Stäheli 2004). Insbesondere mit Blick auf die Populärkultur ergeben sich noch weitere Schwierigkeiten, wenn, wie einige für die *Birmingham School* typische Arbeiten dies tun, ein zu starres Gesellschaftskonzept angenommen wird, das sich entlang einer bürgerlichen Hoch- und einer Subkultur der Arbeiterinnenklasse strukturiert. Denn diese Struktur kann ein Hindernis auf dem Weg zur Ermächtigung sein. Hebdige beispielsweise versteht Populärkultur hauptsächlich als eine Angelegenheit der Arbeiterinnenklasse: »The subcultures with which we have been dealing [...] are all predominantly working class.« (Hebdige 2008: 102) Ferner grenzt Hebdige Populärkultur von dominant-hegemonialer bzw. legitimer (Hoch-)Kultur sowie Jugendkultur von der Kultur der Elterngeneration ab. Dadurch positioniert Hebdige jugendliche Mitglieder der Arbeiterinnenklasse gegen eine dominant-hegemoniale Elternkultur des Mittelstandes und der oberen Klassen. Wie Christian Höller (1996) zeigt, lässt sich über die Jugend- und Subkulturstudien in der Tradition der *Birmingham School* außerdem sagen, dass diese »sich an einer geradezu essentiellen Kategorie von Jugend, die sozial in zwei Richtungen abgegrenzt wurde« (ebd.: 58) orientieren. Dies wirft vor allem dann Probleme auf, wenn es darum geht, mit diesen starren Begrifflichkeiten die Ambivalenzen zwischen Subkulturen und deren kommerzieller wie ideologischer Vereinnahmung verstehen zu wollen (vgl. Hebdige 2008: 90-99). Ebenso legt Grossberg (1989) den Schwerpunkt seiner Analyse der Zusammenhänge von Pädagogik, Politik, Postmoderne und dem Populären auf den Begriff der Jugend. Jedoch reflektiert er auch über den Gebrauch dieser Kategorie und kommt zu dem Schluss, dass es keinerlei Erfahrungsweisen gibt, die essentiell mit ihr verknüpft wären: Auch die Kategorie der Jugend ist eine Politik ohne Garantien. Deshalb sieht Grossberg die Aufgabe kritischer Pädagogik darin, die Konstruktion der Kategorie ›Jugend‹ zu thematisieren, sie also performativ der Verortung im Vordiskursiven zu entziehen (vgl. ebd.: 95). Grossberg stellt die Frage, ob es nicht sinnvoller wäre, die harten Linien, die Jugend in Opposition zum Alter setzen, weicher bzw. durchlässiger aufzufassen.

Es muss daher gefragt werden, inwieweit sich der von Cultural Studies und kritischer (Medien-)Pädagogik immer wieder eingeforderte Dialog und die Kritik mit diesen binär kodierten Konzepten verwirklichen lassen, oder ob diese Konzepte nicht kontraproduktiv sind, weil sie, anstatt Subjekte mit einer kritischen Handlungsfähigkeit auszustatten, dahin führen, dass Subjekte Macht und Herrschaft unhinterfragt reproduzieren. Diese Probleme lassen sich nicht mit simplen und relativ harten Grenzziehungen beantworten, weil gesellschaftliche Widersprüche weitaus ambivalenter sind, als dass sie sich adäquat in Dichotomien fassen ließen. So geht beispielsweise »[s]ubkulturelle Artikulation [...] immer schon über eine eindeutige Klassen-Fundierung hinaus.« (Höller 1996: 61) Ferner ist die in verhältnismäßig starre Kategorien gefasste Opposition von Mainstream und Subkultur sowie von Macht und Widerstand problematisch. Dem Widerstand droht daher immer die Gefahr der machtvollen Vereinnahmung, die subversiven Konsum zu einem Konsum des Subversiven macht. Bestimmte minoritäre Stile werden durch Vermarktung und ideologische Entfremdung zu einem ›Mainstream der Minderheiten‹ (vgl. Holert/Terkessidis 1996), der die durch die Minderheiten scheinbar gestörte Ordnung des Mainstreams durch die Kommerzialisierung der Minderheiten wieder herstellt. Hierdurch helfen »Jugendkulturen und Popmusik unabsichtlich bei der Entstehung dieser Kontrollgesellschaften.«[2] (Ebd.: 15) Ein »konsumistisches Differenz-Genießen« (Holert 2007: 179) ersetzt die subversive Kraft des Minoritären. Dennoch bleibt »Pop-Kultur [...] das Terrain, auf dem ›minoritäre‹ Anliegen aller Art am ehesten eine Chance haben, gehört zu werden.« (Höller 1996: 70)

Es lässt sich festhalten, dass Dichotomien, obwohl sie reduktionistisch sind (vgl. Hall 2004d: 116-122), in bestimmten Handlungskontexten ihre Berechtigung haben können und kritische Interventionen ermöglichen. Sie sollten aber immer als performative Konstruktion verstanden werden, als ein Kritikinstrument, das von seinen Kontexten abhängt und auf die Veränderung der Kontexte reagieren muss. Ein Kritikinstrument also, das auch sich selbst der Kritik stellen

---

2 Mit ›diesen Kontrollgesellschaften‹ meinen Holert und Terkessidis Kontrollgesellschaften im Sinne Deleuzes (1993a).

muss, wie wir es bei Foucault und Butler betont finden. Wenn Dichotomien aufgrund ihres Reduktionismus' kritische Interventionen erschweren oder unmöglich machen können, lassen sich dann die zur Intervention notwendigen Identitäten nicht anders als an Dichotomien entlang bilden? Gibt es eine Form der Identitätsbildung, die die diskursive Praxis der Bildung von Identitäten expliziert und zeigt, dass eine eigene Identität stets auch die Identität des Anderen in sich trägt? Dass also der Widerstand die Macht impliziert und umgekehrt, so dass Widerstand in einem anderen Kontext zur Macht werden kann? Wie lässt sich besser begreifen, dass die Sprache des Widerstands niemals aus dem ›Nichts‹ erschaffen wird, sondern stets eine subversive Aneignung und Artikulation der Sprache der Macht bedeutet? Und wie lässt sich folglich hierauf aufbauend ein Verständnis der Kritik und des Widerstands finden, das nicht in dem Moment in eine ›Schockstarre‹ verfällt und machtlos wird, in dem Artikulationen der Kritik und des Widerstands von der Macht vereinnahmt werden? Ein Verständnis von Macht und Widerstand als Dichotomie trägt letztlich dazu bei, dass die Macht unanalysierbar bleibt und dadurch eine Entpolitisierung stattfindet. Ein Kritikbegriff, der die Möglichkeit zur widerständigen Intervention offen hält, muss sich daher von dem Denken in Dichotomien lösen und Modelle finden, die die unauflösbare Verwobenheit auch der scheinbar größten Gegensätze fassen können.

Auf der Suche nach solchen Modellen soll nun erörtert werden, inwiefern uns eine Philosophie des Minoritären und des Rhizoms weiterhelfen kann, wie sie Deleuze und Guattari (1976, 1997) entwickeln. Denn diese Philosophie problematisiert die harten Linien, die die Welt in Dichotomien organisieren. So zeigen Deleuze und Guattari in ihren Arbeiten, wie harte Linien durchlässiger werden können, bevor sie sich möglicherweise in Fluchtlinien auflösen, die die alten Segmentierungen überwinden, sie deterritorialisieren. Damit wäre Kritik weniger genau zu lokalisieren, was es der Macht erschwerte, den Widerstand zu vereinnahmen. Selbst bei einer Vereinnahmung fiele es dem Widerstand leichter, neue kritische Artikulationen, d.h. Artikulationen des Minoritären, zu finden.

Wie wir sehen, benutzen Deleuze und Guattari selber eine Dichotomie, nämlich die von minoritär und hegemonial bzw. klein und groß. Wir müssen also das ›Gleiten der Signifikanten‹ anhalten, um eine Identität zu finden, von der aus sich Widerstand – aber ebenso gut Macht – artikulieren kann. Dabei müssen wir allerdings im Blick behalten, dass eine Identität immer auch die Identität des Anderen impliziert, damit der Andere analysierbar bleibt. Identität muss also kontextsensibel sein. Dies lässt sich so beschreiben, dass wir nicht von Identität als einem endgültigen Sein ausgehen können, sondern Identität als niemals endenden Prozess des Werdens begreifen müssen. Minorität als kritische und widerständige Position ist dann kein ›Klein-Sein‹, sondern ein ›Klein-Werden‹ (vgl. Deleuze/Guattari 1976: 39). So ist die minoritäre Philosophie Deleuzes und Guattaris nicht von dem Begriff des Rhizoms (vgl. Deleuze/Guattari 1997) zu trennen. Ein Rhizom besteht aus heterogenen Punkten, so genannten Plateaus, die sich, um existieren zu können, mit anderen, beliebigen Punkten im Rhizom verbinden müssen. Ein Plateau existiert nur »durch das und in dem, was ihm äußerlich ist« (ebd.: 13), es ist eine Existenz des Außer-sich, die mit jedem hierarchischen Dualismus bricht. So wird an der Sprache deutlich, dass Ordnungen prinzipiell veränderbar sind, weil es keine vordiskursiven Hierarchien gibt: »Es gibt keine Muttersprache, sondern die Machtergreifung einer vorherrschenden Sprache in einer politischen Mannigfaltigkeit.« (Ebd.: 17) Daher gibt es in einem Rhizom keine fixierten Punkte, sondern nur Linien der Bewegung. Da die Linien ständig aufeinander verweisen, »kann man niemals einen Dualismus oder eine Dichotomie konstruieren« (ebd.: 19 f.), die endgültig wären. Das Rhizom ist offen, es greift experimentierend in die Wirklichkeit ein und kann sie nachhaltig verändern. So kann »ein mikroskopisch kleines Ereignis [...] das Gleichgewicht der lokalen Mächte« (ebd.: 27) umstürzen.

Dies bedeutet jedoch nicht, dass ein Rhizom nicht auch durch Dichotomien segmentiert wird. Diese existieren, doch sind sie kein ausschließliches Strukturprinzip, sondern Dichotomien konkurrieren mit anderen Formen der Segmentierung. Das Rhizom wird nämlich auf drei Arten segmentiert: Durch harte bzw. molare Linien, durch geschmeidige bzw. molekulare Linien sowie durch die Fluchtlinien (vgl. Deleuze/Guattari 1997: 267-271). Molare Linien teilen die Welt in klar voneinander abgegrenzte Segmente und dienen damit der Sicherung und Kontrolle. Molare Linien lassen sich als Dichotomie verstehen. Eine molare Linie trennt beispielsweise den Wachturm von der Zelle, um mit der Metapher des Panopticons zu sprechen. Hier scheint »alles berechenbar und vorhersehbar« (ebd.: 267). Die molaren Linien unterteilen nicht nur gesellschaftliche Dimensionen wie Nationen oder Klassen, sondern sie betreffen auch Individuen, indem sie beispielsweise Geschlechtergrenzen zwischen Mann und Frau ziehen. Molare Linien schaffen vor einem Horizont des zukünftigen einen Ist-Zustand, aber der Prozess des Werdens ist ihnen fremd.

Neben den molaren Linien existieren geschmeidigere Linien, die molekularen Linien. Diese Linien organisieren die harten Segmente der molaren Linien neu, sie deterritorialisieren sie, indem sie »lauter kleine Segmentierungen in actu« (Deleuze/Guattari 1997: 268) hervorbringen. Die molekularen Linien sind also durch den Prozess des Werdens bestimmt, wobei die dabei hervorgehenden Segmentierungen nicht hart voneinander abgegrenzt sind. Vielmehr sind sie Zonen gesteigerter Intensitäten, die sich von Zonen geringerer Intensitäten unterscheiden, aber füreinander relativ durchlässig sind. Beispielhaft lässt sich dies erklären, indem man Macht und Widerstand nicht als zwei wesensverschiedene Entitäten begreift, sondern dahingehend, dass in der Macht nur eine geringe Intensität des Widerstands vorhanden ist, während im Widerstand nur eine wenig intensive Macht mitwirkt. Dadurch wird verständlich, warum sich molekulare Linien mit den molaren überlagern und beide wechselseitig aufeinander reagieren. So können in den molaren Linien jederzeit kleine Risse entstehen, die die harten Grenzen geschmeidiger und damit auch durchlässiger werden lassen (vgl. ebd.: 269). Auch hier richtet sich Kritik auf die Grenzen der Macht.

In dieser Wechselreaktion kann zu einem bestimmten Zeitpunkt solch eine hohe Intensität des Einen im Anderen erreicht werden, dass ein maximal erreichbares Quantum überschritten wird, und das Eine in das Andere kippt. Nimmt die Intensität von Widerstand in der Macht kontinuierlich zu, wird die Macht an einem nur kontextuell näher bestimmbaren Punkt zum Widerstand. An diesem Punkt bildet sich dann eine Fluchtlinie. Eine Fluchtlinie ist »eine Linie, die keine Segmente mehr zuläßt und die eher so etwas wie eine Explosion von zwei Segmentserien (Reihen) ist. […] Sie hat eine Art von absoluter Deterritorialisierung erreicht.« (Deleuze/Guattari 1997: 270) Die Fluchtlinie ist reines Werden, das aber nur erfahren werden kann, wenn man »es versteht, niemand zu sein, niemand mehr zu sein.« (Ebd.) Niemand mehr zu sein kann allerdings auch, wir haben dies mit Butler diskutiert, den (sozialen) Tod bedeuten. Das Werden auf der Fluchtlinie entzieht sich der Vereinnahmung, weil ein Niemand nirgendwo zu lokalisieren ist. Ein Niemand ist somit noch radikaler als ein Quasi-Subjekt: Er befindet sich nirgendwo, auch nicht in anderen Räumen. Eine Fluchtlinie kann als reine Widerständigkeit interpretiert werden – allerdings nur in analytischer Hinsicht, denn die »drei Linien vermischen sich […] unaufhörlich miteinander.« (Ebd.: 271) So wird auch deutlich, dass ein Niemand keine lebbare Option darstellt – wohl lebbar ist das Quasi-Subjekt. Dabei ist die Möglichkeit der erneuten ›Verhärtung‹ von Fluchtlinien stets gegeben, wodurch Deterritorialisierung und Reterritorialisierung eng beieinander liegen. Dies macht deutlich, wie problematisch relativ starr konzipierte Dichotomien sind. Ein binär kodiertes Gesellschaftsmodell kann diese mannigfaltigen Wechselwirkungen zwischen den Segmenten nur sehr schwer – wenn überhaupt – erklären, geschweige denn dazu ermächtigen, zu intervenieren. Rhizomatisches Denken hingegen erlaubt es, das Werden und das Dazwischen in den Blick zu nehmen und produktiv-widerständig gegen machtvolle Vereinnahmungen und Festschreibungen zu wenden. Rhizomatisches Denken kann uns ›andere Räume‹ erschließen.

In dieser Hinsicht sind sich Rhizom und Quasi-Subjekt sehr ähnlich: Beide überwinden das Entweder-Oder, das die Subjektivitäten des Dazwischens zur unmöglichen Lebensform degradiert. Sie können uns von denjenigen Formen der Macht befreien, die uns innerhalb enger diskursiver Grenzen einsperren und unsere Produktivität abschöpfen. Wenn das Leben solchermaßen objektiviert wird, geht es darum, das Leben zu befreien, also das Leben gegen die Macht zu wenden (vgl. Deleuze 1992: 129). Während Deleuze und Guattari (1997) dies mit einer rhizomatischen Philosophie zu erreichen versuchen, benutzt Foucault (2007) den Begriff des Quasi-Subjekts als Form einer Subjektivität, die durch die Praktiken einer gelebten Lebenskunst, einer Ästhetik der Existenz und einer Sorge um sich, entsteht. Hier wird das Leben zum Wert an sich erhoben und dadurch seiner Objektivierung, Instrumentalisierung und reinen Ökonomisierung, wie Foucault (2000) es mit dem Begriff der Gouvernementalität beschreibt, entzogen. Dabei wird aber der Raum der Macht nicht verlassen, denn auch das Quasi-Subjekt ist kein vordiskursives Subjekt. Es ist aber eines, das nicht das Produkt eines einzigen dominanten Diskurses und dessen sozialer Praktiken ist, sondern es entsteht multiperspektivisch aus einer Vielzahl oft widersprüchlicher und ambivalenter Diskurse, wodurch die Dynamik der Macht relativ offen bleibt und sich nicht zur Herrschaft verfestigt – hier ist Foucault rhizomatisch. Macht und Widerstand sind zirkulär zu denken, sie sind zwei Operationen des selben Horizontes (vgl. Deleuze 1992: 129), weshalb auch das Quasi-Subjekt nicht außerhalb dieses Horizontes steht. Aber es ist das Subjekt »eines reicheren, aktiveren, bejahenderen, möglichkeitsreicheren Lebens.« (Ebd.) Eine so verstandene Lebenskunst macht das Quasi-Subjekt zum widerständigen Produkt einer Macht des Lebens, das sich nicht in Machträume einsperren lässt, deren Ziele die Abschöpfung und Ausbeutung des Lebens sind. Dies drückt Deleuze folgendermaßen aus: »Wenn die Macht zur Bio-Macht wird, so wird der Widerstand zur Macht des Lebens, zur lebendigen Macht, die sich nicht in Arten einsperren läßt, in Milieus oder in die Bahnen dieses oder jenes Diagramms.« (Ebd.) Das Quasi-Subjekt ist also das Subjekt einer Macht des Lebens, die in ihren Subjektivierungsprozessen keine starren Kategorien, die die Kontrolle und Nutzbarmachung des Lebens bewirken sollen, verwendet. Stattdessen überschreitet die Macht des Lebens und mit ihr das Quasi-Subjekt immer wieder diese Grenzen und artikuliert hiermit andere Lebensformen und Identitäten: von der harten zur geschmeidigen Segmentierung zur Fluchtlinie und wieder zurück und von vorn…

Entlang dieses Linienkonzepts lassen sich nun Orte des Widerstands anders konzipieren als entlang von Dichotomien. So existiert als widerständige Position auch in den Begriffen Deleuzes und Guattaris der Ort des Minoritären bzw. Kleinen, doch verhindert das rhizomatische Denken dieser Begriffe ihre problematische Essentialisierung. Das Minoritäre ist hierbei das, was sich durch Vielsprachigkeit einer vereinheitlichenden Herrschaft entzieht (vgl. Deleuze 1980;

Deleuze/Guattari 1976). In den Worten Deleuzes und Guattaris begeht das Minoritäre eine ›Wörterflucht‹: »Vielsprachigkeit in der eigenen Sprache verwenden, von der eigenen Sprache kleinen, minderen oder intensiven Gebrauch machen, das Unterdrückte in der Sprache dem Unterdrückenden in der Sprache entgegenstellen.« (Deleuze/Guattari 1976: 38 f.) Wörterflucht bedeutet also das intensive Aneignen derjenigen widerständigen Elemente, die in jeder Sprache der Macht vorhanden sind, wodurch sich die so gewonnenen minoritären Positionen, oder auch kleinen Sprachen, der Sprache der Mächtigen, der »Staatssprache« (ebd.: 38), entziehen und sich gegen sie wenden. Diese Fluchtlinie des Minoritären kann wiederum zu einer molaren Linie gerinnen, denn auch minoritäre Sprachen »haben nur den einen Traum: eine sprachliche Großfunktion zu erfüllen […] als Staatssprache.« (Ebd.: 39) Das Werden der Fluchtlinie besitzt damit die Tendenz, zu einem Sein zu werden bzw. mit Foucault formuliert: Das Widerständige tendiert zur Herrschaft, die das Werden durch ein Sein ersetzt und die vielfältigen relativ beweglichen Netze der Macht auf einige wenige Diskurse festschreibt.

Es lassen sich an dieser Stelle begriffliche Ähnlichkeiten zwischen Deleuze und Guattari sowie Foucault feststellen. Die molare Linie, die harte Segmentierungen durch dichotome Differenzen zieht, kommt dem Begriff der Herrschaft bei Foucault sehr nah, die das relativ dynamische Netz der Macht auf wenige legitime Positionen beschränkt. Was dabei nicht im Diskurs der Herrschaft liegt, ist weder erfahr- noch lebbar. Die molekulare Linie kommt wohl dem Begriff der Macht am nächsten, da die molekulare Linie keine harten, sondern geschmeidige Segmentierungen erzeugt, die füreinander durchlässig sind und damit das, was nicht innerhalb ihrer Segmentierungen liegt, nicht per se ausschließen. Die Macht ist auch bei Foucault ein für Veränderungen relativ offenes Feld. Die Fluchtlinie ist hierbei das, was Foucault als Widerstand begreift. Eine Kraft, die die Macht an ihren Grenzen herausfordert, sie sozusagen deterritorialisiert, weil die Macht durch diese Herausforderung zeitweise sichtbar werden muss, um ihr Territorium neu zu ordnen.

Gemäß dieser Analogie ist eine minoritäre Sprache in der Lage, widerständige Positionen und gesellschaftliche Utopien auszudrücken. Dies kann aber nur so lange gelingen, wie eine minoritäre Sprache ein ›Klein-Werden‹ bleibt: ein Werden in den relativ offenen Auseinandersetzungen um Macht, das nicht in ein herrschaftliches Sein kippen darf. Hier geht es »um den entgegengesetzten Traum: klein werden können, ein Klein-Werden schaffen.« (Deleuze/Guattari 1976: 39) Somit opponiert das Werden dem Sein, das der Bereich »des Rechts und der Herrschaft« (Deleuze 1980: 29) ist. Werden ist minderheitlich, potentiell erschaffend und schöpferisch, es »gibt kein mehrheitliches Werden, Mehrheit ist niemals ein Werden.« (Ebd.: 28) Somit stehen Minderheit, Werden und eine widerspenstige Kreativität der Mehrheit, dem Sein und der Reproduktion der Herrschaftsverhältnisse gegenüber.

Diese zunächst am literarischen Werk Franz Kafkas und dem Gebrauch des Pragerdeutsch konkretisierten Zusammenhänge beschränken sich aber nicht hierauf. Das Prinzip des Klein-Werdens lässt sich nicht nur in Richtung des Verhältnisses von Hochsprache und Dialekten ausdehnen, sondern beispielsweise auch auf den Film als Sprache bzw. die Filmsprache übertragen, wie es Deleuze und Guattari (1976: 25-35) aufzeigen. Schließlich ist das Klein-Werden auch konstitutiv für eine Philosophie des Minoritären, wie Deleuze (1980) sie beschreibt. Auf dieser philosophischen Ebene grenzt sich das Kleine vom Großen – vom weißen, westlichen, heterosexuellen, vernunftbegabten Mann – ab (vgl. ebd.: 27). Hieran anknüpfend sieht Holert (2007) im Klein-Werden eine »Flieh-Kraft« (ebd.: 169), die sich dem Mehrheitlichen entzieht.[3] Dabei bleibt das in einer Philosophie des Minoritären wurzelnde Konzept des Klein-Werdens trotz seiner Herleitung aus der Literatur nicht auf der Symbolebene verhaftet. Denn Deleuze und Guattari (1976) interpretieren die Literatur, so wie die Cultural Studies mit den Texten der Populärkultur verfahren, immer auch politisch und nicht ausschließlich unter textuellen und ästhetischen Aspekten. Weil in minoritären Sprachen alles politisch ist, öffnet sich ein realer Handlungsraum, wobei gerade die unterdrückte Position minoritärer Sprachen ein Vorteil ist: »Ihr enger Raum bewirkt, daß sich jede individuelle Angelegenheit unmittelbar mit der Politik verknüpft.« (Deleuze/Guattari 1976: 25) Ein sehr ähnliches Potential machen beispielsweise Giroux (2002) und Kellner (2010) im Film aus. Ferner sind minoritäre Sprachen immer kollektive Sprachen (vgl. Deleuze/Guattari 1976: 26), womit das Klein-Werden keine Vereinzelung bedeutet, sondern eine Artikulation des Gemeinschaftlichen ist. Damit leistet es einen wichtigen Beitrag zur Bildung einer kritischen Zivilgesellschaft.

Dieser so verstandene, von relativ durchlässigen Linien segmentierte Raum der Minderheit stellt wertvolle Ressourcen für widerständige Interventionen bereit. In einem relativ offenen Raum, der nicht entlang sich gegenseitig ausschließender Dichotomien konstruiert ist, fällt die Verortung und Vereinnahmung der Minderheit, die nun nicht mehr einfach nur ein Gegensatz zur Mehrheit ist, sondern mit dieser in einem komplexen dialogischen Verhältnis steht, schwerer. Darüber hinaus führt uns ein rhizomatisches Verständnis von Macht bzw. Herr-

---

3 Holert (2008) führt auf dieser Basis die hier vorgestellte Tradition der diagnostischen Kritik fort und untersucht für vielfältige Formen medialer Texte der Populärkultur wie auch der Kunst, wie in visuellen Kulturen ›im Bildraum regiert‹ wird.

schaft und Widerstand vor, dass eine jede Position innerhalb des Rhizoms, also jedes Plateau, immer ein vorläufiges Produkt bestimmter Performanzen ist. In diesem Kontext können sich minoritäre Positionen artikulieren und reale Veränderungen bewirken: »Jede Sprache, selbst eine große, läßt sich intensiv benutzen, so daß sie auf kreativen Fluchtlinien abfährt, um schließlich, sei's auch nach langem Zögern, eine nun wahrhaft absolute Deterritorialisierung zu erreichen.« (Deleuze/Guattari 1976: 38)

5. Fazit

Cultural Studies verstehen sich als ein widerständiges Projekt, das mittels kritischer Interventionen ein *empowerment* im Sinne eines Mehr an Handlungsoptionen und lebbarer Subjektpositionen erreichen möchte. Um diesen interventionistischen Anspruch erfolgreich umsetzen zu können, bedarf es immer wieder der selbstkritischen philosophischen Reflexion des eigenen Begriffsapparates, wie Kellner (2005b) betont. Indem er dies fordert, ist sich Kellner der immer auch schon durch produktive theoretische Debatten geprägten Geschichte der Cultural Studies bewusst. An dieser Stelle sei an die Auseinandersetzung um den von Williams geprägten Kulturbegriff (vgl. Williams 1961, 1967; Thompson 1999) oder die Diskussion um Strukturalismus und Kulturalismus (vgl. Hall 1999b) erinnert. Bei all diesen Debatten wird deutlich, dass es von grundlegender Wichtigkeit für einen funktionierenden Begriffsapparat, der kritische Interventionen erst ermöglicht, ist, dass die Begriffsbildung selbst stets eine diskursive Praxis ist. Dies zeigt Foucault (1977, 1995, 2000) anhand der Bildung der Begriffe ›Macht‹ und ›Widerstand‹ sowie Butler (1991, 1995) mit Blick auf den Identitätsbegriff. Um die Begriffsbildung als diskursive Praxis noch stärker sichtbar zu machen, verorten wir sie hier ausführlich in der sprachphilosophischen Theorie der performativen Äußerungen (vgl. Austin 1986, 2002) und in der Rezeption dieser Theorie in den Kultur- und Medienwissenschaften, dem *performative turn* (vgl. Krämer 2001, 2002; Wirth 2002), die beide auf dem Begriff des ›Sprechhandelns‹ basieren. Der hierbei benutzte Begriff der ›flachen Ontologie‹ weist darauf hin, dass das Interesse an Sprache immer auf dem *wirklichen*, kontextualisierten, nicht dem *möglichen*, abstrahierten Sprachgebrauch liegt. Hierdurch wird deutlich, dass Begriffe niemals vor den Diskursen existieren, sondern immer innerhalb von Diskursen kontextualisiert sind und nur hier Bedeutung erlangen. Dies betrifft die Grundlagen der Begriffsbildung.

Neben dieser Metaebene der Reflexion befasst sich diese Arbeit auf einer zweiten Ebene damit, neue Begriffe in den Diskurs der Cultural Studies einzuführen, die hervorheben, dass nicht nur die Begriffsbildung, sondern auch die Praxis kritischer Intervention performativ zu verstehen ist. Kritik als performativen Akt zu verstehen bedeutet, dass Kritik, und mit ihr konstitutiv verbunden die Identität eines handelnden Subjekts, ein Aufführen von Performanzen der Kritik in jeweils spezifischen Kontexten ist, die außerhalb dieser Kontexte nicht möglich wären. Insofern interessiert uns hier im Sinne des *performative turn* Kritik als kritisches Handeln im ›wirklichen Leben‹ und nicht das universelle Wesen von Kritik. Die Ontologie der Kritik ist ebenfalls flach. Davon ausgehend werden vor allem zwei Begriffe relevant, die Kritik im Rahmen einer flachen Ontologie als performativ verstehen: Das ›Quasi-Subjekt‹ (vgl. Foucault 2007a) einerseits, sowie die Resignifikation (vgl. Butler 1998) andererseits. Beiden Begriffen gemeinsam ist das Verständnis von subjektiver Identität als Produkt diskursiver Praktiken der Macht. Es existiert kein vordiskursives Subjekt, was für die Kritik bedeutet, dass sie die Räume der Macht niemals verlassen kann. Kritik spielt sich im Inneren der Macht ab, indem Kritik sich die Sprache der Macht subversiv aneignet und gegen die Macht wendet. Die ansonsten unsichtbar bleibende Macht muss, in dieser Weise an ihren Grenzen irritiert, sichtbar werden, um sich wiederherzustellen, wodurch sie angreifbar und veränderbar wird. Macht wird durch Kritik *anders* artikuliert, denn das Prinzip der Iteration besitzt einen zentralen Stellenwert für den Performanzbegriff, das der Eigensinnigkeit des Tatsächlichen Rechnung trägt. Daraufhin können die Räume der Macht zu *anderen* Räumen der Macht, so genannten Heterotopien (vgl. Foucault 1992b), werden. Diese Heterotopien sind Machträume, die Platz lassen für Subjektpositionen, die innerhalb von strikt dichotom kodierten Herrschaftsräumen nicht einnehmbar wären. Konkret bedeutet dies eine Opposition zu den rein nach modernen ökonomischen Prinzipien der Nützlichkeit organisierten Herrschaftsräumen technisch-rationaler Diskurse, wie der Neoliberalismus einer ist. Das Subjekt, das dem modernen Subjekt opponiert, weil es diese Form der Subjektivität ablehnt, beschreibt Foucault (2007a) als ein Quasi-Subjekt, das mehr ein Subjekt der Macht als der Herrschaft ist. Während Foucault also auf der theoretischen Ebene Möglichkeiten der Kritik und des Widerstands aufzeigt, entwickelt Butler (1998) die kritische Methode der Resignifikation, die zeigt, wie das Wiederholen der Artikulationen der Macht bzw. der Herrschaft zu kritischen Artikulationen führen kann, die die Macht nicht aktualisieren. Resignifikation bedeutet somit nicht nur Wiederholung, sondern auch *Widerholung*.

Im weiteren Verlauf der Arbeit wird vor diesem Hintergrund aufgezeigt, wie die Arbeiten der Cultural Studies als kritisches Projekt verstanden werden können, das die Theorie des Quasi-Subjekts und die Methode der Resignifikation für sich nutzt, um Heterotopien zu suchen und zu erreichen. So fragen die medienkritischen Arbeiten der Cultural Studies danach, wie die Medien Identitäten artikulieren und greifen in diese oft diskriminierenden Artikulationsformen ein, indem sie eine kritische Politik der Repräsentation betreiben, die sich der Stereotypisierung und der Spektakularisierung des Anderen verweigert (vgl. Hall 1989, 1994, 2000, 2004). Dadurch wird ein Mehr an Identitäten lebbar, weil diese Politik zeigt, dass sich Identitäten niemals nur entlang von sich gegenseitig ausschließenden Differenzen artikulieren. Weil diese Politik eine Form performativer Kritik ist, kann sie uns keine Garantien, wohl aber Hoffnung geben. Diese Politik lässt sich so verstehen, dass ein Quasi-Subjekt praktisch lebbar sein soll, wozu die Methode der Resignifikation eingesetzt wird, um beispielsweise diskriminierende Stereotypisierungen von innen heraus zu dekonstruieren, indem die Resignifikation die Stereotypisierungen durch ihre Wiederholung entnaturalisiert und weniger mächtig werden lässt. Innerhalb einer so verstandenen Kritik ist auch die diagnostische Kritik verortet, die Medien, insbesondere audiovisuelle Medien wie den Kinofilm, als ein Instrument kritischer Kulturanalyse begreift (vgl. Kellner 1995, 2010). Eine diagnostische Kritik fokussiert die gesellschaftspolitischen Implikationen kultureller Texte und zeichnet nach, wie sich Macht durch Kultur reproduziert, aber sie zeigt auch, wie durch alternativ-kritische Interpretationen kultureller Texte die Macht an ihren Grenzen herausgefordert und verändert werden kann. Die kritische Interpretation kultureller Texte bietet alternative Artikulationen der Macht an, die wiederum Bestandteil neuer diskursiver Praktiken werden können. Hier ist die kritische Interpretation eine kritische Intervention (vgl. Denzin 2000).

In diesem Kontext spielt die kritische Medienpädagogik eine zentrale Rolle (vgl. Kellner 2005g; Giroux 2001, 2002; Giroux/Simon 1989). Weil Medien per se pädagogisch wirken, da sie immer (auch) Artikulationen der Macht sind, die uns bestimmte Werte vermitteln, gilt es, kritische Medienkompetenzen heranzubilden, die uns sowohl dazu befähigen, diese Artikulationen zu erkennen, als uns auch in die Lage versetzen, Gegenartikulationen zu finden. Damit findet Pädagogik nicht nur im Klassenzimmer statt, sondern auch im Kinosaal. Kritik bedeutet auch hier Kritik an den technisch-ökonomischen Diskursen der Nützlichkeit. Kritische Medienpädagogik möchte in diesem Sinne keine ›guten‹ Bürger/-innen, sondern kritische heranbilden. Diese kritischen Bürger/-innen sind notwendig, um die Zivilgesellschaft als Kern einer radikalen Demokratie gegen ihre ökonomische Vereinnahmung zu verteidigen. Eine intakte Zivilgesellschaft und mit ihr die Kultur sind der Ort kritischer Reflexion, nicht der Ort vorauseilenden Gehorsams.

In diesem Zusammenhang sind die Filmanalysen in Kapitel 3 Werkzeuge kritischer Interventionen. Sie zeigen, wie Film nicht nur Vorhandenes artikuliert, sondern auch, wie Film faktische Ist-Zustände transzendieren kann, indem er uns immer auch etwas zeigt, was noch nicht ist. Diese Interpretationen können derart intervenieren, dass sie andere Erzählungen über Identität anbieten. Die Filmanalysen bieten damit ein Vokabular einer kritischen Medienpädagogik, das notwendig ist, um intervenieren zu können. So dekonstruiert Jim Jarmusch in seiner Westernparodie DEAD MAN (1995) das Westerngenre, um für den Western untypische Themen wie die Fragmentierung kultureller und ethnischer Identitäten zu verhandeln. Dadurch bereitet er minoritären Stimmen einen privilegierten Ort des Sprechens und vollzieht eine ›Dezentrierung des Weste(r)ns‹. Ähnlich verfährt Kevin Smith, der in seiner Komödie CHASING AMY (1997) die heteronormative Geschlechterdifferenz aufbricht und zeigt, dass auch andere Formen des Begehrens möglich sind, auch wenn dies den heteronormativ sozialisierten Holden zunächst stark irritiert. Die Trickfilmserie SOUTH PARK eignet sich für unsere Zwecke besonders gut als ›Seismograph‹ für gesellschaftlich-kulturelle Diskurse, weil diese Serie durch ihre vielfältigen Verletzungen von Tabus zeigt, wo die *moral majority* verortet ist, wodurch deren Macht kritisier- und veränderbar wird. Wong Kar-wai demonstriert schließlich, was eine minoritäre Filmpolitik bedeuten kann, die sich ›große‹ Filmsprachen des Mainstreams in subversiver Weise aneignet, sie also resignifiziert, und dadurch einen anderen Raum mit anderen Identitäten im Film erschließt, die beispielsweise im Hollywoodkino keine inszenierbare Option sind. So zeigen uns die Filmanalysen konkret, was ein Quasi-Subjekt sein kann und wie die Erzählstrategien des Mainstreams in der Praxis resignifiziert werden können.

Nachdem sich diese Arbeit also vom Allgemeinen einer theoretischen Fundierung hin zum Konkreten einer praktischen Anwendung entwickelt hat, vollzieht die kritische Diskussion eine Rückführung auf die theoretische Metaebene, um die Theorie einen Schritt weiter zu bringen. Denn während im Konkreten die Dichotomien, die eine Voraussetzung für Stereotypisierungen sind, eingehend problematisiert werden, besteht auf der Ebene der Begriffsbildung weiterhin die Gefahr, kritische Politik entlang binär kodierter Differenzen zu betreiben. Diese Arbeit wählt aber gerade deshalb den Ausgangspunkt des *performative turn*, um zu zeigen, dass auch die Begriffsbildung immer einer kritischen Reflexion unterzogen werden muss. Insofern muss auch diskutiert werden, inwiefern eine Dichotomisierung von beispielsweise Macht und Widerstand, von ›Wir‹ und ›Die‹ etc. produktiv ist, oder ob diese Dichotomisierungen nicht auch dazu führen, diejenigen kritischen Positionen auszuschließen, die dazwischen liegen. Um diesbezüglich mögliche Alternativen aufzuzeigen, wählen wir eine rhizomatische Philosophie des Minoritären, wie sie Deleuze und Guattari (1976, 1997) entwickeln. Diese Philosophie betont, dass es produktiver ist, die Welt nicht dichotom strukturiert zu begreifen, sondern innerhalb eines Rhizoms, in dem es harte und geschmeidige Segmentierungen sowie Fluchtlinien gibt. So ist das Eine im Anderen stets anwesend, wobei es eine Frage von Intensitäten des Einen im Anderen ist, ob wir es beispielsweise mit Macht oder Widerstand zu tun haben. Daher lässt sich Deleuzes und Guattaris Philosophie als eine performative verstehen, in der es niemals einen Begriff ohne seinen Entstehungs- und Wirkungskontext geben kann. Ebenso wenig existieren hier ›reine‹ Begriffe. Ein Essentialismus ist nicht möglich, weil durch die Anwesenheit des Anderen ein Begriff immer ›verunreinigt‹ ist, was sich für eine Kritik produktiv nutzen lässt. Ein Begriff ist im Rhizom niemals vordiskursiv zu denken. So gewinnt die Sprache Handlungscharakter, wodurch abstrakte sprachliche Einheiten oder Konstanten zunehmend bedeutungsloser werden (vgl. Deleuze 1993b: 45). Eine widerständige Philosophie handelt also mit Begriffen, die auf Kontexte, nicht auf Essenzen, bezogen sind. Hierbei ist es wichtig, die Begriffe immer wieder zu erschaffen und zu überarbeiten, sie also im Werden zu halten. Begriffe reagieren so auf ihre Kontexte, innerhalb derer sie erst bedeuten können, und wirken auf sie zurück (vgl. ebd.: 43-51). Erst wenn Begriffe in diesem Sinne performativ sind, sind sie »voll kritischer, politischer Kraft und Freiheit« (ebd.: 51).

Der Begriff des Performativen ermahnt uns somit, kritische Politik als eine Politik ohne Garantien zu begreifen, deren Erfolg von unserem taktischen Können abhängt, Strategien des Widerstands zu überdenken und an die gegebenen Kontexte anzupassen. Die Begriffe und Identitäten, die wir benötigen, um politisch handeln zu können, sind immer nur vorläufig und eher durch Spannungen und Ambivalenzen als durch Einheitlichkeit und Sicherheit charakterisiert. Diese Einsicht ist ein wichtiger Schritt auf dem Weg zu mehr *empowerment*. In diesem Sinne stellen wir hiermit das Quasi-Subjekt und die Resignifikation zur weiteren Diskussion.

Literatur

Agamben, Giorgio (2008): *Was ist ein Dispositiv?*, Zürich, Berlin: Diaphanes.
Albersmeier, Franz-Josef (Hg.) (1995): *Texte zur Theorie des Films*, Stuttgart: Reclam.
Allamoda, Bettina/Balzer, Jens/Kuhlbrodt, Detlef/Riechelmann, Cord (Hg.) (2010): *Harald Fricke. Texte 1990-2007*, Berlin: Merve.
Alwakeel, Ramzy (2009): »IDM as a ›Minor‹ Literature: The Treatment of Cultural and Musical Norms by ›Intelligent Dance Music‹«, in: *Dancecult. Journal of Electronic Dance Music Culture* 1/1, S. 1-21.
Anderson, Brian C. (2005): *South Park Conservatives. The Revolt against Liberal Media Bias*, Washington, DC: Regnery Publishing Inc.
Arp, Robert (2007) (Hg.): *South Park and Philosophy: You Know, I Learned Something Today*, Malden, Oxford, Carlton: Blackwell Publishing.
Austin, John Langshaw (2002): *Zur Theorie der Sprechakte (How to do things with Words)*, bibliographisch ergänzte Ausgabe, Stuttgart: Reclam.
Austin, John Langshaw (1986): »Performative Äußerungen«, in: ders., *Gesammelte philosophische Aufsätze*, Stuttgart: Reclam, S. 305-327.
Balász, Béla (1995): »Der sichtbare Mensch«, in: Franz-Josef Albersmeier (Hg.), *Texte zur Theorie des Films*, Stuttgart: Reclam, S. 227-236.
Beck, Ulrich (2002): »The Cosmopolitan Society and Its Enemies«, in: *Theory, Culture & Society* 19, S. 17-44.
Bordwell, David (2000): *Planet Hong Kong. Popular Cinema and the Art of Entertainment*, Cambridge, MA, London: Harvard University Press.
Bröckling, Ulrich (2007): *Das unternehmerische Selbst. Soziologie einer Subjektivierungsform*, Frankfurt/Main: Suhrkamp.
Bröckling, Ulrich (2000): »Totale Mobilmachung. Menschenführung im Qualitäts- und Selbstmanagement«, in: Ulrich Bröckling/Susanne Krasmann/Thomas Lemke (Hg.), *Gouvernementalität der Gegenwart. Studien zur Ökonomisierung des Sozialen*, Frankfurt/Main: Suhrkamp, S. 131-167.

Bröckling, Ulrich/Krasmann, Susanne/Lemke, Thomas (2000) (Hg.): *Gouvernementalität der Gegenwart. Studien zur Ökonomisierung des Sozialen*, Frankfurt/Main: Suhrkamp.
Bromley, Roger/Göttlich, Udo/Winter, Carsten (Hg.) (1999): *Cultural Studies. Grundlagentexte zur Einführung*, Lüneburg: zu Klampen.
Butler, Judith (1990): *Gender Trouble. Feminism and the Subversion of Identity*, New York, London: Routledge.
Butler, Judith (1991): *Das Unbehagen der Geschlechter*, Frankfurt/Main: Suhrkamp.
Butler, Judith (1993): *Bodies That Matter. On the Discursive Limits of ›Sex‹*, New York, London: Routledge.
Butler, Judith (1995): *Körper von Gewicht. Die diskursiven Grenzen des Geschlechts*, Berlin: Berlin Verlag.
Butler, Judith (1998): *Haß spricht. Zur Politik des Performativen*, Berlin: Berlin Verlag.
Butler, Judith (2000): *Antigone's Claim*, New York: Columbia University Press.
Butler, Judith (2001a): *Psyche der Macht. Das Subjekt der Unterwerfung*, Frankfurt/Main: Suhrkamp.
Butler, Judith (2007): *Kritik der ethischen Gewalt*, Frankfurt/Main: Suhrkamp.
Butler, Judith (2009): *Krieg und Affekt*, Zürich, Berlin: Diaphanes.
Butler, Judith (2009c): *Die Macht der Geschlechternormen und die Grenzen des Menschlichen*, Frankfurt/Main: Suhrkamp.
Butler, Judith (2001b): »Was ist Kritik? Ein Essay über Foucaults Tugend«, in: http://transform.eipcp.net/transversal/0806/butler/de/print vom 28.04.2010.
Butler, Judith (2009a): »Über Lebensbedingungen«, in: dies., *Krieg und Affekt*, Zürich, Berlin: Diaphanes, S. 11-52.
Butler, Judith (2009b): »Fotografie, Krieg, Wut«, in: dies., *Krieg und Affekt*, Zürich, Berlin: Diaphanes, S. 53-68.
Butler, Judith (2009d): »Gemeinsam handeln«, in: dies., *Die Macht der Geschlechternormen und die Grenzen des Menschlichen*, Frankfurt/Main: Suhrkamp, S. 9-33.
Butler, Judith, (2009e): »Außer sich: Über die Grenzen sexueller Autonomie«, in: dies., *Die Macht der Geschlechternormen und die Grenzen des Menschlichen*, Frankfurt/Main: Suhrkamp, S. 35-69.
Butler, Judith (2009f): »Gender-Regulierungen«, in: dies., *Die Macht der Geschlechternormen und die Grenzen des Menschlichen*, Frankfurt/Main: Suhrkamp, S. 71-96.
Butler, Judith (2009g): »Jemandem gerecht werden. Geschlechtsangleichung und Allegorien der Transsexualität«, in: dies., *Die Macht der Geschlechternor-*

men und die Grenzen des Menschlichen, Frankfurt/Main: Suhrkamp, S. 97-122.

Butler, Judith (2009h): »Die Entdiagnostizierung von Gender«, in: dies., *Die Macht der Geschlechternormen und die Grenzen des Menschlichen*, Frankfurt/Main: Suhrkamp, S. 123-165.

Butler, Judith (2009i): »Ist Verwandtschaft immer schon heterosexuell?«, in: dies., *Die Macht der Geschlechternormen und die Grenzen des Menschlichen*, Frankfurt/Main: Suhrkamp, S. 167-213.

Butler, Judith (2009j): »Zwickmühlen des Inzestverbots«, in: dies., *Die Macht der Geschlechternormen und die Grenzen des Menschlichen*, Frankfurt/Main: Suhrkamp, S. 247-259.

Butler, Judith (2009k): »Körperliche Geständnisse«, in: dies., *Die Macht der Geschlechternormen und die Grenzen des Menschlichen*, Frankfurt/Main: Suhrkamp, S. 261-280.

Butler, Judith (2009l): »Das Ende der Geschlechterdifferenz?«, in: dies., *Die Macht der Geschlechternormen und die Grenzen des Menschlichen*, Frankfurt/Main: Suhrkamp, S. 281-324.

Butler, Judith (2009m): »Die Frage nach der sozialen Veränderung«, in: dies., *Die Macht der Geschlechternormen und die Grenzen des Menschlichen*, Frankfurt/Main: Suhrkamp, S. 325-366.

Centre for Contemporary Cultural Studies (Hg.) (1982): *The Empire Strikes Back. Race and Racism in 70s Britain*, London, Melbourne, Sydney, Auckland, Johannesburg: Hutchinson.

de Certeau, Michel (1988): *Kunst des Handelns*, Berlin: Merve.

Chan, Evans (2000): »Postmodernism and Hong Kong Cinema«, in: Arif Dirlik/Xudong Zhang (Hg.), *Postmodernism & China*, Durham, London: Duke University Press, S. 294-322.

Clifford, James (1999): »Kulturen auf der Reise«, in: Karl H. Hörning/Rainer Winter (Hg.), *Widerspenstige Kulturen. Cultural Studies als Herausforderung*, Frankfurt/Main: Suhrkamp, S. 476-513.

Conquergood, Dwight (1986): »Performing Cultures: Ethnography, Epistemology, and Ethics«, in: Edith Slembek (Hg.), *Miteinander sprechen und handeln. Festschrift für Hellmut Geißner*, Frankfurt/Main: Scriptor, S. 55-66.

Deleuze, Gilles (1979): *Nietzsche. Ein Lesebuch von Gilles Deleuze*, Berlin: Merve.

Deleuze, Gilles (1992): *Foucault*, Frankfurt/Main: Suhrkamp.

Deleuze, Gilles (1993): *Unterhandlungen 1972-1990*, Frankfurt/Main: Suhrkamp.

Deleuze, Gilles (1980): »Philosophie und Minderheit«, in: ders., *Kleine Schriften*, Berlin: Merve, S. 27-29.
Deleuze, Gilles (1992): *Woran erkennt man den Strukturalismus?*, Berlin: Merve.
Deleuze, Gilles (1993a): »Postskriptum über die Kontrollgesellschaften«, in: ders., *Unterhandlungen 1972-1990*, Frankfurt/Main: Suhrkamp, S. 254-262.
Deleuze, Gilles (1993b): »Gespräch über *Tausend Plateaus*«, in: ders., *Unterhandlungen 1972-1990*, Frankfurt/Main: Suhrkamp, S. 41-54.
Deleuze, Gilles/Guattari, Félix (1976): *Kafka. Für eine kleine Literatur*, Frankfurt/Main: Suhrkamp.
Deleuze, Gilles/Guattari, Félix (1997): *Tausend Plateaus. Kapitalismus und Schizophrenie*, Berlin: Merve.
Denzin, Norman Kent (1995): *The Cinematic Society. The Voyeur's Gaze*, London, Thousand Oaks, New Delhi: Sage.
Denzin, Norman Kent (1998): *Interpretive Ethnography. Ethnographic Practices for the 21st Century*, London, Thousand Oaks, New Delhi: Sage.
Denzin, Norman Kent (1999): »Ein Schritt voran mit den Cultural Studies«, in: Karl H. Hörning/Rainer Winter (Hg.), *Widerspenstige Kulturen. Cultural Studies als Herausforderung*, Frankfurt/Main: Suhrkamp, S. 116-145.
Denzin, Norman Kent (2000): »Reading Film – Filme und Videos als sozialwissenschaftliches Erfahrungsmaterial«, in: Uwe Flick/Ernst von Kardorff/Ines Steinke (Hg.), *Qualitative Forschung. Ein Handbuch*, Reinbek: Rowohlt, S. 416-428.
Denzin, Norman Kent (2003): »The Call to Performance«, in: *Symbolic Interaction* 26/1, S. 187-207.
Derrida, Jacques (2001): »Signatur Ereignis Kontext«, in: ders., *Limited Inc*, hg. v. Peter Engelmann, Wien: Passagen, S. 15-45.
Dyer, Richard (2002): »Entertainment and Utopia«, in: ders., *Only Entertainment*, 2. Aufl., London, New York: Routledge: S. 19-35.
Fiske, John (1993): *Power Plays, Power Works*, London, New York: Verso.
Fiske, John (1999a): »Populäre Texte, Sprache und Alltagskultur«, in: Andreas Hepp/Rainer Winter (Hg.), *Kultur – Medien – Macht. Cultural Studies und Medienanalyse*, Opladen: Westdeutscher Verlag, S. 65-84.
Fiske, John (1999b): »Elvis: Body of Knowledge. Offizielle und populäre Formen des Wissens um Elvis Presley«, in: Karl H. Hörning/Rainer Winter (Hg.), *Widerspenstige Kulturen. Cultural Studies als Herausforderung*, Frankfurt/Main: Suhrkamp, S. 339-378.
Fiske, John (1999c): »Wie ein Publikum entsteht. Kulturelle Praxis und Cultural Studies«, in: Karl H. Hörning/Rainer Winter (Hg.), *Widerspenstige Kulturen.*

Cultural Studies als Herausforderung, Frankfurt/Main: Suhrkamp, S. 238-263.

Foucault, Michel (1969): *Wahnsinn und Gesellschaft. Eine Geschichte des Wahns im Zeitalter der Vernunft*, Frankfurt/Main: Suhrkamp.

Foucault, Michel (1973): *Die Geburt der Klinik. Eine Archäologie des ärztlichen Blicks*, München: Hanser.

Foucault, Michel (1977): *Überwachen und Strafen. Die Geburt des Gefängnisses*, Frankfurt/Main: Suhrkamp.

Foucault, Michel (1981): *Archäologie des Wissens*, Frankfurt/Main: Suhrkamp.

Foucault, Michel (1992a): *Was ist Kritik?*, Berlin: Merve.

Foucault, Michel (1995) [1983]: *Der Wille zum Wissen. Sexualität und Wahrheit 1*, 8. Aufl., Frankfurt/Main: Suhrkamp.

Foucault, Michel (1998): *Die Ordnung des Diskurses*, Frankfurt/Main: S. Fischer.

Foucault, Michel (1999): *In Verteidigung der Gesellschaft. Vorlesungen am Collège de France (1975-76)*, Frankfurt/Main: Suhrkamp.

Foucault, Michel (2001): *Das Leben der infamen Menschen*, Berlin: Merve.

Foucault, Michel (2003) [1974]: *Die Ordnung der Dinge: Eine Archäologie der Humanwissenschaften*, Frankfurt/Main: Suhrkamp.

Foucault, Michel (2006a): *Sicherheit, Territorium, Bevölkerung. Geschichte der Gouvernementalität I*, Frankfurt/Main: Suhrkamp.

Foucault, Michel (2006b): *Von seinen Lüsten träumen. Über das* Traumbuch *des Artemidor*, Frankfurt/Main: Suhrkamp.

Foucault, Michel (2007): *Ästhetik der Existenz. Schriften zur Lebenskunst*, Frankfurt/Main: Suhrkamp.

Foucault, Michel (1974): »Die Intellektuellen und die Macht. Gespräch zwischen Michel Foucault und Gilles Deleuze«, in: ders., *Von der Subversion des Wissens*, München: Hanser, S. 110-140.

Foucault, Michel (1992b): »Andere Räume«, in: Karlheinz Barck/Peter Gente/Heidi Paris/Stefan Richter (Hg.), *Aisthesis. Wahrnehmung heute oder Perspektiven einer anderen Ästhetik*, 4. Aufl., Leipzig: Reclam, S. 34-46.

Foucault, Michel (1997): »Warum ich Macht untersuche: Die Frage des Subjekts«, in: Michel Foucault/Walter Seitter (Hg.), *Das Spektrum der Genealogie*, Bodenheim: Philo, S. 14-28.

Foucault, Michel (2000): »Die Gouvernementalität«, in: Ulrich Bröckling/Susanne Krasmann/Thomas Lemke (Hg.), *Gouvernementalität der Gegenwart. Studien zur Ökonomisierung des Sozialen*, Frankfurt/Main: Suhrkamp, S. 41-67.

Foucault, Michel (2007a): »Die Hermeneutik des Subjekts«, in: ders., *Ästhetik der Existenz. Schriften zur Lebenskunst*, Frankfurt/Main: Suhrkamp, S. 123-136.

Foucault, Michel (2007b): »Zur Genealogie der Ethik: Ein Überblick über die laufende Arbeit«, in: ders., *Ästhetik der Existenz. Schriften zur Lebenskunst*, Frankfurt/Main: Suhrkamp, S. 191-219.

Foucault, Michel (2007c): »Über sich selbst schreiben«, in: ders., *Ästhetik der Existenz. Schriften zur Lebenskunst*, Frankfurt/Main: Suhrkamp, S. 137-154.

Foucault, Michel (2007d): »Die Ethik der Sorge um sich als Praxis der Freiheit«, in: ders., *Ästhetik der Existenz. Schriften zur Lebenskunst*, Frankfurt/Main: Suhrkamp, S. 253-279.

Foucault, Michel (2007e): »Eine Ästhetik der Existenz«, in: ders., *Ästhetik der Existenz. Schriften zur Lebenskunst*, Frankfurt/Main: Suhrkamp, S. 280-286.

Foucault, Michel (2007f): »Technologien des Selbst«, in: ders., *Ästhetik der Existenz. Schriften zur Lebenskunst*, Frankfurt/Main: Suhrkamp, S. 287-317.

Foucault, Michel (2007g): »Subjekt und Macht«, in: ders., *Ästhetik der Existenz. Schriften zur Lebenskunst*, Frankfurt/Main: Suhrkamp, S. 81-104.

Freire, Paulo (1975): *Pädagogik der Unterdrückten. Bildung als Praxis der Freiheit*, Reinbek: Rowohlt.

Freire, Paulo (2007): *Unterdrückung und Befreiung*, Münster, New York, München, Berlin: Waxmann.

Freire, Paulo (2008): *Pädagogik der Autonomie. Notwendiges Wissen für die Bildungspraxis*, Münster, New York, München, Berlin: Waxmann.

Fricke, Harald (2010a): »Musik für beschwingte Arbeitsbienen«, in: Bettina Allamoda/Jens Balzer/Detlef Kuhlbrodt/Cord Riechelmann (Hg.), *Harald Fricke. Texte 1990-2007*, Berlin: Merve, S. 31-43.

Fricke, Harald (2010b): »Drag Queen«, in: Bettina Allamoda/Jens Balzer/Detlef Kuhlbrodt/Cord Riechelmann (Hg.), *Harald Fricke. Texte 1990-2007*, Berlin: Merve, S. 44-58.

Füssel, Marian (2007) (Hg.): *Michel de Certeau. Geschichte – Kultur – Religion*, Konstanz: UVK.

Füssel, Marian (2007a): »Einleitung: Ein Denker des Anderen«, in: ders. (Hg.), *Michel de Certeau. Geschichte – Kultur – Religion*, Konstanz: UVK, S. 7-19.

Giroux, Henry Armand (2001): *Theory and Resistance in Education. Towards a Pedagogy for the Opposition*, Westport, London: Bergin & Garvey.

Giroux, Henry Armand (2002): *Breaking in to the Movies. Film and the Culture of Politics*, Massachusetts, Oxford: Blackwell.

Giroux, Henry Armand/Simon, Roger I. (Hg.) (1989): *Popular Culture, Schooling, and Everyday Life*, Massachusetts: Bergin & Garvey.

Giroux, Henry Armand/Freire, Paulo (1989): »Pedagogy, Popular Culture, and Public Life: An Introduction«, in: Henry Armand Giroux/Roger I. Simon (Hg.), *Popular Culture, Schooling, and Everyday Life*, Massachusetts: Bergin & Garvey, S. vii-xii.

Giroux, Henry Armand/Simon, Roger I. (1989a): »Popular Culture as a Pedagogy of Pleasure and Meaning«, in: dies. (Hg.), *Popular Culture, Schooling, and Everyday Life*, Massachusetts: Bergin & Garvey, S. 1-29.

Giroux, Henry Armand/Simon, Roger I. (1989b): »Schooling, Popular Culture, and a Pedagogy of Possibility«, in: dies. (Hg.), *Popular Culture, Schooling, and Everyday Life*, Massachusetts: Bergin & Garvey, S. 219-235.

Goffman, Erving (1975): *Stigma. Über Techniken der Bewältigung beschädigter Identität*, Frankfurt/Main: Suhrkamp.

Grossberg, Lawrence (1989): »Pedagogy in the Present: Politics, Postmodernity, and the Popular«, in: Henry Armand Giroux/Roger I. Simon (Hg.), *Popular Culture, Schooling, and Everyday Life*, Massachusetts: Bergin & Garvey Publishers, S. 91-115.

Grossberg, Lawrence (1999a): »Zur Verortung der Populärkultur«, in: Roger Bromley/Udo Göttlich/Carsten Winter (Hg.), *Cultural Studies. Grundlagentexte zur Einführung*, Lüneburg: zu Klampen, S. 215-236.

Grossberg, Lawrence (1999b): »Was sind Cultural Studies?«, in: Karl H. Hörning/Rainer Winter (Hg.), *Widerspenstige Kulturen. Cultural Studies als Herausforderung*, Frankfurt/Main: Suhrkamp, S. 43-83.

Habermas, Jürgen (1998): *Faktizität und Geltung. Beiträge zur Diskurstheorie des Rechts und des demokratischen Rechtsstaats*, Frankfurt/Main: Suhrkamp.

Hall, Stuart (1989): *Ideologie, Kultur, Rassismus. Ausgewählte Schriften 1*, Hamburg: Argument.

Hall, Stuart (1994): *Rassismus und kulturelle Identität. Ausgewählte Schriften 2*, Hamburg: Argument.

Hall, Stuart (2000): *Cultural Studies. Ein politisches Theorieprojekt. Ausgewählte Schriften 3*, Hamburg: Argument.

Hall, Stuart (2004): *Ideologie, Identität, Repräsentation. Ausgewählte Schriften 4*, Hamburg: Argument.

Hall, Stuart (1989a): »Die Konstruktion von ›Rasse‹ in den Medien«, in: ders., *Ideologie, Kultur, Rassismus. Ausgewählte Schriften 1*, Hamburg: Argument, S. 150-171.

Hall, Stuart (1989b): »Die strukturierte Vermittlung von Ereignissen«, in: ders., *Ideologie, Kultur, Rassismus. Ausgewählte Schriften 1*, Hamburg: Argument, S. 126-149.

Hall, Stuart (1994a): »Kulturelle Identität und Diaspora«, in: ders., *Rassismus und kulturelle Identität. Ausgewählte Schriften 2*, Hamburg: Argument, S. 26-43.
Hall, Stuart (1994b): »Neue Ethnizitäten«, in: ders., *Rassismus und kulturelle Identität. Ausgewählte Schriften 2*, Hamburg: Argument, S. 15-25.
Hall, Stuart (1994c): »Das Lokale und das Globale: Globalisierung und Ethnizität«, in: ders., *Rassismus und kulturelle Identität. Ausgewählte Schriften 2*, Hamburg: Argument, S. 44-65.
Hall, Stuart (1994d): »Alte und neue Identitäten, alte und neue Ethnizitäten«, in: ders., *Rassismus und kulturelle Identität. Ausgewählte Schriften 2*, Hamburg: Argument, S. 66-88.
Hall, Stuart (1994e): »›Rasse‹, Artikulation und Gesellschaften mit struktureller Dominante«, in: ders., *Rassismus und kulturelle Identität. Ausgewählte Schriften 2*, Hamburg: Argument, S. 89-136.
Hall, Stuart (1994f): »Der Westen und der Rest: Diskurs und Macht«, in: ders., *Rassismus und kulturelle Identität. Ausgewählte Schriften 2*, Hamburg: Argument, S. 137-179.
Hall, Stuart (1994g): »Die Frage der kulturellen Identität«, in: ders., *Rassismus und kulturelle Identität. Ausgewählte Schriften 2*, Hamburg: Argument, S. 180-222.
Hall, Stuart (1999a): »Kulturelle Identität und Globalisierung«, in: Karl H. Hörning/Rainer Winter (Hg.), *Widerspenstige Kulturen. Cultural Studies als Herausforderung*, Frankfurt/Main: Suhrkamp, S. 393-441.
Hall, Stuart (1999b): »Die zwei Paradigmen der Cultural Studies«, in: Karl H. Hörning/Rainer Winter (Hg.), *Widerspenstige Kulturen. Cultural Studies als Herausforderung*, Frankfurt/Main: Suhrkamp, S. 13-42.
Hall, Stuart (1999c): »Kodieren/Dekodieren«, in: Roger Bromley/Udo Göttlich/Carsten Winter (Hg.), *Cultural Studies. Grundlagentexte zur Einführung*, Lüneburg: zu Klampen, S. 92-110.
Hall, Stuart (2000a): »Das theoretische Vermächtnis der Cultural Studies«, in: ders., *Cultural Studies. Ein politisches Theorieprojekt. Ausgewählte Schriften 3*, Hamburg: Argument, S. 34-51.
Hall, Stuart (2000b): »Was ist ›schwarz‹ an der populären schwarzen Kultur?«, in: ders., *Cultural Studies. Ein politisches Theorieprojekt. Ausgewählte Schriften 3*, Hamburg: Argument, S. 98-112.
Hall, Stuart (2000c): »Für Allon White. Metaphern der Transformation«, in: ders., *Cultural Studies. Ein politisches Theorieprojekt. Ausgewählte Schriften 3*, Hamburg: Argument, S. 113-136.

Hall, Stuart (2000d): »Cultural Studies und die Politik der Internationalisierung«, in: ders., *Cultural Studies. Ein politisches Theorieprojekt. Ausgewählte Schriften 3*, Hamburg: Argument, S. 137-157.

Hall, Stuart (2003): »Rekonstruktion«, in: Herta Wolf (Hg.), *Diskurse der Fotografie. Fotokritik am Ende des fotografischen Zeitalters. Bd. II*, Frankfurt/Main: Suhrkamp, S. 75-91.

Hall, Stuart (2004a): »Wer braucht ›Identität‹?«, in: ders., *Ideologie, Identität, Repräsentation. Ausgewählte Schriften 4*, Hamburg: Argument, S. 167-187.

Hall, Stuart (2004b): »Kodieren/Dekodieren«, in: ders., *Ideologie, Identität, Repräsentation. Ausgewählte Schriften 4*, Hamburg: Argument, S. 66-80.

Hall, Stuart (2004c): »Reflektionen über das Kodieren/Dekodieren-Modell. Ein Interview mit Stuart Hall«, in: ders., *Ideologie, Identität, Repräsentation. Ausgewählte Schriften 4*, Hamburg: Argument, S. 81-107.

Hall, Stuart (2004d): »Das Spektakel des ›Anderen‹«, in: ders., *Ideologie, Identität, Repräsentation. Ausgewählte Schriften 4*, Hamburg: Argument, S. 108-166.

Hardt, Michael/Negri, Antonio (2000): *Empire*, Cambridge, London: Harvard University Press.

Hardt, Michael/Negri, Antonio (2004): *Multitude. Krieg und Demokratie im Empire*, Frankfurt/Main, New York: Campus.

Hebdige, Dick (2008) [1979]: *Subculture. The Meaning of Style*, London, New York: Routledge.

Hipfl, Brigitte (2004): »Medien – Macht – Pädagogik. Konturen einer Cultural-Studies-basierten Medienpädagogik, illustriert an Reality-TV-Sendungen«, in: www.medienpaed.com/03-2/hipfl03-2.pdf vom 09.11.2009, S. 1-22.

Hoggart, Richard (1957): *The Uses of Literacy: Aspects of Working Class Life*, London: Chatto & Windus.

Holert, Tom (2008): *Regieren im Bildraum*, Berlin: b_books.

Holert, Tom (2007): »›Dispell them‹. Anti-Pop und Pop-Philosophie: Ist eine andere Politik des Populären möglich?«, in: Peter Gente/Peter Weibel (Hg.), *Deleuze und die Künste*, Frankfurt/Main: Suhrkamp, S. 168-189.

Holert, Tom (2008a): »Wahr-Sehen«, in: ders., *Regieren im Bildraum*, Berlin: b_books, S. 219-237.

Holert, Tom/Terkessidis, Mark (Hg.) (1996): *Mainstream der Minderheiten. Pop in der Kontrollgesellschaft*, Berlin: Edition ID-Archiv.

Holert, Tom/Terkessidis, Mark (1996a): »Einführung in den Mainstream der Minderheiten«, in: dies. (Hg.), *Mainstream der Minderheiten. Pop in der Kontrollgesellschaft*, Berlin: Edition ID-Archiv, S. 5-19.

Höller, Christian (1996): »Widerstandsrituale und Pop-Plateaus. Birmingham School, Deleuze/Guattari und Popkultur heute«, in: Tom Holert/Mark Terkessidis (Hg.), *Mainstream der Minderheiten. Pop in der Kontrollgesellschaft*, Berlin: Edition ID-Archiv, S. 55-71.

Horkheimer, Max/Adorno, Theodor W. (1998): *Dialektik der Aufklärung. Philosophische Fragmente*, Frankfurt/Main: S. Fischer.

Hörning, Karl H./Reuter, Julia (Hg.) (2004): *Doing Culture. Neue Positionen zum Verhältnis von Kultur und sozialer Praxis*, Bielefeld: Transcript.

Hörning, Karl H./Winter, Rainer (Hg.) (1999): *Widerspenstige Kulturen. Cultural Studies als Herausforderung*, Frankfurt/Main: Suhrkamp.

http://www.hyperrhiz.net vom 16.04.2010.

Kellner, Douglas (1995): *Media Culture. Cultural Studies, Identity and Politics Between the Modern and the Postmodern*, London, New York: Routledge.

Kellner, Douglas (2010): *Cinema Wars. Hollywood Film and Politics in the Bush-Cheney Era*, Malden, Oxford: Wiley-Blackwell.

Kellner, Douglas (2005a): »Für eine kritische, multikulturelle und multiperspektivische Dimension in den Cultural Studies«, in: Rainer Winter (Hg.), *Medienkultur, Kritik und Demokratie. Der Douglas Kellner Reader*, Köln: Herbert von Halem, S. 12-58.

Kellner, Douglas (2005b): »Cultural Studies und Philosophie: Eine Intervention«, in: Rainer Winter (Hg.), *Medienkultur, Kritik und Demokratie. Der Douglas Kellner Reader*, Köln: Herbert von Halem, S. 59-77.

Kellner, Douglas (2005c): »Die Konstruktion postmoderner Identitäten am Beispiel von MIAMI VICE«, in: Rainer Winter (Hg.), *Medienkultur, Kritik und Demokratie. Der Douglas Kellner Reader*, Köln: Herbert von Halem, S. 136-157.

Kellner, Douglas (2005d): »Die Moralgeschichten Spike Lees«, in: Rainer Winter (Hg.), *Medienkultur, Kritik und Demokratie. Der Douglas Kellner Reader*, Köln: Herbert von Halem, S. 158-178.

Kellner, Douglas (2005e): »Die postmoderne Lebenssituation von Jugendlichen«, in: Rainer Winter (Hg.), *Medienkultur, Kritik und Demokratie. Der Douglas Kellner Reader*, Köln: Herbert von Halem, S. 179-186.

Kellner, Douglas (2005f): »Der Triumph des Medienspektakels«, in: Rainer Winter (Hg.), *Medienkultur, Kritik und Demokratie. Der Douglas Kellner Reader*, Köln: Herbert von Halem, S. 187-231.

Kellner, Douglas (2005g): »Neue Medien und neue Kompetenzen: Zur Bedeutung von Bildung im 21. Jahrhundert«, in: Rainer Winter (Hg.), *Medienkultur, Kritik und Demokratie. Der Douglas Kellner Reader*, Köln: Herbert von Halem, S. 264-295.

Kellner, Douglas (2005h): »Baudrillard, Globalisierung und Terrorismus: Einige Bemerkungen zu den jüngsten Abenteuern von Bild und Spektakel«, in: Rainer Winter (Hg.), *Medienkultur, Kritik und Demokratie. Der Douglas Kellner Reader*, Köln: Herbert von Halem, S. 341-351.

Kellner, Douglas (2005i): »Postmodernismus als kritische Gesellschaftstheorie? Herausforderungen und Probleme«, in: Rainer Winter (Hg.), *Medienkultur, Kritik und Demokratie. Der Douglas Kellner Reader*, Köln: Herbert von Halem, S. 78-109.

Kellner, Douglas/Share, Jeff (2007a): »Critical Media Literacy Is Not an Option«, in: *Learning Inquiry* 1/1, S. 59-69.

Kellner, Douglas/Share, Jeff (2007b): »Critical Media Literacy, Democracy, and the Reconstruction of Education«, in: Donaldo Macedo/Shirley R. Steinberg (Hg.), *Media literacy: A reader*, New York: Peter Lang Publishing, S. 3-23.

Kember, Sarah/Zylinska, Joanna (2010): »Creative Media Between Invention and Critique, or What's Still at Stake in Performativity«, in: *Culture Machine* 11/2010, http://www.culturemachine.net/index.php/cm/issue/view/22 vom 08.05.2010, S. 1-6.

Kleiner, Marcus S. (2006): *Medien-Heterotopien. Diskursräume einer gesellschaftskritischen Medientheorie*, Bielefeld: Transcript.

Kleiner, Marcus S. (Hg.) (2010): *Grundlagentexte zur sozialwissenschaftlichen Medienkritik*, Wiesbaden: VS Verlag.

Kleiner, Marcus S. (2010a): »Zur Gegenwart gesellschaftskritischer Medientheorien«, in: ders. (Hg.), *Grundlagentexte zur sozialwissenschaftlichen Medienkritik*, Wiesbaden: VS Verlag, S. 655-671.

Kleiner, Marcus S. (2010b): »Anforderungen an die Medienkritik in Wissenschaft und Medienpraxis«, in: ders. (Hg.), *Grundlagentexte zur sozialwissenschaftlichen Medienkritik*, Wiesbaden: VS Verlag, S. 745-752.

Kluge, Alexander (2007): *Geschichten vom Kino*, Frankfurt/Main: Suhrkamp.

Kögler, Hans-Herbert (2004): *Michel Foucault*, 2., aktualisierte und erweiterte Aufl., Stuttgart, Weimar: J.B. Metzler.

Koivisto, Juha/Merkens, Andreas (2004): »Vorwort«, in: Stuart Hall, *Ideologie, Identität, Repräsentation. Ausgewählte Schriften 4*, Hamburg: Argument, S. 5-7.

Kracauer, Siegfried (1999) [1984]: *Von Caligari zu Hitler. Eine psychologische Geschichte des deutschen Films*, 4. Aufl., Frankfurt/Main: Suhrkamp.

Krämer, Sybille (2001): *Sprache, Sprechakt, Kommunikation. Sprachtheoretische Positionen des 20. Jahrhunderts*, Frankfurt/Main: Suhrkamp.

Krämer, Sybille (2001a): »John L. Austin. Performative und konstatierende Äußerungen: Warum läßt Austin diese Unterscheidung zusammenbrechen?«, in:

dies., *Sprache, Sprechakt, Kommunikation. Sprachtheoretische Positionen des 20. Jahrhunderts*, Frankfurt/Main: Suhrkamp, S. 135-153.

Krämer, Sybille (2001b): »Judith Butler. Eine Transformation der Performativität oder: Über das Sprechen der Rezitierung«, in: dies., *Sprache, Sprechakt, Kommunikation. Sprachtheoretische Positionen des 20. Jahrhunderts*, Frankfurt/Main: Suhrkamp, S. 241-260.

Krämer, Sybille (2001c): »Jenseits des intellektualistischen Sprachbildes oder: Warum das Verhältnis von Sprache und Sprechen nicht der Unterscheidung zwischen Muster und Aktualisierung folgt«, in: dies., *Sprache, Sprechakt, Kommunikation. Sprachtheoretische Positionen des 20. Jahrhunderts*, Frankfurt/Main: Suhrkamp, S. 263-273.

Krämer, Sybille (2002): »Sprache – Stimme – Schrift: Sieben Gedanken über Performativität als Medialität«, in: Uwe Wirth (Hg.): *Performanz. Zwischen Sprachphilosophie und Kulturwissenschaften*, Frankfurt/Main: Suhrkamp, S. 323-346.

Kraß, Andreas (2003): »Queer Studies – eine Einführung«, in: ders. (Hg.), *Queer denken. Gegen die Ordnung der Sexualität (Queer Studies)*, Frankfurt/Main: Suhrkamp, S. 7-28.

Kuhn, Annette (2010): »Heterotopie, Heterochronie. Ort und Zeit der Kinoerinnerung«, in: Irmbert Schenk/Margrit Tröhler/Yvonne Zimmermann (Hg.), *Kino – Film – Zuschauer: Filmrezeption*, Marburg: Schüren, S. 27-39.

Lincoln, Yvonna S. (2001): »Emerging Criteria for Quality in Qualitative and Interpretive Research«, in: Norman K. Denzin/Yvonna S. Lincoln (Hg.), *The American Tradition in Qualitative Research Vol. 1*, London, Thousand Oaks, New Delhi: Sage, S. 108-121.

Lotman, Jurij M. (1977): *Probleme der Kinoästhetik. Einführung in die Semiotik des Films*, Frankfurt/Main: Syndikat.

Lotman, Jurij M. (2004): »Über die Sprache der Trickfilme«, in: *montage/av* 13/2/2004, S. 122-125.

Masterman, Len (1985): *Teaching the Media*, London: Comedia Publishing Group.

Metz, Christian (1995): »Probleme der Denotation im Spielfilm«, in: Franz-Josef Albersmeier (Hg.), *Texte zur Theorie des Films*, Stuttgart: Reclam, S. 324-373.

Morley, David (1999): »Wo das Globale das Lokale trifft. Zur Politik des Alltags«, in: Karl H. Hörning/Rainer Winter (Hg.), *Widerspenstige Kulturen. Cultural Studies als Herausforderung*, Frankfurt/Main: Suhrkamp S. 442-475.

Nestler, Sebastian (2006): »Die Dezentrierung des Weste(r)ns. Zum Begriff fragmentierter Identitäten in Jim Jarmuschs DEAD MAN«, in: Manfred Mai/ Rainer Winter (Hg.), *Das Kino der Gesellschaft – die Gesellschaft des Kinos. Interdisziplinäre Positionen, Analysen und Zugänge*, Köln: von Halem, S. 289-306.

Nestler, Sebastian (2008): »Erfinderische Taktiken wider die Strategien des Stereotyps. Auf der Jagd nach alternativen Identitäten in Kevin Smiths CHASING AMY«, in: *Medien Journal* 3/2008, S. 41-52.

Nestler, Sebastian (2009): »›Going Down to South Park Gonna Learn Something Today‹. On Popular Culture as Critical Pleasure and Pedagogical Discourse«, in: *Politics and Culture* 4/2009. [Online Journal aufrufbar unter: http://bit.ly/ 8gNIq7]

Nestler, Sebastian, Winter, Rainer (2008): »V FOR VENDETTA – Utopie im Film«, in: Markus Schroer (Hg.), *Gesellschaft im Film*, Konstanz: UVK, S. 309-332.

Nieland, Jörg-Uwe (2010): »Die Cultural Studies-Debatte – ein Gewinn für die Medienkritik?«, in: Marcus S. Kleiner (Hg.), *Grundlagentexte zur sozialwissenschaftlichen Medienkritik*, Wiesbaden: VS Verlag, S. 390-414.

Piegsa, Oskar (2011): »Sind Konservative in the House? Die amerikanische Rechte entdeckt den Pop«, in: *spex. Magazin für Popkultur* Nr. 330, Januar/ Februar 2011, S. 31-34.

Polanyi, Michael (1985): *Implizites Wissen*, Frankfurt/Main: Suhrkamp.

Rausch, Sandra (2004): »Männer darstellen/herstellen. Gendered Action in James Camerons TERMINATOR 2«, in: Claudia Liebrand/Iris Steiner (Hg.), *Hollywood hybrid. Genre und Gender im zeitgenössischen Mainstream-Film*, Marburg: Schüren, S. 234-263.

http://www.rhizomes.net vom 16.04.2010.

http://www.rhizomes.net/files/manifesto.html vom 16.04.2010.

Rose, Nikolas (2000): »Tod des Sozialen? Eine Neubestimmung der Grenzen des Regierens«, in: Ulrich Bröckling/Susanne Krasmann/Thomas Lemke (Hg.), *Gouvernementalität der Gegenwart. Studien zur Ökonomisierung des Sozialen*, Frankfurt/Main: Suhrkamp, S. 72-109.

Seeßlen, Georg (1995): *Western. Geschichte und Mythologie des Westernfilms*, Marburg: Schüren.

Seeßlen, Georg (2009): *Quentin Tarantino gegen die Nazis. Alles über INGLOURIOUS BASTERDS*, Berlin: Bertz + Fischer.

Seigworth, Gregory J. (2006): »Cultural Studies and Gilles Deleuze«, in: Gary Hall/Clare Birchall (Hg.), *New Cultural Studies. Adventures in Theory*, Edinburgh: Edinburgh University Press, S. 107-126.

Seitter, Walter (2001): »Nachwort«, in: Michel Foucault, *Das Leben der infamen Menschen*, Berlin: Merve, S. 49-69

Schenk, Irmbert/Tröhler, Margrit/Zimmermann, Yvonne (Hg.) (2010): *Kino – Film – Zuschauer: Filmrezeption*, Marburg: Schüren.

Shohat, Ella/Stam, Robert (1994): *Unthinking Eurocentrism. Multiculturalism and the Media*, London, New York: Routledge.

Stäheli, Urs (2004): »Subversive Praktiken? Cultural Studies und die ›Macht‹ der Globalisierung«, in: Karl H. Hörning/Julia Reuter (Hg.), *Doing Culture. Neue Positionen zum Verhältnis von Kultur und sozialer Praxis*, Bielefeld: Transcript, S. 154-166.

Süss, Daniel/Lampert, Claudia/Wijnen, Christine W. (2010): *Medienpädagogik. Ein Studienbuch zur Einführung*, Wiesbaden: VS Verlag.

Thompson, Edward Palmer (1999): »Kritik an Raymond Williams' *The Long Revolution*«, in: Roger Bromley/Udo Göttlich/Carsten Winter (Hg.), *Cultural Studies. Grundlagentexte zur Einführung*, Lüneburg: zu Klampen, S. 75-91.

Trinh, T. M-ha (1992): *Framer framed*, New York: Routledge.

Williams, Raymond (1961): *The Long Revolution*, London: Chatto & Windus.

Williams, Raymond (1967) [1958]: *Culture and Society 1780-1950*, London: Chatto & Windus.

Winter, Rainer (1992): *Filmsoziologie. Eine Einführung in das Verhältnis von Film, Kultur und Gesellschaft*, München: Quintessenz.

Winter, Rainer (1995): *Der produktive Zuschauer. Medienaneignung als kultureller und ästhetischer Prozeß*, München: Quintessenz.

Winter, Rainer (2001): *Die Kunst des Eigensinns. Cultural Studies als Kritik der Macht*, Weilerswist: Velbrück.

Winter, Rainer (Hg.) (2005): *Medienkultur, Kritik und Demokratie. Der Douglas Kellner Reader*, Köln: Herbert von Halem.

Winter, Rainer (2010): *Widerstand im Netz. Zur Herausbildung einer transnationalen Öffentlichkeit durch netzbasierte Kommunikation*, Bielefeld: Transcript.

Winter, Rainer (2004): »Cultural Studies und kritische Pädagogik«, in: www.medienpaed.com/03-2/winter03-2.pdf vom 10.09.2007, S. 1-16.

Winter, Rainer (2005a): »Medienanalyse in der Tradition der Kritischen Theorie. Die philosophischen Abenteuer von Douglas Kellner«, in: ders., (Hg.), *Medienkultur, Kritik und Demokratie. Der Douglas Kellner Reader*, Köln: Herbert von Halem, S. 352-356.

Winter, Rainer (2006): »Mediengebrauch als Gegenmacht. Zur Analyse der Politik des Vergnügens im Rahmen von Cultural Studies«, in: Michael Klemm/

Eva-Maria Jakobs (Hg.), *Das Vergnügen in und an den Medien. Interdisziplinäre Perspektiven*, Frankfurt/Main: Peter Lang, S. 33-48.
Winter, Rainer (2007): »Das Geheimnis des Alltäglichen. Michel de Certeau und die Kulturanalyse«, in: Marian Füssel (Hg.), *Michel de Certeau. Geschichte – Kultur – Religion*, Konstanz: UVK, S. 201-219.
Winter, Rainer/Nestler, Sebastian (2010): »›Doing Cinema‹. Filmanalyse als Kulturanalyse in der Tradition der Cultural Studies«, in: Irmbert Schenk/ Margrit Tröhler/Yvonne Zimmermann (Hg.), *Kino – Film – Zuschauer: Filmrezeption*, Marburg: Schüren, S. 99-115.
Wirth, Uwe (2002) (Hg.): *Performanz. Zwischen Sprachphilosophie und Kulturwissenschaften*, Frankfurt/Main: Suhrkamp.
Wirth, Uwe (2002a): »Der Performanzbegriff im Spannungsfeld von Illokution, Iteration und Indexikalität«, in: ders. (Hg.), *Performanz. Zwischen Sprachphilosophie und Kulturwissenschaften*, Frankfurt/Main: Suhrkamp, S. 9-60.
Žižek, Slavoj (2009): *Auf verlorenem Posten*, Frankfurt/Main: Suhrkamp.

FILM

2046 (2004) (CHIN/F/D/HK, R: Wong-Kar-wai)
THE ARCH (1969) (HK, R: Shu Shuen Tong)
AS TEARS GO BY (1988) (HK, R: Wong Kar-wai)
BIRTH OF A NATION (1915) (USA, R: David W. Griffith)
BROKEBACK MOUNTAIN (2005) (CAN/USA, R: Ang Lee)
CHASING AMY (1997) (USA, R: Kevin Smith)
CHINA BEHIND (1974) (HK, R: Shu Shuen Tong)
CHUNGKING EXPRESS (1994) (HK, R: Wong Kar-wai)
DAYS OF BEING WILD (1990) (HK, R: Wong Kar-wai)
DEAD MAN (1995) (USA/D/JAP, R: Jim Jarmusch)
FACE/OFF (1997) (USA, R: John Woo)
FALLEN ANGELS (1995) (HK, R: Wong Kar-wai)
HAPPY TOGETHER (1997) (HK, R: Wong Kar-wai)
INGLOURIOUS BASTERDS (2009) (USA/D, R: Quentin Tarantino)
IN THE MOOD FOR LOVE (2000) (HK/F, R: Wong Kar-wai)
THE MEANING OF LIFE (1983) (GB, R: Terry Jones)
MY BLUEBERRY NIGHTS (2007) (HK/CHIN/F, R: Wong Kar-wai)
NIGHT OF THE LIVING DEAD (1968) (USA, R: George A. Romero)
SHAFT (1971) (USA, R: Gordon Parks)

SHAFT (2000) (D/USA, R: John Singleton)
V FOR VENDETTA (2005) (USA/GB/D, R: James McTeigue)

FERNSEHSERIEN

THE L WORD (2004-) (USA, R: Michele Abbott u.a.)
MARRIED ... WITH CHILDREN (1987-1997) (USA, R: Gerry Cohen u.a.)
MIAMI VICE (1984-1990) (USA, R: John Nicolella u.a.)
QUEER AS FOLK (2000-2005) (USA, R: Michael DeCarlo u.a.)
SOUTH PARK – THE DEATH CAMP OF TOLERANCE (2002) (USA, R: Trey Parker/ Matt Stone)
SOUTH PARK – WITH APOLOGIES TO JESSE JACKSON (2007) (USA, R: Trey Parker/ Matt Stone)

MUSIK

Bargeld, Blixa (1996): »Was ist ist«, auf: Einstürzende Neubauten, *Ende Neu*, London: Mute Records.

Cultural Studies

Karin Bruns, Ramón Reichert (Hg.)
Reader Neue Medien
Texte zur digitalen Kultur und Kommunikation

2007, 542 Seiten, kart., 39,80 €,
ISBN 978-3-89942-339-6

María do Mar Castro Varela, Nikita Dhawan
Postkoloniale Theorie
Eine kritische Einführung
(2., vollständig überarbeitete Auflage)

Februar 2012, ca. 200 Seiten,
kart., ca. 16,80 €,
ISBN 978-3-8376-1148-9

Rainer Winter
Widerstand im Netz
Zur Herausbildung
einer transnationalen Öffentlichkeit
durch netzbasierte Kommunikation
(unter Mitarbeit von Sonja Kutschera-Groinig)

2010, 168 Seiten, kart., 18,80 €,
ISBN 978-3-89942-555-0

Leseproben, weitere Informationen und Bestellmöglichkeiten
finden Sie unter www.transcript-verlag.de

Cultural Studies

RAINER WINTER (HG.)
Die Zukunft der Cultural Studies
Theorie, Kultur und Gesellschaft
im 21. Jahrhundert

Juni 2011, 280 Seiten,
kart., 28,80 €,
ISBN 978-3-89942-985-5

RAINER WINTER, ELISABETH NIEDERER (HG.)
**Ethnographie, Kino und Interpretation –
die performative Wende
der Sozialwissenschaften**
Der Norman K. Denzin-Reader

2008, 300 Seiten, kart., 29,80 €,
ISBN 978-3-89942-903-9

RAINER WINTER, PETER V. ZIMA (HG.)
Kritische Theorie heute

2007, 322 Seiten,
kart., 29,80 €,
ISBN 978-3-89942-530-7

Leseproben, weitere Informationen und Bestellmöglichkeiten
finden Sie unter www.transcript-verlag.de

Cultural Studies

MARIAN ADOLF
Die unverstandene Kultur
Perspektiven einer Kritischen Theorie
der Mediengesellschaft
2006, 290 Seiten, kart., 27,80 €,
ISBN 978-3-89942-525-3

MARC CALMBACH
More than Music
Einblicke in die
Jugendkultur Hardcore
2007, 282 Seiten,
kart., 27,80 €,
ISBN 978-3-89942-704-2

THOMAS DÜLLO
Kultur als Transformation
Eine Kulturwissenschaft
des Performativen
und des Crossover
März 2011, 666 Seiten, kart.,
zahlr. z.T. farb. Abb., 45,80 €,
ISBN 978-3-8376-1279-0

CLAUDIA C. EBNER
Kleidung verändert
Mode im Kreislauf der Kultur
2007, 170 Seiten, kart., 20,80 €,
ISBN 978-3-89942-618-2

MORITZ EGE
Schwarz werden
»Afroamerikanophilie«
in den 1960er und 1970er Jahren
2007, 180 Seiten, kart., 18,80 €,
ISBN 978-3-89942-597-0

CHRISTOPH JACKE, EVA KIMMINICH,
SIEGFRIED J. SCHMIDT (HG.)
Kulturschutt
Über das Recycling
von Theorien und Kulturen
2006, 364 Seiten,
kart., 29,80 €,
ISBN 978-3-89942-394-5

KATRIN KELLER
Der Star und seine Nutzer
Starkult und Identität
in der Mediengesellschaft
2008, 308 Seiten, kart., 29,80 €,
ISBN 978-3-89942-916-9

EVA KIMMINICH,
MICHAEL RAPPE, HEINZ GEUEN,
STEFAN PFÄNDER (HG.)
Express yourself!
Europas kulturelle Kreativität
zwischen Markt und Underground
2007, 254 Seiten, kart., 25,80 €,
ISBN 978-3-89942-673-1

MARCUS S. KLEINER
Medien-Heterotopien
Diskursräume einer
gesellschaftskritischen
Medientheorie
2006, 460 Seiten,
kart., 35,80 €,
ISBN 978-3-89942-578-9

KARIN LENZHOFER
Chicks Rule!
Die schönen neuen Heldinnen
in US-amerikanischen Fernsehserien
2006, 322 Seiten, kart., 28,80 €,
ISBN 978-3-89942-433-1

MIRIAM STRUBE
Subjekte des Begehrens
Zur sexuellen Selbstbestimmung
der Frau in Literatur, Musik
und visueller Kultur
2009, 244 Seiten,
kart., 24,80 €,
ISBN 978-3-8376-1131-1

**Leseproben, weitere Informationen und Bestellmöglichkeiten
finden Sie unter www.transcript-verlag.de**